高等院校经济管理实践与应用型规划教材

SELLING
THEORIES
AND SKILLS

推销理论与技巧

卢　晶　主　编
杜　琳　副主编

清华大学出版社
北　京

内 容 简 介

本书分为理论与技巧两个方面,系统地阐述了现代推销的理论和技巧,特别强调"实用性",着重加强对学生的操作能力和创新能力的培养,通过将推销的原理、案例与技巧融为一体,使推销的理论与实践紧密结合。全书十二章,有六章侧重介绍推销理论;五章侧重介绍推销技巧和方法;第十二章主要介绍推销管理的基本内容。

本书可作为高等学校本科教材,也可供企业营销人员和管理人员的培训及自学使用。

本书封面贴有清华大学出版社防伪标签,无标签者不得销售。
版权所有,侵权必究。举报: 010-62782989,beiqinquan@tup.tsinghua.edu.cn。

图书在版编目(CIP)数据

推销理论与技巧/卢晶主编.--北京:清华大学出版社,2015(2022.8重印)
(高等院校经济管理实践与应用型规划教材)
ISBN 978-7-302-38961-3

Ⅰ.①推… Ⅱ.①卢… Ⅲ.①推销-高等学校-教材 Ⅳ.①F713.3

中国版本图书馆 CIP 数据核字(2015)第 005631 号

责任编辑:贺 岩
封面设计:汉风唐韵
责任校对:宋玉莲
责任印制:宋 林

出版发行:清华大学出版社
网　　址:http://www.tup.com.cn,http://www.wqbook.com
地　　址:北京清华大学学研大厦 A 座　　邮　编:100084
社 总 机:010-83470000　　邮　购:010-62786544
投稿与读者服务:010-62776969,c-service@tup.tsinghua.edu.cn
质量反馈:010-62772015,zhiliang@tup.tsinghua.edu.cn

印 装 者:北京鑫海金澳胶印有限公司
经　　销:全国新华书店
开　　本:185mm×230mm　　印　张:25.25　　字　数:519 千字
版　　次:2015 年 2 月第 1 版　　印　次:2022 年 8 月第 11 次印刷
定　　价:65.00 元

产品编号:054458-03

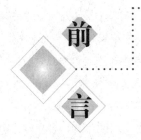

前言

随着市场经济的不断发展和完善,推销活动已经成为社会经济生活中普遍存在的现象,引起了包括企业界在内的全社会的广泛关注。加强对推销行为的理论研究,揭示它的内在规律,在方法、策略和技巧上为规划推销行为提供基本的理论依据,具有十分重要的现实意义。

在高校,不仅市场营销专业开设推销学课程,而且其他经济管理类专业也开设这门课程,选学这门课程的学生越来越多。而推销学作为市场营销及相关专业的一门专业主干课程,其内容的实践化是关键,为了适应课程建设和教学需要,使高等院校的在校大学生能全面深入地理解并掌握推销的理论和技巧,同时满足企业对高素质人才的需求,我们编写了本书。

本书分为理论与技巧两部分。理论部分注重对推销理论框架的构建和树立,脉络清晰、内容全面、深入浅出、实例丰富;技巧部分根据本科学生培养目标的要求和技术课程的特点,以培养学生综合应用能力和实际操作能力为主导思想,对重点内容进行挖掘,突出应用性和实践性。在具体案例安排上,每章先以案例导入,引出要介绍的内容;在内容里面穿插小案例、小资料及部分阅读材料;每章之后,附有小结、思考与练习,引导学生思考问题并举一反三,注重对学生创造性思维的开发和技术创新能力的培养。本书为满足培养营销及推销人才,提升现有营销人员的职业素养和销售业绩的需要而编写,力求突出科学性、实用性和可读性的特点。

为了给学生提供一本实用的教材,本书参考和引用了国内外相关教材、论著的许多宝贵的资料和案例,在此向各位编著者表示衷心感谢。感谢沈阳工学院的杜琳教授,她为本书的出版付出了心血,并且参与了部分章节的写作。感谢清华大学出版社为本书的出版所做的工作。

由于编者水平有限,书中难免有不足和疏漏之处,诚望读者批评指正。

编 者
2014 年 9 月

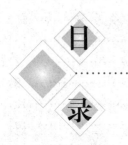

目录

第一章 推销概论 ··· 1
  第一节 推销的定义及特点 ·· 2
  第二节 推销的程序和原则 ·· 9
  第三节 推销与推销学 ··· 16
第二章 推销理论 ··· 28
  第一节 推销心理概述 ··· 29
  第二节 顾客需求 ··· 31
  第三节 顾客的购买心理 ··· 35
  第四节 推销方格理论 ··· 46
第三章 推销要素 ··· 59
  第一节 推销人员 ··· 59
  第二节 推销品 ·· 70
  第三节 顾客 ··· 75
  第四节 推销三要素的协调与推销三角定理 ···································· 77
第四章 推销模式 ··· 93
  第一节 爱达模式 ··· 93
  第二节 迪伯达模式 ··· 102
  第三节 埃德帕模式 ··· 106
  第四节 费比模式 ··· 108
第五章 推销信息与推销环境 ··· 117
  第一节 推销信息 ··· 118
  第二节 推销环境 ··· 128
  第三节 推销环境的分析与评价 ·· 135
第六章 推销沟通 ··· 146
  第一节 沟通概述 ··· 146

第二节　推销沟通概述……………………………………………………153
　　第三节　推销沟通技巧……………………………………………………160
　　第四节　推销礼仪…………………………………………………………171

第七章　寻找顾客…………………………………………………………………191
　　第一节　潜在顾客…………………………………………………………191
　　第二节　潜在顾客信息源…………………………………………………194
　　第三节　寻找潜在顾客的方法……………………………………………197
　　第四节　顾客资格审查……………………………………………………212

第八章　推销接近…………………………………………………………………222
　　第一节　推销接近概述……………………………………………………222
　　第二节　推销接近的准备…………………………………………………225
　　第三节　约见潜在顾客……………………………………………………232
　　第四节　推销接近的方法…………………………………………………240

第九章　推销洽谈…………………………………………………………………257
　　第一节　推销洽谈概述……………………………………………………257
　　第二节　推销洽谈的原则与程序…………………………………………263
　　第三节　推销洽谈的方法与策略…………………………………………269
　　第四节　推销洽谈的技巧…………………………………………………278

第十章　顾客异议处理……………………………………………………………293
　　第一节　顾客异议的类型和成因…………………………………………293
　　第二节　处理顾客异议的原则和策略……………………………………302
　　第三节　处理顾客异议的方法……………………………………………308

第十一章　推销成交………………………………………………………………323
　　第一节　推销成交信号的识别……………………………………………324
　　第二节　推销成交的方法…………………………………………………328
　　第三节　合同的订立与履行………………………………………………337
　　第四节　成交后跟踪………………………………………………………341

第十二章　推销管理………………………………………………………………350
　　第一节　推销计划与控制…………………………………………………351
　　第二节　推销组织的设计…………………………………………………363
　　第三节　推销人员管理……………………………………………………368
　　第四节　推销绩效评估……………………………………………………379

参考文献……………………………………………………………………………395

推销概论

> 引例

华人首富李嘉诚的推销之路

　　李嘉诚先生是华人当中名副其实的首富,他创业初期有着一段不寻常的推销经历。他出生于广东潮安县一个书香门第,但父亲的早逝,给李嘉诚留下一副家庭重担和债务。11岁的李嘉诚在读完两年小学后便辍学,在他舅舅的南洋钟表公司做杂工。

　　原来家里一贫如洗、连小学学历都没有的李嘉诚,如何成为日后的华人首富呢?他是如何起步的呢?

　　这里面要回答的问题很多。透过李嘉诚先生创业的艰辛历程,既可以了解李嘉诚先生非凡的智慧,也可以领悟不同时代不同人的成功之道。但许许多多成功人士的共同特点之一就是靠推销起家,靠推销技艺这个无形资产白手起家。下面就来看看华人首富李嘉诚的推销之路。

　　14岁的李嘉诚凭着毅力、韧性和真诚在港岛西营盘的春茗茶楼找到一份工作,李嘉诚在努力干好每一件事的同时,给自己定了两门必修功课:其一是时时处处揣测茶客的籍贯、年龄、性格、职业、财富等,以便找机会验证;其二是揣摩顾客的消费心理,既待人真诚又投其所好,让顾客在高兴之余掏腰包。李嘉诚对顾客的消费需求和习惯了如指掌,如谁爱吃干蒸烧卖、谁爱吃虾饺、谁爱吃肠粉加辣椒、谁爱喝红茶绿茶,什么时候上什么茶点,李嘉诚心中都有一本账,练就了一套赢得顾客让顾客乖乖掏钱的本领。

　　后来,李嘉诚到一家五金厂做推销员,他每天起得最早,第一个来到厂里,挑着铁桶沿街推销。靠着一双铁脚板,他走遍了香港的角角落落,从不放弃每一笔可做的生意。李嘉诚凭着坚韧不拔的毅力,建立了销售网络,赢得了顾客的信任,也深受老板器重。

　　再后来,因为塑胶业的蒸蒸日上,李嘉诚开始推销塑胶产品。由于他肯动脑筋,又很勤奋,在塑胶产品推销过程中大显身手、业绩突出,20岁便被提升为业务经理,而且淘得了第一桶"金",同时也练就了企业家的才能,为日后进军塑胶业和构建其庞大的企业帝国打下了坚实的基础。

思考题

1. 李嘉诚的推销之路给了你哪些启示?
2. 为什么说许多成功人士靠推销起家?你还能举出其他一些例子吗?

推销作为一种社会实践活动,有着悠久的历史。它是随着商品交换的产生而产生,伴随着商品经济的发展而发展。广告等营销手段尽管在商品销售中所起的作用越来越大,但仍然不能取代与顾客进行面对面沟通的人员推销工作。

推销是现代企业拓展市场的利器,是促进产品从生产企业转移到消费者手中、促进商品价值实现的有力保证,在企业经营活动中起着举足轻重的作用。同时,据权威部门统计,世界上90%以上的巨富,是从推销员干起的。很多大公司的高层人员也都曾有过做推销员的经历。这也表明推销是一个充满挑战、前途无限的职业。因此,必须知道什么是推销并学会如何推销。

第一节 推销的定义及特点

一、推销的定义

什么是推销?提到推销,人们往往习惯性地把推销与沿街叫卖、上门兜售,以及不同形式的减价抛售联系在一起,认为"推销是耍嘴皮子、吹牛"、"推销就是一种高明的骗术"、"推销是拉关系"、"推销是说服、鼓动别人上当"、"推销就是卖东西"、"推销只对卖主有利"。这些看法表明人们普遍对推销有着种种误会和曲解。正是这些错误的认识,使人们忽视了对推销活动规律的探讨和研究,也影响了一支优秀职业推销队伍的建立。因此,正确认识推销,是熟悉推销业务、掌握推销技巧的前提。

其实,就推销的本质而言,它是一个人人都在做的事情,是现代企业经营活动中的一个重要环节。对于现代推销,可以从广义和狭义两个方面来解释。

从广义的角度讲,推销是由信息发出者运用一定的方法与技巧,通过沟通、说服、诱导与帮助等手段,使信息接收者接受发出者的建议、观点、愿望、形象等的活动的总称。换句话说,广义的推销不限于商品交换,也不限于人员推销,而是泛指一切说服活动,即人们在社会生活中,通过一定的形式传递信息,让他人接受自己的意愿和观念,或购买商品和服务的行为过程。从这个角度看,当今社会充满推销,生活中处处存在推销现象,每个人时时刻刻都在进行着推销。比如婴儿以啼笑引起人们的注意和怜爱,演员在舞台上的表演就是向观众推销艺术,政治家的演讲就是向民众推销其政治观点,大学生的求职面试就是向企业推销自己的才能,教师在讲台上的授课则是向学生推销自己的知识等。每个人时时处处都在推销,也在接受别人的推销。推销能力深深影响着每一个人一生的成败。但是,这种广义上的推销,并不是本书所要研究的对象。本书所要研究的是一个特定范畴的推销,即狭义的推销。

从狭义的角度讲,推销指的是企业营销组合策略中的人员推销,即企业推销人员通过传递信息、说服等技术与手段,确认、激活顾客需求,并用适宜的产品满足顾客需求,以实现双方利益交换的过程。本书就是从狭义的角度研究推销活动过程及其一般规律。

对于推销内涵的认识应把握以下几点。

1. 推销的基本要素

推销人员、推销对象、推销品是推销活动中的三个基本要素,也是推销活动得以实现的必要因素。

任何企业的商品推销活动都少不了推销人员、推销对象和推销品。商品的推销过程,是推销人员运用各种推销技巧,说服推销对象接受一定物品的过程。推销人员是指主动向推销对象销售商品的推销主体,包括各类推销人员。在推销的三个基本要素中,推销人员是最关键的。推销对象又称顾客或购买者,是指接受推销人员推销的主体,包括各类顾客和购买决策人。在现代推销环境中,顾客在生产和推销活动中的地位和作用越来越重要,对购买活动本身的技术要求也越来越高。因此,推销人员应根据推销对象的不同特点,采取相应的推销对策。推销品是推销活动的客体,也称推销客体,主要包括商品、服务、观念。这三者彼此之间紧密联系,人们在推销商品和服务的同时,也是在推销着一种观念。作为推销活动的一个基本要素,推销品必然会影响推销活动的各个方面和环节,如推销品的性质、质量、技术性强弱、体积大小等,关系到推销活动的具体方式和难易程度等。因此,如何实现三个基本要素的协调,保证企业销售任务得以完成、顾客实际需求得以满足,是广大推销人员应该把握的问题。

2. 推销的实质是满足顾客的需要

推销是以顾客需求为导向的,是一个分析、判断、解决、满足需求的过程。这是现代推销的宗旨,也是市场经济的客观要求和社会基本经济规律的要求。市场经济也可称为消费者主权经济。生产、经营者的经营活动能否成功,关键取决于其提供的产品和劳务是否符合消费者的需要。社会经济的基本规律要求一切经济活动必须以最大限度地满足消费者的需要为出发点。而推销活动是最终满足消费者需要的重要环节,因此,推销必须以满足消费者的需要为中心。

推销人员首先要了解和发现顾客的需要,确认推销品能满足顾客的需要,然后说服顾客,使之相信他们自己确实存在着对推销品的需要,刺激顾客需求欲望的产生,促成顾客自觉购买。没有需求而发生的推销,是一种强卖或欺骗的行为,它违背了推销的本质。所以在推销的过程中,推销人员要着眼于发现顾客的需求,并且用产品或服务去满足这种需求。在实践中,有的需求是显性需求,如感冒了需要吃药;而有的需求是隐性需求,顾客自己都不清楚,如身体弱需要补充维生素等营养保健品,这就需要推销人员去挖掘这种需求。以发现、挖掘顾客的需求为中心而不是以卖产品为中心,这是做好推销、提高业绩的一个关键。

3. 推销是买卖双方均受益的公平交易活动

推销人员和推销对象是推销活动的两个重要方面,都有各自特定的利益和目的。要想使生意做得好,就得使买卖双方实现双赢。若买卖双方有一方将自己的利益建立在对方的利益损失之上,受亏损一方就不可能对交易满意,更不可能成为对方的长期合作伙伴。暂时获利一方,丢掉了一个现实的合作伙伴,从长远来看未必是赢家。因此,这就要求推销人员在推销工作中不能为了自身的利益而损害顾客的利益。比如,在实践中经常会看到有些推销人员为了把产品推销出去而不择手段,做一锤子买卖。这样不但会影响企业形象,而且还会自断财路。

4. 推销是一个系统活动过程

推销不只是单纯的你买我卖的简单交易,而是包含一系列相关活动的系统过程。一般来讲,推销过程包括寻找顾客、接近顾客、洽谈沟通、达成交易、售后服务及信息反馈等工作环节。一个完整而典型的推销活动正是在各环节相互影响、相互作用中形成的。

5. 在推销过程中,推销人员要运用一定的方法和技巧

推销人员发现顾客需要、确认商品满足其需要后,如何让顾客接受商品呢?这就需要一定的技巧与方法。推销人员只有从满足顾客需求的角度进行说明和展示,才有可能被顾客认可与接受,才能达到赢利的目的。

很多推销人员在面对顾客时总喜欢喋喋不休,忘记了沟通是双方互动的行为,一个不愿意去倾听别人心声的人,是无法成功沟通的。面对琳琅满目的产品,消费者越来越理性。要让顾客掏钱买你的产品,只有打消了他所有的疑虑才可以实现。在这个过程中,采用有效的技巧和方法进行沟通是至关重要的。

一般在推销中,推销人员一方面应在与顾客交谈中注意顾客关注的重点,采取有针对性的方式进行阐述与说明,使其产生兴趣,达成交易;另一方面,还应注意顾客的个性特征,采取不同的阐述方式,来促成交易的实现。这样,不但能消除顾客对产品的疑虑、无知,更能增进顾客对推销品的认同、信任,还能激发顾客对推销品的购买欲望。同时,这种沟通还能使推销员与顾客拉近感情上的距离,达成心灵的沟通与理念的共识,促使顾客采取主动购买的决策。

6. 推销既是商品交换与服务顾客的过程,又是信息反馈的过程

推销首要的功能是实现商品交换与服务顾客,表现为商品买卖、商务沟通、售后服务、客户关系的管理过程。通过推销活动,实现企业(产品)、顾客与推销人员三者之间的价值交换,这也是社会分工的必然结果。企业通过推销活动实现产品功能价值,获得经营利润;顾客通过推销活动获得自己需要的产品,获得使用价值;推销人员通过推销活动实现自己的人生价值,获得薪酬或佣金,这是推销工作的动力所在。

同时,推销活动又是信息沟通与反馈的重要过程。一方面,推销工作需要将行业的、企业的、产品的相关信息传递给顾客,通过信息的传播、接收、加工、反馈、储存、处理等环节,实现推销人员与顾客的双向信息互动,加强顾客的有效认知,以促进销售;另一方面,推销工作也需要将顾客、行业甚至竞争对手的信息反馈给企业,使企业了解顾客需求变化及市场竞争状况,以便进行新产品开发和市场策略的决策。

二、推销的特点

推销是一门科学,需要遵循一定的科学规律;同时,推销又是一项专门的艺术,需要推销人员巧妙地融知识、天赋和才干于一身。现代推销活动主要有如下特点。

1. 推销对象的特定性

推销是企业在特定的市场环境中为特定的产品寻找买主的商业活动,所以首先必须确定谁是需要特定产品的潜在顾客,然后再有针对性地向推销对象传递信息并进行说服。因此,推销总是有特定对象的。任何一位推销人员的任何一次推销活动,都具有特定性。这种特定性,要求推销人员绝不能漫无边际或毫无目的地寻找顾客,也不能随意地向毫不相关的人推销商品,而必须要从推销对象和推销产品的实际出发,采取灵活的推销方案。

人员推销是推销人员直接向消费者推销商品的推销方式,推销人员是消费者和商品生产者之间最直接的桥梁。人员推销能够充分利用推销人员对商品熟悉的优势,根据消费者对商品不同的需求强度,采取不同的解说和介绍方法,通过针对性较强的推销,促成消费者购买。

2. 信息传递的双向性

推销并非一个推销人员向推销对象传递信息的过程,而是信息传递与反馈的双向沟通过程。一方面,推销人员应向顾客提供产品、市场、售后服务和企业的相关信息,促使顾客采取购买行动;另一方面,推销人员必须通过与顾客的交谈和对顾客的观察,了解顾客对本企业及其产品的态度、意见与要求,以便及时反馈给企业,为企业做出正确的经营决策及企业营销决策的调整提供依据。所以说,推销实际上是卖方和买方进行双向信息沟通的过程。这种沟通起到了重要的信息源的作用。

3. 推销活动的互利性

现代推销是一种双赢活动,必须同时满足推销主体与推销对象双方的不同要求。成功的推销需要买卖双方都有积极性,其结果应该是一种"双赢"的状态,不仅推销的一方要卖出商品,实现赢利,而且推销对象也应该感到商品切实满足了自己的需求,给自己带来了多方面的利益。这样,既达成了今天的交易,也为将来的交易奠定了基础。

4. 推销方法的灵活性

虽然推销对象具有特定性,但顾客的偏好和个性心理特征千差万别,推销环境与顾客需求都是千变万化的,其他不确定性影响因素也多种多样。所以说,推销没有固定模式,推销人员应根据不同的时间、地点,顾客不同的需求、动机、行为方式、个性特点以及对推销的不同反应,灵活运用推销原理和技巧,及时调整推销策略和方法。可以说,采取因地制宜、灵活机动的战略战术,是推销活动的一个重要特征。

5. 推销手段的说服性

推销活动中推销的是产品,但使用者是顾客,所以,推销的中心是人而不是物。说服是推销的重要手段,也是推销活动的核心工作。为了争取顾客的信任,使顾客接受企业的产品,并且采取购买行动,推销人员必须将产品的特点和优点耐心地向顾客展示、介绍,影响并促使顾客接受推销人员的观念、产品或服务。顾客体会到推销人员的真诚,认为产品特性优越、能为自己带来利益,乐于购买,这才是真正的说服而非强卖。一句话,说服是讲究艺术的。

6. 推销工作的服务性

在推销行业有这么一句话,推销就是要创造推销人员与顾客进行面对面的接触的机会,以达到把高质量的产品或周到而完善的服务介绍给顾客的目的。推销需要销售服务,推销本身也是一种服务,属于现代服务业范畴,现代的顾客不仅是买产品,也是在买服务。

推销人员承担了整个销售过程的工作,包括选择潜在顾客、接近顾客、介绍说明、洽谈沟通,以及最后的交易达成,甚至还提供售前的咨询、售中的合同履行和售后的培训、维修机器、加工零配件等服务,所以说,推销不仅是说服顾客购买的过程,也是为顾客服务的过程。服务贯穿推销活动的整个过程。

三、推销、销售与市场营销

有人说营销就是推销。的确,营销离不开推销,但是仅靠推销,树立不起一流的品牌,也实现不了营销的目标。那么,营销和推销究竟是一种什么样的关系,营销和销售之间又是什么关系,这是经常困扰营销人员的一个重要问题。其实,推销与营销或者销售的概念无论从内涵还是外延上都不完全相同。

推销是销售的基础,销售又是营销的一个重要构成部分,推销与销售、营销之间密切联系,其外延有逐次扩大的趋势,如图1-1所示。前面的推销与销售工作做好了,有利于企业整体营销活动的开展;企业营销工作做得越有成效,后面的销售和推销工作的压力也就越小。所以要在战略上藐视推销,在战术上重视推销。

图1-1 推销、销售与营销的关系

（一）推销与营销

很多人将推销与营销混为一谈，错误地把营销等同于推销。这主要是因为早期的市场营销与推销几乎是同义词。例如第二次世界大战前的英文词典曾将"marketing"释义为"推销"或"销售"，以致迄今国内外仍存在营销即推销的误解。其实，现代企业的市场营销活动包括市场调研、产品推销、目标市场选择、市场定位、产品定位、定价、分销、促销、品牌建设、营销策划、销售管理、客户关系管理等一系列丰富的活动内容，推销仅仅是营销活动的一小部分，而且是最基础的部分。而市场营销的精神是企业通过使用一定的营销策略与方法（即"营"的过程），比竞争对手更有效地销售产品（即"销"的结果），其中"营"的过程就显得更加重要，而"销"只是顺带的结果，所以，市场营销比推销含义更广泛、更丰富，层次更高，要求也更高。

推销与营销的主要关系特征体现在以下三个方面。

1. 推销只是市场营销的基本职能

推销仅仅是营销过程中的一个步骤或者一项活动，在整个营销活动中并不是最主要的部分。当企业面临的销售压力很大时，很多人都会把推销放到非常重要的地位。但是，如果通过周密的市场调研、科学的市场分析、有针对性的目标市场选择，按照顾客的要求组织产品设计，按照顾客能接受的价格水平来确定价格，按照顾客购买最便利的要求来构建分销网络，就可能形成顾客盈门的大好局面，那么，相比之下，还会把推销或者销售看得那么重要吗？当然不会。如果前期工作不完善，产品出来了，销售压力很大，必然会觉得销售最重要，这样一来很容易陷入以下误区。

（1）生产出来的产品根本就是顾客不愿意接受的商品，这时候要加大马力去搞推销或者促销。在这种情况下，不管怎样促销，市场营销活动都不会达到最佳的效果。

（2）实际的销售状况可能已经接近市场饱和点，此时还在开足马力促销，这样，投入产出比不可能处在最佳位置上，甚至会给企业带来盲目性，使企业失掉最佳的选择机会。

2. 推销是市场营销冰山的顶端

推销的目的就是要尽可能多地实现商品的销售，营销的目的大抵也是如此，只是营销追求的是比竞争对手更有效地满足市场需求，实现产品销售，营销的目标是尽可能多地实现产品的销售，所以两者的落脚点是一样的。如果把营销比做一座冰山，推销就是冰山的顶端。营销这座冰山的高点是尽可能地实现产品的销售，可是这座冰山容易融化，如果做不好，山尖就没那么高，推销的目标就实现不了。因此，必须踏踏实实地做好营销的每一项工作，才能实现推销目标；否则推销不可能实现目标，或者仅仅成为纸上谈兵。

3. 市场营销的目标是使推销成为多余

著名的管理学大师德鲁克先生说："市场营销的目标是使推销成为多余。"也就是说，如果能够重视营销工作，科学地做好营销管理工作，就可以使推销压力变得越来越小。不过，它不可能变成零，原因就在于营销过程的第一步是营销调研，通过市场营销调研搞清楚该做什么,所以市场营销实际是以当前环境为基础对未来市场环境的一种推测,在对未来环境推测的基础上设定营销目标、构筑营销方案,营销方案的实施是在未来环境下进行的。预测不可能百分之百的正确。因此,处于营销过程末端的推销不可能没有压力。

当然,前面的工作做得越有成效,后面的压力就越小。因此,要重视营销工作的整体性和协调性,要在战略上藐视推销,在战术上重视推销。也就是说,从战略的角度看,推销不是最重要的,必须从全过程的角度通盘考虑,只有这样才能走出只重视推销造成的困境。

(二) 推销与销售

也有人将推销与销售混同使用。在现实中,由于推销、销售的实质是一样的,目的都是将产品卖出去、把货款收回来,所以,在日常业务中,经常将推销与销售混同使用,不作严格的区分,书中也会出现推销与销售两个概念交替使用的情况。其实,严格来说,销售与推销是有分别的,因为销售包含批发、零售、代理、分销、促销、人员推销等诸多形式和内容,而推销只是销售的一种方式而已。可见,销售比推销范围更广,内容更丰富。

正因为上述概念混同使用的情况较多,但实际上概念间又有分别,所以在此对推销与销售相关概念进行辨析。

1. 推销与销售

推销(selling)这里主要指的是狭义的推销,是指推销人员通过与顾客直接接触,运用一定的推销方法和手段,将自己的产品或服务信息传递给顾客,并促使其购买的销售行为和过程。selling 是一个动名词,表现一个主观动作;sales(销售)是一个名词,表明一个客观事实。推销大多是指一种上门的或者面对面的人员推销行为,推销的主体主要是个人。而销售是企业将自己的产品或服务卖给顾客,从而实现产品价值和企业利润的经营行为。销售的主体可能是个人(销售人员),也可能是企业组织;销售的方式可以是直接的(直销),也可能是间接的(分销),可以是面对面的,也可能是通过中间商或者网络等其他媒介。可见,销售的方式、内涵及范围都比推销的大,推销只是一种销售的方式,但推销大多是指人员推销,其主观能动性体现得更为显著。

2. 推销和分销

推销大多是指人员推销,这种推销关系是直接的,属于一级渠道关系;而分销(distribution)主要是指通过中间分销机构(经销商、代理商、零售商、中介、经纪人等)实现销售的企业经营行为,属于间接销售,体现出多层次的渠道关系特征。当然,推销人员与分销渠道中的中间商的接触,也是推销工作的一部分。中间商既是生产企业分销的对象,也是推销员推销的对象,对机关团体或组织的销售属于推销范畴。一句话,推销是单层次的,分销是多层次的。

3. 推销和促销

促销(promotion),顾名思义,就是促进产品销售的意思。促销的主要手段和方式包括人员推销、广告、公共关系、营业推广,其中人员推销是促销的一个重要组成部分。广告也是一种促销手段,这个观点经常为一些非专业人士所不理解。而推销的主要工具和方法在于"推",推销主要指的是人员推销,这与促销形成了方式上的差别。虽然目前已经出现了利用电话、网络媒介的推销行为,但推销的主观人员特征还没有实质性的改变。

第二节 推销的程序和原则

一、推销的一般程序

推销作为一种技巧性极强的经济行为,根据环境、顾客以及推销品的不同,往往会有不同的策略,尽管具体实践千变万化,但仍有一定的规律可循。根据推销活动程序化的理论,一个完整而典型的推销过程包括寻找顾客、接近顾客、洽谈沟通、达成交易、售后服务、信息反馈六个步骤。

(一)寻找顾客

寻找顾客是指寻找本企业所提供的产品可能满足其需求的潜在购买者。推销工作不是漫无目的地撞大运,而是以目标顾客为导向。推销人员在尽可能详尽收集目标市场顾客相关信息资料的基础上,建立潜在顾客档案,并根据具有支付能力和特定需求这些条件加以筛选和分类,寻找最有可能购买的顾客。寻找顾客的过程如下。

1. 确定潜在顾客及其来源

凡是使用人员推销方式所推销产品的一切单位和个人都可能成为潜在顾客。一般说来,潜在顾客从来源上可分为三类:一是过去没有买过自己的产品,以后会购买自己的产品的顾客;二是过去曾经购买过自己的产品,但现在已不购买自己产品的客户;三是现有顾客。

2. 进行顾客资格审查

推销人员寻找到的可能会成为潜在顾客的组织和个人,有的可能不会购买自己的产品,因而推销人员必须对其资格进行审查,审查合格后才能将其列入自己的潜在顾客名单,不合格者则应排除在潜在顾客之外。

判断一个组织或个人为自己的潜在顾客有四个标准:①需要自己推销的产品;②接受自己的价格;③有能力支付货款;④有一定的需求量。

3. 了解寻找潜在顾客的方法

寻找潜在顾客的方法很多,如文案调查法、介绍寻找法、中心开花法、地毯式寻找法、市场咨询法、广告拉动法、委托寻找法等。

(二)接近顾客

推销的对象是顾客,约见目标顾客是推销的重要环节。有时,能否约见到顾客成为推销能否成功的关键。接近顾客是指在实质性洽谈之前,推销人员努力获得顾客接见机会并相互了解的过程,接近是实质性洽谈的前奏。

接近顾客包括接近顾客准备和约见顾客两个部分。接近顾客准备是指推销人员接近某一特定潜在顾客之前,所进行的资料和策划准备,具体包括了解自己的顾客、了解和熟悉推销品、了解竞争者及其产品、确定推销目标、制定拜访计划等。约见顾客是指在做好推销准备后,推销人员与顾客协商确定访问对象、事由、时间和地点的过程。约见和接近顾客是推销准备过程的延伸,又是实质性推销的开始。

阅读材料

推销前需要问自己的问题

产品推销是一件很复杂的事情,推销的过程牵涉产品、企业、顾客、竞争者以及自身的环境与心理因素,各种不确定的因素都可能影响到推销的效果。因此,为了推销工作顺利并且取得成功,在推销前不妨问自己一些问题,以便届时从容应对。

(1) 对顾客来说,这次访问的时机是否适当?
(2) 对即将见面的顾客是否有充分的了解?
(3) 是否事先以电话或书信联络约定?
(4) 有无忽略对本次买卖有决定权的人?
(5) 访问顾客有没有准备好充分的理由?
(6) 顾客现在是否真正需要我们的产品?
(7) 顾客对于购买该产品是否确实拥有资金及权限?
(8) 对所推销的产品,能否立即举出三个以上的优点?
(9) 顾客对所推销的产品提出咨询时自己能否立即答复?
(10) 为应付顾客可能的变化,有没有准备好多个谈话的话题?
(11) 有没有准备好与顾客见面时的第一句话?
(12) 对产品能够带给顾客的利益,能否充分说明?
(13) 有没有事先设想顾客可能提出的反对意见及应对方案?
(14) 对顾客可能提出反对意见,有没有准备好应付的方法?
(15) 有没有事先练习产品说明方法,以便优化说服效果?

资料来源:陈守财等.现代推销学教程.北京:机械出版社,2010

(三) 洽谈沟通

洽谈过程是推销人员掌握顾客购买心理变化、诱导顾客采取购买行为的实质性的过程,它是推销的核心环节,对推销的进程及成败起着关键性作用。所以,推销洽谈作为推销过程的重要环节,是推销人员本着利益与友谊并存的原则,运用各种方式、方法、手段与策略去说服顾客购买的过程,也是推销人员向顾客传递信息并进行双向沟通的过程。

(四)达成交易

达成交易是推销追求的结果,而成交是一个过程,不是瞬间行为,所以,推销人员要学会控制谈判过程,把握成交的机会,善于促成业务交易。而推销人员要想捕捉成交机会、成功与顾客达成交易,必须掌握一些促成成交的方法与策略。

(五)售后服务

达成交易并非推销过程的结束,售后服务同样是推销工作的一项重要内容。安装调试、退换、维修和培训等的服务承诺,搞好索赔处理,以及定期或不定期地访问顾客,实行跟踪服务等,都是关系买方利益和卖方信誉的售后服务工作。在这些工作完成后,顾客的满意才是真正的满意。

(六)信息反馈

推销人员每完成一项推销任务后,应进行工作检查与总结,还必须继续保持与顾客的联系,了解顾客对推销品的使用情况和评价意见,并及时准确地反馈给企业,以便企业修订和完善营销决策,改进产品和服务,更好地满足顾客需求。

二、推销各阶段的交叉渗透关系

就一项推销业务而言,推销的六个步骤固然有先后之分,但就整个推销工作而言,六个步骤则是相互交叉和渗透的。

(一)推销各阶段的工作,不仅是相继的,而且是并存的

正因为如此,推销工作的各个方面,往往要在人员、团队之间进行分工与协作。一般要有专人收集信息,为寻找顾客、做访问准备、向生产厂和企业领导层反馈信息提供依据。约见顾客、洽谈沟通和达成交易,多由专业推销人员负责,他们应不断总结经验、提高业务能力。经常性的售后服务更要有专设和特约维修站以方便顾客,并有利于增强顾客的购买信心。

(二)推销各阶段的工作是互相交织和渗透的

收集信息是贯穿推销全过程的任务。寻找顾客、做访问准备固然要收集和利用信息,接近顾客、洽谈、成交以及售后服务的过程,也是收集信息的过程。例如,在接近顾客、洽谈过程中,推销人员往往依据对顾客反应的观察、判断和分析,获得真实、可靠的第一手资料;对成交和售后服务的记录,则反映出顾客需要什么、欢迎什么以及产品存在哪些缺陷等方面的信息。在接近顾客与洽谈的过程中,对推销目标和推销策划,不仅要实施,而且要体检。目标是否切合实际,策划是否可行,时间是检验的最好标准。实践的结果和体验,应作为重订或修正目标和策划的主要依据。一次成交,以至兑现承诺、搞好售后服务,

既是本次推销的结果,也是下一次推销的起点。顾客如果在成交后,特别是在使用中获得利益,对售后服务感到满意,就很可能重复购买。

三、推销的原则

推销活动的原则,是基于对推销规律的认识而概括出来的推销活动的依据和规律。推销人员掌握正确的推销原则,可以使推销活动有所遵从,减少推销失误,提高推销成效。

现代推销活动中,需要遵循的基本原则包括以下几个方面。

(一)满足顾客需要的原则

顾客的需要和欲望是市场营销的出发点,也是推销的出发点。产品是满足人们需要的有形与无形的物质或服务的综合体。顾客购买某种产品或服务,总是为了满足一定的需要。因此,推销人员必须认真了解顾客的需要,把推销品作为满足顾客需要的方案向顾客推荐,让顾客明白它确实能满足其需要。顾客只有产生需求才可以产生购买动机并导致购买行为。满足需要,是顾客购买的基本动机。若一位推销人员不能真切地了解顾客的内在需要,在推销品与顾客需要之间成功地架设一座桥梁,推销是不可能成功的。

需要是指没有得到某些基本满足的感受状态。推销人员不仅要了解推销对象是否具有支付能力,而且要了解推销对象的具体需求是什么,要熟悉自己的顾客,既了解他们共同的需要,又了解他们特殊的需要,把顾客的需要放在第一位,向其推销适当的产品或服务。这是推销活动必须遵循的基本原则。

阅读材料

顾客心理需要的类型

顾客的购买需要是多种多样的,其心理需要大致有以下十种。

(1)习惯心理需要。其是由种族、宗教信仰、文化传统和地理环境的不同带来的思想观念和消费习惯上的差异。

(2)便利心理需要。消费者一般都希望在购买时享受热情周到的服务,并能得到购买时间、方式和携带、维修等方面的便利。

(3)审美心理需要。随着社会文明的进步和群众生活水准的不断提高,人们的审美要求也水涨船高,许多消费者比以往更强烈地追求美感。

(4)好奇心理需要。许多消费者对一些造型奇特、新颖、刚投入市场的商品和服务,会产生浓厚的兴趣,希望能立即购买。

(5)惠顾心理需要。顾客由于长期的购买习惯或对推销人员的服务态度和方式有好感,会不假思索,凭经验乐于光顾某一商场或服务场所。

(6) 求实心理需要。顾客选购商品时，比较注意经济实惠、价廉物美，尤其追求物超所值。

(7) 偏爱心理需要。顾客由于长期使用和比较，对某种牌号的商品或某一名牌商品提供的服务，感到适合自身兴趣、爱好或职业特点等，形成明显的消费偏好。

(8) 从众心理需要。受舆论、风俗、流行时尚的引导和参考群体的影响，某些消费者会赶时髦、追新潮、迎合时尚，随大流而动。

(9) 求名心理需要。不少消费者信任名牌商品和名厂名店，乐意接受名牌厂商宣传，按心目中认定的品牌选购。

(10) 特殊心理需要。有的消费者希望通过购买和使用某种商品或服务，显示自己在判断能力、知识层次、经济地位、价值观念等方面高人一等、独树一帜。

资料来源：章瑞华. 推销艺术[M]. 上海：上海复旦大学出版社，1999

(二) 互利互惠原则

推销固然是说服顾客采取购买行为的过程，为再生产顺利进行创造必要的条件，以实现生产为消费的目的，并使生产经营者获得利润，但对顾客而言，通过购买也必须能满足需求和获得利益。推销的实质是交换，其结果要对双方有利，使买卖双方都比达成这笔交易前更好。

互惠互利原则是指在推销过程中，推销人员要以交易能为双方都带来较大的利益或者减少损失为出发点，不能从事伤害一方或给一方带来损失的推销活动。要知道，顾客都关心自己的利益。顾客之所以进行购买，就是因为交易后得到的利益大于或等于他所付出的代价。因此，推销人员在推销活动中要设法实现自己和顾客双方所追逐的目标。实现"双赢"是培养长久顾客之计，是顾客不断购买的基础和条件，也是取得顾客口碑传颂效果的基础和条件。要成为受欢迎、被期待的推销人员，必须设法为顾客提供利益，也就是设法使顾客从购买中得到其预期的好处。

推销人员在把握互惠互利原则时，切不可仅仅将其理解为对顾客的让利或赠奖利诱。实际上，与顾客具有对产品功能要求的需要和对产品使用价值之外的多种需要相适应，顾客追求的利益也是多方面的。推销人员在努力实现互惠互利原则时，必须善于认识顾客的核心利益，并与顾客加强沟通。

要正确运用互惠互利原则开展推销活动，必须在推销之前分析交易活动的结果能给顾客带来的利益。顾客追求的利益，既有物质的，也有精神的。不同的顾客对同一商品会产生不同标准的价值判断，对需求强烈的商品价值判断较高，反之，则较低。商品不同，带给顾客的利益就会有差异，不同的顾客对商品价值的评判会有高低。要在准确判断推销品给顾客带来的利益的基础上找到双方利益的均衡点，开展双赢推销活动。在进行利益判断时，一个优秀的推销人员，不仅要看到当前的推销利益，而且要看到长远的推销利益，不仅要看到直接的推销利益，而且要看到间接的推销利益，要多因素综合评价利益均衡点,不能以某一次交易的成功与否来判断推销的利益,坚持用能给顾客带来的利益引导顾客成交。充分展示商品或服务能给顾客带来的利益,是引导顾客购买的重要途径。这种展示越充分、越具体,顾客购买的可能性就越大。

(三) 推销使用价值观念的原则

使用价值观念,是顾客对商品有用性的认识。推销人员与其说是在推销商品,不如说是在推销商品的有用性。人们总是基于对商品有用性的认识来实施购买行为。但是面对层出不穷的新产品,顾客对商品有用性的认识是有限的,或者说要有一个过程。又由于生活方式和生活观念的不同,即使对同一种商品的同一种使用价值,人们也会有不同的认识。而这些都会导致顾客不能认识到商品的有用性,这就需要推销人员去帮助顾客正确认识商品的使用价值,认识自己的需要,并把两者密切联系起来。所以说,使用价值观念需要推销。

推销使用价值观念的原则,就是在推销商品时,要利用或改变顾客原有的观念体系,想方设法使顾客形成对商品使用价值的正确认知,以达到说服和帮助顾客购买商品的目的。著名的推销专家戈德曼说过这么一句话:"你不要单纯地推销具体的商品,更重要的是推销商品的使用价值观念。"就如推销洗衣机,重点是让消费者接受一种更省时、省力、舒适、快节奏的现代生活观念,让消费者认识到洗衣机在减轻家务劳动、有效利用闲暇时间、提高生活质量方面所具有的作用。

在实践中,有许多成功的推销,总是巧妙地向顾客推销了使用价值观念。例如,"海飞丝"可以帮你去除头屑,温州月兔牌空调能给你一个"冷静的空间",等等。正是商品使用观念的灌输,使得这些商品深入人心,获得消费者的青睐。

(四) 尊重顾客原则

社会发展到今天,人们基本生活需求的满足已不是一件困难的事,需求的层次在不断地提高。人们越来越重视自我价值的实现,希望自己能得到社会的承认和他人的尊重。即使在购买商品的交易中,他首先需要的也是交易对方的尊重。通俗地说,顾客会要求推销人员对自己的人格、身份、地位、能力、权力和成就,以及兴趣、爱好等方面给予尊重。你如果对一个顾客说"没见过你这种斤斤计较的人"或者"你还是买这件衣服吧,那件很贵,你买不起的"那就大错特错了。

尊重顾客的原则,是指推销人员在推销活动中要敬重顾客的人格、重视顾客的利益。对推销人员来说,必须要学会赞美,善于从顾客的立场、角度出发来考虑问题,充分理解、尊重顾客。当顾客在推销人员那里获得被尊重的感觉时,通常容易消除对推销人员的疑虑和不信任感。这可缩短双方心理上的距离,形成良好的人际关系,为推销的顺利进行打下良好的基础。与此同时,顾客也会由于心理需求得到了满足,对推销人员抱有感激之情。这种感激之情会使他以一定的行为,如重复购买商品,推荐、介绍新的顾客等来回报,而这就是我们所需要的。

> **阅读材料**

汽车推销员遵守诺言去拜访一个螺钉制造厂的工人

怀特是一家汽车公司的推销员,有一次他问一位顾客做什么工作时,这位顾客回答说:"我在一家螺钉制造厂上班。"

"那你每天都做些什么?"

"造螺丝钉。"

"真的吗?我还从来没见过怎么造螺丝钉。哪一天方便的话,我真想上你们厂看看,你欢迎吗?"

怀特只想让顾客知道:他很重视顾客的工作和尊重顾客。这是因为在这之前,可能从未有任何人怀着浓厚的兴趣问过他这些问题。相反,一个糟糕的汽车推销员可能嘲弄他说:"你在造螺丝钉?你大概把自己也拧坏了吧,瞧你那身皱皱巴巴的脏衣服。"

等到有一天,怀特特意去那家机械厂拜访这位顾客时,看得出他真的是喜出望外。他把怀特介绍给年轻的工友们,并且自豪地说:"我就是从这位先生那儿买的车。"怀特此时呢,则趁机送给每人一张名片。正是通过这种策略,怀特获得了更多的生意。

从上述例子可以看出,推销员应尊重每一位顾客,不管对方的身份、地位、职业如何。尊重顾客,会让顾客感到自信、心里舒服。只有心里舒服了,顾客才会购买东西。

资料来源:冯华亚.推销技巧与实战.北京:首都经济贸易大学出版社,2008

(五)讲求诚信原则

诚信是古今中外任何一个民族都应遵从的一种基本道德,社会上人与人之间、团体与团体之间没有诚信,不讲信用,是不可想象的。诚信的基本含义为诚实、不疑不欺,在人际交往中言而有信、言行一致、表里如一。

讲求诚信原则是指推销人员要以自己的言行博得顾客的信任,并且使得顾客相信他的权益也会由于推销人员守信承诺而得到保护。在推销过程中只有不提供伪劣产品,不从事欺骗性活动,不传播虚假信息,才能建立起良好的人际关系。千万不要为了引诱顾客订货而向顾客许下不能履行的诺言。这样做产生的后果是不堪设想的。应该尽量少许诺,多做实际工作。推销人员以实际行动而不是以许诺的方式满足顾客的需要,更能得到顾客的认可。假如为了一次订单而随意许诺,那么下次再想得到顾客的订单就不那么容易了。任何时候都应该记住,不论摆在前面的情况如何,决定你是否得到订单的重要因素是顾客对推销人员的信赖,而不是推销人员的承诺。

推销人员要想建立良好的人际关系,必须以诚待客,关心顾客,关心他们的事业和生活,并信守各项交易条款,按时、按质、按量兑现自己的承诺,哪怕是进行一次礼节性的拜访,也需要遵守约定的时间。只有这样,才能赢得顾客的信任,并最终获得更多的利益。言必行,行必果,是每位推销人员都应该遵守的准则。

阅读材料

"船王"包玉刚依靠诚信与顾客创建和谐的人际关系

著名企业家包玉刚从小就受到"做人诚实可靠,做事规规矩矩"的训诫,并受益终生,成就了辉煌业绩。他把讲信用看作企业经营的根本,看作与顾客之间创建和谐人际关系的首要条件。

1965年,埃及总统纳赛尔把苏伊士运河收归国有,并用沉船阻塞运河,使亚、非、欧三大洲海上运输受到了极大影响,船运费猛增,租船生意兴隆。包玉刚把船租给了一家日本公司,从印度装煤,运往日本港口。他与日本公司签订了长期供货合同,费用低廉,薄利长租避开了淡季无事可做的"萧条期"。他信守承诺,从不误期,使他与顾客之间建立了良好的人际关系,深得用户好评。

由于包玉刚信誉卓著,经营作风好,在不到两年的时间,他的船队像滚雪球似地越滚越大,从一条船很快发展成七条船。

资料来源:汪卫兴.世界船王包玉刚.长沙:湖南文艺出版社,1988

第三节 推销与推销学

一、推销的产生与发展

推销作为一种社会经济活动是人类社会发展到一定历史阶段的产物。商品推销是商品经济、商品交换的伴生物。

我国早在原始社会后期,就出现了物物交换。据《易经·系辞下》记载,当时的人们"日中为市,致天下之民,聚天下之货,交易而退,各得其所"。人类社会的第三次大分工催生了一个新的职业——商人,推销由此成为一个专门的行当。屈原曾在《天问》中记录了姜太公在朝歌城中贩卖肉食的传说:"师道在肆昌何识?鼓刀扬名后何喜?"到了春秋战国时期,商品生产和商品交换已成为经济生活中的重要组成部分,商品推销活动更为广泛,既有门市销售,也有流动销售,如走街串巷的小商贩便是流动推销。这一时期,产生了我国历史上著名的大商人,如子贡、范蠡、计然、白圭等,还总结了一系列经商之道,形成了"治生之学"。到了唐宋时期,商品的生产和交换更是盛况空前,城市市场突破了"坊市制"的限制,推销与交易更为方便。北宋著名画家张择端的《清明上河图》生动地描述了汴梁城的繁荣景象,客商云集、店铺交错、招牌林立。西汉的张骞开辟丝绸之路达欧洲,明朝的郑和带着浩大的船队七下西洋，不仅促进了中外文化交流，增进了中国人民与世界人民的友谊，也将中国的名牌产品丝绸、瓷器等推销到国际市场，使中华文明扬名四海。但就总体而言，在自给自足的自然经济条件下，中国封建社会的商品生产与交换是有限的，商品的推销也处于初始阶段，主要是生产者个人或居间性商人，以较为简单的方式在较为狭窄的范围内推销数量和品种都很有限的商品。由于我国商品经济发展缓慢，推销实践活动也难以上升为系统的理性思维成果。

在国外，推销同样源远流长，尼罗河畔的埃及商贩，丝绸之路上的波斯商旅，地中海沿岸的希腊船商，还有随军远征的罗马、阿拉伯、西班牙、葡萄牙、英国、法国的商人，都曾对推销的演进做出过杰出的贡献。特别是到了近代和现代，西方国家推销发展迅速，出现了一大批诸如哈默、吉拉德、松下幸之助等杰出的推销大师。从某种意义上说，资本主义的商品经济发展史，也是一部推销发展史。美国在两次世界大战中对军火的推销助其成为世界经济霸主，日本第二次世界大战后靠大力拓展国外市场获得迅猛发展，正是由于大批推销人员把美国和日本的产品推销到世界各地市场，美国和日本才有了今天的经济繁荣。

二、推销学的建立和发展

推销由一门销售技术发展成为一门有独立理论体系的应用型经济学科，经历了一个逐步发展与完善的过程。而这一过程与市场营销学的发展、市场营销观念的演变与进步如影随形。

19世纪末20世纪初，各主要资本主义国家相继完成工业革命。机器大工业的出现促使商品市场日益深入扩展，出现进一步细分专业化的趋势，许多企业内部开始设立销售部门，出现了批发商、零售商、代理商和经纪人，推销活动也随之向职业化、规范化发展。过去被动地坐等顾客上门的传统推销方式，逐渐被"走出去，说服顾客"的积极推销方式取代。在解决传统推销成功偶然性问题的探索中，推销理论也得以形成和趋向成熟。1900年，美国纽约大学率先开设了"推销学"课程，1915年"美国推销协会"宣告成立。20世纪30年代的经济大危机爆发后，企业更加强了对推销术、广告术的研究，当时的市场学几乎就等同于推销学。但由于当时大多数消费者的购买力低下，生产能力相对过剩，市场销售问题严峻，强力推销的观念在工商界盛行，20世纪20年代末期发展到极致。美国工商界就流行着一句训导词："一个最理想的推销员必须能够冲破一切阻力，成功地向任何人推销商品。"在这种指导思想下，推销时可以不惜采取不道德手段把商品硬塞到顾客手中，推销就像一场职业心理拳击赛，顾客是必须打倒的对象，搏斗的目标是争夺订单。他们一厢情愿地认为，顾客只要能将所购买的产品派上用场，就会很快忘记被迫购买的不愉快。强力推销的观念和方式，带来了严重恶果。它极大地损害了企业和推销人员的形象，使买卖双方的隔阂加深，使消费者戒心严重，时刻提防上当。

第二次世界大战以后，科学技术有了飞速发展并得到广泛应用，极大地提高了社会生产力。同时,信息通信和交通运输的随之发展,使世界市场瓜分完毕,再难有"处女市场"以供开发。消费需求也呈现出个性化、多样化和高质量化的趋势。企业仅仅凭主观想象生产产品,然后去向消费者推销,已经适应不了全面的"买方市场",适应不了觉醒的消费者和激烈的市场竞争。这就迫使企业家放弃"生产观念"、"推销观念",以新的眼光去审视消费者或市场,并按照市场需要组织生产经营,改变以企业为中心或以产定销的陈旧观念。同时,为了击败竞争对手、赢得市场,企业又必须进行全面而又系统的生产经营方式的革新。于是,第一次市场营销革命发生,市场营销观念应运而生。古老、陈旧的生产观念和推销观念被代之以与时代相符的市场营销观念。有识之士认为,企业要实现自己的经营发展目标,关键在于正确地确定目标市场的需求和欲望,并且比竞争者更有效、更有利地传送目标市场所期望的东西。简单地说就是"熟悉你的市场,并更好地去满足它"。随着观念的转变,先进企业的营销手段也发生了革新。企业的营销发生了一系列根本的变化:首先,企业的关注点由产品转向了市场,不再是着眼于企业能生产什么、怎么生产,以及怎样将生产的产品销售出去,而是研究市场需求,实现了以我为中心向以市场为中心的转移;其次,企业主动运用营销手段,不再是"产品不足重生产,产品积压重推销",被动地头痛医头、脚痛医脚,而是在从事任何生产经营之前,就主动地先研究市场,从根本上解决问题;再次,企业重视营销手段的组合运用,不再是零敲碎打想计谋,而是既要发挥各种营销工具的独立作用,又要能产生组合效应;最后,企业经营思路和视野得到了拓宽,着眼于为市场服务的全过程,而不是仅仅局限于生产和推销,如营销研究、设计构想、生产经营、销售推广、售后服务等。

20世纪中叶以来,随着科学技术的发展,人类进入信息社会,很多产品出现了全面供过于求的局面:一方面,消费者的需求表现出多样性、差异性和多变性;另一方面,消费者追求高品质的生活,自我保护意识增强。"成熟社会"来临,即在社会经济高速发展、人们生活水平迅速提高的同时,环境污染、能源短缺、通货膨胀、失业增加、消费者保护运动兴起等社会问题日渐突出。企业必须正视和处理消费者需要、消费者利益、社会长远利益与企业利润之间的矛盾或冲突,重新审视自己的营销观念和策略,以符合消费者的真正利益、社会的长远利益和可持续需要,在此基础上谋求企业利益,而不是为谋求利益而谋求利益。不少学者纷纷提出新观念来修正或代替市场营销观念,如"人性观念"、"理智消费观念"、"生态营销观念"等。菲利普·科特勒教授进一步归纳为"社会营销观念"。社会营销观念认为,应在满足消费者需要、获取企业利润的同时,重视社会的根本利益和长远利益,处理好消费者需要、消费者利益、社会长远利益之间的关系,并求得平衡与协调。在这样的指导思想下,企业的经营进一步发生改变,即向市场营销的基本理念宣战。这种观念将企业万古不变的推销产品、获取利润的目标置于脑后,并升华为与消费者进行情感沟通。利润只是企业与消费者情感融通的客观结果。推销学在上一级学科市场营销学飞速发展的带动下,也日益系统化。推销成为营销组合的组成部分,是动态的、系统的营销活动过程的一个环节,也是营销不可缺少的重要机能。1958年,欧美负有盛名的国际推销协会名誉会长、欧洲市场及推销咨询协会名誉会长、著名的推销专家海因兹·姆·戈德曼(Heinz M. Goldman)系统总结了其多年推销生涯的成功经验,将推销过程程序化、公式化,概括出被称为推销法则的爱达模式、迪伯达模式和埃德帕模式。他的《推销技巧——怎样赢得顾客》(The Classic Manual of Successful Selling——How Win Customers)一书的问世,标志着现代推销学的诞生。随着社会经济的发展和市场营销观念两次大的变革,现代推销也由强调通过双向沟通鉴别消费者需求,用信息告知和谈判技巧取代操纵的顾问推销,发展到给予战略与推销技巧同等重视,给予产品定位更多关注的战略推销,再发展到顾客取代产品作为销售的驱动力量,更强调产生重复业务和推荐人的全面质量关系的伙伴关系时代。

三、推销观念

推销观念是推销人员开展推销工作的指导思想和哲学理念,取决于企业和推销人员对推销工作的认识。有什么样的推销观念,就有什么样的推销手段和方式。

(一)传统推销观念

传统推销观念是指以"推"为导向的产品销售观念,其重点是通过推销人员的说服工作,把产品卖给顾客,在进行推销时基本不考虑顾客的真正需要,主要靠推销人员的讲解、对产品的展示、热情服务等来说服或打动顾客购买产品。

其基本特点如下:①产品销售主要靠推销进行;②推销的唯一目的是出售产品,为企业或个人创造利润;③推销的主要方法是说服和展示,重点在于介绍产品的优点;④推销人员个人行为在销售中起着至关重要的作用;⑤推销注重技巧,不惜利用顾客的心理弱点,容易陷入"推销术"的误区;⑥"诚信"是推销的一种手段,目的在于实现更多销售目标,但企业往往只看重推销的业绩,而不把诚信作为对推销工作的要求。

(二)现代推销观念

现代推销观念是一种以满足顾客需要为中心的观念。在长期的销售实践中,企业意识到单靠推销人员的说服工作来销售产品的做法已经无法适应新的经济形势的需要。与此同时,在西方发达国家也涌现出一批优秀的管理学家、营销学家,他们提出了市场营销的理论。企业把销售的重点放在市场研究上,人员推销成为企业整体营销工作的一部分。

其基本特点如下:①产品销售不仅依赖产品质量和高压式的推销,同时企业营销战略对销售也起着重要的作用;②推销目的是满足顾客需要、追求双赢的效果;③推销的主要方式是与顾客沟通,倾听顾客的需要,重点在于为顾客提供令人满意的服务;④企业文化对推销人员的个人素质起着很大的影响作用,推销人员在推销活动中更多地传达着企业的文化;⑤爱心、诚信等不再是一种销售手段而是对推销人员的素质要求,对业绩的考核更加注重服务的质量。

(三) 传统推销观念与现代推销观念的关系

传统推销观念是现代推销观念的基础,现代推销观念植根于传统观念之上。传统观念既有值得发扬的很多理念,同时也有局限性和存在的问题。比如,传统观念中的对顾客的说服和对产品的展示在现代推销观念中仍然存在,但强行推销、倾力推销逐渐会被温和式的柔性推销代替。在现代推销观念的指导下,推销人员的个人素质会有更大提高。传统推销观念与现代推销观念的比较见表 1-1。

表 1-1 传统推销观念与现代推销观念的比较

观念\项目	传统推销观念	现代推销观念
目的	售出产品,创造利润	满足顾客需要
效果	企业或个人获益	双赢
模式	高压式、劝说式	温和式、沟通式
重点	介绍产品的优点	倾听顾客的要求
主要方法	说服、展示	询问、倾听、展示
研究工作侧重	产品、销售辞令	消费者需要层次、背景

(四) 现代推销观念的新发展

1. 系统推销观念

整个现实社会是一个庞大的网络系统,又由许许多多的子系统构成。大到整个国际社会、一个国家、一个地区、一个行业,小到一个公司、一个企业、一个家庭,相互之间有着千丝万缕的复杂关系,每一个子系统都不可能离开社会这个大系统而孤立存在。在信息传递手段特别先进的今天,传播效应强化了这种系统效应,企业如果忽视这两种效应的辐射作用,则有可能被市场淘汰。对于企业来讲,其系统构成横向包括消费者、竞争者、中间商、政府机构和社会组织,纵向包括人才、技术、资金、生产、贸易和产品等。可以说这些因素是企业丰富的资源,它们来源于社会,因此企业必须树立"先服务于社会"的观念,才可能为自己谋取更大的利益。一个企业的利润来源于社会,有远见的企业必须具有强烈的社会责任感,如果只重经营利润,忽视企业的社会责任,企业将成无源之水,终究会走向灭亡。企业的优良行为会通过传播效应与系统效应产生正面强化作用,有利于企业的发展;而企业的不良行为也会通过传播效应和系统效应的渲染扩大负面影响,不利于企业的生存与发展。成在于此,败也在于此。其实质在于外在形象与内在品质的统一是企业立足社会的根本点。

推销行为是整个社会系统中的一项行为,并不是一项单一的行为。推销人员要更加注意个人行为的影响作用,更加注意服务的细节。

2. 绿色推销理念

所谓"绿色推销",是指社会和企业在充分意识到消费者日益增强的环保意识和由此产生的对清洁型无公害产品的需要的基础上,发现、创造并选择市场机会,通过一系列理性化的推销手段来满足消费者以及社会生态环境发展的需要,实现可持续发展的过程。绿色推销不是一种诱导顾客消费的手段,也不是企业塑造公众形象的"美容法",它是一个导向持续发展、永续经营的过程,其最终目的是在化解环境危机的过程中使企业获得商业机会,在实现企业利润和使消费者满意的同时,达成人与自然的和谐相处目标,以有利于人类社会的可持续发展。推销人员要将这种"绿色思想"贯穿在自己的推销行为中。

3. 团队推销理念

"团队推销"包含两层含义:一是指推销时应采取整体作战的方法,发挥团队的协作力;二是指企业中的团队推销不仅是企业中营销部门非常关注的事,也是企业上上下下每个部门和每个人都应当关注的事。

企业如果要在竞争中取胜,并在竞争中求得生存和发展,就需要从上到下都有一种全员推销、全员参与市场竞争的意识,使企业有长足的发展,迅速壮大。

各部分必须在增加企业整体利益的共同目标下,协调一致,为争取最终消费者发挥应有的作用。市场推销只有一个部门参与时,工作是难以展开的;只有当所有部门与员工协调一致,即发挥产品、定价、营销、促销四大策略的整体效应,配合一致,与最终消费者建立有力的联系时,推销部门才会卓有成效。

一个区域市场的推销团队就是一个小的集团,而一个企业则是一个大的团队,它们好比是大河与小河的关系,"大河有水小河满,大河无水小河干",推销团队要时刻服从企业这个大的团队的召唤与指挥,同时更要维护企业的利益与形象,否则小的推销团队甚至是推销人员自己就很容易成为无源之水、无根之水。

一个企业如果是一盘散沙,则会影响推销团队目标的一致性,甚至还有可能危害到企业的利益,下面的人员常常会观察上面的人员是如何身体力行的。而一个不团结,心不往一处想、劲不向一处使,缺乏沟通与团结协作的团队肯定做不成任何事情,其只能是成事不足、败事有余。

阅读材料

乔·吉拉德的推销故事及推销名言

乔·吉拉德1929年出生于美国一个贫民窟,他从懂事时起就开始擦皮鞋、做报童,然后做过洗碗工、送货员、电炉装配工和住宅建筑承包商等。35岁以前,他只能算个全盘的失败者,患有严重的口吃,换过40个工作仍然一事无成,再往后他开始步入推销生涯。

谁能想象得到,这样一个不被看好,而且背了一身债务,几乎走投无路的人,竟然能够在短短3年内被吉尼斯世界纪录称为"世界上最伟大的推销员"。他至今还保持销售昂贵商品的空前纪录——平均每天卖6辆汽车！他一直被欧美商界称为"能向任何人推销出任何产品"的传奇人物。

乔·吉拉德的成功自然有他独特的方法！成功人士的方法是我们成长的最佳参照物。

下面，把乔·吉拉德"销售名言"串起来总结如下，供大家参考。

名片是成功的开始

乔·吉拉德有一个习惯：只要碰到一个人，他马上会把名片递过去，不管是在街上还是在商店。他认为生意的机会遍布每一个细节。

"给你个选择：你可以留着这张名片，也可以扔掉它。如果留下，你知道我是干什么的、卖什么的，细节全部掌握。"

乔·吉拉德认为，推销要点不是推销产品，而是推销自己。

"如果你给别人名片时想，这是很愚蠢很尴尬的事，那怎么能给出去呢？"他说，"恰恰相反，那些举动显得很愚蠢的人，正是那些成功和有钱的人。"他到处用名片，到处留下他的味道、他的痕迹，人们就像绵羊一样来到他的办公室。

去餐厅吃饭，他给的小费每次都比别人多一点点，同时主动放上两张名片。因为他给的小费比别人的多，所以大家肯定要看看这个人是做什么的，分享他成功的喜悦。人们在谈论他，想认识他，根据名片来买他的东西，经年累月，他的成就正是来源于此。

他甚至不放过借看体育比赛的机会来推广自己。他的绝妙之处在于，在人们欢呼的时候把名片雪片般撒出去。于是大家欢呼，那是乔·吉拉德——已经没有人注意那些体育明星了。

2002年7月18日，NAC成功大会北京站，在乔·吉拉德的演讲开始之前，工作人员就已经将他的名片摆放在每一张椅子上，他似乎还嫌不过瘾，演讲过程中，不时将名片一把一把往人群中撒。

他说，不可思议的是，有的推销员回到家里，甚至连妻子都不知道他是卖什么的。

"从今天起，大家不要再躲藏了，应该让别人知道你，知道你所做的事情。"

深深地热爱着自己的职业

乔·吉拉德相信，成功的起点是首先要热爱自己的职业，无论做什么职业，世界上一定有人讨厌你和你的职业，那是别人的问题。

"就算你是挖地沟的，如果你喜欢，关别人什么事？"

他曾问一个神情沮丧的人是做什么的，那人说是推销员。

乔·吉拉德告诉对方：推销员怎么能是你这种状态？如果你是医生，那你的病人会杀了你，因为你的状态很可怕。

他也被人问起过职业，听到答案后对方不屑一顾：你是卖汽车的？但乔·吉拉德并不理会：我就是一个推销员,我热爱我做的工作。

美国前第一夫人埃莉诺·罗斯福曾经说过："没有得到你的同意,任何人也无法让你感到自惭形秽。"

乔·吉拉德认为在推销这一行尤其如此,如果你把自己看得低人一等,那么你在别人眼中也就真的低人一等。

工作是通向健康和财富之路。乔·吉拉德认为,它可以使你一步步向上走。全世界的普通纪录是每周卖7辆车,而乔·吉拉德每天就可以卖出6辆。

有一次他不到20分钟已卖了一辆车给一个人。对方告诉他,其实我就在这里工作,来买车只是为了学习你销售的秘密。乔·吉拉德把订金退还给对方。他说他没有秘密,若非要说秘密的话,那就是"如果我这样的状态能够深入到你的生活,你会受益无穷"。

他认为,最好在一个职业上待下去,因为所有的工作都会有问题,明天不会比今天好多少,但是,如果频频跳槽,情况会变得更糟。他特别强调,一次只做一件事。以树为例,你从种下去,就精心呵护它,它慢慢长大,就会给你回报。你在那里待得越久,树就会越大,回报也就越多。

倾听和微笑

乔·吉拉德说：有两种力量非常伟大,一是倾听,二是微笑。

"倾听,你倾听得越久,对方就会越接近你。据我观察,有些推销员喋喋不休。上帝为何给我们两个耳朵一张嘴？我想,意思就是让我们多听少说！"

乔·吉拉德说："有人拿着100美金的东西,却连10美金都卖不掉,为什么？你看看他的表情。"要推销出去自己,面部表情很重要：它可以拒人千里,也可以使陌生人立即成为朋友。

笑可以增加人的面值。乔·吉拉德这样解释他富有感染力并为他带来财富的笑容：皱眉需要9块肌肉,而微笑,不仅用嘴、用眼睛,还要用手臂和整个身体。

"当你笑时,整个世界都在笑。一脸苦相没有人愿意理睬你。"他说,"从今天起,直到你生命最后一刻,用心笑吧。"

"世界上有60亿人口,如果我们都找到两大武器——倾听和微笑,人与人就会更加接近。"

让信念之火熊熊燃烧

"在我的生活中,从来没有'不',你也不应有。'不'就是'也许'；'也许'就是肯定。我不会把时间白白送给别人的。所以,要相信自己,一定会卖出去,一定能做到。"

"你认为自己行就一定行,每天要不断向自己重复。"

"你所想的就是你所要的,你一定会成就你所想,这些都是非常重要的自我肯定。Impossible(不可能),就是 I am Possible(可能)了。要勇于尝试,之后你就会发现你所能够做到的连自己都惊异。"

乔·吉拉德说:"所有人都应该相信:乔·吉拉德能做到的,你们也能做到,我并不比你们好多少。而我之所以做到,便是投入专注与热情的结果。"

一般的推销员会说,那个人看起来不像一个买东西的人。但是,有谁能告诉我们,买东西的人长得什么样?乔·吉拉德说,每次有人路过他的办公室,他内心都在吼叫:"进来吧!我一定会让你买我的车。因为每一分一秒的时间都是我的花费,我不会让你走的。"

我笑着面对他,"我的钱在你的口袋里。"

35岁前,乔·吉拉德经历过许多失败。记得那次惨重失败后,朋友都弃他而去。但乔·吉拉德说:"没关系,笑到最后才算笑得最好。"

他望着一座高山说:我一定会卷土重来。他紧盯的是山巅,旁边这么多的小山包,他一眼都不会看。

3年以后,他成了全世界最伟大的推销员,"因为我相信我能做到"。

"有件事很重要,大家都要对自己保证,保持热情的火焰永不熄灭,而不像有些人起起伏伏。"乔说。

爱的信息是唯一的诀窍

乔·吉拉德说:"是否有人不相信我怎么编出这样的故事?我要打开你们的脑袋、你们的心,让你们知道,我能做到的你们也能做到。"

乔·吉拉德自信地说:"我打赌,如果你从我手中买车,到死也忘不了我,因为你是我的!""我卖车有些诀窍。就是要为所有客户的情况都建立系统的档案,我每月要发出1.6万张卡,并且,无论买我的车与否,只要与我有过接触,我都会让他们知道我记得他们,我寄卡的所有意思只有一个字:爱。世界500强中,许多大公司都在使用我创造的这套客户服务系统。"

"我的这些卡与垃圾邮件不同,它们充满爱。我每天都在发出爱的信息。"

你就是唯一

一定要与成功者为伍,以第一为自己的目标。乔·吉拉德以此为原则处世为人。他的衣服上通常会佩戴一个金色的"1"。有人问他:"因为你是世界上最伟大的推销员吗?"他给出的答案是否定的。他说:"我是我生命中最伟大的!没有人跟我一样。上帝造了你后,就把模具毁掉了,这就是你的标志。就算没有指纹,也能在人群中识别你;你的声音与众不同,通过声纹可以找到你;你的气息也区别于他人……"

"如果看到一个优秀的人,就要挖掘他的优秀品质,移植到你自己身上。"

一位医生告诉乔·吉拉德,每个人体内有一万个发动机。乔·吉拉德家最外面的门上有一句话:把所有发动机全部启动。

他每天这样离开家门:观察身上所有细节,看看自己是否会买自己的账。一切准备好,手握在门把手上,打开门,像豹子一样冲出去。乔·吉拉德对自己说:

I feel good.（我感觉很好。）

I feel great.（我感觉好极了。）

I'm No.1.（我是最棒的。）

"每个人的生活都有问题,但我认为问题是上帝给我的礼物,每次出现问题,把它解决后,你就会变得比以前更强大。35岁时,我是个彻头彻尾的穷光蛋,甚至连妻子和孩子的吃喝都成了问题。我去卖汽车,是为了养家糊口。"

"一切由我决定,一切由我控制。"

"一切奇迹都要靠自己创造。"

本 章 小 结

推销是一种古老而又非常普遍的经济现象,它和人类交换行为的历史同样久远。市场经济条件下,推销无处不在。无论对企业还是对顾客,推销行为都有着非常积极的意义。因此,对推销的含义及其活动的本质规律进行研究是非常必要的。

从狭义的角度讲,推销指的是企业营销组合策略中的人员推销,即企业推销人员发现顾客需求,通过传递信息、说服等技术与手段,用适宜的产品满足顾客需求,以实现双方利益交换的过程。推销活动由推销者、推销对象及推销品三个基本要素组成。推销行为的本质在于满足顾客的欲望和需求。在推销过程中,推销人员会运用一定的方法和技巧。

推销、销售与营销并不是完全相同的概念：推销是市场营销组合的组成部分,是营销活动过程的一个环节,同时也是营销不可缺少的机能；销售与推销也是包含与被包含的关系,彼此之间相互联系、相互作用和影响。

完整的推销过程,一般包括寻找客户、接近客户、洽谈沟通、达成交易、售后服务、信息反馈六个步骤。就每一项推销业务而言,这六个阶段固然有先后之分,但就整个推销工作来说,六个阶段存在交叉渗透关系。推销各阶段的工作,不仅是继起的,而且相互交织和渗透。在推销过程中,推销人员必须坚持以顾客为中心,遵循满足顾客需要、推销使用观念、互惠互利、尊重顾客、讲求诚信的原则。

推销作为一种社会经济活动,是人类社会发展到一定历史阶段的产物。它对人类文明的发展起了积极作用。推销由一门销售技术发展成为一门独立的学科,经历了一个逐步发展与完善的过程。而这一过程与市场营销学的发展、市场营销观念的演变与进步如影随形。1958年,世界著名推销专家海因兹·姆·戈德曼《推销技巧——怎样赢得顾客》一书的问世,标志着现代推销学的诞生。现代推销由顾问推销发展到战略推销,再发展到伙伴关系时代。

思 考 题

1. 如何理解推销的含义？
2. 现代推销有哪些特点？
3. 怎样看待推销行业及其未来前景？
4. 现代推销的整体过程包含哪几个阶段？
5. 现代推销活动应该遵循哪些基本原则？
6. 如何理解推销与市场营销之间的关系？
7. 在现代社会，推销能力对于一个人的成功来说有哪些作用？举例说明。
8. 限时5分钟向全班同学自我介绍，要突出自己的特点，能给同学留下深刻的印象。
9. 谈谈如何发挥团队协作力开展推销工作。

案 例 分 析

案例1-1

推销员：这件衣服对您再合适不过了，您穿蓝色的看上去很高贵，而且式样也正是您这种工作所需要的。

顾客（犹豫地）：不错，是一件好衣服。

推销员：当然了，您应该马上就买它，这种衣服就像刚出炉的热蛋糕，您不可能买到更好的了。

顾客：嗯，也许，我不知道。

推销员：您不知道什么？这是无与伦比的。

顾客：我希望您不要给我这么大的压力，我喜欢这件衣服。但我不知道我是否应该买别的颜色的衣服，我现在已有一套蓝色的了。

推销员：照照镜子，难道您不以为这件衣服给了您真正的威严气质？我知道您可以承受得了，而且60天内您可以不必付款。

顾客：我还不能确定，这得花很多钱。

推销员：好的，但当您再回来时或许这件衣服已没有货了。

案例讨论

1. 推销员是否了解顾客的需求所在？如何了解顾客的需求？
2. 推销员的做法是否属于强行推销性质？为什么？
3. 在该案例中，推销员应如何帮助顾客去认识服装商品？

案例1-2

一个顾客在考虑购买一辆卡车时说："我不需要这种大型卡车。某某公司制造的中小型卡车适合我们的需要。"在这种情况下,推销员的正常反应是,尽力向顾客证明他确实需要较大型的卡车。但如果你采用提问的方法,就会出现下列情况。

推销员：您需要货物平均重量为多少？

顾客：那很难说,两吨左右吧！

推销员：有时候多,有时候少,对吗？

顾客：对！

推销员：究竟需要哪种型号的卡车,一方面要根据运输的货物,另一方面要看在什么公路上行驶,您说对吗？

顾客：对。不过……

推销员：假如您在丘陵地区行驶,而且在冬天,这时汽车的机器和车身所承受的压力是不是比在正常情况下大一些？

顾客：是的。

推销员：您冬天开车外出的次数比夏天多吧？

顾客：多得多！我们夏天的生意不太兴隆。

推销员：那么,我们也可以说您的卡车一般运载货物为两吨,有时候还会超过两吨。冬天在丘陵地区行驶,汽车是否经常处于超负荷状态？

顾客：对,那是事实。

推销员：而这种情况也正好发生在您使用卡车最多的时候,对吗？

顾客：是的,正好在冬天。

推销员：您在决定购买多大马力的卡车时,是否认为留有一定的余地比较好呢？

顾客：您的意思是……

推销员：从长远的观点看,是什么因素决定一辆车值与不值呢？

顾客：那当然要看它能使用多长时间了。

推销员：有两辆卡车。一辆马力相当大,因此从不超载；另一辆总是满负荷。您觉得哪一辆卡车的使用寿命长呢？

顾客：当然是马力大的那辆车了！

推销员：您在决定购买什么样的卡车时,主要看卡车的使用寿命,对吗？

顾客：对。使用寿命和价格都要加以考虑。

推销员：我这里有些数字。通过这些数字您可以看出使用寿命和价格的比例关系。

顾客：让我看看。

推销员：哎！怎么样？您有什么想法？

顾客进行了计算,而后双方继续进行讨论。

案例讨论

这位推销人员的成功之处是什么？

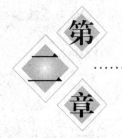

推销理论

引例

书店里,一对年轻夫妇想给孩子买一些百科读物,销售人员过来与他们交谈。以下是当时的谈话摘录。

客户:"这套百科全书有些什么特点?"

销售人员:"你看这套书的装帧是一流的,整套都是这种真皮套封烫金字的装帧,摆在您的书架上非常好看。"

客户:"里面有些什么内容?"

销售人员:"本书内容按字母顺序编排,这样便于查找资料。每幅图片都很漂亮逼真,比如这幅,多好看。"

客户:"我看得出,不过我想知道的是……"

销售人员:"我知道您想说什么。本书内容包罗万象,有了这套书就如同有了一套地图集,而且还是附有详尽地形图的地图集。这对你们一定会有用处。"

客户:"我是为孩子买的,让他从现在开始学习一些东西。"

销售人员:"哦,原来是这样。这套书很适合小孩子的。它有带锁的玻璃门书箱,这样您的孩子就不会将它弄脏,小书箱是随书赠送的。我可以给你开单了吗?"

接着,销售人员要将书打包,给客户开单出货。

客户:"哦,我再考虑考虑。你能不能找出其中的某部分比如文学部分,让我们了解一下其中的内容。"

销售人员:"本周有一次特别的优惠抽奖活动,现在买说不定能中奖。"

客户:"我恐怕不需要了。"

思考题

这位推销人员在介绍这套图书时犯了什么样的错误?

在现代推销活动中,由于推销的双重主体——推销人员和顾客都是由人构成的,推销过程中必然伴有大量的人的心理活动,同时也会出现千姿百态的心理现象。而这些心理活动又将决定着双方的交易行为,从而成为决定推销成败的关键性因素。一切推销理论与技巧的提出,必须符合推销心理的活动规律。因此,研究顾客的心理活动,注意推销主体双方在推销活动中的心理状态,确定适宜的推销模式,就成为推销活动的一项重要工作。

第一节 推销心理概述

一、推销心理的概念

推销心理是指推销活动中的客观现实在推销人员与顾客头脑中的反映。在推销活动过程中,推销人员和顾客对客观现实的反映各不相同、千差万别,从而形成各自不同的心理。把握好这些心理活动规律和特征,有助于推销人员有针对性、创造性地开展推销工作,顺利地完成推销任务,实现企业的经营目标。

在推销活动中,推销心理包括顾客心理和推销人员心理两个方面,本章重点介绍顾客购买心理以及推销人员应该采取的对策。

二、推销心理的特征

推销过程中错综复杂的心理表现都是由推销人员和顾客的心理特征决定的,推销心理具有互动性、差异性、趋同性和不对称性的特征。

(一)互动性

推销过程是推销人员和顾客双向沟通协商的过程,彼此的心理相互影响、相互制约。各自不同的心理表现,都会给对方的心理带来微妙的影响,并影响着推销结果。在实际推销中,企业和推销人员不能单方面地进行推销工作,如推销人员过分热情会给顾客带来较大的心理压力,从而导致推销的失败,过于疏远又会使推销无法顺利实现。推销心理的互动性要求推销人员在推销中要用自己的热情去鼓舞顾客,用自己的知识去说服顾客,用自己的信心去感染顾客,同时,要能够准确地分析和预测顾客的购买动机、各种行为的表现及反馈的心理信息。

例如,一天下午,小洪下班后走进一家颇具规模的服装店,想购买一件 T 恤衫。一进门,他发现店内只有几个穿着同样服装的店员,却没有一个顾客。此时,在大门口的一位店员对他鞠了一躬,说道:"欢迎您的光临!"小洪刚走到挂着 T 恤衫的衣架前,一个店员马上走上来问道:"你想要一件 T 恤衫吗?"旁边另一个店员也立即指着一件说:"这种款式是今年新上市的,您想试试吗?"小洪觉得这三四个店员都在围着自己,感到很不自在,便说了句"我只是随便看看",便马上离开了这家服装店。

（二）差异性

推销心理具有差异性，这主要是由推销人员和顾客的个体差异造成的。由于推销人员和顾客在不同的自然环境和社会环境中形成了不同的心理特征，对客观现实的反映有着各自不同观点的认识。这主要体现在认识上、观念上和行为上及年龄、性别、文化、宗教、民族和地域等方面的差异。如在推销活动中，年轻人接受新产品较快，老年人接受新产品较慢，特别是对时尚和流行的产品，这种心理差异就更大；在审美心理上，中国人喜欢菊花，把它与"梅、兰、竹"一起誉为花中的四君子，而欧洲一些国家却非常忌讳菊花，地域文化导致了观念上的差异。推销心理的差异性要求推销人员在推销工作中根据具体的顾客来进行推销，并树立"推销无定式"的理念。

（三）趋同性

推销心理的表现千差万别、各不相同，但有时有规律可循，有趋同性。推销人员可以从各自不同的推销心理表现中找出其内在规律。比如，顾客的性格在籍贯上表现出一定的趋同性，南方的顾客性格普遍较为含蓄、精明；北方的顾客性格普遍较为直率、粗犷。在社区消费中，同一社区的顾客消费时有攀比心理，具有较强的趋同性。推销心理的趋同性要求推销人员能够正确运用顾客的共性，有效地展开工作。

（四）不对称性

推销心理的不对称性主要表现在推销人员和顾客在信息交流过程中心理表现的不对称。虽然推销人员与顾客在推销活动中是互动的关系，但由于个性、环境、时间和观念等的差异，彼此的心理表现出不对称。比如，在有科技含量的新商品的推销中，推销人员通过各种方式来教育引导顾客，觉得顾客应该已经很了解这种产品了，但顾客却一知半解、难以接受。

阅读材料

在乡村小店里，一个新销售员正在接待一个顾客。这时来了一位老大娘，她想买一个暖水瓶。销售员连续给她看了三个暖水瓶她都摇头。销售员有些奇怪，就问："大娘，这三个暖水瓶有什么问题吗？"大娘说："这三个都坏了。"销售员很惊讶，"不会的，这可都是新进的货呀。"大娘说："每只瓶胆里都有几个黑斑，不是坏了吗？"销售员一听，笑着说："大娘，这不是什么黑斑，这是三块石棉。因为瓶胆是双层玻璃构造，中间是真空的，为了防止瓶胆内壁因承受的压力过大而破碎，需要将内壁因承受的压力分散一部分到外壁上，所以用三块石棉连接内外壁，这样瓶胆就不易破碎了。"

大娘听了后疑惑地笑笑，最后还是摇摇头走了。店里老售货员知道此事后说道："如果是我的话，我只要说'大娘，相信我吧，这绝不是坏的。'大娘肯定会买。你知道为什么吗？"新销售员摇摇头。老销售员说："第一，我在这儿好多年了，周围的老百姓都认识我，他们都相信我;第二,我不会说他们听不懂的话。"

第二节 顾客需求

一、顾客需求的内涵

现代推销的目的就是满足顾客的需求,因此研究顾客的需求有着十分重要的价值。顾客需求是指顾客对有能力购买的某个具体产品的购买欲望。简单地说,需求就是建立在顾客购买力基础上的购买欲望。一般来说,人们的需要是相似的,每个人有相同或相似的需要,但由于人的购买力不一样,人的欲望就大不相同。比如每个人都要吃饭,但有的人的欲望是山珍海味,而有的却只是粗茶淡饭。人有多种需要,如饥饿的时候有进食的需要,渴的时候有喝水的需要,在与他人交往中有获得友爱、被人尊重的需要,等等。

需求是和人的活动紧密联系在一起的。人们购买产品接受服务,都是为了满足一定的需求。一种需求满足后,又会产生新的需求。因此,人的需求绝不会有被完全满足和终结的时候。正是需求的无限发展性,决定了人类活动的长久性和永恒性。

需求虽然是人类活动的原动力,但并不总是处于被唤醒的状态。只有当顾客的匮乏感达到了某种迫切程度时,需求才会被激发,并促使顾客有所行动。比如,我国绝大多数消费者可能都有住上更宽敞住宅的需求,但由于受经济条件和其他客观因素制约,这种需求大都只是潜在消费者心底,没有被唤醒,或没有被充分意识到。

二、顾客需求的分类

作为个体的消费者,其需求是丰富多彩的。这些需求可以从多角度予以分类。

(一)根据需求在人类历史上的起源分类

1. 生理性需求

生理性需求,是指个体为维持生命和延续后代而产生的需求,如进食、饮水、睡眠、运动、排泄等。生理性需求是人类最原始、最基本的需求,是人类和动物所共有的,而且往往带有明显的周期性。人的生理需求,从需求对象到满足需求所运用的手段,无不烙有人类文明的印记。正如马克思所说:"饥饿总是饥饿,但是使用刀叉吃熟肉来解除的饥饿不同于用手、指甲和牙齿啃生肉来解除的饥饿。"人类在满足其生理需求的时候,并不像动物那样完全受本能驱使,而是要受到社会条件和社会规范的制约。

2. 社会性需求

社会性需求,是指人类在社会生活中形成的、为维护社会的存在和发展而产生的需求,如求知、求美、友谊、荣誉、社交等需求。社会性需求是人类特有的,它往往带有时代、阶级、文化的印记。人是社会性的动物,只有被群体和社会接纳,才会产生安全感和归属感。社会性需求得不到满足,虽不直接危及人的生存,但会使人产生不舒服、不愉快的体验和情绪,从而影响人的身心健康。一些物质上很富有的人,因得不到友谊、爱,得不到别人的认同而产生孤独感、压抑感,恰恰从一个侧面反映出社会性需求的满足在人的发展过程中的重要性。

(二) 社会需求的对象分类

1. 物质需求

物质需求是指对与衣、食、住、行有关的物品的需求。在生产力水平较低的社会条件下,人们购买物质产品,在很大程度上是为了满足其生理性需求。但随着社会的发展和进步,人们越来越多地运用物质产品体现自己的个性、成就和地位,因此,物质需求不能简单地对应前面所介绍的生理性需求,它实际上已渗透着日益增多的社会性需求的内容。比如汽车的豪华程度在一定程度上体现着购买者的身份和地位。

2. 精神需求

精神需求主要是指与人内心世界相关的认知、审美、交往、道德、创造等方面的需求。这类需求主要不是由生理上的匮乏感而是由心理上的匮乏感所引起的。人不仅是物质的动物,更是精神的动物。和人的物质力量相比,人的精神力量要大得多,随着物质社会的日益发达,人们对精神的需求程度也日益提高。

三、顾客需求层次

推销人员将商品或劳务推销给消费者的过程,也就是推销人员刺激消费者的消费需求并使之产生购买动机的过程。消费者是否采取购买行动,是由消费者自己和推销人员所进行的推销努力两个因素共同制约的;从消费者自身来看,至关重要的是有没有特定的消费需求动机和由此而产生的购买欲望,以及是否有足够的购买能力;而对于推销人员来讲,关键在于能否理解特定消费者的特定消费需求并有效地刺激需求、促成消费者采取购买行动。因而,无论是消费者还是推销人员,能否达成交易,核心问题是需求。

(一) 马斯洛需求层次理论

消费者的购买行为,实际上是消费者解决他的需要问题的行为。不同的人有不同的需要,人们在生理上、精神上的需要具有广泛性与多样性。由于每个人的具体情况不同,解决需要问题轻重缓急的顺序自然有所不同。客观上,也就存在着一个"需求层次"。

需求层次论是一种研究人的需求结构的理论,由美国心理学家亚伯拉罕·马斯洛 (Abraham H. Maslow, 1908—1970) 首创。他在 1943 年发表的《人类动机理论》(A Theory of Human Motivation Psychological Review) 一书中提出了需求层次论。这种理论根据三个基本假设构成。第一,人是有需要的动物,人要生存就一定有需求,需求影响着人类的行为。需求取决于它已经得到了什么、还缺少什么,只有尚未满足的需求才会激发人的购买行为。换言之,已经得到满足的需求不再起激励作用,只有未满足的需求能够影响行为。第二,人的需求按重要性和层次性排成一定的次序,从基本的(如食物和住房)到复杂的(如自我实现)。第三,当人的某一级的需求得到最低限度的满足后,他才会追求高一级的需求,需求如此逐级上升,成为推动人继续努力的内在动力。

1. 马斯洛需求的五大层次

马斯洛把人们多种多样的需要,按重要性和发生的先后顺序,大体分为五个层次:生理需求、安全需求、社交需求、尊重需求和自我实现需求。这里不作赘述。

2. 马斯洛需求层次的特点

马斯洛需求层次的特点如下。

(1) 当低级需求得到相对满足后,高级需求就越发突出,成为行为的激励因素,所谓"衣食足而知荣辱"。但这并不说明,必须等低级需求满足后,高级需求才会产生,经常会发生例外情况。

(2) 需求越到上层,越难满足,有人甚至终身也不会有"自我实现"的需求和满足感。

(3) 同一时间可以存在多种需求,从而有多种激励因素,但一般会以一种需求为主导。

(4) 需求是动态变化的。需求一旦被满足,一般就不能成为一种激励力量。因此如果要更好地激励,就要善于把握需求的变化。

3. 需求层次理论在推销中的应用与启示

需求层次理论在推销中的应用与启示如下。

(1) 人存在着不同层次内容的需求,不同层次的人对产品的需求,尤其是对档次和价格的需求是不同的。鉴于此,推销人员在推销产品时应该首先分析顾客的需求层次,以需求层次确定需求的产品层次。

(2) 随着经济收入的增加,绝大多数人基本的物质需要得到了满足,精神层次的需要成为他们追求的对象,比如教育、旅游、娱乐等方面的需求正在逐渐增加。

(3) 人们对所需求的商品和服务的质量的要求也在提高,因此,推销人员必须与时俱进,充分把握顾客的需求规律,在更高、更深层次上满足顾客需求。

(二) 奥尔德弗 ERG 理论

马斯洛的需求理论有一定的合理因素,它在一定程度上指出了人的需求变化的一般规律,以及需求结构中各种需求之间的关系,可用于分析消费需求及消费者行为的发展趋势。但是其阐述还有某些不足之处(比如消费者需求的严格层次性就受到许多质疑),美国另一位心理学家奥尔德弗的 ERG 理论对此进行了补充。

奥尔德弗(C. P. Alderfer)1969 年在《人类需求新理论的经验测试》一文中修正了马斯洛的论点,认为人的需求不是分为五种而是分为三种:

(1) 生存的需求(existence),包括心理与安全的需求;

(2) 相互关系和谐的需求（relatedness），包括有意义的社会人际关系；

(3) 成长的需求（growth），包括人类潜能的发展、自尊和自我实现。

奥尔德弗需要论，简称 ERG 需求理论。与马斯洛需求层次论相比较，这两种理论的不同点是：奥尔德弗经过大量调查证明，人类需求不完全是天生的。需求层次论建立在需求"满足—上升"的基础上，ERG 理论主张需求不仅体现为"满足—上升"的规律，而且也体现为"挫败—倒退"方面，较高的需求得不到满足时，人们就会把欲望放在较低的需求上。ERG 理论认为需求次序并不一定如此严格，而是可以越级的，有时还可以有一个以上的需求。

奥尔德弗认为，人同时存在三种需求，即存在的需求、关系的需求和成长的需求。他同时还提出了三个概念。

(1) "需求满足。"在同一层次的需求中，当某个需求只得到少量的满足时，一般人们会产生更强烈的需求，希望得到更多的满足。由此推论，此时消费者行为不会指向更高层次的需求，而是停留在原来的层次，从量和质方面发展。

(2) "需求加强。"较低层次的需求满足得越充分，高层次的需求越强烈。可以推论，此时消费者的欲望将指向高一层的需求。

(3) "需求受挫。"较高层次的需求满足得越少，越会导致较低层次需求的急剧膨胀和突出。换言之，消费者会以更多的支出投入到较低层次的需求当中。

奥尔德弗指出了这样一个事实：需求的变化不仅基于"满足—前进"，而且完全可能"受挫—倒退"。它有助于科学地认识需求对消费者行为的影响。

奥尔德弗 ERG 理论的指导意义在于，它不仅要求推销人员应当重视消费者的需求，而且提供了分析消费者需求的具体办法。推销人员可以根据上述理论在推销实践中注意以下几点：

(1) 在实施推销活动之前要分析、确定目标顾客的需求等级状况。消费者的需求状况是决定其购买行为的首要因素。

(2) 应当注意年龄、文化程度、职业、职务、收入和社会经济发展状况等因素对消费需求的影响。推销人员可根据上述社会人文因素进行市场细分，确定每个细分市场消费者群的不同需求，有针对性地展开推销活动。

(3) 要抓住不同消费群体的主导需求。推销人员要注意准确分析不同消费群体的主要需求是什么，也就是抓准不同消费群体必须要满足的主要需求。抓住了主要需求也就抓住了推销机会。

(4) 注意发展高等级的需求。随着社会的进步和经济的发展，人们低层次的需求被满足以后，高层次的需求成为消费热点。推销人员在确定推销策略时，应注意开发一般消费者的高等级需求，尤其是要向成功人士推销能给他们以精神满足的产品和服务。这样，推销人员将会争取到更多的成功机会。

第三节 顾客的购买心理

顾客为满足自己的物质、文化生活需要而进行的购买行为,是以千姿百态的心理活动作为基础的。其在购买过程中所发生的心理活动,既依存于当时的客观实际,又受大脑神经活动特点,尤其是动机、兴趣、情感和意志等的制约,这更多地包含购买者本身的成分。因此,顾客在购买过程中所产生的心理活动,是主观需要和客观条件的统一,是顾客对客观事物和自身需要的综合反映,这种心理活动直接支配着顾客的购买行为,影响着购买过程,从而形成各种不同的购买行为。

一、顾客购买的心理活动过程

任何人对事物的认识和接受都有一个过程,每个人对事物的认识与接受都有不同的特点与差异,这是由人的个性心理特征所决定的。顾客对推销人员和其所推销的产品,也有一个从陌生到认识、从认识到接受(或拒绝)的过程。顾客购买心理活动通常有三个过程,即认知过程、情感过程和意志过程。

(一)顾客购买的认知过程

顾客采取购买行为,总是从对商品的认知开始的,顾客对商品的认知过程是其产生购买行为的基础。而顾客对商品的认识过程,就是顾客对商品的个别属性的各种不同感觉加以联系和综合反应的过程,这个过程是通过顾客对商品的感觉、知觉、记忆、思维和想象等心理活动来完成的。这种认知过程可以分为感性认知阶段和理性认知阶段。

1. 感性认知阶段

顾客通过商品的各种不同的信息,形成对商品个别属性的心理反应,比如通过商品的颜色、大小、形状、气味、粗细、软硬、冷热和结构等,产生商品诸如新颖、名贵、美观、鲜美和悦耳等感觉。在感觉的基础上,再通过意识对商品的感觉材料加以整理和综合,在头脑中进一步反映商品的整体,即商品的各种属性的综合,这就是知觉过程。通过知觉过程,顾客对商品形成了较完整的印象,完成了对商品的初级认知——感性认知。

2. 理性认知阶段

顾客对商品的认知,只有感性认知是不够的,还必须进入理性认知阶段。理性认知阶段包括记忆、思维、想象等一系列复杂的心理活动。

顾客为了加强对商品的认知,必须借助记忆把过去生活实践中感知过的商品、体验过的情感和知识经验在头脑中反复反映出来;否则,必然会影响对商品的认知过程,甚至难以完成这一认知过程。因此,对推销人员来说,在推销活动中,在商品的造型、色彩、包装、商标、命名、陈列与广告宣传等方面采取强化记忆的技巧手段是十分必要的。美观、新颖的造型,鲜艳夺目的装潢色彩,对比强烈的橱窗陈列,富有特色的商品包装,寓意深刻、简明易记的商品名称,生动形象的商品广告等,都会在顾客的头脑中留下深刻的印象,从而起到深化认识的良好作用。

顾客会经过这些心理活动掌握商品的本质属性及其规律,运用分析、综合、比较、抽象、判断和推理等思维方式,理解这个商品的制作材料、方法和过程、原理,评定判断商品质量,进而预想商品的使用效果以及将获得的心理满足等。此外,顾客还会根据商品的文章寓意、说明、图案象征等信息产生丰富的美好的想象,从而产生强烈的购买欲望。

(二)顾客购买的情感过程

情感是人们产生的一种对客观事物是否符合自己需要的主观体验。消费者在从事消费活动时,不仅通过感觉、知觉、注意、记忆等认知了消费对象,而且对它们表现出一定的态度。根据其是否符合消费主体的需要,消费者对其采取肯定或否定的态度。当采取肯定态度时,消费者会产生喜悦、满意、愉快等内心体验;当采取否定态度时,则会产生不满、忧愁、憎恨等内心体验。这些内心体验就是情感或情绪。情感一般没有具体的形象,而是通过消费者的神态、表情、语气和行为表现出来。消费者情感表现在性质上,可分为积极的、消极的和双重的三大类型。

消费者在购买活动中的情感过程大体可分为以下四个阶段。

1. 悬念阶段

这个阶段,消费者产生了购买需求,但并未付诸行动。此时,消费者处于一种不安的情绪状态。如果其需求非常强烈,不安的情绪会上升为一种急切感。

2. 定向阶段

这一阶段,消费者已面对所需要的产品,并形成初步印象。此时,情感获得定向,即趋向喜欢或不喜欢,趋向满意或不满意。

3. 强化阶段

在定向阶段如果消费者的情感趋向喜欢或满意,那么这种情感会明显强化,强烈的购买欲望会迅速升温,并可能促成购买决策的制定。

4. 冲突阶段

这一阶段,是消费者对商品进行全面考量阶段。由于多数商品很难同时满足消费者多方面的需求,因此,消费者往往要体验不同情感之间的矛盾和冲突。如果积极的情感占主导地位,消费者就可能做出购买决定,并付诸行动。

(三)顾客购买的意志过程

消费者心理过程的变化除了以生理机能为基础外,还需要以心理机能为保证。这种心理保证,能使消费者为实现其购买目的而自觉地采取一系列的行动,并在购买过程中努力排除各种各样外来的及内在的干扰。消费者的这种有目的的自觉地支配、调节自己的行为,努力克服各种困难,从而实现既定购买目的的心理活动,就是意志过程。如果说消费者对商品的认识活动是由外部刺激向内在意识的转化,那么,意志活动则是内在意识向外部行动的转化。只有实现这一转化,消费者的心理活动才能支配其购买行为。

在购买活动中,消费者的意志变现为一个非常复杂的作用过程,其中包括做出购买决定、执行购买决定和体验执行效果三个相互联系的阶段。

1. 做出购买决定阶段

这是消费者购买活动的初始阶段。这一阶段包括购买目的的确定、购买动机的取舍、购买方式的选择和购买计划的制定,实际上是购买前的准备阶段。消费者从自身需求出发,根据自己的支付能力和商品供应情况,分清主次、轻重、缓急,做出各项决定,即是否购买和购买的顺序等。

2. 执行购买决定阶段

在这一阶段,购买决定转化为实际的购买行动,消费者通过一定的方式和渠道购买到自己所需的商品。当然,这一转化过程在现实生活中不会是很顺利的,往往会有一些障碍需要加以排除。所以,执行购买决定是消费者意志活动的中心环节。

3. 体验执行效果阶段

完成购买行为后,消费者的意志过程并未结束。通过对商品的使用,消费者还要体验执行购买决定的效果,如商品的性能是否良好、使用是否方便、外观与使用环境是否协调、实际效果与预期是否接近等。在上述体验的基础上,消费者将评价购买这一商品的行动是否明智。这种对购买决策的体验与反省,对今后的购买行为有重要意义,它将决定消费者今后是重复还是拒绝、是增加还是减少对该商品的购买量。

消费者的意志过程与认识过程、情感过程是紧密结合、密不可分的。任何购买行为,都是认识、情感和意志三者的有机统一。推销人员掌握了这一点,就能更好地了解消费者的心理。

二、购买行为类型

实际从事购买活动的消费者,在选购商品时的表现是多种多样的。推销人员在向顾客推销商品之前,首先必须了解自己所面对的顾客属于哪种类型,然后才能有的放矢地采取推销方法和技巧,实施推销活动,最终促成推销成功。

按照不同标准,顾客的购买行为可以进行不同的划分。以下是常见的两种。

(一) 根据顾客的性格划分

根据消费者购买商品的心理动机、需求特点以及个人性格的不同,购买行为可以分成以下几种类型。

1. 理智型

这类消费者头脑冷静,在购买商品前已经过深思熟虑,对商品的特色、性能、使用、保养等信息进行了广泛收集和分析,早已成竹在胸。他们在购买时不容易受广告宣传和推销人员介绍的影响,主观性较强,受理智控制,会对商品慎重挑选、反复比较。

2. 冲动型

这类消费者感情比较外露,想象力丰富,审美感觉灵敏,容易受外界刺激影响。他们在购买商品前通常没有足够的思想准备,以直观感觉为主,容易受商品的外观、包装、商标、广告宣传和推销人员劝说的影响,一般对新产品、时令商品比较敏感,不太注重商品的价格,能迅速做出购买决策。

3. 选价型

这类消费者非常注重商品的价格,往往以价格作为决定是否购买的主要标准。其中,高价选择者认为,高价不仅意味着商品的高质量,而且也是购买者较强经济能力或较高社会地位与身份的象征,具有某种社会意义。而低价选择者购买商品主要是图实惠,对廉价商品尤为敏感和热衷,特别喜欢购买削价商品。

4. 习惯型

这类消费者对某些商品往往只偏爱其中一种或数种品牌。他们对这些商品比较熟悉、信任、注意力稳定,因而产生对某种品牌的信赖,形成习惯态度,在产生需要时就不假思索地去购买。这类消费者,往往根据过去的购买经验和使用习惯采取购买行动,成为某种商品的长期购买者或某家商店的主顾。

5. 疑虑型

这类消费者在购买时比较注意观察商品的细微之处,考虑问题时顾虑较多,对事物体验深刻,行为谨慎迟缓。他们购买商品时,往往犹豫不决,难以做出决策,即使做出了购买决策也可能反悔,从而中断购买行为。

6. 随意型

也叫不定型。这类消费者购买心理不稳定,没有明确的购买目标和要求,缺乏对购买物品的选择常识。他们购买商品时,缺乏主见,往往是奉命购买或随意购买,容易受旁人意见的左右。

(二)根据顾客挑选差异分类

根据同类商品的品牌差异程度和消费者购买时的投入程度,购买类型可以分为四种,如表 2-1 所示。

表 2-1 消费者的主要购买类型

投入程度 品牌差异	购买当中需要高度投入	购买当中只需要低度投入
不同品牌之间差异较大	复杂的购买行为	寻求多样化的购买行为
不同品牌之间差异较小	减少失调感的购买行为	简单的购买行为

1. 复杂的购买行为

消费者在购买比较贵重、不常购买且具有高风险的产品时，必然会比较认真。如果这类产品品牌较多，并且差别明显，消费者就要做出一种复杂的购买行为。由于对产品缺乏了解，知之甚少，甚至不掌握明确的挑选标准，因此，购买者要经过认识性的学习过程。他们首先要熟悉产品的性能、特点，逐渐建立对各种品牌的看法，然后再谨慎地作出购买决定。推销人员应当为顾客提供产品的有关信息，让他们了解、熟悉产品的各种属性、特征及优势，使他们产生信任感。

2. 减少失调感的购买行为

在购买有些商品时，消费者需要高度投入其中，但是由于各品牌之间差别不大，消费者只能稍加比较选择即行决定购买。地点方便、价格稍微便宜等，都可能促使其很快购买。由于购买较为迅速，购买后消费者可能会感到某些不满意，比如发现产品的某个缺陷，或者听到别人赞扬其他同类产品，这时消费者会努力寻找新的信息，证明自己的选择是正确的，以寻求平衡或减少失调感。推销人员应当注意提供有关信息，帮助购买者增强信念，求得心理平衡。

3. 简单的购买行为

对价格低廉而又经常需要、各个品牌之间又无多大差异，并且也比较熟悉的产品，消费者一般就不会花时间加以选择。如购买盐、洗涤品等时，可能随手拿起一袋就是了，消费者并不一定关心品牌，即使认牌购买，也多半出于习惯，并非强烈的品牌忠诚在起作用。推销人员可采用价格优惠和其他销售推广方式鼓励消费者试用、购买和重复。

4. 寻求多样化的购买行为

对某些产品，消费者虽然购买时低度投入，却由于品牌之间差异较大，因而可能经常变化所购品牌。比如对饼干、方便面的购买，消费者往往不花太多时间挑选品牌，而是在消费时做出一些比较、评价，下次购买换一个花样，并不一定是出于对上次购买的不满意，而是寻求新口味。

三、推销人员常用的心理策略

根据顾客的不同心理需求，可以设置不同的心理推销策略，下面介绍四种典型策略。

（一）"刺激—反应"策略

"刺激—反应"策略的理论依据是"刺激反应"模式。根据这种行为的科学理论，正在做购买决策的顾客，在特定刺激下将给予一定的回答：买或者不买。采用这种策略时，推销人员不断进行探索性交谈，以便在尚未了解顾客的情况下，观察顾客的反应，然后根据顾客反应，及时运用一系列常用的刺激需求的方法，对顾客进行宣传说明，促使顾客购买。这种通过一系列刺激的方法去引发购买欲望，使顾客产生购买动机，并诱导顾客采取购买行为的策略，可以长期、反复地对潜在顾客施加影响，促使其转变为现实顾客，以达到推销成功的目的。

> **阅读材料**

长今以用加盐的温水治疗喉咙疼来引起韩尚宫的注意

韩国的青春励志片《大长今》热播一时,其中长今的坚韧、从容和微笑给我们留下了非常深刻的印象。

片中有这样一个情节,韩尚宫每天让长今打一碗水,长今打了很多天水,却总不能让韩尚宫满意。终于有一天,长今问韩尚宫:"您肚子疼吗?""不疼。""您有没有觉得喉咙不舒服?""我有点感冒,喉咙有点不怎么好。"韩尚宫说完之后,长今就端来了一碗加了盐的温水,并请韩尚宫像喝茶似地慢慢饮用,因为她以前就知道:感冒初期喉咙痛,用盐水漱口及咽喉是一种很好的土方法。

联系到推销,推销人员在与顾客沟通的过程中,要揣摩顾客的处境、理解顾客的需求,然后再将适合的产品推销给顾客。

(二)"需求—满足"策略

采用"需求—满足"策略时,推销人员要在推销前对顾客的需求情况有很好的了解。开始,推销人员应少说话,尽力提出一些问题引导顾客多说话,以便弄清顾客的需要。推销人员也可以通过市场需求调查和分析来掌握顾客需要的具体情况。在现场推销洽谈中,推销人员只有对顾客的需要有把握后,才能插入较多话题加以介绍,帮助顾客更清楚地认识自己的需要。在双方有了基本共识后,推销人员才可努力证明产品是如何适合顾客需要的。

> **阅读材料**

了解顾客的需求才是推销成功的关键

"二战"的时候,美国军方推出一个险种,每个士兵每月交10元钱后,如果上战场牺牲了,将会得到1万美元。但是保险出来后,没有一个士兵去购买,大家的心理其实也很简单,在战场上连命都没有了,买保险又有什么用呢?10元钱还不如买两瓶酒呢!正在这时,一个老兵站了出来主动要去销售保险,结果全团纷纷投保。团长很意外,问这个老兵究竟用什么办法使大家都投了保。老兵说:"没有什么,我只是让他们想想,一旦开战,国家会派哪种士兵去前线?保了险的,还是没保险的?"

(三)"诱发—满足"策略

推销人员运用能刺激顾客某种需要的方法,诱导顾客采取购买行动的推销策略是"诱发—满足"策略。这种策略的特点是：先引导顾客的需要兴趣，促使顾客想满足这种需要，再说明产品如何能满足这种需要。这是一种"创造销售"策略，推销人员如果推销技术高明，诱导顾客得法，就能够获得较好的推销效果。

阅读材料

向布什推销斧子

2001年5月20日，美国一位名叫乔治·赫伯特的推销人员，成功地把一把斧子推销给了布什总统。布鲁金斯学会得知这一消息，把刻有"最伟大推销人员"的一只金靴子赠予了他。这是自1975年以来，该学会的一名学员成功地把一台微型录音机卖给尼克松后，又一学员获此殊荣。

布鲁金斯学会创建于1927年，以培养世界上最杰出的推销人员著称于世。它有一个传统，在每期学员毕业时，设计一道最能体现推销人员能力的实习题，让学生去完成。克林顿当政期间，他们出了这么一个题目：请把一条三角裤推销给现任总统。8年间，有无数个学员为此绞尽脑汁，可是，最后都无功而返。克林顿谢任后，布鲁金斯学会把题目换成请把一把斧子推销给布什总统。

个别学员认为，这道毕业实习题会和克林顿当政期间的实习题一样毫无结果，因为现在的总统什么都不缺，即使缺什么，也用不着亲自购买；再退一步说，他即使亲自购买，也不一定正赶上你去推销的时候。

然而，乔治·赫伯特却做到了。一位记者在采访他的时候，他是这样说的："我认为，把一把斧子推销给布什总统是完全可能的，因为布什总统在得克萨斯州有一农场，那儿种了许多树。于是我给他写了一封信，说：有一次，我有幸参观您的农场，发现种着许多矢菊树，有些已经死掉，木质已变得松软。我想，您一定需要一把小斧头，但是从您现在的体质来看，这种小斧头显然太轻，因此您仍然需要一把不甚锋利的老斧头。现在我这儿正好有一把这样的斧头，它是我祖父留给我的，很适合砍伐枯树。您假若有兴趣的话，请按这封信所留的信箱，给予回复……最后他就给我汇来了15美元。"

布鲁金斯学会在表彰他的时候说："金靴子奖已空置了26年，26年间，布鲁金斯学会培养了数以万计的推销人员，造就了数以百计的百万富翁，这只金靴子之所以没有授予他们，是因为我们一直想寻找一个从不因有人说某一目标不能实现而放弃、从不因某件事情难以办到而失去自信的人。"

乔治·赫伯特的故事在世界各大网站公布之后，一些读者纷纷搜索布鲁金斯学会，他们发现在该学会的网页上贴着这么一句格言：不是因为有些事情难以做到，我们才失去自信，而是因为我们失去了自信，有些事情才显得难以做到。

（四）"公式化"推销策略

推销人员运用"公式化"推销策略的前提是：顾客在进行产品购买前，要经过注意、兴趣、产生购买动机和决定购买等几个阶段。如果具备这个基本前提条件，推销人员就可针对不同的推销阶段，精心设计选择一套公式化的语言，引导顾客逐一越过这些阶段，最后实现对产品的购买。一般说来，这种公式化介绍产品的方法，比起随意性介绍产品来说更精确，也更有权威性。

四、顾客类型和购买模式对比分析

下面采用对比分类的方法，将顾客购买分为五大类型和十种模式，以便推销人员针对不同的类型和模式，快速选定对应的推销策略和推销手段。

（一）理智型顾客与感性型顾客

1. 理智型顾客

理智型顾客比较相信自己的判断，固执，一旦形成某个意见，别人很难改变。所以，对于这类顾客的推销策略是：不能强力推销。我们的推销工作，为了能使客户尽早下购买决定，大多数情况下都会带有一点强迫他人购买的味道。而理智型顾客最讨厌的就是别人强迫他去干什么事。对于他们，必须要用商量性口吻，强调站在客观的立场等方式来介绍产品和利益。

阅读材料

面对理智型顾客的一种说话方式

"张先生（或者刘小姐），我看得出来您是一个比较有主见的人，您需要什么样的产品，我相信您心里已经有了比较清晰的想法和决定，我在这里只是站在一个客观的立场，来向您解释一下我们的产品还有哪些特点、还能为您带来哪些好处。当我花完十分钟为您解说之后，您一定有能力来自行判断什么样的产品或服务是您最好的选择。"

2. 感性型顾客

感性型顾客一般容易受别人意见的影响，比较缺乏主见，喜欢参考别人的意见，非常在乎别人的看法，在购买商品时常常犹豫不决。所以，对于他们的推销策略是：向客户提供许许多多的其他客户的鉴证，或媒体的报道，或专家的意见。比如，一个办公室的员工，经理安排他去购买办公家具。这种类型的客户一定会非常重视办公室其他同事的感受。这时，我们应该尽量向他多提供一些信息，重点是各种顾客对产品的态度，归纳出大多数人的一些共同的感受，来帮助感性型的顾客做出购买决策。

感性型顾客的第二个特点是感情细腻，在乎人跟人之间的一种良好的感觉，在意推销人员的服务态度。针对这个特点,推销人员必须做到:首先,要热情,态度要和蔼;其次,在描述产品时,尽量多使用一些感性的词汇;最后,在推销某种商品时候,要同时对他比较关心的人进行了解,利用其感性的特点,大大增加语言的说服力。比如,一个推销汽车的推销人员可以这样描述产品:"张先生(或王小姐),您知道吗,这个车型的车子,它的特点是特别的舒适、特别的安全,减震系统特别的好?所以,您想象一下,您家里的老人、您的父母,还有您的小孩,坐这样的车子一定非常的适合。"这个地方同时对他(她)比较关心的人进行了链接,说服力自然就增加了许多。

感性型顾客的第三个特点是比较"黏",话语较多,喜欢和推销人员多聊天,希望通过和推销人员的交谈获取更多的信息。为此,推销人员也可以与他多次联系,一次、二次、三次,甚至四次、五次,直到客户对你产生信任感。否则,他总在那里犹豫不决。

(二)粗线条型顾客与细节型顾客

1. 粗线条型顾客

粗线条型顾客的特点是:做任何事情都讲究抓大方向、大重点、大原则,只要把这些问题解决好了,就应该不会发生问题,细节方面的内容,他不会去注意它,特别讨厌芝麻绿豆、鸡毛蒜皮之类的事情。根据这些特点,对于粗线条型顾客,可以采取的推销策略是:不要啰里啰唆,讲得太详细,只要把产品的利益,按照一个大的框架,符合逻辑、有条理地讲清楚就行了,也就是告诉他,我们的那棵"樱桃树"在哪儿就行了。

2. 细节型顾客

细节型顾客的特点是:细心,特别爱关注细节,观察力也比较强;要在头脑中对产品有了非常详细、非常完整的画面之后,才会作购买决定;比较挑剔,可能会问到连我们想都没想过的问题。根据这些特点,对于细节型顾客,可以采取的推销策略是:提供的信息越详细越好,越能让他放心;提供一些非常具体的数字,比如"林小姐,我们产品市场占有率达到52%","王小姐,我们产品顾客满意度达到95%以上"。

再如,你是一个房地产推销人员,推销商品房。观察到你的客户是一个细节型的客户,你可以这样介绍你的房子:

"张先生,你知道吗?我们这个房子,设计得特别的坚固、特别的耐用,住上一百年都不成问题。比如说,这面墙一共用了1625块砖,砖的质量非常好,烧制严格,一共经过了哪几个步骤,温度非常高,具体是多少。"等等。你会发现,你的顾客听得特别过瘾,他会觉得你是一个非常专业的销售人员,跟你购买房子非常放心。

但是,如果你判断失误,你的客户恰巧不是细节型,而是粗线条型的。你也用刚才的那一套介绍:"王小姐,你知道吗?我们这个房子,设计得特别的坚固,特别的耐用,住上一百年都不成问题。比如说,这面墙一共用了1625块砖,砖的质量非常好,烧制严格,一共经过了哪几个步骤,温度非常高,具体是多少。王小姐,王小姐,嗯,王小姐到哪儿去了?"你回过头来,发现顾客不见了,到处找不到,原来,早跑了。人家不过是想来看看房子,你啰里啰唆讲一大堆,什么砖有多少块,温度有多高,人家要听那干什么?

(三) 求同型顾客与求异型顾客

1. 求同型顾客

求同型顾客的特点是:看事情有个惯性,喜欢看相同点,而不太喜欢差异性,觉得那样不协调、不舒服。这种类型的人与他人之间的配合性比较好。举个例子,有一天下班的时候,办公室一个同事提议大家晚上聚一聚,去吃火锅,大部分人都已经附和同意了,轮到你发表意见。你如果是求同型的,即使不是很愿意,估计也会同意这个提议,因为求同型的人认为,既然大家都愿意去,我也应该跟他们保持一致,也应该去。

对求同型顾客的推销策略是:应该先调查清楚顾客对先前使用的同类产品的态度,然后在介绍产品时,强调产品与顾客先前喜欢的产品的相似之处。

阅读材料

面对求同型顾客的说话方式

比如,在推销汽车的时候,可以这样说:

"张先生,你之前开过车吗?"

"开过。"

"开的是什么样的车?"

"A品牌的车。"

"你在开A品牌车的过程中,觉得这个车型的优点有哪些呢?"

他可能告诉你有三个或五个优点。接下来,你就可以这样对他说:"我很高兴地告诉你,这五个优点我们公司的产品都有。"

又如,销售房屋:

"王小姐,你之前买过房子吗?"

"买过。"

"当初你为什么会选择购买那套房屋呢?"

她可能会说"那房子景观很好"。那我们就知道了,她这次购买房屋也可能同样将周围的环境作为最重要的考虑因素。

2. 求异型顾客

求异型顾客的特点是:挑剔,鸡蛋里挑骨头;逆反心理重,跟你反着来;观察力敏锐,创造性强。销售人员将发现这样的客户特别难缠。你说你的产品好,他偏偏说不好;你说你的产品物超所值,他马上说你的东西太贵。反正他要跟你反着来。对于这类顾客,可以采用一种非常简单的方法,四个字即"负负得正",也就是声东击西。

例如，笔者一个朋友 A 的老婆爱花钱逛商场买衣服。朋友 A 向另一个朋友 B 询问对策。朋友 B 问他是怎么一回事。他说："一个月要逛几次，花掉我几千块钱。我很心疼。但我越是不让她买，她越是要买。"听到"越是不让她买，她越是要买"，朋友 B 心里有底了，但还不敢确定，找机会进一步确认。一次，大家在一起吃饭的时候，朋友 B 以做游戏的方式来测试，从口袋里掏出三个一元的硬币，问她："这三个硬币之间有没有什么联系？""没有。有的新，有的旧，出厂的年份也不一样。"结论出来了。B 就向朋友 A 提供对策：每次购物时紧跟她屁股后面，她就要看中某件衣服时，赶快冲上去，对这件衣服大加赞赏，最好夸张一点。最终结果非常有效。

（四）追求型顾客与逃避型顾客

人都是趋利避害的，但有的人趋利的思想更重一些，而有的人是避害的思想更重一些。

1. 追求型顾客

追求型顾客的特点是：非常在意产品给他带来的最终结果，能带来什么利益，什么好处；比较现实，追求物质享受。

对于这类顾客的推销对策为：言简意赅，不要啰里啰唆，要在短短几分钟之内讲清楚产品带来的利益，并不断强调这种利益。

2. 逃避型顾客

逃避型顾客的特点是：逃离痛苦；购买产品是为了减少痛苦和避免麻烦；你问他要什么，他反而回答他不要什么。

对于这类顾客的推销策略为：强调购买我的产品会避免哪些麻烦，减少哪些痛苦；如果你问他"要什么"，他反而回答你"不要什么"。

阅读材料

追求型顾客和逃避型顾客的不同说话方式及其应对

两个人来买汽车，一个是追求型的王先生，一个是逃避型的李小姐。问他们要什么样的车子。

王先生：我要 3000CC 以上的车子，我要白色的车子，我要有天窗的车子，我要有 ABS 刹车的车子。

李小姐：我不要 3000CC 以下的车子，我不要不是白色的车子，我不要没有天窗的车子，我不要没有 ABS 刹车的车子。

推销人员介绍时使用的词汇不同。

对王先生，我们的车子省油；对李小姐，我们的车子不费油。

对王先生，我们这个车子维修费用低；对李小姐，我们这个车子维修费不贵。

（五）成本型顾客与品质型顾客

1. 成本型顾客

成本型顾客的特点是：非常在意成本；喜欢杀价，把杀价当成一种乐趣；不管你的东西卖得多贵还是多便宜，他总是说"太贵"。

对于成本型顾客的推销策略为：要有非常有效的方法解除顾客对价钱的抗拒。

2. 品质型顾客

品质型顾客的特点是：便宜没好货，用价格高低来衡量质量的好坏。其实，顾客也需要注意到，很多生意人，经常故意将进价相同或处于同一档次的两种商品的标价弄得很悬殊，赚取这种用价格来衡量质量好坏的品质型顾客的钱。

面对品质型顾客，应该采取的推销策略是：强调质量，提高价格。

第四节 推销方格理论

推销方格理论是美国管理学家罗伯特·R.布莱克教授和J.R.蒙顿教授的管理方格理论在推销领域的具体运用。他们曾以提倡管理方格（managerial grid）理论而闻名于世。1970年布莱克和蒙顿又提出了一种新的方格理论，即推销方格（sales grid）。在西方国家，这种理论被看作推销学基本理论的一大突破，被广泛地运用于实际推销工作中，并取得了显著成效。推销方格理论以行为科学为基础，着重研究和剖析推销人员与顾客之间的人际关系和买卖心态。推销方格分为推销员方格和顾客方格，分别研究推销活动过程中推销人员和顾客的心理状态。掌握和运用推销方格理论，对于推销人员准确分析自己的心理活动对工作的影响，克服缺点、提高推销能力，准确把握顾客的心理特征类型，有针对性地开展工作，与之建立良好的合作关系，把握推销主动权，提高推销工作效率都具有积极的作用。

一、推销员方格

推销员方格是研究推销活动中的推销人员的心理活动状态的。下面简单介绍其基本内容。

（一）推销员方格的含义

在具体的推销活动中，推销人员、推销对象和推销品是相互影响、相互制约的，其中任何一个要素的变化，都关系到推销工作的成败。每一个推销人员在推销的时候，他心里至少装着两个明确的具体目标。一是努力说服顾客，希望与顾客达成有效的买卖关系，完成销售任务；二是尽心竭力迎合顾客，希望与顾客建立良好的关系，广交朋友。前一个目标关心的是"销售"，后一个目标关心的是"顾客"。不同的推销人员，追求这两个目标的心理愿望强度各不相同。有的人对两种目标有着同样强烈的热情；有的人则只注重销售、交易的成功，而轻视与顾客的长远关系；还有的推销人员注重追求人际关系目标，对于是否成交则不太关心。

布莱克和蒙顿将推销人员对这两个目标的态度和重视程度的不同用一个平面坐标系第一象限的图形表示，就形成了"推销员方格"，如图 2-1 所示。

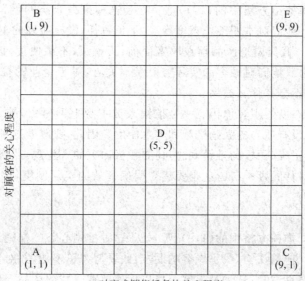

图 2-1　推销员方格

推销员方格中纵坐标表示推销人员对顾客的关心程度，横坐标表示推销人员对销售的关心程度。纵坐标和横坐标的坐标值都是由 1 到 9 逐渐增大。坐标值越大，表示推销人员的关心程度越高。

每个方格分别代表各种推销人员的不同的推销心理活动状态与态度。推销员方格理论形象地描绘出推销人员对顾客的关心程度和对完成推销任务的关心程度的 81 种有机组合，为有效地协调推销活动中推销人员与顾客既相互联系又相互制约的关系，提供了一个形象而又明晰的框架。

推销员方格理论可以帮助推销人员更清楚地认识自己的推销心态，看到自己在推销工作中存在的问题，进一步提高自己的推销能力；还有助于推销人员更深入地了解自己的推销对象，掌握顾客的心理活动规律，有针对性地开展推销工作。

推销人员只有深刻地认识自己和自己推销对象的心理态度，才能准确地把握推销工作的分寸，恰当地处理与顾客之间的关系，争取推销工作的主动权，提高推销效率。

(二) 推销心理态度

推销人员方格中，不同位置的方格分别代表推销人员不同的推销心理态度。其中具有代表性的心态有五种，即事不关己型、顾客导向型、强力推销型、推销技巧型和解决问题型，每一种类型都有其显著的特征。

1. 事不关己型

事不关己型，即推销方格中的(1,1)型。处于这种推销心态的推销人员既不关心顾客，也不关心销售。他们对本职工作态度冷淡、不负责任，没有明确的工作目标，缺乏成就感。他们的想法是：我只要把产品摆在顾客面前，买就买，不买便罢，该卖的自然会卖出去的，用不着我费力。他们对顾客的实际需要漠不关心，对于企业的推销业绩毫不在乎，其推销工作自然也不会有什么成果。

产生这种心理态度的主要原因：一是推销人员主观上不努力，缺乏进取精神；二是推销人员所在企业没有适当的激励措施和奖惩制度。因此，要改变这种消极推销态度，一是推销人员要树立正确、积极的推销观念，树立积极向上的人生观，严格要求自己，正确对待推销工作，热情对待顾客；二是企业要建立明确有效的奖惩制度，奖勤罚懒，以激发推销人员的销售热情。

2. 顾客导向型

顾客导向型，即推销方格中的(1,9)型。处于这种推销心态的推销人员只知道关心顾客，而不关系销售。他们认为，我是顾客的朋友，我要努力了解他，并对他的感受和兴趣做出反应，这样他就会喜欢我，这种私人感情可以促使他购买我的产品。这类推销人员过分顾及与顾客的关系，千方百计赢得顾客的喜爱，处处顺着顾客心意，总是迁就顾客，而忽视了企业的销售工作和利益。他们的首要目标是与顾客建立和保持良好的人际关系，而无所谓成交与否。

这类推销人员可能是一位理想的人际关系学家，却不能说是一位成功的推销专家。在推销工作中，为了说服和影响顾客，推销人员必须与顾客进行面谈，这就难免会出现各种各样的异议。出现异议后，推销人员应该做出正确的判断，如果是出于顾客的偏见或误解，推销人员就应该讲清道理，尽力说服，力促成交，而不能不顾具体情况，一味对顾客百依百顺。若明知成交障碍是出于顾客偏见或误解等原因，推销人员也不进行说服，而是承认既成事实，顺从顾客心理，那就不是一位好的推销人员。

产生这种心理态度的主要原因：一是推销人员片面强调了人际关系在推销中的作用，重关系而轻利益；二是推销人员对以顾客为中心的现代推销观念的实质认识不清，行为出现了偏颇。因此，成功的推销人员应该客观认识到：一方面，人际关系对增加订单、完成推销任务有积极作用，但这种关系如果不能使销售额增加，对于推销事业就没有实际意义；另一方面，推销人员也要坚持为顾客服务的思想，在公司政策允许的范围内为顾客着想，同时又必须善于对顾客进行教育，针对顾客明显的偏见、误解必须表明自己的态度和立场,维护公司利益,这样既能搞好顾客关系,又有利于推销目标的实现。

3. 强力推销型

强力推销型,即推销方格中的(9,1)型。处于这种推销心态的推销人员只知道关心推销效果,而不管顾客的实际需要和购买心理。他们认为,既然由我负责向这位顾客推销,我就硬性推销,向他施加压力迫使他购买。这种推销人员一般都具有较高的成就感,把完成销售任务作为自己推销工作的重点,把提高推销业绩作为自己孜孜追求的目标,但在推销过程中,总是采用高压战略,千方百计说服顾客购买,常常向顾客发起强大的推销心理战,开展积极主动的推销活动,有时还对顾客施加购买压力。

对于这类推销人员,应该肯定其积极的工作态度,但其由于只顾推销而不顾顾客的实际需要,甚至不尊重顾客的人格,一旦让顾客对推销人员留下不良的印象,不但眼前的生意难以做成,反而还会断送与顾客的关系、损害企业的声誉,因此也不是理想的推销专家。

产生这种心理态度的原因主要是推销人员对"达成交易"是推销工作的中心任务这一观点产生了片面性理解,以致急于求成、不择手段。其实,应充分认识到,达成交易作为推销的中心任务,是针对推销工作的长期性而言,绝不能要求推销人员每一次业务拜访都能达成交易,不能把它演变为强制推销。如果推销人员只顾完成推销业务,而不尊重顾客、不考虑顾客的感受和需要强行推销,最终会赶走顾客,正所谓"欲速则不达"。

4. 推销技巧型

推销技巧型,即推销方格中的(5,5)型。处于这种推销心态的推销人员,既关心推销效果,也关心顾客。他们认为,自己有一套实践证明可取的工作方法,可促使顾客购买。这类推销人员心态平衡、作风踏实,对推销环境心中有数,对推销工作充满信心。他们既不一味地取悦顾客,也不强行推销。他们往往采取一种折中的态度,推行一种切实可行的推销战术,稳扎稳打,力求成交。这类推销人员既不愿意丢掉生意,也不愿意失去顾客,四平八稳、和气生财。当与顾客发生异议时,他们就会采取折中立场,尽量避免出现不愉快的情况。折中推销心理实质上是在一种温和的气氛中巧妙地运用推销技巧达成交易,而不是从顾客的角度出发去满足其需要。

从现代推销学角度讲,这类推销人员虽然踏实肯干、经验丰富、老练成熟,往往也具有较好的推销业绩,但太过追求推销各方利益的平衡,往往不太可能成为一位理想的现代推销专家。他们在推销中比较注意推销技巧、顾客的心理反应、说服顾客的艺术,而不十分关心顾客的真正需求。换句话说,这种推销人员常常费尽心机,说服某些顾客高高兴兴地购买了一些不该买的物品,而对顾客的实际利益重视不够。因而,虽然这种类型的推销人员善于平衡利益关系,但实际上也很难适应现代竞争的要求。

5. 解决问题型

解决问题型,即推销方格中的(9,9)型。处于这种推销心态的推销人员对顾客和销售达到了极大的关心。满足顾客的需要是他们的中心,辉煌的推销业绩是他们的目标。他们的宗旨是,与顾客磋商以便了解他在当时情况下的所有需要,并用其产品满足顾客的需要,让顾客做出合理的购买决策,给顾客带来他们所期望从中获得的好处,在帮助顾客解决问题的同时,也完成了自己的推销任务。这种推销人员工作积极主动,但又不强加于人,他们善于研究顾客的心理、发现顾客的真实需求、把握顾客的问题,然后开展有针对性的推销活动,利用自己推销的产品或服务,为顾客解决问题、消除烦恼,同时也完成了自己的推销任务。这种推销人员既了解自己,也了解顾客;既了解推销品,也了解顾客的真实需要。他们把自己的推销工作与顾客的实际的需要结合起来,最大限度地满足顾客的实际需要,同时取得推销业绩。

这类推销人员可以说是理想的推销人员,他们具有积极上进的推销心态,能够最大限度地同时关注推销成效和顾客利益,达到企业销售目标,这也是企业销售追求的一种境界。总之,这种推销心理态度是最佳的心理态度,拥有这种推销心理态度的推销人员是最佳的推销人员。但事实上,要同时实现销售业绩和顾客利益的最大化,的确是一种很难的事情。

二、顾客方格

(一)顾客方格的含义

推销人员不仅要认识自己的推销心理,努力培养良好的推销心理态度,而且还要善于洞察顾客的购买心理,因人而异地开展推销活动。顾客对推销活动的态度主要表现在两个方面,一是对待购买活动本身的态度,二是对待推销人员的看法与态度。当一位顾客考虑实际购买的时候,他心中至少装有两个目标:一是对推销人员讨价还价,希望以有利条件达成交易,完成购买任务;二是与推销人员建立良好的关系,为了日后的长期合作可能会做出一定的让步。前一个目标所关心的是"购买",后一个目标所关心的是"推销人员"。顾客的情况千差万别,在购买活动中,顾客追求上述两方面目标的心理愿望强度也是各不相同的。推销人员的态度影响到顾客的态度,顾客的态度也影响推销人员的态度,两者相互影响、相互作用。要进行成功的推销,推销人员不仅要学会用正确的态度对待顾客,而且也要学会如何应付各种不同态度的顾客。

布莱克和蒙顿教授依据顾客对这两方面的关心程度的不同,在一个二维的坐标图上表现出这种关系,这就形成了如图2-2所示的"顾客方格"。

顾客方格中,横坐标表示顾客对自己完成购买的关心程度,纵坐标表示顾客对待推销人员的关心程度,纵、横坐标从低到高依次划分为9等份,其坐标值都是1~9逐渐增大,坐标值越大,表示顾客对推销人员或购买的关心程度越高。顾客方格中的每个方格分别表示顾客各种不同类型的购买心态,总共有81种不同的组合。它作为研究顾客购买行为和心态的理论,对推销人员了解顾客心态、与顾客实现最佳的配合、学会如何采取不同措施应付不同类型的顾客、争取推销工作的主动权、提高推销工作的效率具有重要意义。

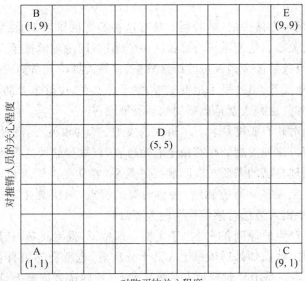

图 2-2 顾客方格

(二) 购买心理态度

顾客方格中,不同位置的方格分别代表顾客不同的购买心理态度。其中具有代表性的心态有五种,即漠不关心型、软心肠型、防卫型、干练型和寻求答案型,每一种类型都有各自的典型特征。

1. 漠不关心型

漠不关心型,即顾客方格中的(1,1)型。具有这种心态的顾客对自己的购买行为和推销人员均漠然置之,既不关心推销人员的情况,也不关心自己的购买行动。这种人往往认为购买行为与己无关,因而在购买活动中缺乏激情和责任感,对推销人员敷衍了事,对推销人员的拜访不大高兴,对购买活动的细节和过程也不上心。他们既不设身处地为推销人员着想,也不想与推销人员打交道,常常应付了事。他们把购买行为当成例行公事,不想负任何责任,尽量避免作购买决策;或者是受人之托购买,没有决策权,因而对购买活动能推便推,能简则简。这种心态的顾客把购买活动视为一种负担,对达成交易的条件及产品本身和推销人员等问题淡然处之。

因此,漠不关心型的顾客是最难打交道也是最难取得推销业绩的推销对象。对这类心态的顾客,推销人员应先主动了解他的情况,尽量把顾客的切身利益与其购买行为结合起来,使其关注,要利用自己对产品及市场的丰富知识,激发、引导顾客产生购买兴趣和责任感;如果不能达到效果,就应该采取果断放弃的策略。

2. 软心肠型

软心肠型，即顾客方格中的(1,9)型。具有这种心态的顾客对推销人员极为关心，而对购买行为则不大关心。他们重视与推销人员的感情，同情理解推销人员，经常设身处地为推销人员着想，也极易被推销人员的情绪感染，容易被推销人员的说服打动。比如当别人说东西买贵了，他反而会说"别人也要吃饭，站了那么久，也够辛苦的"，"从大老远跑来，贵一点也是应该的"。这种人就是典型的软心肠型顾客。

只要推销人员对软心肠型顾客表示极大的友好、尊重和关心，满足他们的自尊心，他们就可能接受推销。这种类型的顾客由于心地善良，但缺少必要的产品知识和购买经验，往往不能理智地处理自己的需要与实际购买的关系，容易受推销人员左右而产生感性的冲动性的购买。这类顾客具有重感情、盲目购买的特点，很多老年消费者就具有这个特点，因此往往成为推销人员进行感情投资的重要目标。

这类购买心态产生的原因：一是出于个性心理特征，爱屋及乌，这种心态的顾客心地善良，喜欢与人交往，他们如果对该推销人员十分满意，也就会连带喜欢上他所推销的所有产品并持续购买；二是出于对推销人员的同情心，他们认为推销人员工作十分辛苦，如果没有把产品销出去，很可能受到上司的责骂或者没有饭吃，出于同情持续购买。出于这两种心理，他们很可能会买上一些并不十分需要的东西，从而造成资源浪费。

3. 防卫型

防卫型，又称利益导向型，即顾客方格中的(9,1)型。与软心肠型顾客的购买心态恰恰相反，具有这种心态的顾客唯一关心的是自己的购买行为以及自身利益是否受到侵害，而不关心推销人员。在他们看来，推销人员都是不可靠、不诚实的，因此，他们对推销人员怀有戒备之心，态度冷淡，甚至抱有一种敌对的态度，处处加以提防。他们对购买行为的每一个决策，都相当谨慎，对每一点利益都精打细算、斤斤计较，生怕被推销人员欺骗。因此，这类顾客的生意最难做，即使成交，其利润也甚低微。

这种购买心态产生的原因：或是出于本身的个性心理特征，他们缺乏主见、个性多疑，天生有一种对人的不信任感；或是受以往偏见的影响，认为推销人员都花言巧语、靠耍嘴皮子骗人；或是曾经轻信过某些推销人员而上当，本能地对推销人员产生反感等。他们不欢迎推销人员，并不是他们不需要推销人员所推销的产品，而是他们心中不能接受推销这种行为。对于具有这种购买心态的顾客，推销人员首先要做的，不应该是直接推销产品，而应该是推销自己，以实际行动去赢得顾客的信任、消除顾客的偏见，再引导顾客去分析从购买活动中获得的利益、打消顾虑，这样才能收到良好的推销效果。

4. 干练型

干练型，即顾客方格中的(5,5)型。干练型是指既关心自己的购买行为又关心推销人员的推销工作的一种比较合理的顾客购买心态。具有这种购买心态的顾客往往具有相关产品知识和社会经验，具有理智、自信的特点。他们在购买过程中比较冷静，既能尊重推销人员的人格、乐意听取推销人员的建议和意见,也有自己的观点和判断,其购买行为科学、客观。比如,在做出购买决策时,他们常常先根据自己的知识和别人的经验来选择厂家和品牌,再决定合理的购买数量。他们做出的任何购买决策时,都要经过全面的分析和客观的判断,不受推销人员左右,不会盲目从事。

干练型购买心态产生的原因如下:具有干练型心态的顾客一般知识、经验都比较丰富,都比较自信,甚至具有强烈的责任感,但有时也会受虚荣心影响。有时他们购买的产品并不一定是自己确实需要的东西,而是为了满足自己的虚荣心、抬高自己的身价。对待这类顾客,推销人员应该摆事实、讲道理,让他们自己去作判断,不能急于求成。当顾客购买犹豫时,推销人员的适度赞赏,也许会收到促进购买的效果。

5. 寻求答案型

寻求答案型,即顾客方格中的(9,9)型。具有这种购买心态的顾客既高度关心自己的购买行为和结果,清楚地知道自己的购买需要及价值,同时又高度关心推销人员的工作,能与推销人员建立良好的人际关系,愿意与推销人员进行真诚的合作。他们最能接受的是推销人员能够设身处地为自己着想,并能为自己实实在在地解决问题。他们善于通过购买活动与推销人员建立彼此信赖的良好关系,通过购买活动买到质优价廉的产品。

这种购买心态产生的原因如下:这种心态的顾客在做购买决策时很理智、实在,不感情用事,很少受推销广告的影响,更不会轻信推销人员的言语。他们理智决策,有时也会独断,但遇到意外时他们会主动寻求推销人员的帮助,以求得明智的解决方案。所以,从现代推销学的角度看,寻求答案型的顾客是最成熟和值得信赖的顾客。对于这种类型的顾客,推销人员只有做好顾客的参谋,真心诚意地为顾客服务,才能收到良好的销售效果。

三、推销员方格和顾客方格的关系

推销的成功与失败,不仅仅取决于推销人员的工作态度,布莱克教授总结出了推销员方格与顾客方格的关系。从前面介绍的推销员方格和顾客方格中我们知道,推销人员与顾客的心态有多种多样,在实际推销活动中,任何一种心态的推销人员都可能接触到各种不同心态的顾客。那么,推销人员与顾客的哪两种心态类型的搭配会实现推销活动的成功呢?

从现代推销学的角度看,趋向于(9,9)型的推销心态和购买心态比较成熟和理想,推销活动的成功率高。但这并不意味着其他类型的推销心态和购买心态的搭配就不能达成交易。在错综复杂、千变万化的推销活动中,没有哪一种推销心态对所有顾客都是有效的,同样,不同的购买心态对推销人员也有不同的要求。因此,成功推销的关键取决于推销心态与购买心态是否吻合。比如顾客导向型推销人员向防卫型顾客进行推销很难取得推销效果,而对软心肠型的顾客进行推销就容易推销成功。

为此，布莱克和蒙顿两位教授设计了一个简单的有效组合表，初步揭示了推销人员与顾客两种心态的组合与推销能否顺利完成的关系及基本规律，具体如表2-2所示。表中"＋"表示可以完成销售任务；"—"表示不能完成销售任务；"⊙"表示处于模糊状态，既有可能顺利成交，也有可能达不成任何交易，需要结合其他条件进一步分析。

表2-2 推销员方格与顾客方格的关系表

推销人员类型 \ 顾客类型	漠不关心型(1,1)	软心肠型(1,9)	干练型(5,5)	防卫型(9,1)	寻求答案型(9,9)
解决问题型(9,9)	＋	＋	＋	＋	＋
强力推销型(9,1)	⊙	—	＋	⊙	⊙
推销技巧型(5,5)	⊙	＋	＋	—	⊙
顾客导向型(1,9)	—	＋	⊙	—	⊙
事不关己型(1,1)	—	—	—	—	—

从表2-2中可以看出来，(9,9)型心态的推销人员无论与哪种心态类型的顾客相遇，都会取得推销成功；而(1,1)型心态的推销人员几乎遇到什么心态类型的顾客都不可能取得推销的成功；其他心态类型的推销人员遇到不同心态类型的顾客有可能取得成功，也有可能一无所获。有关研究成果表明，在推销业绩方面，(9,9)型心态的推销人员是(1,1)型心态推销人员的75~300倍，是(1,9)型推销人员的9倍，是(5,5)型推销人员的3倍。不难看出，不同心态类型的推销人员所创造的业绩大不相同，推销人员越是趋向于"问题解决型"，其销售的能力就越高，达成销售目的的可能性就越大。因此，要成为一位出色的现代推销人员，健康的销售心态是不可缺少的。所以，推销人员应树立正确的销售态度，要加强培训与锻炼，调整与改善自我销售心态，努力使自己成为一个能够帮助顾客解决问题的问题解决型推销人员。

正确把握推销心态与购买心态之间的关系是非常重要的。不同类型的推销人员遇到不同类型的顾客，应采取不同的销售策略，揣摩顾客的购买心态，及时调整自己。

阅读材料

推销方格自我测试题

为了帮助推销人员了解自己的推销心理态度，布莱克和蒙顿两位教授合编了一份推销人员方格试题，以供每一个推销人员进行自我测试。

这份推销方格试卷共分成六题，每一题都含有五种不同的推销方案。在动笔答题之前，请大家先将每一题中五种不同的推销方案仔细地看一遍，然后在最适合自己推销心理态度的方案之前写下"5"，在次适合自己推销心理态度的方案之前写下"4"，依此类推，在最不适合自己推销心理态度的方案之前写下"1"。

第 1 题

A1　我接受顾客的决定；

B1　我十分重视维持与顾客之间的良好关系；

C1　我善于寻求一种对客我双方均可行的结果；

D1　我在任何困难的情况下都要找出一个结果来；

E1　我希望在双方相互了解和同意的基础上获得结果。

第 2 题

A2　我能够接受顾客的全部意见和各种态度，并且避免提出反对意见；

B2　我乐于接受顾客的各种意见和态度，更善于表达自己的意见和态度；

C2　当顾客的意见和态度与我的意见和态度发生分歧时，我就采取折中办法；

D2　我总是坚持自己的意见与态度；

E2　我愿意听取别人不同的意见和态度，我有自己独立的见解，但是当别人的意见更为完善时，我能改变自己原来的立场。

第 3 题

A3　我认为多一事不如少一事；

B3　我支持和鼓励别人做他们所想做的事情；

C3　我善于提出积极的合理化建议，以利于事业的顺利发展；

D3　我了解自己的真实追求，并且要求别人也接受我的追求；

E3　我把全部精力倾注在我正从事的事业之中，并且也热情关心别人的事业。

第 4 题

A4　当冲突发生的时候，我总是保持中立，并且尽量避免惹是生非；

B4　我总是千方百计地避免冲突的发生，万一出现冲突，我也会设法去消除冲突；

C4　当冲突发生的时候，我会尽力保持镇定，不抱成见，并设法找出一个公平合理的解决方案；

D4　当冲突发生的时候，我会设法击败对手、赢得胜利；

E4　当冲突发生的时候，我会设法找出冲突的根源，并有条不紊地寻求解决办法，消除冲突；

第 5 题

A5　为了保持中立，我很少被人激怒；

B5　为了避免个人情绪的干扰，我常常以温和友好的方法和态度来对待别人；

C5　在情绪紧张时，我就不知所措，无法避免更进一步的压力；

D5　当情绪不对劲时，我尽力保护自己，抗拒外来的压力；

E5　当情绪不佳时，我会设法将它隐藏起来。

第 6 题

A6 我的幽默感常常让人感到莫名其妙；

B6 我的幽默感主要是为了维持良好的人际关系,希望利用自己的幽默感来缓和严肃的气氛；

C6 我希望我的幽默感具有一定说服力,可以让别人接受我的意见；

D6 我的幽默感很难觉察；

E6 我的幽默感一针见血,别人很容易察觉,即使在高度的压力下,我仍然能保持自己的幽默感。

在答完上述试题后,请将每一题中 5 个方案的得分填写在表 2-3 中,然后将纵行的分数相加,总分最高的那一份,就是你的推销心理态度。

表 2-3 推销心理态度分数查对表

题目 \ 推销心理态度	1,1 型	1,9 型	5,5 型	9,1 型	9,9 型
第一题	A1	B1	C1	D1	E1
第二题	A2	B2	C2	D2	E2
第三题	A3	B3	C3	D3	E3
第四题	A4	B4	C4	D4	E4
第五题	A5	B5	C5	D5	E5
第六题	A6	B6	C6	D6	E6
总分					

本 章 小 结

在现代推销活动中,由于推销的双重主体——推销人员和顾客都是由人构成的,推销过程中必然伴有人的大量的心理活动,同时也会出现千姿百态的心理现象。而这些心理活动又决定着双方的交易行为,从而成为决定推销成败的关键性因素。所谓推销心理,就是指推销活动中的客观现实在推销人员与顾客头脑中的反映。要想实现成功的推销,必须熟悉一些推销心理的知识。

推销心理是指推销活动中的客观现实在推销人员与顾客头脑中的反映,推销心理特征包括互动性、趋同性、差异性和不对等性。

顾客需求是指顾客对有能力购买的某个具体产品的购买欲望。了解顾客需求的变化规律对于推销活动的开展有着重要的指导意义。本文通过对马斯洛需求理论和 ERG 理论的介绍,指出了顾客需求对企业及推销人员组织和开展推销活动的重要启示。

顾客对推销品的购买心理活动过程,可以概括为认知过程、情感过程和意志过程。按照不同标准对顾客购买行为的类型进行划分,可形成不同的顾客心理需要及其购买动机的类型。对于不同的顾客购买心理,推销人员应采用不同的对策。

推销方格理论,以行为科学为基础,着重研究和剖析推销人员与顾客之间的人际关系和买卖心态。推销员方格用一个平面坐标图形来表示推销人员与顾客和完成销售任务的关心程度,解释了推销人员心理的五种典型类型——事不关己型、顾客导向型、强力推销型、推销技巧型和解决问题型。顾客方格是根据顾客对购买与推销人员的关心程度,将顾客的购买心态同样分为五种类型——漠不关心型、软心肠型、防卫型、干练型和寻求答案型。推销员方格与顾客方格的关系,反映了推销人员方格与顾客方格的内在联系与大致的规律性。

通过对本章内容的学习,应了解顾客购买心理,并能根据实际情况需要采取相应的推销策略;同时要能认真领会推销方格理论的含义与作用。

思 考 题

1. 顾客购买的心理活动可分为哪几个阶段?各包括哪些内容?
2. 顾客的购买行为可以分为哪些主要类型?
3. 顾客需求与推销的关系是什么?
4. 什么是推销员方格与顾客方格?两者的关系如何?
5. 推销人员应如何看待顾客需求?
6. 顾客的购买动机各种各样,常见的有哪些?
7. 推销人员为顾客着想与完成推销任务有无矛盾?说出理由。

案 例 分 析

案例 2-1

日本日绵公司主要经营陶瓷器生意,在日本,它经营的高级陶瓷器非常畅销,但在开拓美国市场时它却遇到了挫折。日绵公司经过仔细地调查研究发现,专门销售陶瓷器的百货公司效率很低,运转速度慢,产品销量不大。于是,它改用超级市场来销售,把陶瓷器摆到了纽约的各家超级市场,占据了橱窗的醒目位置,销量也因而显著上升。

为了进一步增加销量,该公司对美国大众习惯心理和消费行为进行了认真地分析,制定了一套完整的销售计划:立足超级市场,化整为零,聚件成套。其具体做法是:

第一步,在超级市场推出四个一组的陶瓷咖啡杯,同时赠送购买者四个咖啡碟子;

第二步,当咖啡杯卖出相当数量的时候,开始以较高的价格出售糖罐,因为喝咖啡要

加糖,所以买了咖啡杯,就要买糖罐;

第三步,当糖罐卖出相当数量的时候,再开始以更高的价格出售陶瓷调羹、托盘和碟子。

前后推出的这几种产品在花样、色泽、质地等方面完全一致,风格完全一样,购置全了可配成一套喝咖啡的精美用具。该计划使日绵公司大获成功,获得了丰厚的利润。

美国是个咖啡消费大国,推出咖啡陶瓷用具是选对了市场;美国人对日常用具很讲究配套和特色,该公司运用独到的销售法,先以低价和馈赠吸引美国顾客的购买,再以高价出售配套的糖罐、调羹等,利用美国人对日用品讲究配套的心理特点,分阶段地实施销售计划,使美国人欲罢不能,最终达到了增加瓷器销售量的目的。

案例讨论

1. 日本日绵公司利用了美国人的什么消费心理?从中可以得到什么启示?
2. 如果是你,你将采取何种推销策略来销售这些高级陶瓷器皿?

案例 2-2

好几年前,马却克自告奋勇去会见一名粗暴顽固的装运商。据说这位装运商一向以拒绝接见销售人员著称。马却克先生到达这位装运商办公室时,果然不得其门而入。"我一直坐在门外等候,他的秘书好几次想把我请出去。"马却克先生回忆道,"后来,他终于让我进到办公室,却只是很粗暴无礼地对我说:'你再等下去也没什么用处,反正我不会听你说话。'"马却克回答:"你根本没有资格做这个职位!因为你居然不想花一点时间,听别人告诉你怎么为公司省钱!"装运商显然被这一番说辞震慑住了。马却克于是赶紧提出事实与数据。十分钟之后,马却克离开装运商的办公室,并且为公司做了一笔好交易。

案例讨论

按照顾客方格理论,马却克先生面对的顾客属于什么类型?马却克推销成功的关键是什么?

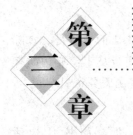

推销要素

引例

几个推销员在办公室争论一个问题。甲说:"要想把推销工作搞上去,关键在于推销员,如果大家工作不努力,业绩肯定上不去。"乙说:"我不同意你的观点,我认为关键是产品,如果公司的产品水平低,就是把推销员累死也不行,如果我们公司的产品能像海尔的一样,你就是不去推销,也会有人找上门来要,何劳我们如此辛苦?"丙说:"我认为,关键还是市场疲软,如像过去一样,什么都短缺,还怕卖不出去?回到20年前,我们工厂连销售科都没有,产品不也卖得好。用户想买,还买不着呢!"

思考题

他们在讨论什么?

推销要素是指使商品推销活动得以实现的必需要素。任何商品推销活动得以实现均必须具备三个基本要素,即推销人员、推销品和顾客(推销对象),现在也有人把推销信息归为推销的第四大要素。其中推销人员和顾客是商品推销活动的主体,顾客也称推销对象;推销品则是商品推销活动的客体。三个要素相互联系、相互制约,因此,作为推销活动的发起者,占据主导地位的推销人员应该尽力协调好三者之间的关系,确保推销目标的实现。

第一节 推销人员

推销人员是指主动向推销对象销售商品的主体,是商品推销活动得以实现的关键,在推销要素中占有重要的地位。

一、推销人员的种类及岗位要求

推销人员按不同的销售方式可以分为以下八类。

（一）售货员

一般来讲，售货员是指零售终端的推销员，例如，商场、超市、专卖店的售货员。实际上餐厅和加油站的开票员、电话局的营业员也可以归纳到这类中。售货员不需要访问客户，因为是销售公知的消费产品，需要具备一定的产品知识，具有良好的服务意识。

（二）电话推销员

电话推销员是指专职通过电话手段销售简单产品，如媒体广告、机票、图书、IP电话卡等的推销员。电话推销要求推销员具有良好的讲话技巧、清晰的表达能力和一定的产品知识。

（三）网络推销员

网络推销员是专职通过电子商务门户、电子邮件、论坛和即时信息推销产品，如图书、计算机、名录等的推销员。网络推销要求推销人员掌握相当的互联网工具，如群发软件、网站监控软件等。

（四）零售推销员

零售推销员一般是指厂商或地区代理的推销员，其职责就是将产品从厂商处定期地销售到零售终端。其需要具有相当的产品知识，掌握厂商的零售市场策略，并具有一定的谈判技能和管理能力。

（五）大客户推销员

大客户推销员是指企业中为某个集团大客户提供特别的销售服务的人员。大客户推销员不仅负责销售，而且还要协调售后服务，及时反馈客户的担心抱怨。大客户推销要求推销员有良好的沟通协调能力，协调客户内部的合作，保证产生持续订单。

（六）销售工程师

销售工程师销售相当专业的产品，如软件、仪表等。其产品方面要求达到工程师的专业水准，销售方面要求主动开拓市场，将客户的商业需求转化成产品需求，并且需要会撰写客户需求报告和建议书。销售工程师一般要完成销售的全过程。

（七）渠道推销员

渠道推销员要帮助厂商建立地区销售网络，如代理商、零售店等，并且要组织地区市场推广活动、控制市场推广销售预算。渠道销售员要有一定的市场观念、深厚的产品知识和把握全局的能力。

（八）顾问推销员

顾问推销员对用户的模糊需求进行分析整理论证，集成若干产品，为用户提供解决方案，如楼宇自动化推销、ERP软件推销等。顾问推销要求推销顾问有很好的产品知识和客户行业知识,善于发现问题和潜在需要,为用户提供商业和产品解决方案。

企业采用什么样的推销类型是根据所处行业和产品特点决定的。例如某软件公司是生产供销存软件的厂商,它有标准版供销存软件,在直营店是通过售货员销售。它还有系统集成部,有顾问销售,根据用户的特别需要提供全面解决方案。它的销售主要是通过渠道销售完成的,通过渠道销售它已经建立了全国 20 家代理商、120 家加盟店。这些销售员都是从事推销工作的,但所承担的责任和岗位要求是不同的。

每个售货员都有销售定额,但实际上售货员对销售额的影响有限,店面销售取决的因素很多,如店面位置、店面品牌、产品品牌等。售货员的销售取决于服务态度和专业水平。一般来说,来卖场采购的顾客都很自信,而且有较强的品牌倾向,售货员很难说服他改变主意,事实上有时候连说的机会都没有。售货员的难处还体现在工作时间上,一天 8 小时站在柜台里,没有自由发展的时间,碰上不讲道理的客户时确实很委屈。

电话推销员比售货员还难,首先很难找潜在客户,打 20 个电话,未必能找到一个真正的潜在客户;找到客户,要在头 15 秒钟引起客户的兴趣,然后在后 5 分钟内说服客户,有的时候还会碰到客户中途挂机的情况。

零售推销员与其他推销员相比,也许有稳定的订单,但他每天要跑很多路,平均需要管理 20~30 个卖场。有些信誉不好的卖场,要货容易,付款很难。

大客户推销中,一个真正的大客户往往有 320 个供应商竞争,推销员要想维护长期的客户关系可想而知有多难。客户现在喜欢更多的服务、更优的价格,而推销员要想做到这些,需要公司的全面支持。

销售工程师首先要成为产品专家,不仅要懂自己的产品,也要对竞争对手的产品非常了解。好的销售工程师对客户的产品使用历史非常清楚,可以及时做好客户的产品使用顾问、随时解决客户的问题。

渠道推销员要和中间商打交道,这要求推销员在销售技能、产品知识、管理手段方面都要比代理商的强,这样才能管理好代理商,让他们帮助你做好推销工作。与代理商打交道很容易发生纠纷,渠道推销要有高超的协调能力,在保证销售的条件下,维护好与代理商的关系。

顾问推销员需要成为两方面的专家,既要懂自己的产品,也要懂用户的行业,既要懂技术又要懂业务,还需具有较高的分析能力,这样才能发现用户的潜在需求。一般来讲,在所有这些推销员销售中,顾问推销员的销售成交额最高,利润也最高,渠道销售营业额最高。

二、推销人员的职责

推销人员的职责是指推销人员必须做的工作和必须承担的相应责任。各种类型的推销人员虽然面对的推销对象不同,具体的工作任务不同,但总地来说,所承担的职责是相同的。推销人员的主要职责如下。

（一）搜集信息

推销人员是联系企业和市场、企业和顾客的桥梁与纽带，容易获取产品的需求动态、竞争者状况及顾客的意见等方面的重要信息。及时地获取与反馈这些信息是推销人员的一项重要职责。这不仅可以为企业制定正确的营销策略提供可靠的依据，而且有助于推销人员提高自身的业务能力。因此，推销人员要自觉地充当企业的信息收集员，深入到市场与顾客之中，在销售商品、为顾客提供服务的同时，有意识地了解、收集市场信息。

推销人员在收集信息时要做好以下几项工作：寻找与确定目标市场，估算目标市场的容量与可以达到的销售额，了解目标市场需求的具体特点，为企业市场营销决策当好参谋，了解同类产品竞争者的状况。

（二）传递商品信息

当今市场上，商品种类繁多，消费者需要得到有关的商品信息，以便比较、评价、选择满意而适用的商品。现代推销不仅要满足消费者对商品的需要，而且要满足消费者对商品信息的需要，及时地向消费者传递真实、可靠的商品信息。推销人员要通过口头宣传、产品展示、使用示范、散发材料等手段向顾客传递商品的信息，其内容主要包括如下方面。

（1）商品的一般信息，是指商品的存在、功效、性能、品牌、商标等，以便消费者比较和选择的信息。

（2）商品的地位及优势信息，是指向消费者宣传企业商品在同类商品中所处的地位及特殊功能，并针对不同目标顾客的不同需要，突出宣传推销品的差异化优势，以激起消费者的注意和兴趣，促使消费者做出购买决定的信息。

（3）商品的发展信息，是指新的生产方式和消费方式，企业产品的发展动态，如新材料的运用、新产品的开发、产品的改进等，启发和引导顾客的消费，使之与企业生产同步协调发展的信息。

（4）商品的经营信息，是指包括有关商品的销售价格、经营方式、服务措施等，以便于促使消费者购买商品的信息。

商品信息的影响程度，首先取决于信息内容的专门性、真实性和可接受性。不同的目标顾客，对商品需求的侧重点也有所不同，推销人员必须在调查研究的基础上，针对顾客需要，向顾客传递他所需要的信息。其次，商品信息的影响程度受信息传递方式的影响，因此必须针对目标顾客的具体情况，选择目标顾客能正确理解、乐于接受的方式来传递商品信息。

推销人员不仅要将有关商品、企业的信息传递给购买者，而且要将消费者的需求、购买状况、市场竞争状况、产品经营状况等信息反馈给企业。推销人员是连接企业与市场的桥梁，他们直接与市场、消费者接触，能及时、准确地捕捉市场信息，他们的活动是企业搜集市场信息的重要途径,是企业情报的主要来源之一。

(三) 销售企业产品

销售企业产品是推销人员的核心职责和最主要的工作。推销人员要通过接近顾客、推销洽谈排除异议,进而与购买者达成交易、销售商品。此外还有一些推销工作的辅助性活动,如推销调研、商务旅行、商务交际、案头工作等。美国的一项调查表明,在推销人员的全部工作时间中,花在旅途、等待会见上的时间占26%,花在调研及案头工作上的时间占了23%,真正与顾客接触、说服顾客购买的时间则占41%。

(四) 开发潜在顾客

美国期刊《销售的力量》的编辑Gerhard认为:"销售人员的主要职责不是促成交易,而是开发顾客。"由于顾客的搬迁、升职、疾病、退休、更换岗位等原因,或由于客户公司破产、合并,原采购代理人的替代者倾向于竞争品等原因,推销人员所联系的客户不可避免地会流失掉一部分。在美国,客户年流失率一般为15%~20%。在我国虽然无准确统计,但鉴于大多数企业客户管理的水平还比较低,可以断定客户流失率应远远高于这个数值。因此,不断开发潜在顾客以替代流失顾客,无论是对企业还是对推销人员都是至关重要的。推销人员在开始一项新业务或是继续一项老业务时,都应把开发有消费需求、购买力和购买权的潜在顾客的任务置于首位,并在日常的推销工作乃至生活中随时留意搜寻潜在顾客的信息,下大气力发展新客户。只有这样,才能把潜在市场变为现实市场,把市场机会变为企业的赢利机会,把潜在利润变为现实利润。

为此,推销人员必须具有相当的开拓能力,善于发现机会,能够成功地找出潜在顾客,并通过真诚的工作将产品推荐给顾客。

(五) 提供服务

商品推销活动本身就是为顾客提供服务的过程。"一切以服务为宗旨",是现代推销活动的出发点和立足点。推销人员不仅要为顾客提供满意的商品,更要为顾客提供各种周到和完善的服务。未来企业的竞争日趋集中在非价格因素上,非价格竞争的主要内容就是服务。在市场竞争日益激烈的情况下,服务往往成为能否完成销售目标的关键因素。

推销人员所提供的服务包括售前服务、售中服务和售后的服务。

1. 售前服务

售前服务是指在正式推销之前为潜在顾客所提供的服务。只有做好推销前的服务工作,推销才有成功的可能性。推销前的服务工作是指在商品未售出之前进行的一系列准备工作,它主要包括调查了解顾客的需要情况、为顾客提供必要的产品样本和使用说明书、为顾客的购买活动提供必要的咨询服务等。推销前的服务是成功推销的前提,是达成交易的基础。

2. 售中服务

售中服务是指在推销商品的过程中，由公司或推销人员为顾客所提供的服务，主要是为顾客在购买商品和运输方面提供方便条件。

售中服务主要包括为顾客提供运输、保管、装卸以及融资、保险等方面的帮助。售中服务是推销成功的关键，尤其是在产品差异和价格差别不大的情况下，顾客会选择那些能提供额外服务的厂家生产的产品。

因此，推销人员只有做好推销过程中的服务工作，才能成功推销。一方面，顾客看重推销人员的服务精神。顾客在选择过程中，往往很看重推销人员的人品和公司信誉，真诚和信誉是顾客接受推销的首要条件。推销人员的服务精神和提供的服务项目，最能说明推销人员的真诚与信誉。另一方面，顾客往往把能否提供所需要的服务当作主要的洽谈条件。他们期望从推销人员所提供的服务中获得利益。

3. 售后服务

售后服务是指在完成销售后为顾客提供的各种服务，主要包括产品的安装、调试、维修、保养、人员培训、技术咨询、零配件的供应及各种保证或许诺的兑现等。任何顾客在购买商品后都会对购买决策进行总结。顾客得出的结论，会对推销产生很大的影响。可见，只有搞好售后服务、消除顾客的不满意、强化顾客的满意，才能提高推销的知名度和美誉度，不断稳固老顾客、开发新顾客。

（六）协调买卖关系

在顾客心目中，推销人员就代表着企业。协调顾客与企业的关系，主要可从以下三方面入手。

1. 处理矛盾

在商品推销过程中，推销人员与购买者由于目的不同，难免会出现矛盾，如对商品看法的矛盾、价格方面的矛盾、供货条件及服务态度方面的矛盾等。推销人员应站在购买者的立场处理问题，注意研究购买者的需求所在，研究其购买目的和动机；推销商品的使用价值，宣传所推销的商品给购买者带来的利益；帮助购买者解决商品购买和使用过程中的困难和问题，满足购买者对供货、运输、信贷及技术服务等方面的要求；当推销人员的要价与顾客的报价出现差异时，推销人员可以在互利互惠的基础上，通过与顾客磋商，适当让价，争取达成交易。

2. 消除误会

在商品经营过程中，由于各种外部或内部因素的干扰，如假冒伪劣商品的影响、对企业或产品信息的误传误信、竞争者的强大的促销攻势的反作用、企业在某时期或某些方面经营不善而造成的不良影响等，会使一些不明真相的消费者对企业的产品声誉、经营方针、经营方向等产生误会。推销人员在推销过程中，要了解造成误会的原因，配合企业的其他部门，以现身说服、实物展示、广告宣传等方式消除顾客的误会，扭转消费者对企业或产品的不良印象,树立企业的良好形象。

3. 分配产品

当企业的产品供不应求,出现较严重的缺货现象,推销人员无货可销时,推销人员一方面要协助企业做好顾客的安抚工作,向顾客解释缺货原因,宣传企业对缺货的补救计划,以安定人心;另一方面要积极根据自己的销售经验,向企业提出物资分配建议,将供应不足的货物合理地分配给急需的顾客。

(七)建立联系

商品售出后,推销人员还应继续与顾客建立联系,定期与顾客接触,了解他们对产品使用情况的满意程度;对不满意者要采取一些补救措施,以防失去顾客;对于顾客提出的合理要求,要尽量予以满足。推销人员还要详细记录销售过程中的有关情况,对顾客的基本情况、购买商品的情况、顾客的意见、顾客未来的需要、竞争对手的新产品等资料进行认真地加工、整理,为企业领导进行营销决策提供客观依据;对重点顾客进行分析和管理,从推销人员的销售记录中选出那些购买量大的顾客作为重点顾客,将他们作为未来推销工作的重点对象,以提高销售工作的效率。

三、推销人员的素质

推销工作十分复杂,充满了艰辛与变数,可塑性很强,在毅力、意志、知识、耐心、信心、应变等方面对推销人员是一个考验。有人说推销是一个经常让人感到自卑的行业,挫折感是推销人员经常的感受。因此,作为一名合格的、优秀的推销人员,必须具有相当的思想素质、文化素质、心理素质和身体素质。

(一)思想素质

要做一名合格的推销人员,具备良好的思想素质是第一位的。推销人员必须树立正确的推销思想、良好的职业道德、强烈的事业心和责任感,文明礼貌,公平买卖,具体有以下几个方面。

1. 具有强烈的事业心和责任感

推销人员的事业心和责任感主要表现为:充分认识自己工作的价值,热爱推销工作,对自己的工作充满信心,积极主动,任劳任怨,把推销工作生活化,使其融入自己的日常生活中;对自己所服务的企业负责,在树立企业良好形象、建立企业良好信誉方面做出自己的努力;对顾客的利益负责,拥有正确的推销理念,认识到推销活动的中心是满足顾客需求、帮助顾客解决困难和问题。

2. 具有良好的职业道德

推销人员单独的业务活动比较多,在工作中,应有较强的自制力,不利用职业之便坑蒙拐骗顾客,不侵吞企业的利益。推销人员必须自觉遵守国家的政策、法律,自觉抵制不正之风,正确处理个人、集体和国家三者之间的利益关系,依照有关法律规范推销产品。

3. 具有正确的推销思想

推销思想是推销人员进行推销活动的指南。正确的推销思想要求推销人员在推销工作中竭尽全力地为国家、企业着想,全心全意为顾客服务,以满足顾客需求的程度作为衡量自己工作的标准。

(二) 文化素质

推销工作并不是一件轻而易举的工作,而是一项极富创造性与挑战性的工作,因而推销人员除具备过硬的思想素质外,也要具有较高的文化素质。对推销人员来说,具备良好的文化素质,能够提升个人在客户心目中的整体形象,同时,良好的文化素质可以为推销人员提供更多与客户的谈资。

推销人员的文化素质,主要表现在对以下几方面知识的掌握。

1. 企业方面的知识

企业方面的知识主要包括企业创建时期、发展历程、经营指导思想、有关的规章制度和惯例、企业文化、营销的战略与策略等。一名推销人员,有必要掌握企业创建与发展方面的背景材料,这样可以使你与顾客交谈时,显得知识渊博,介绍自己的公司也得心应手,便于和外界特别是和老顾客交往。另外,推销人员的头脑中时刻储存着企业发展壮大的背景知识,也有利于培养推销人员自身对企业的一种自豪感与归属感,有利于在同顾客接触时集中精力,尽心尽力地做好推销工作。顾客也乐意与熟悉厂史的销售员做生意。

2. 产品方面的知识

推销人员应熟悉产品的生产流程与方法。这样当顾客因价格或发货时间提出问题时,推销人员就能用你所熟悉的产品生产流程和近期的企业概况,向顾客解释原因。

3. 市场方面的知识

推销人员应接受一定程度的教育,掌握必要的理论知识与实务技能,包括市场营销理论、营销调研与预测学、推销学等学科方面的知识,了解和熟悉市场方面的有关政策、法令和法规。

4. 顾客方面的知识

推销人员还要懂得消费者心理与购买行为方面的知识,因此应掌握商业心理学、公共关系学、人际关系学、行为科学和社会学等学科的内容,以便分析顾客的购买心理,并据此运用合适的推销手段。

5. 竞争方面的知识

要成功地实施推销,还必须掌握同行业竞争状况的信息,包括整个行业的产品供求状况、企业处于什么样的竞争地位、竞争产品有哪些优点是本企业没有的、本企业产品有哪些优点是竞争产品所无法比拟的、竞争品的价格、竞争品的销售策略等。

（三）心理素质

优秀的推销人员应具备良好的心理素质，良好的心理素质包括以下两个方面。

1. 坚定的自信心

萧伯纳曾说过："有自信心的人，可以化渺小为伟大、化平庸为神奇。自信心是支撑人们做任何工作走向成功的基础，而对于推销人员来说，强大的自信心尤为重要。"据统计，在所有的工作当中，大多数推销人员都会在开始时怀疑自己，怀疑自己是否具备做销售的素质和能力，所以推销人员的自信心极易受到冲击。自信具有传染性，推销人员如果对自己具有足够的信心，就可以感染客户，使之对自己产生信任感。相信自己，相信自己一定能成功，这一点对推销人员而言至关重要。

这种自信心是在不断获取经验、做事胸有成竹的过程中逐步建立起来的。初涉推销业时，由于根基太浅，尚未累积足够的经验，不会有多少自信心。但在树立起自信心、才干也得到不断增长的过程中，推销人员也必须培养忍耐性和宽容心。如果忍耐性有限，容不得客户挑剔的眼光，自己的推销经验与自信心可能永远也不会达到极点，自信心将荡然无存。

2. 顽强的意志品质

在推销工作中，推销人员会遇到来自许多方面的问题和障碍，瞬息万变的市场、激烈的竞争、严厉的拒绝、冷嘲热讽、怀疑奚落等，无一不是对推销人员意志的考验。面对考验，推销人员要有正确的心态，要有远大的理想、勤奋进取，要有不达目的不罢休的恒心和意志，才能坚持下去。很多推销人员在刚入职时信心百倍、斗志昂扬，但在工作一段时间后，工作的压力导致自信心和自尊心备受打击时，慢慢开始怀疑自己，怀疑自己的工作，乃至最后退出推销职业。所以说推销人员一定要具备顽强的意志，面对推销中的种种困难，要始终坚定信念、坚持到底。

（四）身体素质

推销人员的推销工作既是一项复杂的脑力劳动，同时也是一项艰苦的体力劳动。推销人员的工作性质决定了推销人员必须有强健的身体才能胜任推销工作。推销人员必须经常外出推销，在必要时还得携带样品、目录、说明书等；上门推销的人员还必须日夜兼程，劳动时间长，劳动强度大；工业品的推销，需要推销人员进行安装、操作、维修等较大强度的体力与脑力劳动。因而，强健的身体是成功推销的基础与前提。

为此，推销人员应注意以下几点以确保身心健康：

(1) 要经常保持良好的心态；

(2) 要学会放松自己；

(3) 尽量每天坚持运动；

(4) 要注意饮食卫生和预防疾病；

(5) 要保证必要的休息。

四、推销人员的能力

推销人员具备了一定的思想、文化、心理和身体素质,只是具备了当一名好推销人员的基本条件,但并不一定能成为一名出类拔萃的销售人员。除此之外,推销人员还应有一定的推销能力。推销人员的能力是其在完成商品推销任务中所必备的实际工作能力。

一般来说,推销人员应具备以下能力。

(一) 语言表达能力

推销人员的接洽工作总是以一定的语言开始的,不管是形体语言、物质载体语言还是文字语言,推销人员要通过语言准确地表达所要推销商品的信息,同时也能使推销对象清楚地理解和明白推销品的方方面面。如果推销人员语言贫乏,词不达意,前言不搭后语,逻辑性差,思路不清,拙嘴笨舌,顾客就不可能接受他,也不可能接受他所推销的商品,他永远也不可能获得订单。因此,推销人员应具有良好的语言表达能力。

良好的语言表达能力的修养标准是:清晰、准确、条理井然、重点突出;富于情感,使顾客听了感到温暖、亲切,起到感染顾客的作用;诚恳、逻辑性强,能起到说服顾客、增强信任感的作用;生动形象、风趣幽默,能起到吸引顾客的作用;文明礼貌、热情友善,能引起顾客由衷的好感,起到增进友谊的作用。

(二) 较强的社交能力

推销人员向顾客推销商品的过程,实际上也是一种信息沟通的过程。推销人员必须善于与他人交往,有较高的沟通技巧,同时也能维持和发展与顾客之间长期稳定的关系,待人随和,热情诚恳,能设身处地地从顾客的观点出发,为顾客解决实际问题,取得顾客的信任、理解与支持。推销人员除具备推销领域所必须掌握的丰富专业知识之外,还应有广泛的兴趣爱好、宽阔的视野和知识面,以便能够得心应手、运用自如地应付不同性格、年龄、爱好的顾客。有时候推销人员与顾客的接洽是短兵相接,来不及也不容许进行接触前的准备,因而必须以"全能运动员"的素质对付各种突发情况。合格的推销人员的头脑应该是一本"大百科全书",推销工作事实上也是对推销人员社交能力的检测。

社交能力不是天生的,是在推销实践中逐步培养的。要培养高超的交往能力,推销人员必须努力拓宽自己的知识面,同时要掌握必要的社交礼仪。推销人员应敢于交往,主动与人交往,不要封闭自己。

(三) 敏锐的洞察能力

推销人员也应该是心理学的行家里手,具有洞察细微事物的慧眼,通过对顾客环境的观察与分析,与顾客的沟通和交流,依据顾客的手势、反应、脸色、心境等表现,在头脑中快速形成印象并做出判断。因而,优秀的推销人员应该具备洞察顾客心理活动的能力,对细枝末节有较强的敏感性,就像一台 X 光机一样能够较准确地透视顾客的一言一行,并能针对顾客心理活动采取必要的刺激手段,转变顾客看法,变其潜在需求为现实需求,并扩大其需求。

推销人员的洞察力包括两方面：一是对市场的洞察力；二是对客户的洞察力。洞察不是简单地看看,而是用专业的眼光和知识去细心地观察,通过观察发现重要的信息。例如,到卖场逛逛,一般人可能知道什么产品在促销,什么产品多少钱,而专业的销售人员可以观察出更多信息,如别人的产品卖得好是因为什么。推销人员也是每个企业的信息反馈员,通过观察获取大量准确的信息并反馈是推销人员的一大职责。

（四）快捷的应变能力

推销人员应该逻辑缜密,思路清晰,适应能力强,反应速度快,面对困难与不利并不慌乱,善于处理这种被动的局面,变被动为主动。

推销人员虽然与顾客接触前,都对推销对象做过一定程度的分析与研究,并进行了接洽前的准备,制定了推销方案,但由于实际推销时面对的顾客太多,无法把所有顾客的可能反应全部都列举出来,一些意想不到的情况必然会出现。对于这样突然的变化,推销人员要理智地分析和处理,遇事不惊,随机应变,并立即提出对策,这就是应变能力。世间不可能有一劳永逸的应变方法,任何再好的方法也只是在一定条件、时间和地点下适用。

阅读材料

美国有一家大百货商店,门口竖着一块广告牌,上面写着："无货不备,如有缺货,愿罚 10 万元。"有个法国人很想得到这 10 万元,便去见经理。他开口就问："潜水艇在什么地方？"经理把他领到第 22 层楼,那儿真有一艘潜水艇。法国人又说："我还要看看飞船。"经理将他带到了第 9 层。只见一只飞船停放在那里。法国人并不罢休,问道："可有肚脐眼生在脚下面的人？"

看起来,这个法国人明显是来挑衅的,这个时候你如果没有耐心和随机应变的能力,肯定会和这名顾客产生矛盾,甚至可能大打出手,那么这个经理又是怎么解决的呢？他不动声色,平淡地对旁边的店员说："你来一个倒立给这位先生看看！"

这个案例中,这位经理明知那个法国人是有意刁难他,却能随机应变,以幽默的方法接待了这位顾客,如此一来,既可不损失 10 万元,又给顾客留下了深刻的印象。

（五）积极的创新能力

推销工作是一种具有综合性、复杂性的体脑结合的创新性劳动。在推销活动中,推销人员应当注重好奇、敏锐、自信、进取等诸方面创新素质的培养,不断开拓新市场、结识新顾客、解决新问题。解决问题需要特殊的方法,当面临着前所未遇的难题时,杰出的推销人员应充分展开自己的想象力,对以往的经验和概念加以综合,从而构建全新的解决方法。对推销人员而言,开拓一个新市场、发掘一个新顾客、采用一种别出心裁的推销手段,都必须具有开拓创新的精神和能力。推销人员不仅要满足现实的需求,更要发现和创造潜在的需求。

推销创新包括推销理念、推销手段、推销方式等方面的创新。推销创新不是盲目的标新立异、搞形式主义,而是适应市场、适应环境、适应竞争的变化、不断超越自我的结果。

(六)不断的学习能力

时代在不断地变化,顾客在不断地成长。在这个高速发展的时代,除了变化,没有什么东西是不变的,而学习则是推销人员了解外部世界、跟上顾客步伐的最有效途径。对于优秀推销人员来说,主动学习是指这样一种能力:能够快速地汲取最新知识,了解社会发展趋势;能够将学习到的知识与实际工作结合起来,做到理论与实践相结合。随着经济和社会的快速发展,知识的保鲜期越来越短,推销人员必须与时俱进,不断补充和学习新知识。因此,没有良好的学习能力,在速度决定胜负、速度决定前途的今天势必会被淘汰。

顶尖的推销人员都是学习的高手,通过学习培养自己的能力,让学习成为自己的习惯,因为,成功本身是一种习惯(思考和行为习惯)和能力。成功的推销人员都在不断地通过学习超越自己,并且在销售团队中形成学习的氛围,建立学习型组织,有利于自我的提升和组织素质的提升。彼得·圣吉《第五项修炼》掀起了全球组织学习的热潮。

学习者不一定是成功者,但成功者必然是擅长学习者。纵使如李嘉诚这类商业巨子,在年逾七旬之时,也依然强迫自己每周读完三本书、几本杂志,让自己时时能了解社会最新知识。而对于身处瞬息万变的市场环境的推销人员来说,学习新知识,了解社会、行业、顾客的最新情况,是一种工作必需。理论的东西是前人经验的总结,也许是别人交了很多学费才总结出来的,所以,学习理论就是借鉴成功经验、寻找成功路径,避免走太多错路和弯路。

第二节 推 销 品

推销品作为推销活动中的客体,是指推销人员向顾客推销的各种有形和无形商品的总称,包括商品、服务和观念,在推销要素中居于十分重要的地位。一方面,推销客体依赖推销双重主体力量的推动;另一方面,它的运动变化又会形成自身的规律和特点,反过来要求推销主体遵循自己的运动规律和特点。推销主体和推销客体之间的关系构成了推销活动。从现代市场营销学的角度看,顾客并非仅仅接受具有某种物质形态和用途的劳动生产物,而是从整体上衡量推销客体,因此推销人员应该树立整体产品概念。

一、整体产品概念

在现代市场营销理论指导下对产品概念的认识,早已突破了把产品视为由生产者生产出来、用于满足消费者物质需要的有形实体的传统观念,而赋予"产品"极其宽广的外延和深刻而丰富的内涵。所谓"产品"是指提供给市场用于交换、通过使用或消费可满足购买者某种欲望和需要的任何东西,包括有形物品、无形物品、场所、组织和观念、构思等。

近年来,营销大师菲利普·科特勒等学者倾向于使用五个层次来表述一个完整的整体产品概念。

(一)核心产品

核心产品是指消费者购买某种产品时所追求的利益和效用。它是产品整体概念中最基本的部分,是顾客购买产品所真正要求的东西。从根本上说,每一种产品实质上都是为解决问题而提供的服务。比如,人们购买空调机不是为了获取装有某些电器零部件的物体,而是为了在炎热的夏季满足凉爽舒适的需要。推销人员应善于发现顾客购买某种商品背后的真正需要,把顾客所需要的核心利益和服务提供给他们,使其通过商品或服务的使用解决所面临的实际困难与问题。

(二)形式产品

形式产品是指核心产品借以实现的具体表现形式。产品的基本效用必须通过特定形式才能实现。它由五个特征,即品质、式样、特征、商标及包装所构成。即使是纯粹的服务,也具有形式上的相类似的特点。形式产品是能为顾客所识别的,是顾客选购商品的客观依据。市场营销人员应以顾客所追求的利益为出发点,努力寻求更加完善的外在形式,以满足顾客的需要。

(三)期望产品

期望产品是指购买产品时期望得到的与产品密切相关的一整套属性和条件。例如对于购买洗衣机的人来说,期望该机器能省时省力地清洗衣物,同时不损坏衣服,洗衣服时噪声小、方便进排水、使用安全可靠等。这些都是产品的默认属性,是产品的基本功能。

(四)延伸产品

延伸产品是指顾客购买形式产品和期望产品时,附带获得的各种利益的总和,包括产品说明书、保证、安装、维修、送货、技术培训等。国内外许多企业的成功,在一定程度上应归功于他们更好地认识了服务在产品整体概念中所占的重要地位。许多情况表明,新的竞争并非凭借各公司在其工厂中所生产的产品,而是依靠附加在产品上的包装、服务、广告、顾客咨询、资金融通、运送、仓储及其他具体价值的形式。顾客得到延伸商品能更好地享用核心产品,增加了购买产品时得到的利益。延伸产品是市场竞争的焦点,又是产品差异化的重要基础。这使得在企业提供的服务中占有重要地位的推销具有举足轻重的意义。

(五)潜在产品

潜在产品是指现有产品未来所有的延伸和转换,是当今产品的可能变体。潜在产品指出了现有产品的可能的演变趋势和前景,如彩色电视机可发展为电脑终端机等。

产品整体概念的五个层次,十分清晰地体现了以顾客为中心的现代推销观念。这一概念的内涵和外延都是由消费者的需求来决定的。可以说,没有产品整体概念,就不可能真正贯彻现代营销观念。

掌握整体产品的含义,应注意产品整体性与层次性的统一。所谓产品能满足顾客的需求是指所有层次的需求都得到充分满足,一个完整产品应包括上述五个方面。整体产品的原理,要求推销人员在推销活动过程中,首先,要注意分析顾客购买所追求的基本效用与利益;其次,要满足不同层次、不同类型顾客对外观、形式、心理等方面的追求;最后,推销商品的过程也是推销人员为顾客进行服务、对顾客进行观念宣传的过程。三者是密不可分的,应善于把商品与顾客需要的满足联系起来,把推销过程视为顾客的购买过程。

二、产品质量概念

产品质量是顾客进行购买决策时考虑的一个因素,但不是唯一的因素,也不是最重要的因素。顾客做购买决策时重视质量,并不意味着推销人员在推销活动中要一味地宣传产品的优质,而忽视顾客的需要。推销人员到底应怎样把握质量的内涵?在推销过程中,顾客需求与产品质量到底孰轻孰重呢?为了解决这些问题,有必要先从产品质量的含义谈起,再分析质量与需求在推销活动中的重要性。

所谓产品质量是指向顾客提供的产品或服务的内在质量与外在质量的总和。正如前面指出的那样,整体产品包含五个层次,质量是形式产品的要素之一,要使顾客的需要真正得到满足,质量是基础。一种让顾客成天为之忧心忡忡、担惊受怕的产品是不可能真正满足顾客的需求的。但对于产品"质量"内涵的理解,应从顾客的角度去考虑,由于顾客使用产品的条件、时间、场合等环境因素不同,因而每一位顾客对产品质量的内涵的规定和理解都依据自身的感觉,而不是厂商的意愿,同样的产品在不同顾客心中的"质量"可能是不同的。推销人员在推销时,应因人、因时、因地分析推销品的质量是否符合顾客使用的要求。

理解产品质量概念要注意区分产品质量与实用性这两个不同的概念。质量是产品的内在特性或内在价值,实用性则是产品对顾客某种特殊需要的适应性。在向顾客推销时,产品实用性是比产品质量更为重要的因素,任何产品质量不管怎样,都必须符合顾客的特殊需要。如果顾客对某种产品没有需求,产品即使质量再好,也不能成为推销品。因此,在推销过程中,推销人员不应把质量作为谈判的焦点,优质前提下的实用性更加符合顾客的需要。强调产品对顾客实际问题解决的重要性、购买该产品能够给顾客带来多少使用价值,才是促使顾客做出购买决策的主要原因,这时质量恰恰成了辅助因素。

高质量的产品如果不能满足顾客的需要,就很难唤起顾客的注意和兴趣,更谈不上促使其购买。只有在顾客认为产品对他确实有用时，高质量才能激发顾客的购买兴趣。所以推销过程中，推销人员应该强调推销品可以使顾客更健康、更省力、工作效率更高、更惬意、更舒适、节约更多钱财等，把产品质量和产品效用有机结合起来为顾客设计利益，才能更容易打动顾客，促成交易的实现。

当然，绝不是说重视顾客的需求就不重视产品的质量，事实上，产品质量是满足顾客需求的一个重要方面。在符合顾客需求且价位相同的情况下，质量显然是关键的竞争因素。而且，质量是一个实实在在的概念，存在于产前、产中和产后所有的环节和过程，既包括产品本身的质量，也包括服务质量。为了提升产品质量，企业在产品设计阶段应根据整体产品的五个层次，注重对顾客的各方面需求的满足，认真听取推销人员对产品开发设计方面的意见，因为他们最熟悉顾客的情况；同时也要注意产品的使用寿命与零部件寿命之间的关系，不能一味强调产品质量而忽视其经济性，如果零部件的寿命超过主机，并不能看作是重视质量，只能算作一种浪费，这样会导致成本增加、价格上扬、销售困难。在设计产品结构时，企业应在保证功能与效用的前提下，使产品便于顾客使用和维修，并向多功能化、微型化、简洁化与多样化方向的发展。在生产过程中，企业应严格根据技术要求、工艺程序进行规范化操作，把设计人员的理念产品孵化为现实的合格产品。在生产结束之后销售之前，企业应严格审核产品质量，严禁任何一件不合格的产品进入成品库并转移到消费者手中，以免损坏企业形象、影响产品销路。

三、推销品的效用层次理论

从推销学的角度来看待和认识产品整体，以把握产品的推销是至关重要的。人们购买某种物品或接受某种劳务，目的在于通过商品或劳务的消费满足个人或组织某一方面的需要，解决个人或组织某一方面的困难或问题，而购买商品与接受劳务只不过是达到这一目的的手段。因而，推销人员不应单纯向顾客推销商品，而应借助推销品来设置合理的诱因，利用适当的环境，想方设法唤起消费需求，促成顾客为满足现在或将来的需求而产生购买欲望，把推销商品放在次要的地位，重要的是向顾客推销产品的使用价值和使用价值观念。推销人员必须善于分析各种产品的使用价值，精于把产品的基本效用与顾客的基本需要结合起来，善于巧妙地把产品的使用价值观念传递给顾客，只有这样才可能成为成功的推销人员。不顾顾客本身的需要，也认识不到推销品对顾客的真实效用，一味地宣传产品的理化性能和功能品质，往往是徒劳的，是难以获得成功的。

推销人员究竟应该向顾客推销什么？

1. 推销产品的基本效用或者核心功效

任何一种产品或劳务，都有其特定的用途，但顾客并非只将其用在生产厂商最初设计的用途上。由于使用者的时间、地点、条件等的差异，产品也就有着许多不同的使用价值观念。只有让顾客也明白这种使用价值观念，他们才会购买，推销人员也才能实现营销目标。企业生产经营的目的不是占有产品的使用价值,而是实现利润,仅仅是推销人员认识到产品的使用价值,并不能完成使用价值向利润的转换。任何一种产品都有着若干种使用价值,推销人员具体选择哪一种来做恰如其分的分析,要依不同的顾客及其需求而定。

2. 推销产品的服务

有的服务,如理发、维修、咨询本身就是商品。有的服务是产品的一部分,没有服务,就不能构成完整的产品,或者不可能销售产品,这样的产品如计算机、空调等。服务一般包括售前服务、售中服务、售后服务。服务具有不可分离性、可变性、不可储存性(易逝性)的特点。服务质量包括服务的技术质量、态度质量、形象质量和情感质量。服务能满足和创造需求,服务就是竞争力。我国著名的个人电脑(PC)供应商联想集团信奉"主动、向上、超越"的服务理念,依靠高水准的服务获得了巨大的成功。联想提倡的主动服务,就是要想在顾客前面,主动走到顾客身边,发现并满足顾客个性化、定制化的应用需求;向上的服务,就是要不断提升服务能力、不断推出新的服务产品及服务项目,为顾客创造更多的价值;超越的服务,就是要超越顾客满意度。

3. 推销产品的使用价值观念

使用价值和使用价值观念有着根本意义上的不同。使用价值是针对顾客而言的具体效用;使用价值观念属于意识形态范畴,是与产品使用价值相关的意识、态度和理念。比如,电脑的使用价值在于打字、排版、记忆等,但从使用价值观念来讲,使用电脑的关键在于提高办公效率、降低办公成本、提升企业的竞争能力。从这个角度来看,推销人员的职责不仅在于告诉消费者产品的使用价值如何如何,更在于告诉顾客该产品能带来什么样的潜在利益。

在直接向最终使用者推销产品时,应推销产品的使用价值观念。如果购买者不是最终消费者,而是经销商或其他组织,是不是也应向他们推销产品的使用价值观念?经常听到一些向经销商推销商品的推销人员说:"我们的顾客购买的只是具体产品,而不是购买产品的美观、声誉和安全的观念。他们并不使用这些产品,而只是把产品转卖给他的顾客就完事大吉。产品的使用价值观念对经销商无关紧要。"这样的认识能站得住脚吗?不能!因为经销商本人并不是在购买具体的产品,在这一点上他们与最终消费者没有什么两样。他们是最终使用者的代言人,他们帮助所有使用者买到产品的使用价值,最终使顾客的实际问题得以圆满解决。因而,经销商购买的是成功销售,是赢得顾客和获取最大利润的方法。所以,推销人员越是竭力帮助经销商搞好销售工作,他自己的推销工作就会越顺利、越有成效。

4. 向顾客提供解决所面临问题的方法

不论是个人还是组织,在其发展过程中都将面临若干问题。个人在一生中可能得处理工作、生活、友情等问题,一个组织则面临效率、财力、成本、增加利润、避免亏损以及经营管理等问题。推销人员应该不失时机地向这些个人或组织提供推销品的使用价值,及时为顾客排忧解难。推销人员是顾客的朋友,双方的利益是共存的。比如:两个计算机厂家的推销人员,尽管推销在性能、品质方面完全相同的计算机,但可能取得截然不同的业绩,只是单纯推销计算机的推销人员一年可能只获得屈指可数的几台计算机的订单,而通过推销计算机向客户提供解决问题办法的推销人员一年可能获得几十台甚至几百台的订单。因而,帮助客户解决问题式的推销,有助于交易的达成。

5. 推销产品文化和企业文化

未来企业的竞争不仅是产品、服务、品牌、技术和人才的竞争,而且是企业文化的竞争。麦当劳、肯德基、可口可乐等世界著名跨国公司在全球范围内持续成长、基业长青,与它们的文化建设是分不开的。文化是凝结在产品和企业之中体现产品和企业特色的无形的价值观念和意识形态。企业文化是企业的无形资产,为企业的发展发挥着巨大的作用。推销商品的最高层次就是推销公司产品和企业文化,一旦公司文化深入消费者心中,引起了共鸣,产品就不愁没销路,不愁打不开市场了。

第三节 顾　　客

在推销活动中有两个主体,即推销人员和顾客。顾客又称推销对象,是推销活动所指向的对象。顾客是企业及推销人员所依赖的人,是企业的衣食父母。对顾客的分析是推销成功的基础。在推销过程中,推销人员不仅要清楚自己的推销心理状态,还要善于洞察顾客的购买心理,根据不同的推销对象使用不同的推销方法。

一般而言,根据顾客所购推销品的性质及使用目的,推销对象可分为个体购买者和组织购买者。

一、个体购买者

个体购买者是为了满足个体或家庭生活的需要而购买或接受某种推销品的个人。这个市场也被称为消费者市场或最终消费市场。

个体消费者在产品的采购上,一般都是少量购买,购买频率高,购买流动性大,属于非专家购买,一旦产生需求就希望立即得到满足。个体购买者在购买便利品时一般愿意接受替代,受推销宣传影响大,他们在很多场合的购买都是由情境因素所引发,情感型购买(冲动型购买)占有一定比重。

个体购买一般以家庭或个人为单位,从事购买活动的通常是家庭中的一个或几个成员。而在做出购买决策时,家庭成员或亲友可能会扮演下列一种或几种角色。

(1) 发起者:首先提出或有意购买某一产品或服务的人。

(2) 影响者:其看法或者建议对最终购买决策具有一定影响的人。

(3) 决定者:在是否购买、为何买、哪里买等方面做出部分或全部决定的人。

(4) 购买者：实际购买产品或服务的人。

(5) 使用者：实际消费或使用产品或服务的人。

例如，某家庭购买一台音响，首先提议的是儿子，其他家庭成员，或者亲戚、朋友、同事等对要购买的品牌、式样、性能可能提出参考性意见，但是最终决策者是夫妻双方，实际购买者是丈夫，最后全家享用。推销人员有必要认识以上这些角色，因为这些角色对设计产品、确定信息和安排推销方式是有关联意义的。

推销人员在向个人购买者推销时，应该首先明确推销对象是谁。例如男人购买啤酒、香烟，女人购买服饰、化妆品，这种简单购买行为，购买者既是决策者又是使用者。采购者的购买行为受社会、经济、文化、心理等方面的影响，推销人员应针对这种层次的推销对象运用灵活的推销技巧与策略。单价高、不经常购买且冒一定风险的耐用消费品购买，则具有较为复杂的购买行为，购买者未必是决策者或最终使用者。这种类型的购买通常由家庭成员共同决策，每一个人的意见、看法都会影响某个购买决策。例如家庭中钢琴的购买，首先发起倡议的可能是家庭主妇，她认为同事、邻居家的小孩都有了钢琴，她家也不甘落后，应该在一定程度上加速、延缓或停止对钢琴的购买，最终决定是否购买的可能是家庭的户主，而采购这样一些笨重商品的则可能是家庭中的年轻男性，最后使用钢琴的是家庭中的小孩。对于这种复杂的购买行为，推销人员不但要抓住采购者，而且要善于影响发起者、使用者与决策者等与耐用消费品采购有关的人员，推销对象的范围需要适当延伸，不是采购者一个人，而是一个决策团体。因而，个人或家庭购买者多购买的是消费品，应抓住消费者市场的特点来分析推销对象的购买行为，制定恰当的推销策略。

二、组织购买者

组织购买者是指工商企业、政府部门和其他各种事业单位、群众团体为加工制造产品、集团消费和再售给其他顾客所进行的购买。组织购买者都具有组织购买、生产、消费的共同特征。但生产者和中间商的购买，都以营利为目的，其所购产品和服务进入生产或流通领域；而政府及其他非营利机构的购买，与个体消费者购买相似，没有赢利的目的，所购产品进入消费领域。

组织采购决策比家庭采购决策参与者要多，决策程序更加复杂，影响因素涉及很多方面，任何一个环节被"卡"住，交易都难以达成。组织采购中心包括以下成员。

(1) 使用者，即组织内部使用某种产品或服务的人员，在很多情况下都是由使用者首先提出购买倡议的，如，生产线上的工人在使用某种设备或工具时，由陈旧设备的低下效率而提出购买倡议。

(2) 影响者，即影响采购决策的人员，通常在产品规格、性能方面有决定性作用，如工厂中的工程技术人员。在设计者提出使用某种零部件的特殊技术要求后，如果推销人员能影响设计员使用他们独到的零部件，则其推销十有八九就能获得成功。

(3) 决策者，有权决定产品需求量和厂商的人员。

(4) 批准者，有权批准决策者或采购者所报采购方案的人员。

(5) 采购者，即具有选择供应商并商定赊销合同的权力的人员。采购者一般协助确定产品的规格，但其主要职责是与销售人员谈判。

由于组织市场的采购者并非使用者或决策者、批准者，在技术性能、规格型号的选择方面还要受到设计人员、技术人员的强有力的影响，在实用性、方便性上受生产工人的影响，因而推销者向组织购买者推销前，必须弄清楚：谁是购买决策的主要参与者？他们对购买决策的影响表现在什么方面？影响力怎样？决策参与者用什么标准来评估购买行为？如果推销对象是一个大客户且是主要业务，则推销人员应全力以赴地进行多层次的深入推销，尽可能多地接触决策参与者，甚至可以与顾客"生活"在一起。除此以外，推销人员还应定期检查他们对推销对象的影响作用及其所作的假设，并依据变化了的情况调整对策。

因此，推销对象的第二个层次是组织购买者，他们主要采购各种工业原料、半成品、材料、零部件或采购各种消费品供进一步转售，推销人员应根据组织市场的特点，分析组织市场采购者的购买决策的参与者及其影响力，采用解决问题导向型的推销方式推销。

第四节　推销三要素的协调与推销三角定理

现代商品的推销少不了推销人员（推销主体）、推销品（推销客体）及顾客（推销对象）三个基本要素，如何实现其协调，保证顾客实际需求得以满足、企业销售任务得以完成，则成为广大推销人员共同关注的问题。本节介绍推销三要素之间的协调以及推销三角定理。

一、推销三要素的协调

如何把握和理解推销的三个构成要素的地位与关系？怎样看待三者对推销活动的影响？三者分别扮演了什么样的角色呢？在推销活动中，成功实施推销计划与推销战略，应该是推销三要素有机协调、缺一不可。不过，在这三个要素中，每一个要素所扮演的角色及所处的地位是不相同的。推销人员在推销活动中处于主动和支配地位，推销对象的需求在推销活动中处于中心地位，推销品联结着推销人员和推销对象，推销员只有提供满足顾客需求的推销品和推销服务，才能使推销活动顺利进行。

推销活动是推销人员在一定推销环境中，运用各种推销技术和推销手段，说服推销对象接受推销客体（推销品）的过程。推销人员在推销活动中起着关键的作用，是推销活动的主体，是联系企业与顾客的桥梁和纽带。推销人员在整个推销进程中，始终处于支配地位；一方面，推销人员帮助顾客确定购买商品的真正目的，为顾客解决实际问题；另一方面，推销人员在顾客需求处于潜在状态时，通过推销技术的运用，劝说顾客，使其潜在需求转变为现实需求；此外，推销人员帮助顾客分析各种各样的同类商品，购买何种商品受益最大、实惠最多,以此推动顾客做出有利于公司的购买决策、说服顾客促成购买。因而,没有推销人员就不可能进行有效的商品推销活动。

要成功地推销商品,推销人员首先要成功地推销自己,注意推销礼仪与文明礼貌,给顾客留下良好的第一印象;其次,要树立正确的推销观念,以企业的长期目标作为行动指南,重视对长期目标的追求,而不是以短期销售额作为推销目标;再次,要掌握必要的推销技巧,有效地进行推销;最后,要以正确的态度对待顾客,树立了解顾客需要、帮助顾客解决困难的观念,使商品推销与收集信息、开展技术服务结合起来。

也可能有些顾客不需要推销人员的推销就会主动购买,也许某些商品压根就不需要推销,也许顾客都是精明的购买者,他们自身善于分析自身的需要和追求的利益,也许顾客已经熟悉产品,无须过多的售后服务,但随着市场竞争的日趋激烈、买方市场的形成,推销人员在推销中的主体作用将日益增大。

二、推销三角定理

推销三角定理是阐述推销人员推销活动的三个要素——推销人员、推销产品或服务、推销人员所在企业之间的关系的理论,它是为推销人员奠定推销心理基础、激发推销人员的积极性、提高其推销技术的基础理论。

推销三角定理认为:一名推销人员必须具有说服顾客的能力,推销人员的推销活动应建立在相信自己所推销的产品、相信自己所代表的公司、相信自己的基础上。

推销三角定理强调的是培养推销人员的自信心,它要求推销人员在推销活动中必须做到三个相信:相信自己所推销的产品或服务,相信自己所代表的企业,相信自己的推销能力。该理论认为,推销人员只有同时具备了这三个条件,才能充分发挥自己的推销能力,运用各种推销策略和技巧,取得较好的推销业绩。这就好比三角形的三条边,合起来就构成了稳定的三角形结构。其中,企业的产品用英文表示为"Goods"(产品),推销人员所代表的企业用英文表示为"Enterprise"(企业),而推销人员用英文单词表示为"Myself"(自己)。这三个英文单词的第一个字母合起来便构成了 GEM,所以西方国家也称推销三角定理为 GEM 公式,汉语译为"吉姆公式",见图 3-1。

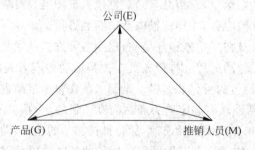

图 3-1 吉姆公式

(一) 推销人员对产品的信心

推销人员应当对自己所推销的产品充分信任,因为产品是推销人员推销的客体,它给顾客提供使用价值,给顾客带来需求上的满足。推销人员要相信推销的产品货真价实,相信自己的产品可以成功地推销出去。现代产品的概念不仅是一个具有实用价值的实体产品,它包括核心产品、形式产品、期望产品、延伸产品和潜在产品五个层次。推销人员要对其产品的五个层次的概念必须十分清楚,并对竞争产品有较清晰的了解,从而对自己推销的产品的效用、质量、价格等建立起自信。这样在向顾客作推销介绍时,推销人员便能根据顾客的不同需求有目的地做出有理有据的阐述,才能更加主动有效地处理顾客的各种异议,包括质量异议、价格异议、功能异议、效用异议、外观异议、包装异议等。当然,推销人员对自己推销的产品也不应盲目地自信。这种自信应源于对产品的充分了解,源于对产品知识、功能效用和与其他产品相比的特征、优势及其合理使用的方法的充分了解。

(二) 推销人员对企业的信心

在推销活动中,推销人员对外代表着企业,推销人员的一举一动都会影响顾客对其所代表的企业的看法和印象,他们是企业形象的代言人。推销人员的工作态度、服务质量和推销业绩直接影响到企业的经济效益、社会效益和发展前景。因此,推销人员只有充分相信自己所代表的企业,才能具备从事推销工作应有的向心力、荣誉感和责任感,才能具备主人翁的工作热情,并在推销事业中发挥创造精神。连自己的企业都不相信的推销人员是不可能对企业和顾客有所作为的。推销人员对企业的信任,包括相信企业经营行为的合法性、合理性,相信企业的决策、管理能力,相信企业改革和发展的前景等。

当然,企业的优势和劣势是相对的,推销人员对本企业的信任也不应该是盲目的。推销人员对企业优势、长短要用辩证的眼光看,认识到在推销人员和企业其他人员的努力下,企业的劣势可以变成优势,落后可以变成先进。企业无论大、小、新、旧,都有自己的特色,这种特色是推销人员信任的基点,也是推销技术运用的基础。

(三) 推销人员对自己的信心

推销人员的自信心是完成推销任务、实现自己的目标的前提。推销人员对自己的信心,包括相信自己从事的推销事业的伟大意义、相信自己从事推销事业的智慧和能力、相信自己充满前途的美好明天。

推销人员的事业总是沿着从无到有、从小到大、从缺乏经验到经验丰富的方向发展的。有人如果遇到了几次失败或挫折,就气馁,就失去信心,是不可能干好推销员工作的。

推销人员对自己缺乏信心的表现有:认为自己天生就不是干推销的"料";害怕被顾客拒绝,觉得被拒绝很没面子;担心从事推销工作会做"蚀本生意",因为有些推销事业是要自己投入一定本钱的。事实上,成功的推销人员没有一个是一帆风顺的。美国的乔·吉拉德曾欠债6万美元,但凭着自己顽强的拼搏精神和自信,逆境中求生存、求发展,终于成为美国的汽车销售大王。

阅读材料

树立正确的推销心态

一个人要成功，心态起决定性作用。俗话说："良好的心态，是成功的一半。"只有具备良好的心态，才能屡败屡战。推销员是勇敢者的职业，每天要面对各种各样的顾客，失败的情形经常随你而行。只有具备一种坚韧不拔、积极进取的心态，才能成功。

一、炼就越挫越勇的心态

（一）当推销低潮出现时

就是资深的推销员或是业绩一直保持一定水准的推销员，也会发生连续两个或三个月的业绩持续滑落的情况，这就是一般推销员闻之色变的"推销低潮"。未曾遇到过的人绝对不会相信它的杀伤力有多大，曾经经历过的人则会暗暗祈祷噩梦不要再度来临。

推销低潮，不仅使人精神郁闷，令人丧失冷静，而且使人连自己是何许人都会产生怀疑。事实上，发生这种状况绝对不是没有原因的。其原因是：可能这段时间没有培养新的顾客；可能最近活动量不够；也可能家中发生重大事故或生病，让自己失去应有的推销水准；等等。显而易见，原因都是出在自己身上，除非是因重大事故或生病等不可抗拒的因素，否则失败的责任绝对得要自己来承担。

有些推销员在运气好时，谈上一两回就能促成自己的生意。得来太容易的胜利往往使人冲昏了头，以为从此之后幸运便会永远垂青，不再多花时间培养新的顾客及熟客，整天就是呼朋唤友去喝咖啡消磨时间，待业绩出现断层时，则方寸大乱，不知道如何脱离困境。

首先，这种情形是自满与自傲造成的。活动量不足尚可轻易解决，自满与自傲却像一柄双锋的利剑：在一切状况顺利时会化为自信，使拜访活动更有活力；但当业绩陷入低潮时，将成为无形的杀手，使一切自我钻研、自我努力的成果化为乌有，使自己业绩平庸，难以向前迈进。

其次，也是更可怕的，是一石二鸟或三鸟。有些推销员不单以推销一家商品为满足，经常兼卖好几家不同的商品，结果造成贪多嚼不烂，最终一无所获。不满现状固然是推销的原动力，但也有火力散漫、不易命中红心的缺点，这也是"万能推销员"始终是个名词，却无法成真的原因！

最后，可能就是推销技术的问题。有的人迷信某种说明方式，便一成不变地将它运用在每个顾客身上。殊不知，久而久之一成不变的行为方式将磨去推销员原有的魄力与热情，再也无法感动顾客，使推销员终有一天会遇上不灵验的状况！

出现推销低潮时，其实也不用灰心，凡事总要看得开些。原一平曾经说："人生就是由无数烦恼穿成的念珠,达观的人是一面微笑一面去数它的。"何必自寻烦恼,最好把目标摆在下一期的业绩上。也许这段时期,正是对自己的销售能力及拜访活动做一全盘检讨的最佳时机,这使自己在下一次重新出发时,能更有活力、更有技巧、更有要领地进行推销活动!

原一平第一次遭遇推销低潮时,整天虚心检讨自己的缺点,极力想从中找出原因,可是始终无法摆脱。有一天,他下定决心去拜访另一名资深人员,请教如何摆脱困境,没想到这位前辈却因酒醉在家休息,他知道后心中大为震撼,同时也认为自己这种行为未免太过天真。仔细思考了一个夜晚后,第二天一大早,他便起来冲个冷水澡(当时正值冬天),直接出门去拜访顾客。然而第一家便拒绝了他,第二家也拒绝了他。但是他并不十分介意,依然继续拜访工作,他决意要试试看,一直拜访完十家,结果会怎么样?最后,终于在拜访第五家时结束了为期多日的噩梦。

签完合同后,他跑到路上大声高叫:"太好了!我并没有放弃!"也就是从这一刻开始,一向一帆风顺的他,终于品尝到推销工作的真正辛酸,同时也在这一瞬间,他感到自己对于推销这份行业的热爱程度有多深。

原一平说:"最好的处理方式就是,拜访再拜访,在拜访过数十家,甚至数百家顾客后,一定会有的。一再追悔为什么无法促成,对于事情一点帮助也没有,倒不如好好想想看,为什么以往能在不可能促成的状况下签下合约!相信这反而能让自己找到更多以往遗漏的重点。"

(二)鼓起勇气,再试一次

原一平说过:"推销就是初次遭到顾客拒绝之后的坚持不懈。也许你会像我那样,连续几十、几百次地遭到拒绝。然而,就在这几十、几百次的拒绝之后,总会有一次顾客同意采纳你的计划。为了这仅有的一次机会,推销员在做着殊死的努力。"推销员的意志和信念就在于此。

据统计,推销员第一次上门访问即成功的比率微乎其微,只有靠一次次坚韧不拔的争取,生意才会成功。

日本经营之神松下幸之助就是一位坚韧不拔的经营者,他还讲过一个他所遇到的坚韧不拔者。那人是一家大银行的低级职员,为了承揽松下电器公司的业务,一次又一次地跑去向松下陈述。由于当时日本企业界习惯于一对一,松下本无转移业务之理,所以第一次回绝了,以后次次如此。可这位职员每半年总要来访一次,一直坚持了6年。后来,由于情势的转变和实际需要,松下公司决定新增关系银行,生意当然最终由那位职员得到了。

这里,还有一位以极大的坚韧一天访问13次最终成交的推销员的故事。

有一天,这位推销员向某公司的总务处处长推销复印机,这位总务处长同往常应付其他推销员一样地回答说:"我考虑看看。"这位推销员是一位老实人,听他这么说就答道:

"谢谢您,那就请您想想看。"然后他便离开了。当那位处长松了一口气时,他又来了,处长以为他忘了什么东西,但他却说道:"您想好了没有?"然而,他看到的是处长满脸吃惊的表情,于是他说:"那我再来。"大约经过30分钟,"您大概已经……"处长仍是一脸的困惑,这位推销员又说道:"我再来。"

他又来了,处长心想:"我该以何种表情面对他呢?"虽然他以自己及这位推销员都承认的可怕眼神瞪了一眼这位推销员,但他的心里却越来越不安:"那个家伙会不会再来呢?"当处长正想着时,这位推销员又出现了:"您已经考虑……对不起,我再来。"

处长的情绪愈来愈恶劣,但是这位推销员的波浪状攻击仍持续不断,到黄昏时,他已是第13次来访了,处长终于疲惫不堪地告诉他:"我买。"推销员问:"处长先生,您为什么决定要买呢?""遇到你这种工作热心和有着不合常理的厚脸皮的人,我只好认了。"

鼓起勇气,再试一次,也许这次你就能成功。

二、良好的心态,成功的基石

(一)克服推销访问恐惧症

假如能都顺利的话,相信人们都会对于推销工作感兴趣。可是,当面对现实的时候,一般人都会感觉到,其实推销并不是那么容易的一件事。在一般的情况下,与顾客见面所得的结果是失败的成分占多数。尤其对于经验不足的新推销员来说,成功的机会微乎其微。因此,与顾客接触失败的经验积累多了,就会发展成"访问恐惧症",而新进推销员容易患访问恐惧症也就是这个缘故。为了帮助推销员克服推销访问恐惧症,齐藤竹之助着重分析研究了其形成的原因和应有的对策。

1. 形成访问恐惧症的原因

形成访问恐惧症的原因如下。

(1)自身知识、能力和准备不足。这主要包括自己能力不高,商品知识不丰富,学识浅,事前的计划及准备不充足,商品说明死板,未能推陈出新。

(2)意志消极。如有的人对推销工作缺乏信心,自我厌恶,为私事而烦恼,并受家庭问题、收入不固定、气候不正常等因素的影响。

(3)身体条件不利。如身体不健康、睡眠不足、连续的疲劳等也会给推销工作带来不利影响。

(4)对工作缺乏信心。这种心态起因于社会上的人对推销职业的认识不足。

(5)有悲观情绪。在进行访问时,会屡受顾客的抗拒。如果因此一想到棘手的顾客、令人厌恶的顾客、强大的竞争对手、商谈不易进展等情况,在事前就会因胆怯而产生悲观的情绪。

(6)情绪的低落。如果一段时间业务一直不振,就会心情不安与焦虑。

(7)将顾客的各项条件与推销员比较,两者相差悬殊的时候,例如对方的社会地位、经济基础、人格、学识等都高于你的时候,也容易使人形成访问恐惧症。

(8) 向熟人推销。为推销而访问同学、旧友的时候,推销员容易产生自卑感。

(9) 因恐惧进行访问时惹得对方厌恶。假如访问的对象是工作繁忙的行业、显要或社会地位较高的人,他们会对推销员表现出厌恶的情绪,这会对推销员的工作产生不利影响。

(10) 访问门禁森严的住宅、养有恶狗的家庭等也容易使人产生恐惧心理。

以上所举例的都足以成为访问恐惧症的直接或间接原因。

2. 克服访问恐惧症的对策

一个成功的推销员,要想克服访问恐惧症,必须采取以下措施:要有进取心,不断地磨炼自己、充实自己;要了解企业的理念;要有周密的销售计划和访问准备,才能顺利推进访问的计划;促进自己的身体健康,做一个成功的推销员,健康的身体是必需的条件;每天要过着规律的生活;养成计划必须实行的好习惯。你只要能按照这里提供的方法去实践,就一定能够克服访问恐惧症,成为一个优秀的推销员。

(二) 克服失败的心态

一个好的推销员必须有一个积极进取的心态。只有这样,才能在商战中屡败屡战,屡战屡胜。

1. 最初的失败是理所当然的

新从业的推销员一想到可能会失败时,就会停滞不前,这就是患了"失败恐惧症",而"失败恐惧症"又会引起"访问恐惧症"。

你要对自己说,最初当然不顺利,反复去做就会变得顺利。反复实践正是顺利的唯一方法,即所谓反复十次可以记住,反复一百次能够学会,反复一万次就能变成职业高手了。

因此,在着手做一件事之前,内心要确实记住下列事项:

(1) 根据成功计划改变方法时,效率有可能暂时会变差。

(2) 在熟悉新方法之前,大都会不顺利。

(3) 新人由于尚未熟练,因此遭遇困难是很正常的。

这是大家都知道的道理。可是一旦在推销现场时,往往会将这些忘得一干二净,而总是认为推销一开始就会顺利,抱着甜美的希望想着"但愿……"结果,很容易因大失所望而深受打击。所以应该经常对自己说:"开始一定是不顺利的,唯有不断反复,才会变得顺利。"

2. 要经常想到伟人、先人的忍耐

所有成功者都不是一帆风顺的,爱迪生失败了10000多次才发明了电灯,席维斯·史泰龙成功之前受到了1855次的拒绝,桑德斯上校遭受了1009次的拒绝才创办了"肯德基炸鸡"连锁店。因此,你遇到不如意快要放弃时,请想想爱迪生、史泰龙、桑德斯这些屡败屡战的人,他们会激励你走出困境。

3. 挖井,就要挖出水来

不管做任何事,如果半途而废,就等于遇到挫折就要放弃;而只要不停止,就算在努力中。大体说来，水井只要继续挖，总有出水的一天，不同的只是出水多寡而已。同样的道理，在推销中，只要坚持到底就能成功。

你经过不断努力还不见成果时，不妨想想："把井再挖一尺看看。"这不会有多大痛苦，只要稍微振作一下就办得到。推销也一样，每次多访问一个顾客，或是一天多写15封邮寄信函的名字和地址，应该也不会有多大痛苦吧！在思考着究竟是停止还是继续下去的情况下，类似这种努力，往往只要刹那间的决心就够了，希望你能够持续。

4. 向困难、失败微笑

嘉纳治五郎23岁时创办柔道馆，是一位一辈子都从事柔道普及和促进世界和平工作的教育家。他曾经训诫弟子们说，人生最重要的精神就是"付诸一笑"，无论输赢，都要如此。只要拥有这种气概，就可以突破各种障碍。

可是有许多推销员，在顺利时就得意忘形，一旦被拒绝或遇到挫折就畏缩不前，这样当然无法顺利走上成功之路。从明天开始，不管遭遇什么问题，都要毫不在乎地承受下来才是。你可以这样做：

(1) 被拒绝或遇到失败都一笑置之。

(2) 不管胜利或失败，都要以"哼！这算什么！"的精神向前冲。

(3) 不管遇到什么问题或障碍，都要告诉自己：一定要坚持不去，贯彻始终。

5. 走自己的路，让人们去说吧

推销员之所以害怕失败或被拒绝，是因为失败或被拒绝会深深伤害自己的自尊心，觉得失败时的狼狈形象被其他人看到实在很难为情。

走自己的路、干自己的事，不要被别人的言语左右。推销员必须有这种心态，才能全身心地投入，才能获得成功。

6. 轻松承受如流水般的失败与痛苦

学着养成轻松承受痛苦的习惯，这样就可以在不知不觉间具备别人所无法比拟的忍耐力。告诉自己任何失败、痛苦都像流水一样，总有流过去的时候，因此要尽量忍耐。

7. 不要一开始就期待成功

遇到拒绝时，受打击的理由之一是内心原本在期待成功。由于是抱着"如果顺利，第一次访问就成交"的想法去访问，因此被拒绝时会大失所望。

应对的方法之一就是"不要期望第一次就获得同意"。应该告诉自己：第一次访问会被拒绝，吃闭门羹；第二次访问时可以交谈、闲聊；第三次才能商谈……然后展开行动。这样每被拒绝一次，就可寄望于下一次的访问。

(三) 推销员保持积极心态的四种方法

推销员并不总是能如鱼得水般成功的。当推销遇到困难时，应如何消除障碍性因素、顺利地进行推销呢？

美国的米契尔·柯达提出了几个简要方法。

1. 增加动力

懂得如何聚集动力,如何节俭、集中地使用动力固然重要,但首先必须具备动力。动力是一种积极、主动的力量,是一种去做的愿望,是怀着一个特定的目标,从一点向另一点移动去实现既定工作的愿望。推销活动从本质上讲是一种探索未知的活动,探索性的特点决定它具有失败的可能,因此须不畏艰险、顶住压力、排除障碍、增强原动力。

2. 控制惰性

我们中间很多人之所以不能成功地进行推销,是因为他们面对棘手问题拖着不办。惰性会产生一种永久的惯性,克服的办法是抛弃它,让消极的力量转化为积极的强加力。面对推销难题,需要花费艰苦的劳动,要对自己说,等把它做完了的时候,你可以清闲了,现在阻碍自己享清福的就是这项工作。然后,就像它是你的敌人一样,向它进攻,把它赶跑,便为自己赢得了休息的时间。一旦获得了开动自己、利用自己旺盛精力的能力,便能够在一段较长的时间使用这种能力了。切记:着手某件事后,就去完成它。

3. 抵制厌倦

厌倦对一个人意志的损伤是极大的,假如陷入了使活力减退的烦躁之中,可按下列方法作一尝试。

(1) 和自己打赌,在一天结束之前,要完成必须完成的工作,当完成时给自己以奖励。

(2) 一天给自己确立一个主要目标,无论放弃其他什么事情,都要达到这个目标。

(3) 在一个星期中确定一天为"追赶"日,这样在其他日子可避开大部分琐碎和恼人的事。

(4) 做每件工作都给自己一个时间限度,大多数人由于面对截止日期而能最佳地集中精力。

(5) 不要把一天当做时间进程的延续,那样,没完成的工作便可推迟到下一天。有成就的人在计划他们的生命时,着眼于每一天的成就,让每一天都有特定的收获。

4. 善于幻想

停留在过去固然是错误的,然而,事实上,有成就的人往往是那些能检视自己的过错并从中汲取教训的人。许多有成就的人还承认,他们常常幻想,这些幻想刺激他们向着既定的目标前进,使之富有建设意义。想做的事情越多,能够做的也就越多。

5. 培养信心

在推销商品的业务中,语言的培训十分重要。美国的一名著名的推销训练专家汤姆·诺曼发现,日常有一些字眼有利于推销,可以显著增强推销的信心。而另一些字眼却对推销不利,打击推销员的信心。有利推销的字眼是推销对象的名字、了解、事实证明、健康、容易、保证、金钱、安全、省钱、新、爱、发现、对的、结果、真货、舒适、自豪、利益、值得、快乐、信赖、价值、好玩、至关重要的。对上述字眼的反复练习,有利于提高工作热情。

不利推销的字眼有交易、成本、付款、合约、签名、试用、担心、损失、赔掉、伤害、购买、死亡、坏的、出售、卖出了、价格、决定、困难、辛苦、义务、应负责任、错失、责任失败等,这类词最好少说。

(四)良好的心态,就是良好的推销

最好的推销心态是什么样?怎样才能够把握好正确的推销心态?其实推销心态是成功推销的重要前提,找到良好的推销心态就可以实现良好的推销。

采购者的不同心态大致可分成五种。

1."漠不关心"型

这种人不但对推销人员漠不关心,也对其购买行为漠不关心。这种人经常逃避推销人员,视之如毒蛇猛兽,对于采购工作也不敢负责,怕引起麻烦,因此,往往把采购决策推给上司或其他人员,自己顶多只负责询价或搜集资料等非决策性工作。

2."软心肠型"

这种人心肠特软,对于推销人员极为关心,当一个推销人员对他表示好感、友善时,他总会爱屋及乌地认为他所推销的产品一定不错。这种人经常会买一些自己很可能不需要或超过需要量的东西。

3."防卫型"

这种人与前述两种类型的购买者刚好相反,他对其购买行为高度关心,但是对推销人员却极不关心,甚至采取敌对态度。在他们心目中推销人员都是不诚实的人、耍嘴皮子的人,对付推销员的方法是精打细算、先发制人,绝对不可以让推销员占便宜。

4."干练型"

这种顾客常常根据自己的知识和别人的经验来选择厂牌、决定数量,每一个购买决策都经过客观的判断。

5."寻求答案型"

这种顾客在决定购买之前,早就了解自己需要什么,他需要的推销员是能帮助他解决问题的推销员。对于所推销的产品,他会将其优点、缺点都做很客观的分析,如果遇到问题,也会主动要求推销人员协助解决,而且不会做无理的要求。

究竟什么样的推销心态最好呢?无可否认的是,愈是趋向于"寻求答案型"的心态,愈能达成有效的销售。因此,每一个推销人员都应该把自己训练成为一个"对销售高度关心、对顾客也高度关心"的"问题解决者"。可是,并非只有具备这种心态的人才能达成有效的推销,一个"软心肠型"的推销员虽然很蹩脚,但是如果遇到的是一个同样类型的顾客,一个对顾客特别热心,另一个心肠特别软,两个碰在一起,惺惺相惜之下,推销任务照样可以完成。

(五)没有放弃的原因,只有挑战的心态

原一平认为:"一个成功的推销员在遭遇挫折或失败时,要能永远不认输,屡仆屡起,咬住不放,坚持到最后胜利为止。"

他还说过:"我认为,毅力和耐力才是推销员夺标的秘诀。"

心情对行为的影响占有相当大的比重,随着心情变化,结果时好时坏,这种现象是不可避免的。以乐观还是悲观的态度看待事物,纯属人生观的问题,无所谓孰好孰坏,但是在干推销这行时,则毫无疑问,乐观者较易成功。与其杞人忧天或在意不理想的结果,不如去思考更积极的方法,归纳出一套可行的方案。有些推销员生性悲观,凡事都往坏处想,以致在展开行动之前,摆满了失败的借口,这样如何会有好成绩?只有自毁前程罢了。

推销这种经济活动,并不像哲学、宗教那般属于永恒、神秘的课题,而是以人类为中心的一类形而下的问题。属于形而下的任何课题、问题,绝对都有它解决的办法,因此推销字典中,绝无"不可能"三字。乍听之下,你可能会怀疑,但是遇到问题只要仔细思考,就能找出许多解决困难的方法。属于推销员个人的因素也一样,不可能存在太多的难题。

可是有人却喜欢大模大样地列举一些理由,仿佛是生命中的大事。不可否认,办不到的借口多得数不清,但爱找借口的人,失败的几率往往高于常人,因此绝不能在做事之前,就开始找借口搪塞。

即使成功的概率很低,但只要存在着可能,就要勇敢地接受挑战。也只有勇于接受挑战,才会有成功的可能性。倘若在一开始就放弃,胜利的号角绝不会为你响起。

当然,自我挑战不只是在精神论的范畴内说说而已,光凭口号来对抗问题,无疑是以卵击石。必须找出问题的症结,用实际行动加以解决,具体方法是增加访问户数、延长活动时间、锁定目标、增加会晤数和提高订约率等。

三、大胆地正视拒绝

(一)顾客的拒绝和应对技巧

现代社会,人们的时间宝贵,所以除非必要,顾客对于不速之客推销员一般都持厌烦态度。一般情况下,会遭受的拒绝态度及其应对技巧有以下几种。

1."我没兴趣。"应对的技巧

(1)"这点我能了解,在您还没看清楚一事物前,不感兴趣是正常的。"——基于同情心。

(2)"不过我希望您能给我个让我为您讲解的机会,不知道您明天下午或后天下午哪段时间不太忙?"——"二择一法"。

2."我不会买。"应对的技巧

(1)"为什么?"——找出不买的原因。

(2)"没关系,您听听看再决定。不知您明天上午或下午是否有空?"——"二择一法"。

3."我没有钱。"应对的技巧

(1)"您觉得要很多钱吗?"

(2)"您太马虎了。不过,听听对您没什么损失啊!请问您明天或后天……"——跟对方找哈哈。

4."我不需要。"应对的技巧

(1)"您不是不需要,而是不想要吧?"

(2)"您可能不需要,但是您的家人需要啊!"

5."我太忙了。"应对的技巧

"高先生,就是想到您可能太忙,所以才先拨个电话和您约个时间,而不冒冒失失地去打扰您。请问您明天上午或下午哪个时间比较方便?"

6."这是在浪费您的时间。"应对的技巧

(1)"高先生,我觉得花这点时间是很值得的。不知道您今天下午有空,还是明天下午有空?"

(2)"哇!您人真的很好,这是为我们业务人员着想,我一定非认识你不可,请问您明天上午有空,还是明天下午有空?"

切记,千万不要让对方有犹豫和思考拒绝的机会,一处理完准顾客的反对问题,一定要紧接着"敲定见面的时间地点",这一点才是你电话约访的最重要目的。

(二)拒绝是推销的开始

世界寿险首席推销员齐藤竹之助说:"推销就是初次遭到顾客拒绝之后的坚持不懈,也许你会像我那样,连续几十、几百次地遭到拒绝。然而,就在这几十、几百次的拒绝之后,总有一次,顾客将同意采纳你的计划,为了这仅有的一次机会,推销员在做着殊死的努力,推销员的意志与信念就显现于此。"

一位推销专家曾经说过:"每一次明显的推销尝试都会造成沟通上的抵制。"人们就是不喜欢成为推销或干涉对象,尤其是成为一个陌生人的推销或干涉对象。他们看到你走过来时,不一定总是躲起来,但会竖起其他形式的障碍,甚至可能是一个隐藏他们自然本性的防御性的面具。为了成功,你必须剥去这层人造外壳。

人们很自然地抵制新事物。你在成长过程中所取得的大部分成就都是通过消除抵制才得到的。回溯到1820年,铁路也被人们反对,大部分理由是说它会使人们震颤,而且使女人、牲口和猪早产,使奶牛停止产奶,使母鸡不再下蛋。现在,虽然外部世界已经改变,但人性依然一样,即人们通常不愿意改变自己的惯性状态,因此,应该预见到会被抵制。

推销肯定有抗拒,如果每个人都排队去买产品,那推销员也就没有作用,顶尖推销员也不会被人们尊重。所以推销遭受拒绝是理所当然的。

优秀的推销员认为被拒绝是常事,并养成了习惯吃闭门羹的气度。他们会时常抱着被拒绝的心理准备,并且怀有征服顾客拒绝的自信。这样的推销员会以极短的时间完成推销,即使失败了,他们也会冷静地分析顾客的拒绝方式,找出应对这种拒绝的方法来。这样待下次遇到这类拒绝时即可从容应对,成交率也会越来越高。

推销的秧苗往往是在一连串辛勤的灌溉后,才会开花结果。不要想着一次就正中靶心,而应该努力思索如何才能打动准顾客的心,如何能让准顾客发现自己的需要、发现您服务的热诚。因为他的拒绝,你才有机会开口,了解原因何在,然后针对缺口一举进攻,所以被拒绝不是坏事,反而应该被视为促进您推销工作的契机。从心理学的观点来看,当顾客拒绝你或对你的态度不好、不友善时,他心里相对来讲也不好过,并非对人不敬心中就特别快活。

很多推销员之所以不能很好地推销产品是因为他们只是想到自己卖一件产品赚多少钱,如果你只想到自己能赚多少,那你一定会遇到更多的拒绝,你会受到更多的打击。

请记住,我们不是把产品推销给顾客,而是在帮助顾客,帮助顾客解决困难,提供最好的服务,永远不要问顾客要不要,而要问自己能给顾客提供什么样的帮助。所以以积极正面的心态去看待拒绝是推销事业成功的关键。

（三）勇敢地面对拒绝

几乎所有推销员都有一个共同的感受和经历,就是成功的推销是从接受顾客无数次拒绝开始的。勇敢地面对拒绝,并不断从拒绝中汲取经验教训,不气馁、不妥协,这是推销员应学会的第一课。

其实顾客拒绝推销员登门造访的心理是可以理解的。推销员面对的顾客大部分是陌生人,双方互不熟悉,必然存在着一种对抗和排斥心理。而且推销商上门或是去办公室推销商品时,也许人家一家人正在乐融融地看着电视或工作人员正在开会,一位陌生人突然打断了这份宁静和工作程序,一定会激起顾客的反感,那么,不友好的语气和生硬的拒绝就不是不可以理解的了。

也许还有人认为:我推销的是对你们有用的商品,是为你服务上门,这种不近人情的态度不是失礼吗? 这种想法也是不对的。虽然你是为顾客着想,是在推销他们也许需要的产品,但对于大多数顾客来说,他们并不相信或知道这点。日本的一位推销专家曾做过一项调查,结果表明有20%的人没有什么真正理由,只是泛泛地反感推销员干扰,便随便找个理由将其打发走。特别是在我国市场经济秩序尚不完善的现状下,人们在各种场合多多少少都受到过假冒伪劣产品的欺骗,受过小商小贩缺斤短两的伤害,甚至在一些大的国营商场也曾买到伪劣产品,这就迫使消费者学会自己保护自己,对自己不信任的商品一律持拒绝态度,更不用说是对上门推销的陌生人员和陌生产品了。所以推销员遇到拒绝时,一定要首先保持良好的心态,要理解顾客的拒绝心理,要以顽强的职业精神、不折不挠的态度正视拒绝,千万不要因此而心灰意冷、放弃这项工作。

树立正确的推销心态是重要的,但更重要的是掌握防止顾客拒绝的办法或遭到顾客拒绝后应该怎么办。推销员必须解除顾客潜意识中的排他心理,先入为主,给他留下良好的第一印象。面对顾客的不信任和反感,不能急于介绍产品,而应通过聊天闲谈的迂回战术来引起顾客的好感,使他放弃戒备,然后才可以介绍产品。

本章小结

推销人员是指主动向推销对象销售商品的主体,是商品推销活动得以进行的关键,在推销要素中占有重要的地位。推销人员的职责包括搜集信息、传递商品信息、销售企业产品、反馈市场信息、提供售后服务、协调买卖关系和与顾客建立长期关系。

优秀的推销人员要具备思想、文化、业务及心理和生理方面的基本素质,还应具备良好的语言表达能力、较强的社交能力、敏锐的洞察能力、快捷的应变能力、积极的创新能力和不断学习的能力。

在现代市场营销观念指导下的推销品,是指提供给市场以供交换、供购买者使用或消费以满足某种欲望和需要的任何东西。它包括核心产品、形式产品、期望产品、延伸产品和潜在产品五个层次。应从顾客的角度去考虑产品质量的内涵,注意区分产品质量与实用性两个不同的概念。实用性重于质量,它强调产品对顾客的实际问题的解决能力。推销人员应着重向顾客推销产品的使用价值观念。

顾客又称推销对象,是推销活动所指向的对象。根据顾客所购推销品的性质及使用目的不同,推销对象可分为个体购买者和组织购买者。个体购买者是为了满足个人或家庭生活的需要购买或接受某种推销品。组织购买者是指工商企业、政府部门和其他各种事业单位、群众团体,为生产制造、集团消费和再售给其他顾客所进行的购买。组织采购决策复杂,影响因素更多。深入到组织采购中心进行推销是向组织购买者推销的必要和实用的途径。

推销三角定理又称吉姆公式,即推销员必须相信自己推销的产品、相信自己所代表的企业、相信自己。

思 考 题

1. 推销人员的职责有哪些?
2. 推销人员的基本素质及应具备的能力有哪些?
3. 推销传统意义上的产品与推销整体产品有何不同?
4. 推销人员为何应着重向顾客推销使用价值观念?
5. 简述推销三角定理的含义及意义。

案 例 分 析

案例 3-1

一位已近暮年的商人,为了在四个儿子中挑选出自己基业的继承人而决定做一个测试:让他们在一天的时间内向寺庙里的和尚们推销梳子。早晨,四个儿子身背梳子分头而去。

不一会的工夫老大便悻悻而归:"这不是明摆着折腾人吗?和尚们根本就没有头发,谁买梳子?"

中午老二沮丧而回:"我到处跟和尚讲我的梳子是如何如何的好,对头发护理是多么多么的重要,结果那些和尚都骂我是神经病,笑话他们没有头发,赶我走甚至要打我。这时候我看到一个小和尚头上生了很多癞子,很痒,正在那里用手抓。我灵机一动,劝他买把梳子挠痒,还真管用,结果就卖出了一把。"

下午老三得意地回来:"我想了很多办法,后来我到了一座高山上的寺庙里,我问和尚,这里是不是有很多人拜佛?和尚说是的。我又问他,如果礼佛的人头发被山风吹乱了,或者叩头时头发散乱了,于佛尊敬不尊敬?和尚说当然不尊敬。我说你知道了又不提醒他,是不是一种罪过?他说当然是一种罪过。于是我建议他在每个佛像前摆一把梳子,香客来了梳完头再拜佛。一共12座佛像我便卖出去一打!"

晚上老四才满身疲惫地归来,不仅所带梳子悉数卖光,还带回了与寺庙签署的厚厚订单以及与寺庙合资成立梳子厂的协议。看到大家惊诧不已,老四解释说:"我找到当地香火最旺的寺庙,直接跟方丈讲,你想不想给寺庙增加收入?方丈说当然想啦。于是我就给他出主意说,在寺庙最显眼的位置贴上告示,只要给寺庙捐钱捐物就有礼物可拿。什么礼物呢?一把经得道高僧开光并刻有寺名的功德梳。这个梳子有个特点,一定要在人多的地方梳头,这样就能梳去晦气梳来运气。于是很多人捐钱后就梳头又使很多人去捐钱,这样所有的梳子都卖出去了还不够。"

案例讨论

1. 分析本例中兄弟四人对推销要素的不同理解。
2. 看完本案例后,你对推销活动有了什么新认识?

案例 3-2

有一个推销员当着一大群客户的面推销一种钢化玻璃酒杯。他在进行商品说明之后,就向客户作商品示范,也就是把一只钢化玻璃杯扔在地上而不破碎。可是他碰巧拿了一只质量没有过关的杯子,猛地一扔,酒杯摔碎了。

这样的事情在他整个推销酒杯的过程中还未发生过,大大出乎他的意料,他感到十分吃惊。而客户呢,更是目瞪口呆,因为他们原先已十分相信这个推销员的推销说明,只不过想亲眼看看,以得到一个证明罢了,结果却出现了如此尴尬的局面。

此时,如果推销员也不知所措,没了主意,让这种沉默继续下去,不到三分钟,准会有客户拂袖而去,交易会因此而遭到惨败。但是,这位推销员灵机一动,说了一句话,不仅引得哄堂大笑,化解了尴尬的局面,而且更加博得了客户的信任,从而大获全胜。

那么,这位推销员怎么说的呢?

原来,当酒杯摔碎之后,他没有流露出惊慌的情绪,反而对客户们笑了笑,然后沉着而幽默地说:"你们看,像这样的杯子,我就不会卖给你们。"大家禁不住一起笑起来,气氛一下子变得活跃。紧接着,这个推销员又接连扔了5只杯子都成功了,博得了信任,很快就推销出几十打酒杯。

案例讨论

应变能力是能够训练的吗?如何训练?

案例 3-3

一个星期六的下午,一位顾客找到某公司总经理,称自己一个小时前在该公司购买的某品牌的羊毛衫"名不副实"。总经理耐着性子听完了顾客的诉说,原来这件套衫的成分标志上标明人造丝55%、尼龙45%,而顾客所出示的发票上却标示着"羊毛衫"。顾客还说,促销员在介绍该产品时也说是羊毛衫。经与该促销员核实,顾客所反映的情况基本属实。问题在于该促销员对商品的了解太少,让顾客觉得自己上当受骗了。无奈,总经理只得对顾客作出解释、赔礼道歉,并同意退货。事后,总经理作了一个决定:促销员上岗得经过商品知识考核,否则不得上岗。

案例讨论

怎样看待促销员素质与顾客满意度?

推销模式

一次成功的推销

某百货商店老板曾多次拒绝接见一位服饰推销员,原因是该店多年来经营另一家公司的服饰品,老板认为没有理由改变这固有的使用关系。后来这位服饰推销员在一次推销访问时,首先递给老板一张便笺,上面写着:"你能否给我十分钟就一个经营问题提一点建议?"这张便条引起了老板的好奇心,推销员被请进门来。这位推销员拿出一种新式领带给老板看,并要求老板为这种产品报一个公道的价格。老板仔细地检查了每一件产品,然后做出了认真的答复。推销员也进行了一番讲解。眼看十分钟时间快到,推销员拎起皮包要走。然而老板要求再看看那些领带,并且按照推销员自己所报价格订购了一大批货,这个价格略低于老板本人所报价格。

思考题

该推销员是如何赢得老板的会见的?

推销模式是根据推销活动的特点和对顾客购买活动各阶段的心理演变的分析以及推销员应采用的策略进行系统的归纳,总结出的一套程序化的标准推销形式。杰出推销大师的推销实践经验的总结,形成了一些获得国际公认的基本推销模式。本章主要介绍应用最广泛的四种模式:爱达模式、迪伯达模式、埃德帕模式和费比模式。

推销模式来自推销实践,具有很强的可操作性,它使推销活动在方法步骤上有了依据,促进了推销效率的提高。推销人员应认识推销过程中带有规律性的东西,并将这些经验运用于推销活动。但在推销实践中,由于推销环境复杂多变,推销人员应不拘泥于推销公式的束缚,善于灵活机动地创新和突破,以提高推销效率。

第一节 爱达模式

一、爱达模式的含义

爱达(AIDA)模式是欧洲著名推销专家海因兹·姆·戈德曼 1958 年在其著作《推销

技巧——怎样赢得顾客》一书中概括出来的。爱达模式是最具有代表性的推销模式之一,它被认为是国际成功的推销模式。

"爱达"是 AIDA 的译音,AIDA 取自 attention(注意)、interest(兴趣)、desire(欲望)、action(行动)这四个英文单词的首写字母。这四个单词概括了 AIDA 的四个推销步骤——引起顾客注意、诱发顾客兴趣、激发顾客购买欲望、促成顾客购买行为。

爱达模式的具体内容可以概括为:一个成功的推销员必须把顾客的注意力吸引或转变到产品上,使顾客对推销人员所推销的产品产生兴趣,这样,顾客欲望也就会随着产生,而后再促使顾客采取购买行动。

爱达模式从消费者心理活动的角度来具体研究推销的不同阶段,对具体的推销实践具有一定的指导意义。尽管推销的内容复杂多样,但推销人员可以用这四个步骤分析推销过程,并引导自己的推销活动。爱达模式不仅适用于店堂的推销,如柜台推销、展销会推销,还适用于一些易于携带的生活用品和办公用品的推销,也适用于新推销人员推销以及对陌生顾客的推销。

二、爱达模式的具体内容与应用

(一)引起顾客注意

引起顾客注意是指推销人员通过推销活动刺激顾客的感官,使顾客对推销人员和推销品有一个良好的感觉,把顾客的心理活动、精力、注意力等吸引到推销人员和推销品上来。通常,人们的购买行为都是从注意开始的,因此推销的第一步就是要引起顾客的注意。

顾客对推销的注意可以分为有意注意和无意注意两种类型。有意注意是指顾客主观地能动地对推销活动产生注意。这类顾客常采取完全主动的态度,只要推销人员把握好时机稍加说服,就能使顾客做出购买行为。无意注意是指顾客不由自主地对推销活动产生注意。这类顾客事先没有目的,对推销的注意往往是在周围环境发生变化时才产生的。如果引起注意的刺激物不能继续影响顾客,则顾客的注意力就会下降并转移到其他事物上去。在推销活动中,顾客的有意注意比无意注意会少得多。而推销的原则要求推销人员一定要尽力强化刺激,引起顾客的有意注意。因而,这里所说的引起消费者的注意主要是指引起消费者的有意注意,使消费者把注意力、时间和精力都从其他事物上转移到推销上来。

心理学研究结果显示,人们接触最初 30 秒内所获得的刺激信息,比在此后 10 分钟获得的要深刻得多。推销人员在 30 秒甚至 7 秒以内一定要给顾客留下良好的印象,否则很难继续进行推销活动,因此,要在极短时间用最有效的手段,引起消费者的注意。而在推销活动中,唤起顾客注意常常受到时间、空间和推销现场的特殊环境的限制。心理学的研究也表明,人们只注意与自己密切相关的事物或自己感兴趣的事物;顾客注意力集中的时间、程序与刺激的强度有关,越是新奇的事物或刺激的对比度越大,越能引起顾客的注意。因此,推销人员要学会抓住顾客心理,把顾客放在推销活动的中心位置上,了解顾客的兴趣,从顾客关心的问题入手,重视推销给予顾客的第一印象,在突出顾客地位的同时宣传自己,争取在较短的时间内,用最有效的手段达到吸引顾客的目的。其具体的方法如下。

1. 充分利用首因效应

(1) 仪表形象吸引法。推销人员高大魁梧、短小精悍或漂亮匀称的身体,以及衣着服饰都是引起人们注意的重要因素。推销时应该讲究商务礼仪,良好的仪表形象体现了推销人员个人的人格修养,也体现着企业的形象。一般而言,推销人员应穿西装或公司制服,要以整洁、合身、精神为原则;面部表情应当坦诚温和,眼神应有神采,切忌眼光转动太快或漫无目的地扫视推销现场人员;对特殊环境和特殊消费者,还可以刻意设计一种特殊的形象来吸引注意者的注意。

例如,日本著名推销大师原一平15年保持"保险推销冠军"称号的秘诀就是采用各种各样的方法吸引消费者的注意。一次,为了和一位顾客见面,他专门到那位顾客以往订做西服的裁缝那里定制了一套与该客户一模一样的西装,并佩戴了同样的领带和饰物,结果大获成功。原一平认为推销人员的外表决定了顾客对推销人员的第一印象,因此,他对服装的款式极为重视,也很注意走路、站立及座谈的姿势,并把这些都视为推销成功的秘密。

(2) 语言口才吸引法。语言口才吸引法是推销人员所使用的最基本的方法。通常消费者在听到第一句话的时候注意力是集中的,听完第一句话,很多消费者就会立刻决定是继续谈下去还是尽快把推销者打发走。可以说,第一句话往往是制胜法宝或失败根源。善于运用第一句话,往往能达到事半功倍的效果。

为此,推销人员应事先做好充分准备,可采用以下几种方法吸引消费者的注意力:①出奇言,即用不同于别人的语言给消费者以具有新奇感的刺激,使其集中注意力;②谈其事,即以目标消费者尚不可能了解的新奇有趣的事情作为开场白,引起消费者的好奇心,如"各位都知道有托儿所,但各位是否知道现在有托老所"这个开头,可以让消费者怀着好奇心接受老年公寓这一新鲜的养老方式的介绍;③谈资料,即讲一些与产品相关的有价值的资料,使消费者乐于接受产品。

(3) 动作吸引法。推销人员的动作潇洒利落,语言彬彬有礼,举手投足得体,气质风度俱佳,都可以给顾客在视觉上留下良好的第一印象,从而引起顾客的注意。同时,推销人员应注意保持与顾客目光的接触,望着对方说话,这不仅是一种礼貌,也可以让顾客从眼神中感受到真诚、尊重与信任。这也是抓住顾客心理的重要方法。

(4) 产品吸引法。产品吸引法是利用产品的新颖、美观、艺术化的包装所具有的魅力吸引消费者的注意力,或使用产品包装起到"无声推销人员"的作用,或利用产品一目了然的特殊功能吸引消费者的方法。在使用产品吸引法时如果出现与推销人员的初衷或者承诺相违背或者相反的事情,推销人员一定要沉着冷静,坦诚面对顾客。

如果能随身携带样品,推销时一定要展示样品。一次,英国有30年推销工作经验的汤尼·亚当斯向一家电视公司推销一种仪器,仪器重12kg。由于电梯发生故障,他背着仪器从一楼爬到五楼,终于见到了顾客。一阵寒暄之后,亚当斯对顾客说:"您摸摸这台机器。"趁顾客伸手准备摸机器时,亚当斯把仪器交到顾客手中,顾客很惊讶:"喔,好重!"亚当斯接着说:"这台机器很结实,经得起剧烈的晃动,比其他厂牌的仪器耐用两倍。"最后,亚当斯击败了竞争厂家,尽管竞争厂家的报价比他便宜30%。

(5)焦点广告吸引法。焦点广告是在购物现场吸引顾客的宣传广告,通常也被称为POP广告。因为相对于其他利用大众传播媒介的大范围的广告而言,现场广告像焦点一样,所以称焦点广告。凡是订货会、展览会的展台,或是平时销售货物的柜台,乃至百货公司的门面等,都应在现场广告上大做文章。现场广告的目的是把顾客吸引到推销现场,其吸引顾客的着眼点是顾客的视觉、听觉和味觉。

2. 从顾客的兴趣点或需求点入手

(1)谈需要。推销开始以后的第一句话就应指出消费者的主要需求,使其对推销产生关注。例如,教育保险的推销人员这样开始推销:"您的孩子在读初中,即将进入高中、大学非义务教育阶段深造,您一定想为他的教育经费作一些准备吧!"

(2)谈利益。人们都很关心与自己利益相关的一些事情,推销人员应该抓住这一点针对某些顾客介绍该产品给他带来的利益,以此来增强顾客的注意力。一位参加面试的小伙子几次想见老总都没有机会,但就在最后一次老总以很忙为理由推脱时,他的一句"难道您愿意放弃能给您公司带来高额利润的金点子吗?"一下子吸引了这位老总的注意力,当然也给这个小伙子带来了难得的机会。

3. 让顾客参与推销过程

让顾客参与推销过程方法一是向顾客提问题,如"李明先生,你的办公室令人觉得亮丽、和谐,这是你创业的地方吧?"所问的问题要能使顾客容易回答、容易发挥,而不是仅仅回答"是"或"不是";方法二是促使顾客做些简单的事情,如让顾客念出标价上的价格、写下产品的型号等。值得注意的是,要在很自然的情况下促使顾客做些简单的事情,使顾客不会觉得"很窘"。

4. 调整好对顾客刺激的强度与频率

人所关心的利益绝非仅止一项。同时,被吸引的非自发注意力的集中时间大都不会自动延长。因此,推销人员不仅应设法刺激顾客以引起他的注意,而且还应科学、巧妙地安排刺激源的释放频率与强度,以达到增强顾客注意力集中度并延长其时间的目的。所以,推销人员不仅应追求增大刺激力,在新颖、奇特、变换、幽默感等方面下功夫,还必须在刺激源释放的安排程序、强度调整、过渡与补充等方面下功夫,以达到引起顾客注意的最佳效果。

除了以上几种吸引消费者注意的方法以外,帮助顾客寻找新鲜感、为顾客着想、用肯定的语气提问等方法都可以集中消费者的注意力,推销人员应根据时间、地点、销售对象的不同采用灵活多样的方法。

(二)诱发顾客兴趣

一次推销活动,如果已引起了消费者的注意,就说明完成了推销的第一步,在此基础上,推销人员还必须设法使消费者对推销的商品产生好感和兴趣。

诱发顾客兴趣是指诱发顾客对推销活动及推销品的兴趣。只有顾客对推销品产生了兴趣,推销活动才算真正开始。在购买过程中,兴趣与注意有着密切的关系。兴趣是在注意的基础上发展起来的,反过来又强化注意。人们不可能对没有注意到的事情发生兴趣,也不可能对不感兴趣的事物保持稳定的注意。兴趣也与需要有着密切的关系。需要是顾客产生兴趣的来源,利益是顾客产生兴趣的动力。顾客对推销的兴趣都是以他们各自的需要为前提的。因此,要很好地诱导顾客的兴趣,就必须深入分析顾客的各种需要,让顾客认识到购买所带来的好处。

为了尽快引起顾客的兴趣,推销人员可以在一开始洽谈就向顾客说明产品的品质、功能等方面的优点,并且与市场上的同类产品相比较,设法使顾客感觉到所提供的产品、价格、服务等方面对他都有利。心理学试验表明,人们对亲身实地参加的活动能记住90%,对看到的东西能记住50%,对听到的事情只能记住10%。"百闻不如一见"就是这个道理。戈德曼本人和不少成功的推销人员都把示范看作通往成功推销的必经之路,因为他们知道,陈述事实不同于证实事实,重复自己说过的话也不同于用事实证实自己的话。推销人员可以通过展示和示范,向顾客证实推销的产品确实具有某些优点。通常人们都认为产品的实体展示和使用示范比推销的言词更具有真实性,更令人信服。因此,熟练地示范推销的产品,往往能够吸引顾客的注意力,使其对产品产生直接兴趣。而且,示范可以加深和强化认识与记忆。一般而言,示范比任何演讲和说明都更能为顾客留下深刻的印象。爱达模式中诱发顾客兴趣的阶段就是示范阶段。这是诱发顾客购买兴趣的最基本、最有效的方法。推销人员要尽可能地向顾客示范所推销的产品。

示范表演的主要方法有:

(1) 对比法

就是将两个以上具有可比性的产品进行综合比较以供顾客进行考察的方法。

(2) 展示参观法

就是通过展现推销品实体特点或请顾客亲临推销品生产经营现场观察、了解推销品,以诱导顾客购买兴趣的方法。

(3) 道具表演法

就是利用图片、模型、文字材料或者借助事先准备好的背景材料与舞台道具、戏剧性情节等展示推销品,以引发顾客购买兴趣的方法。

(4) 亲身体验法

就是让顾客接触推销品或置身于能感受到推销品所带来利益的环境,以引发顾客购买兴趣的方法。

在这个阶段推销人员要做的具体工作主要有两项。

1. 向顾客示范所推销的产品

为了使顾客消除疑虑产生购买欲望,推销人员可采用的一个效果良好的方法就是实际演示所推销的产品,让顾客亲眼看到推销品所具有的功能、性质和使用效果。例如,推销人员在推销钢化玻璃时,让顾客把钢化玻璃摔在坚硬的地面上,看他是否把钢化玻璃摔坏,这种方法比任何口头宣传都有用。推销人员如果想说服顾客安装空调设备,不妨让他到两间不同的办公室走走,体验一下:其中一间安装了空调设备,室内空气清新、凉爽宜人;而另一间没有安装空调设备,室内空气混浊。

2. 了解顾客的基本情况

了解顾客的情况是进行示范的一个先决条件。爱达模式的兴趣阶段要求推销人员一开始就对顾客的情况进行了解。如何设问、如何用自己掌握的资料让顾客产生兴趣是推销成功的重要问题。将这些问题处理得越好就越有可能直接与顾客交换意见和看法,成交的可能性就越大。

推销人员进行示范以引起顾客的兴趣,应当注意以下几点。

(1) 推销任何产品,都要向顾客进行示范。产品越复杂,技术性能要求也越高,就越有必要通过示范使其具体化。即使顾客对推销人员的示范表示兴趣不大,或对所推销的产品有所了解,推销人员也要进行示范,而且示范得越早,效果就会越好。这是成交的一种保证。

(2) 对使用产品的方法进行示范。顾客看到产品实体只能对产品的外观形态有所了解,而不能了解产品的实际功能,这就需要推销人员示范怎样使用产品。这种示范可以带有简要的说明,但要深入浅出地说明产品性能或工作原理,而不能用深奥的专业原理吓跑顾客。在示范过程中增添幽默感和戏剧感,会使顾客感觉新鲜而提高注意力。例如,在推销计算机产品时,可以让顾客亲自在计算机上操作,这样可以大大增加顾客的兴趣,使顾客乐于成为产品的主人。

(3) 慎重使用宣传印刷品。通常顾客在接到宣传小册子时,会以为只是宣传企业形象而已,于是起身用客气话礼送推销人员,告知"有需要时再与您联系"。所以,推销人员在发宣传小册子时,应对宣传的主要内容进行必要的解释,确保顾客对其内容有全面的了解。

(4) 增添示范的趣味性,融入感情或企业精神。

(5) 帮助顾客从示范中得出正确结论。每一次示范都应有具体的目的,必须清楚地知道这一次示范是为了证明什么。检验推销人员示范效果的标准是顾客的信服程度,因而推销人员不能忽视示范的影响,要注意观察顾客的反应。

此外,推销人员不能强迫顾客下决心,特别是在他们进行抉择时,介绍产品情况应突出重点、掌握节奏,内容不要太多,以免顾客在第二阶段就有厌烦感觉。

阅读材料

当乳牛吃了新鲜而且沾着露水的青草时,新鲜青草在牛的胃里生出气泡,牛就感觉浑身发胀,这便会影响到牛奶的质与量。为此,专家生产了一种防胀剂专门解决这一问题。销售防胀剂的营业员是这样向前来购买的顾客展示其商品的。

营业员准备了一个很大的塑胶袋和一箱汽水,他的助理拿着一瓶防胀剂和一个汤匙在一旁等候。

"假想这个塑胶袋就是牛的胃,"营业员对顾客说,"当牛吃了太多新鲜青草时,它的胃就像现在这个样子……"他打开一瓶汽水,之后就以拇指按住瓶口,把那瓶汽水猛摇10秒钟,然后让汽水喷进塑胶袋中,紧握住的袋子很像一个即将爆破的气球,袋内充满了气泡。

"这就是防胀剂的效果。"营业员的助理加一汤匙防胀剂到袋子中,所有的泡沫立刻消失,里头只剩下了水。这种防胀剂出奇的效果、转变的快速令每个在场的人都惊讶不已。眼见为实,人们纷纷购买这种神奇的药剂。

资料来源:一分钟情景销售技巧研究中心.电话销售.北京:中华工商联合出版社,2005

(三) 激发顾客购买欲望

激发顾客购买欲望是指推销人员通过推销活动的进行,在激起顾客对推销品的兴趣后,使顾客产生对推销品强烈拥有的愿望,从而使顾客产生购买的欲望。这是爱达模式的第三阶段,也是推销过程的一个关键阶段。

通常情况下,顾客对推销品产生兴趣后,就会权衡买与不买的利害与得失,内心常充满矛盾和疑虑,想得到又怕因考虑不周而买了后悔,对购买犹豫不决。这时候,推销人员如果不能有效地消除顾客的疑虑、强化顾客对推销的积极心态,就不能激起顾客对推销品的购买欲望。因此,在这一阶段,推销人员必须找到有效的方法,努力使顾客的心理活动产生不平衡,使顾客产生对推销品的积极肯定的心理定式和强烈拥有的愿望,把对推销品的需要和欲望排在重要位置,从而使顾客产生购买欲望。

在这一阶段,推销人员要做的工作主要如下。

1. 使顾客充分认识推销物品和购买利益

这种顾客所认知的利益,也可分为两种:一种是使顾客获得更多的利益、更多好处,节约更多时间;另一种是让顾客减少或避免损失。研究表明,减少一些肯定的损失,比承诺更大的利益更具有说服力。认识是信任的基础,引导顾客加深对产品利益的认识,能够刺激需求发生,进而使顾客产生购买欲望。

2. 提出有吸引力的建议,使顾客认识到购买将使他得到乐趣

一般人认为,顾客考虑买与不买是理智的,但调查表明,在实际的购买行为中,情感的选择总是大于理智的选择。例如,多变型购买行为的消费者,很多时候是由于情感因素进行购买,所以购买欲望一般通过情感刺激形成。

3. 强化顾客的购买信心

推销人员应通过陈述道理以理服人,使顾客认识到他的购买决定不仅在感情上是合理的,而且在理智上是正确的,从而强化顾客的购买信心。

(四)促成顾客购买行为

促成顾客购买行为是指推销人员要不失时机地强化顾客的购买意识、培养顾客的购买意向,促使顾客最终采取购买行动。促成顾客购买行动是爱达模式的最后一个步骤,也是全部推销过程与推销努力的目的所在,它要求推销人员运用一定的成交技巧来促使顾客采取购买行动。

在一般情况下,顾客即使对推销品产生了兴趣并有意购买,也会处于犹豫不决的状态。这时推销人员不应悉听客便,而应不失时机地促使顾客进行关于购买的实质性思考,进一步说服顾客,帮助顾客强化购买意识,促使顾客进行实际购买。促成顾客购买行为是完成前三个推销阶段后的最后冲刺,或者让顾客实际购买,或者虽然没有成交但洽谈暂时圆满结束。有人把这个阶段称为足球比赛中的"临门一脚"。推销人员应该提高这种"临门一脚"的能力、提高成交的比率。如果暂时没有成交,推销人员也应做到:分析顾客不能做出购买决定的原因,并针对这些原因做好说服工作;将样品留给顾客使用;给顾客写确认信,用以概括洽谈过程中达成的协议,重申顾客购买产品将得到的利益。实践经验表明,一次推销成功的概率大概为 10%,推销人员每获得一份订单平均需要向顾客提出 4.6 次要求。

促成顾客购买行为应注意的问题如下。

(1) 认真观察顾客的变化,把握成交时机。通常情况下,顾客即使对交易条件感到满意并已在心中考虑购买了,也不愿主动表态,但顾客的购买意向总会无形中以各种方式流露出来。因此,推销人员只要密切注意顾客的言行变化,就可以把握有利的推销时机,促使顾客达成交易,提高推销活动的效率。

(2) 心态稳定、神情自然。在成交阶段,顾客十分敏感,其心理状态很容易受推销人员的不良情绪影响,推销人员任何神情举止上的突然变化都会引起顾客的猜疑。所以,在成交过程中,推销人员应保持自然的神态,沉着镇静,以平稳的心态从容迎接成交的到来。

(3) 坚定顾客的购买信心。在接受成交的一瞬间,顾客极容易因突然的犹豫而发生动摇。所以,推销人员切不可粗心大意,而应继续坚定顾客的购买信心,打消顾客的疑虑,使顾客采取购买行动。

爱达模式有引起顾客注意、诱发顾客兴趣、激发顾客购买欲望、促成顾客购买行为四个阶段,为推销人员发挥聪明才智、展示推销才华提供了极大的空间,推销人员可根据具体的推销环境与对象自主创新。事实上,在推销人员完成推销活动的过程中,爱达模式的四个发展阶段的区分不是很严格的,各阶段的完成时间是不固定的,四个阶段的先后次序也不是一成不变的。有时候,这个模式的四阶段的先后次序可以颠倒,有时候也可以省掉其中的某一个阶段。不同的商品,不同的对象,不同的市场环境,完成推销的时间相差很大。有的推销过程可能需要 3 个月甚至半年或 1 年的时间才能完成,而有的推销过程可能只需要几分钟就完成。在一般的消费品推销中,顾客注意力阶段一结束,购买兴趣阶段在几十秒之内即告开始,而购买欲望阶段则可能需要好几个甚至好几十个小时。

每一个推销人员都应该根据爱达模式检查一下他的销售谈话内容,并向自己提出下面 4 个问题:

(1) 我的销售谈话是否能立即引起顾客的注意;

(2) 我的销售谈话是否能激起顾客的兴趣;

(3) 我的销售谈话是否能使顾客意识到他需要我所推销的产品,从而促使顾客产生购买所推销产品的欲望;

(4) 我的销售谈话是否能使顾客最终采取购买行动。

阅读材料

注意、兴趣、欲望的交易三部曲

一、吸引顾客注意三例

(1) 保险推销人员面对青少年的妈妈,试图用简介资料向她推销。推销人员说:"您知道大学四年的生活需要花费多少钱吗?"这是以奇怪的问题来突破麻木状态或厌倦气氛的方法,妈妈们会洗耳恭听。

(2) 化妆品推销人员在销售专柜前,衣冠整洁,仪表动人。推销小姐对注视化妆品的中年妇女说:"这种新推出的润肤香脂可以防止皮肤干裂,您有兴趣吗?"这是以顾客需要提示法来吸引顾客注意。

(3) 房屋隔间业务的推销人员向房东说:"您知道将房屋隔间后可以减少税捐吗?"这是以顾客利益提示法来吸引顾客注意。

二、唤起顾客兴趣三例

(1) 保险推销人员面对青少年的妈妈说:"您如果不来投保,会知道孩子上大学的第一年可以保证每月有 15 美元的零花钱吗?"

(2) 化妆品推销人员对中年妇女说:"如果希望在年龄逐渐增大时仍然可以防止产生皱纹的话,您知道最需要的是防止皮肤干燥吗?"

(3) 房屋隔间业务的推销员向房东说:"您希望减少您的税捐,是吗?"

三、激发购买欲望三例

（1）保险推销人员面对青少年的妈妈说："住在本市的查尔斯先生因病突然去世了。因为有了本公司的学费保险，小查尔斯才能在州立大学读书，他计划成为一名律师。"

（2）化妆品推销人员对中年妇女说："这只是影星卡拉·克里斯安的照片，还有许多其他用过这种润肤香脂的妇女的照片，请看看她们的皮肤是多么柔嫩、光滑！"

（3）房屋隔间业务的推销员向房东说："这是最新的税法。这是一份摘自上周《TIME》的资料，详细说明了新税法的来龙去脉。您的邻居向我订购了7间独院的房屋业务，住在您对面的西蒙兹太太决定下周二由我替她隔间。如果您打电话给她的话，相信她会肯定我的说法。她是一位会计，对我们的价格和做法都核对得非常彻底。"

资料来源：龚荒.商务谈判与推销技巧.北京：清华大学出版社，北京交通出版社，2005

思考与讨论

1. 结合案例分组讨论并总结交易过程中引起注意、诱发兴趣、激发购买欲望这三个重要环节所使用的一般方法。

2. 每人收集上述三个交易环节中的实例各两则，并相互交流。

第二节 迪伯达模式

一、迪伯达模式的含义

迪伯达（DIPADA）模式也是欧洲著名推销专家海因兹·姆·戈德曼根据自身的推销经验总结出来的一种行之有效的推销模式。与传统的爱达模式相比，该模式被认为是一种创造性的推销模式，是现代商场营销在推销实践活动中的突破与发展，是以需求为核心的现代推销学在实践中的应用，被誉为现代推销法则。

迪伯达是 DIPADA 的译音，是英文 definition（发现）、identification（结合）、proof（证实）、acceptance（接受）、desire（欲望）、action（行动）六个词的第一个首字母的组合。它表达了迪伯达模式的六个推销步骤。

D—definition：准确发现顾客有哪些需要和愿望；

I—identification：把推销品与顾客需要和愿望相结合；

P—proof：证实推销品符合顾客的需要和愿望；

A—acceptance：促使顾客接受推销品；

D—desire：刺激顾客的购买欲望；

A—action：促使顾客采取购买行动。

迪伯达模式认为，在推销过程中，推销人员必须先发现顾客的需要和愿望，然后把它们与自己推销的商品联系起来。推销人员应向顾客证明，他所推销的商品符合顾客的需要和愿望,并促使顾客接受该商品。

迪伯达模式是爱达模式的具体操作步骤,该模式虽然比爱达模式复杂,但针对性强、效果好,因而受到推销人员的重视。推销人员,尤其是推销新手,按迪伯达模式推销,将十分有利于提高推销说服能力。迪伯达模式充分体现了现代推销理念以满足顾客需要为目的的思想,把推销成功建立在满足顾客需求的基础之上,具有广泛的适用性。

运用迪伯达模式指导推销洽谈需要认真把握六个步骤之间的逻辑关系及其作用,除非顾客已明确表现出进入了下一个步骤,否则,绝不可随意跨越其中任何一个步骤,不然的话,推销洽谈失败的可能性会大大增加。

迪伯达模式适用于生产资料的推销,对老顾客及熟悉顾客的推销,保险、技术服务、咨询服务、信息情报、劳务市场等无形产品的推销以及开展无形交易,顾客属于组织购买者即单位(集团)购买者的推销。

二、迪伯达模式的内容

(一) 准确发现顾客的需要和愿望

从大量的推销实践来看,真正的推销障碍来自需要和欲望得不到满足。需要是顾客购买行为的动力源,顾客只有在需要时才会产生购买动机并做出购买行为。因此,推销人员要善于了解顾客需要变化的信息,利用多种手段寻找和发现顾客现实和潜在的需求和愿望,帮助顾客明确自己的需要,并通过说服、启发、刺激与引导顾客,为推销成功创造机会。

顾客的需要既有明显的、可言说的,又有隐蔽的、不可言明的。对于显性需求,推销人员可以直接与之洽谈。而对于隐形需求,推销人员则需要去认真推敲、揣摩。

推销人员常用于发现顾客需求的方法有提问了解法、市场调查与预测法、推销洽谈法、现场观察法等。比如,通过提问"贵公司认为目前使用的产品有哪些优点?还希望在哪些方面得到加强?"一方面可以知道顾客看重产品的哪些性能,另一方面又知道顾客对现有产品有哪些不满意的地方,从而对症下药为自己争取推销机会。

总之,准确发现顾客的需要和愿望是有效说服顾客的基础和保证,是使洽谈走向成交的根本所在,是准确建立说服要点、提高洽谈效率的根本办法;否则,洽谈将陷入无效的讨论陷阱中。

(二) 把推销品与顾客需要和愿望相结合

把推销品与顾客需要和愿望相结合是由探讨需求的过程向开展实质性推销过程的转移,是迪伯达模式的关键环节。推销人员在简单、准确地总结出顾客的愿望和需求之后,便应转向下一步:简明扼要地向顾客介绍所推销的商品,重点突出商品的优点和性能、作用,并把商品与顾客的需求与愿望有机地结合起来。由于结合是一个转折的过程,结合的方法一定要巧妙、自然,必须从顾客的利益出发,用事实说明两者之间存在的内在联系,善于从不同角度寻找两者的结合点;否则,必然使顾客反感,最终葬送推销机会。实际结合时要注意区别不同情况,分别采取不同策略。

结合的方法很多,可以归纳为以下三类。

1. 需要结合法

需要结合法即在对顾客的需要和愿望进行充分讨论并做出准确判断的基础上,以推销品和推销人员的推销活动正好满足顾客的需要为题进行结合的方法。顾客购买产品时,通常都会提出价格要低、质量要好、功能要全、售后服务要周到的要求。然而,在多数情况下,这些要求可能都不是顾客真正关心的,因而在结合时,推销人员必须能准确无误地从顾客的真正需要出发,提供给顾客能满足其需要的产品,向顾客表明接受推销品是他明智的选择。需要结合法是以顾客的关心焦点为基础,从顾客的立场和角度进行结合的方法。

2. 逻辑结合法

逻辑结合法即从顾客面临的问题及其看法出发,以逻辑推理方法与推销品进行结合的方法。一般而言,顾客购买总是为解决一定的问题,而任何一位顾客,都会因为自己的知识和经验所限而对解决问题的方式方法产生固有的看法。无论这种固有的看法是否正确,推销人员都应该设法通过恰当的逻辑推论使之得到合理解释。

3. 关系结合法

关系结合法即通过各种人际关系或工作关系把顾客的需要与推销品联系起来。组织或个人都在有意无意地编织着自己的社会关系网,任何关系网都离不开人际关系和工作关系。就个人而言,每个人都有自己的亲朋、同事、同学、上下级等关系。就组织而言,每个组织都要与银行、主管部门、供应商、分销商等发生关系。借助这些关系,推销人员就可把顾客的需要与推销品结合起来。

(三)证实推销品符合顾客的需要和愿望

当推销人员把顾客需求与推销品结合起来后,顾客对商品就有了一定的认识和了解,但可能还存在疑虑,还不能完全相信推销品能满足其需要,这时候就需要推销人员拿出足够的证据向顾客证明他的购买选择是正确的,推销品正是他所需要的,以进一步激发和强化顾客对推销品的兴趣。

证实推销品符合顾客的需要和愿望的含义就是推销人员利用各种手段与证据,证明产品的确能满足顾客的需求。这里的证实不是简单的重复,而是使顾客认识到推销品是符合他的需要的过程,也就是帮助顾客寻求购买产品的理由和"证据"。为此,推销人员一方面,平时要注意收集相关资料,事先精心准备有关证据素材;另一方面,要反复实践,不断创新方法,不断总结提高,使自己熟练掌握展示证据和证实推销的各种技巧。

推销实战中所用到的证据,一般可分为人证、物证、例证三类。

1. 人证

人证通常是指知名度高且具有较大影响力的人士在购买与消费后为推销商品所提供的证据。这些所谓的权威人士号召力强，他们的推荐比一般人的劝说更容易使人改变态度。人证应是来自专业领域的权威知名人士、主管部门的负责人或领导、有声望的新闻界人士等。当然，另外一类人也可予以考虑，即虽然知名度不高，但是顾客熟悉的人，或者是对顾客有较大影响力的人，如顾客的同乡、同学、战友、老师等。实际操作时应灵活处理各类人证。

2. 物证

物证是指借助产品实物、模型或有关职能与权威部门提供的证据进行证实的方法。产品的使用演示、质检或测试报告、获奖证书、照片、报纸杂志的报道等均可作为物证。

3. 例证

例证是指借助典型实例进行证实的方法。与当前顾客情况类似的其他顾客购买推销品后取得的较好的效果是说服顾客的较好例证，尤其是当推销人员提供的是顾客所熟知的例证时，证实效果会更好。采取例证时，推销人员对提供的例证应有准确的信息和相应的数据，如事件、时间、地点、相关企业或人的名称、结果等；同时，应使顾客在现有条件下，亲自去求证。更加值得注意的是，理由和证据应该具备客观性、可信性、针对性、全面性、完善性等特点。

（四）促使顾客接受推销品

无论是结合还是证实，都不会使顾客马上对推销品产生购买欲望。推销人员的证实和顾客的接受之间有着不可忽视的差异。顾客接受推销品是指顾客完成了对推销品认识的心理过程，在认识上同意与认可了推销品，承认商品符合其需求与愿望。顾客接受推销品是推销成功的重要前提，也是对推销人员进行的结合与证实的肯定。这就要求推销人员采取一定方法促使顾客对推销品产生积极的心理定势。

促使顾客接受推销品必须坚持"顾客为本"的原则：首先，必须明确"接受"的主体是顾客，也只有顾客的"接受"才有意义，至于推销人员自己如何看待自己的推销品，那是另一回事；其次，要避免硬性推销、急于求成的做法。促使顾客接受所推销的产品的具体方法如下。

1. 提问法

提问法即推销人员在介绍产品、证实推销品符合顾客需要的过程中不断询问顾客是否认同或理解推销人员的讲解及演示，从而促使顾客接受推销品的方法。例如，可以问顾客"您对我们产品的质量还有什么问题吗？""如果您对我们产品的质量没有什么问题，那么让我们讨论交货问题好吗？"

2. 总结法

总结法即推销人员在洽谈过程中通过对前阶段双方的意见和认识的总结促使顾客接

受推销产品的方法。总结时,既总结推销品对顾客需求的适应性,又总结顾客与推销人员之间取得的共识,边总结边推销,推动顾客对产品的认可与接受。例如,可以对顾客说:"对于股票交易使用的计算机系统来说,可靠性是十分重要的,我们的方案应该是目前解决这一问题的理想途径。"

3. 示范检查法

示范检查法即推销人员通过检查示范效果促使顾客接受产品的方法。推销人员在示范过程中,可向顾客提出一个考察性的问题,从而试探顾客的接受程度以及是否有购买意图。例如,一位推销人员在示范过程中问顾客:"如何?这种照相机对业余摄影爱好者来说确实是操作简单吧!"

4. 试用法

试用法即推销人员把已经介绍和初步证实的产品留给顾客试用,从而促使顾客接受产品的方法。推销人员设法把推销品留给有需求的顾客试用,这在客观上形成了顾客对产品的接受。

5. 诱导法

诱导法即推销人员通过向顾客提出一系列问题请顾客回答诱使顾客逐步接受产品的方法。使用诱导法时,所提的问题应是推销人员事先经过仔细推敲设计的,后一个问题总是以前一个问题为基础,而顾客对每一个问题的回答又都是肯定的,于是从小问题到大问题,由浅入深,引导顾客进行积极的逻辑推理,从而促使顾客随着推销人员的提问接受产品。

因为迪伯达模式的第五个步骤——刺激顾客的购买欲望、第六个步骤——促使顾客采取购买行为的内容与爱达模式的第三、第四步骤相同,所以此处不再详细介绍。

第三节 埃德帕模式

一、埃德帕模式的含义

埃德帕(IDEPA)模式是迪伯达模式的简化形式,是海因兹·姆·戈德曼根据自己的推销经验总结出来的。埃德帕是 IDEPA 的音译,IDEPA 是英文单词 identification(结合)、demonstration(示范)、elimination(淘汰)、proof(证实)、acceptance(接受)的第一个字母的组合。这五个单词概括了埃德帕模式的五个步骤:把推销品与顾客的愿望联系起来,向顾客示范推销品,淘汰不宜推销的产品,证实顾客的选择是正确的,促使顾客接受推销品。

埃德帕模式与迪伯达模式相近,适用于向有明确购买愿望和购买目的的顾客进行推销,是零售推销模式最适宜的模式,也适用于向熟悉的中间商推销。顾客主动与推销人员接洽时，都是带有明确的需求目的，他们可能会明确提出要购买的商品，或者手中拿着购物清单，在这种情况下，使用埃德帕模式进行推销就变得非常有效。

二、埃德帕模式的具体内容

（一）把推销品与顾客的愿望联系起来

主动上门购买的顾客都是带着明确需求而来的，因此推销人员在热情接待的同时，应按照顾客的要求尽量地提供顾客选择的推销品，并注意发现顾客的潜在需要和愿望，揣摩顾客的心理，把推销品与顾客的这些愿望结合起来。

（二）向顾客示范推销品

向顾客示范推销品既可以使顾客更好地了解推销品，同时也有助于推销人员了解顾客的需求，使推销工作有的放矢。因此，按照顾客的需要进行产品示范，不仅能够吸引顾客的注意力，而且能使顾客清晰地看到购买之后可获得的好处，迅速激发顾客的购买欲望。

在示范时应注意以下问题。

1. 应按照顾客的需要示范产品

如果顾客拿着进货清单，那么推销人员对清单上所列产品都应加以示范，除非顾客表示不需要。如果推销人员能按照顾客的需要向顾客推销进货清单上没有的产品，如刚出厂的新产品、即将成为畅销货的产品、经销差价大的产品等，顾客就会很高兴。推销人员越是能准确地发现顾客需要并示范产品，达成交易的可能性就越大。

2. 应通过示范的方式了解顾客需求

由于中间商进货的需求弹性大，他们更关心产品的进销差价率而不是产品质量，因此，他们购买商品的可代替性与可更换性就更大，推销人员应多示范几种产品，并在多种产品的示范中了解顾客的具体购买要求，而且示范前最好做出周密的计划。

（三）淘汰不宜推销的产品

在前两个阶段中，由于推销人员向顾客提供的推销品较多，其中一部分可能与顾客的需要距离较大，因此，需要把这部分不合适的产品淘汰，把推销的重点放在适合顾客需要的推销品上。在决定淘汰某种推销品之前，推销人员应认真了解和分析顾客需要的真实原因，不要轻易淘汰推销品。

（四）证实顾客的选择是正确的

证实有助于坚定顾客的购买信心，因此推销人员应注意针对顾客需求的不同类型，用有说服力的例证去证明，并及时对顾客的正确选择予以赞扬。而且，对直接顾客和中间商的证实的重点不一样，对一般消费者主要证实产品的质量、款式、功能等符合消费者的需求，而对中间商主要证实某个产品在某个市场或由某个商人销售得很好，年利润不少，因为,中间商关心的主要是销售与差价率。

注意,在推销过程中,推销人员运用一定的方法和策略,诱导顾客做出正确的购买决策是必要的。但是,千万不能让顾客感觉到"这个决定是你做的,而不是我做的"。应达到的效果是,顾客在你的帮助下做出了正确的决策,尽管有你的作用,但决定一定是由顾客自己做出的,这一点很重要。

(五)促使顾客接受推销品

促使顾客接受推销品的主要工作是针对顾客的具体特点促使顾客接受推销品、做出购买决定。此时,影响顾客购买的主要因素不是推销品本身,而是购买后的一系列问题,如运输、结算、手续办理、货物退赔等。推销人员若能对上述问题予以尽力解决,就会坚定顾客的购买信心,使其迅速做出购买决定。

第四节 费比模式

一、费比模式的含义

费比(FABE)模式是由美国奥克拉荷大学企业管理博士、中国台湾中兴大学商学院院长郭昆漠教授总结出来的。费比是 FABE 的音译,FABE 是由 feature(特征)、advantage(优点)、benefit(利益)、evidence(证据)四个英文单词的首字母组成的。这四个英文字母表达了费比模式的四个步骤:把产品特征详细地介绍给顾客,充分分析产品优点,尽数产品给顾客带来的利益,以"证据"说服顾客。

费比模式主要适用于高新技术产品、房地产、汽车、家具、服装等产品的推销。

二、费比模式的内容

(一)把产品特征详细地介绍给顾客

费比模式要求推销人员在见到顾客后,要以准确的语言向顾客介绍产品的特征,如产品、构造、作用、使用的简易性及方便程度、耐久性、经济性、外观优点及价格等。如果是新产品,则应更详细地介绍。如果产品在用料和加工工艺方面有所改进,也应介绍清楚。如果上述内容多而难记,推销人员应事先打印广告式的宣传材料和卡片,以便在向顾客介绍时将材料和卡片交给顾客。因此,如何制作好广告材料和卡片成为该模式的重点。

(二)充分分析产品优点

推销人员应在详细介绍推销品特征的基础上,进一步介绍推销品的特殊作用、特殊功能以及与相关产品的差别优势,并把它们用精确、形象、简练的语言和熟练的示范表演介绍给顾客,强化顾客的购买兴趣,激发顾客产生联想和购买欲望。

（三）尽数产品给顾客带来的利益

把推销品的特征和优点逐一转化为购买利益，并投其所好，用顾客喜欢的方式把它们展示出来，是促进顾客购买的有效途径。因此，推销人员应在充分了解顾客需求的基础上，把推销品能给顾客带来的利益尽量地列举出来。不仅要讲产品给顾客带来的实体上的利益，更要讲产品给顾客带来的内在的、实质的及附加的利益，使顾客认识到购买推销品可以得到各种利益与满足。这是费比模式中最重要的步骤。

（四）以"证据"说服顾客

推销人员还需要在前一段工作的基础上用真实的数字、实物、实证等证据进一步证实物有所值，同时证明推销人员的真诚人品，解除顾客的各种疑虑，促成顾客购买。

上述四个推销模式影响较大，在实际推销中用得较多。其中，爱达模式产生最早、最具代表性，它注重利用顾客的心理变化规律。迪伯达模式把爱达模式前两个阶段的内容更加具体化了，应该说进了一步，被称为现代推销模式。在顾客主动的情况下，使用埃德帕模式既简便又有效。此外，还有许许多多的推销模式，如希斯模式、韦伯斯特—温德模式等，这里不一一介绍。俗话说"兵无常势，水无常形"。推销更是如此，没有永恒的唯一的模式，任何推销人员都不能盲目照搬这些模式，生搬硬套只会适得其反。应坚持现代推销的基本理念，针对不同的顾客在不同的环境下，用热情和真诚把最适合顾客需求的产品提供给顾客，真正与顾客达到双赢。

阅读材料

难忘的业务经历

每个做业务的人，总会有一些让自己很难忘的业务经历。那是 2005 年的事，我接到一个来自韩国客户的电话，他说是在展览会上拿了我的名片，要找适配器，但质量一定要好。我说质量好的产品找我就对了，便约好时间谈。放下电话，我便从抽屉里拿出几份产品承认书和产品质量认证书和我们工厂的资料，到仓库申请了一个样品就去他那里。

有些时候遇到这样的客户，还真拿他没有办法，你一时间查不到他是从哪里来的、什么行业、信用如何等。但有客户还是要去谈生意的，对方还说来自韩国呢，有外单做比做内单好多了。到了客户指定的地点，才发现是一个酒店，我虽然来深圳很多年了，但对这个酒店还不是很了解，不过装修还是不错的。客户是一个个子比较矮的男人，虽然可以说普通话，但说得很烂，让人听着别扭。刚开始的时候，大家都客客气气地谈产品的事，他也认真地看我的产品资料，并问我一些公司的情况。交谈的时候他多次强调产品一定要好，因为上次购买的产品就不合格。终于弄清楚我的产品的情况后，他便问我产品的价格。我就给他报了一个价格，当然报得高了一点，我想反正他都要还价。听完我的报价，他就说:"哇,曹先生,你的产品贵呀!为什么一样的产品,你要比别人贵好多呢?"

其实我知道他要这么问,便拿起产品对他说:"金先生,中国不是都生产便宜东西,因为我们有些厂家也能做出质量很高的产品。你看我的产品,从外观上看,要比你手上那个光滑很多。"

他听我这么一说,就接过我手上的产品和他手上那个产品对比了起来,然后点了点头。我接着说:"你再看看那个产品的外观,连接缝很大是不是?"他又对比了一下,点了点头问:"这些有什么关系吗?"

"当然有关系了,你手上拿的那个产品,因为外盒不是用正规的PC料,而是掺了杂料,所以才那么粗糙,连接缝因为外盒的添杂料,衔接度不够才会这样。"听我这么说他疑惑地问:"这样的哇?"

我肯定地点了点头对他说:"你烧一下看看!"并做了一个建议他烧一下的手势。他于是疑惑地拿起火机对着外盒烧了起来,还没到几秒钟他手上的那个外盒就变形了。发现了这个现象后他嘴里发出"噢哇!噢哇!"的惊叫声,并望着我问道:"怎么会这样?这么会这样?"我笑了笑说:"再烧那个看看。"并做了个让他烧我的那个样品的手势。他接着拿起我的样品烧了起来,烧了一会儿外盒给烧黑了,但却没有变形。他说:"这样的呀!是这样的呀!"

这个时候我知道他应该有点明白为什么我的产品这么贵,于是拿过他手中的产品,很用力地往地上摔下去,只见我的样品在地板上弹了几下,摔到很远的地方去,但仍然完整无缺。我就示意他摔一下他手中的那个样品。他看到我这么做,很吃惊,眼睛睁得大大的,好像在问:你这是做什么?但还是顺从我的指示,用力地摔了一下他手中那个样品。只见"嘭"的一声,被摔的那个别人的样品,在摔的过程中外盒分成了两半。他哇哇地叫起来,走了过去,但不是捡他丢的那个产品,而是捡起我的那个产品看了又看。我自己走过去捡起他摔的那个产品,拿到插座前通了一下电,只见刚刚还在亮的指示灯已经不亮了。他见我这么做,也走过来把我的样品插上电,我的样品指示灯还亮着,他又测了一下电压,还正常。看到这种情况后,他竖起拇指说:"曹先生,你的产品好哇!"

我拿起自己的包对他说:"金先生,这个样品我暂时放在你那,你可以再拿去对比一下其他人的产品,如果别人也能做到这个样子,价格还便宜的话,你再还给我。"我和他握了一下手接着说:"我们中国也可以做出高质量的产品的。"说完我发现他脸上闪过一丝不好意思的神色,然后走出了他的房间。

几天过后,我接到他的电话,他说想拿一批产品回韩国去试一下,如果合格了再下大单,价格可以先维持原价。接着他传来了一份2000个产品的定单,并付了30%的订金。直到今天我还经常和金先生用MSN聊天,他虽然普通话说得不是很标准,但文字功底还是很深厚的,有些时候还用一些我都感到陌生的成语。

介绍自己和产品的艺术

一、给人留下良好的第一印象

在推销产品之前,首先要把自己推销给客户,这叫作"推销中的推销"。"推销中的推销"反映的正是推销界的一个重要理念——"要想成功推销产品,首先成功推销自己"。通常情况下,客户都不会愿意把时间浪费在一个自己不喜欢的人身上,客户如果不喜欢你,那么又怎么会愿意买你推销的产品呢?

心理学方面的有关研究表明,人们对其他人或事物在 7 秒钟之内的第一印象可以保持 7 年。给他人留下的第一印象一旦形成,就很难改变,所以说,能否给客户留下良好的第一印象对于接下来的相互沟通很重要。据相关资料,销售人员的失败,80% 的原因是留给客户的第一印象不好。也就是说,很多时候,在你还没开口介绍产品之前,客户就已经决定不与你进行进一步的沟通了。

既然给客户留下的第一印象如此重要,那么销售人员应该如何给客户留下良好的第一印象呢?

(一) 衣着打扮得体

俗话说,佛靠金装,人靠衣装。从某种程度上说,得体的衣着打扮对于销售人员的作用就相当于一个赏心悦目的标签对于商品的作用。如果你在第一次约见客户时穿着随便甚至脏乱邋遢,那么你此前通过电话或者电子邮件、信件等建立的良好客户关系可能就会在客户看见你的一刹那全部化为乌有。你要想令客户对你的恶劣印象发生转变,那就要在今后的沟通过程中付出加倍的努力,更何况,有时候不论你付出的努力有多少,客户都会受第一印象的左右而忽视你的努力。

所谓得体的衣着打扮,并不是要求所有的推销人员都穿着华丽。事实上,华丽的服饰不一定适合所有的人、所有的场合,而且也不见得会得到客户的认同。一名专业的销售人员,必须根据本行业的特点选择合适的衣着。

在选择服饰时,销售人员应该注意一点,那就是不论任何一种服饰,都必须是整洁、明快的,而且服饰的搭配必须和谐,千万不要为了追求新奇而把自己打扮得不伦不类。为此,销售人员实在有必要经常留心身边气质不凡的上司或同事,以及比较专业的杂志或电视节目等。

(二) 举止大方,态度沉稳

如果说得体的衣着打扮体现了推销员的外在美,那么大方的举止和沉稳的态度体现出的应该就是推销员的内在素质了。推销员的内在素质实际上就相当于商品的质地和档次。

推销人员的一举一动都会在客户心目中形成一个印象,这种印象最终会影响客户对公司产品以及公司整体形象的看法。

（三）保持自信，不卑不亢

推销的过程有时候就像买卖双方某些方面的较量，无论是推销人员还是客户，其实时时都能感受到这种较量。所以，很多推销人员经常把这一过程看作困难或者伤脑筋的事情，于是就会在潜意识中形成一种恐惧，甚至有些推销人员说他们"在去见客户的路上就有了打退堂鼓的想法"。

如果恐惧能够将产品成功销售出去，那么问题就会变得简单得多了。可事实是，恐惧除了能够加大与客户沟通时的阻碍之外，实在是没有任何好处。其实，心存恐惧的销售人员从内心深处就没有形成一种正确的思想，他们自身实际上就对要推销的产品以及自己的沟通技巧不够自信。在他们看来，推销活动本身可能就是一厢情愿的"赴汤蹈火"。

也许只有那些业绩优秀的推销员才知道，与客户沟通的过程实际上完全可以成为一种享受，而且推销活动本身不仅可以为公司带来厚利、为推销员增加业绩，同时更可以令客户的需求得到满足。当意识到这些之后，身为推销人员的你还有什么理由在客户面前表现得畏畏缩缩呢？

运用以下几种方式可以让客户感受到你的自信：

（1）在见到客户之前就要树立积极乐观的态度；
（2）把与客户的沟通当成一次愉快的活动；
（3）保持和缓的语速，不要急促不清；
（4）谈话要清晰有力，在开口之前先组织好语言；
（5）不要东张西望，也不要做小动作，要保持体态的端正，并且眼睛平和地直视对方。

二、设计一个吸引人的开场白

米尔顿·马文是汤姆·詹姆士服装公司的董事长，当还是该公司一名普通的销售人员的时候，他曾经运用精彩的开场白给客户们留下了非常深刻的印象。米尔顿在见到客户时从来不会像其他销售人员那样拘谨地说上一句："您好，我是××公司的销售人员……"他经常这样与自己的客户开始谈话："××先生（女士），我来这里的原因是我要成为您的私人服装商。我知道您在我这儿买衣服，是因为您对我、我们的公司或者对我们公司的产品有信心。而我所做的事情就是要使您的这种信心不断得到增强，我相信自己能够做到这一点。您一定希望对我有所了解，那么请允许我做一个简单的介绍：我从事这项工作已经很多年了，我对服装的式样和质地以及它们分别适合哪种类型的人都有着深入的研究。所以，我一定可以帮您挑选出一套最合适您的衣服，而且这项服务是完全免费的。"

一段精彩的开场白，不仅可以引起客户对自己的重视，而且还能引起客户对自己接下来言谈举止的强烈兴趣，所以，有人说："一个吸引人的开场白，就已经使一次销售成功地实现了一半。"对于销售人员来说，在与客户沟通的过程中，一段好的开场白不仅仅能使自己成功地向客户介绍自己以及自己要推销的产品，而且还为后来的良好沟通奠定了坚实的基础。为此，销售人员不妨在见到客户之前就针对自己的销售目标和客户的实际需求对开场白进行一番精心设计。

三、清晰地表达自己的观点

在与客户进行初次约见时,由于心情紧张或急于表达自己的销售意图等原因,可能销售人员会忽视自己的表达方式。很多销售人员身上都有过这样的体验:越是慌慌张张地表达自己的意图,语言组织得就越是错误百出,结果与客户沟通起来就越吃力。因此,这些忙中出错的销售人员给客户留下的印象常常是非常糟糕的,客户常常认为,一个无法清晰地表明自己观点的人是无法弄清客户的真实需求的,他所代表的企业恐怕也缺少科学的组织性和系统性。

所以,销售人员在了解和掌握足够的产品信息的同时,也十分有必要培养和锻炼自身的语言组织和表达能力,尽可能地用最清晰、简明的语言使客户获得其想要知道的相关信息。

四、积极而客观地评价你的产品

在推销员与客户进行沟通的过程中,大多数时候,双方沟通的主要话题都是围绕所推销的产品或服务展开的,可以说,所推销的产品或服务在通常情况下都是推销员与客户关注和谈论的焦点。无论是推销员还是客户,对于产品或服务各方面条件的关注都将贯穿整个推销活动当中,而且双方对于这些产品或服务的态度将决定最后的交易能否成功。而客户对产品或服务的态度在很大程度上又受到推销员的影响,因此,如何对自己推销的产品进行合适的评价就成为推销人员必须注意的又一问题。

在介绍自己推销的产品时,推销人员需要注意以下几点。

(1) 不要运用太多客户可能听不懂的专业术语。

(2) 忌夸大产品的功效和优势,不要无中生有,要实事求是。

(3) 针对客户的实际需求展开介绍,要深入客户的内心,并且让客户感觉到他(她)的需求就是你工作的重心。

(4) 观察客户的反应,如果发现客户对某些介绍不感兴趣,马上停止。

(5) 当客户指出产品确实存在的缺点时,不要隐瞒,也不要置之不理,而应该做出积极的回应。比如当客户提出产品的功能不如××品牌齐全时,你不妨先肯定客户的意见,再指出产品的其他优势:"是的,不过它的其他功能正好可以因此而更充分地发挥作用,而且该产品的价格比其他同类产品的价格要低20%。"

专家提醒:

(1) 在约见客户时,做好从态度、知识到言行举止全方位的准备;

(2) 一定不要忽视第一印象对于自己今后与客户沟通的重要性;

(3) 不论是对自己的介绍还是对产品的说明,都必须清晰、客观,而且自己还要时刻保持自信;

(4) 争取在最短时间内打动客户,千万不要谈一些无聊的话题令客户感到厌烦;

（5）对客户的任何质疑都要做出积极的回应，不要企图蒙混过关。

本 章 小 结

推销模式是根据推销活动的特点和对顾客的购买活动各阶段的心理演变的分析以及推销人员应采用的策略进行系统的归纳，总结出的一整套程序化的标准推销形式。

爱达（AIDA）模式的内容是引起顾客注意、诱发顾客兴趣、激发顾客购买欲望、促成顾客购买行为。

迪伯达（DIPADA）模式的内容是准确发现顾客有哪些需要和愿望、把推销品与顾客需要和愿望相结合、证实推销品符合顾客的需要和愿望、促使顾客接受推销品、刺激顾客的购买欲望、促使顾客采取购买行为。

埃德帕（IDEPA）模式的内容是把推销品与顾客的愿望联系起来、向顾客示范推销品、淘汰不宜推销的产品、证实顾客的选择是正确的、促使顾客接受推销品。

费比（FABE）模式的内容是把产品特征详细地介绍给顾客、充分分析产品优点、尽数产品给顾客带来的利益、以"证据"说服顾客。

思 考 题

1. 什么是推销模式？常见的推销模式有哪些？
2. 联系实际谈谈推销人员应如何运用自身条件吸引消费者注意。
3. 示范推销品的意义如何？示范推销品应该注意的问题有哪些？
4. 迪伯达模式适用于哪些类型的推销？
5. 爱达（AIDA）模式与迪伯达（DIPADA）模式有哪些异同？

案 例 分 析

案例 4-1

利用消费者来进行推销

东南亚某国斯塔丽公司，独家代理推销法国莱沙蒂的美发用品，如洗发香波、护发素、定型水、亮发摩丝、特效发乳等。但斯塔丽公司并不是把所代理的美发用品推销给各大百货公司的化妆品柜，也不是推销给各家超市，再由他们出售给消费者，而是把消费者对象定位为理发店。斯塔丽公司的推销信条是，一定要使本公司推销的美发用品受到理发店的欢迎和好评。因而，斯塔丽公司的推销人员不断地进出各大小理发店，就莱沙蒂美发用品的优点与特点进行说明，并使相当数量的理发店开始使用。而一旦理发店确定使用这一品牌的美发用品,到理发店的顾客也就随之成为这种美发用品的消费者。

这种美发用品是理发师所选用的,这无形之中使莱沙蒂公司的品牌有了特殊的吸引力,使消费者感到这种美发用品比起从其他商店能够随便买到的同类用品更具魅力,进而对这一品牌产生了好感,大大提高了知名度。

斯塔丽公司通过把消费者定位在理发店,让消费者通过消费本身来进行有效的推销证明,取得了很大的成功。尽管成效显著,但斯塔丽公司所经销的莱沙蒂美发用品从不随意通过那些一般的渠道销售。他们仍然只通过理发店在为顾客进行理发的同时,顺带销售这类美发用品,让具有亲身感受的消费者去吸引更多的消费者。

案例讨论

1. 结合案例具体分析斯塔丽公司采用了哪种推销模式。
2. 你对斯塔丽公司的推销说明有何评价?
3. 当莱沙蒂品牌打响后,斯塔丽公司为何仍然把推销重点定位在理发店?谈谈你对这一做法的看法。

案例 4-2

某手表生产商对一些手表零售商店的销售状况进行了调查,发现商店的售货员对推销该厂的手表不感兴趣,手表零售商的销售策略也有问题。厂方决定开办一所推销技术学校,并派出厂里的推销代表(包括特伦顿在内)到各手表零售商店进行说服工作,目的是使他们对开办推销技术学校产生兴趣和积极配合,如安排人员参加学习等。特伦顿来到了一家钟表店,对钟表店的负责人进行了成功的推销。下面是特伦顿与钟表店负责人迪尔的对话:

特伦顿:"迪尔先生,我这次来这里的主要目的是想向您了解一下商店的销售情况。我能向您提几个简短的问题吗?"

迪尔:"可以。您想了解哪方面的情况?"

特伦顿:"您本人是一位出色的推销员……"

迪尔:"谢谢您的夸奖。"

特伦顿:"我说的是实话。只要看一看商店的经营状况,就知道您是一位出色的推销员。不过您的职员怎样?他们的销售业绩与您一样吗?"

迪尔:"我看还差一点,他们的销售成绩不太理想。"

特伦顿:"完全可以进一步提高他们的销售量,你说呢?"

迪尔:"对!他们的经验还不丰富,而且他们当中的一些人现在还很年轻。"

特伦顿:"迪尔先生,我们厂为你们这些零售商店的职员开办了一所推销技术学校,其目的就是训练这些职员掌握您希望他们掌握的技能。我们特别聘请了一些全国有名的推销学导师和高级推销工程师负责学校的培训工作。"

迪尔:"听起来很不错。但我怎样知道他们所学的东西正是我希望他们学的呢?"

特伦顿:"增加你的销售量符合我们的利益,也符合你的利益,这是其一。其二,在制定训练计划时,我们非常希望您能对我们的教学安排提出宝贵的意见和建议。"

迪尔:"我明白了。"

特伦顿:"给,迪尔先生,这是一份课程安排计划。我们把准备怎样为您培训更好的销售人员的一些设想都写在这份材料上了。您是否把材料看一下?"

迪尔:"好吧,把材料交给我吧。"(特伦顿向迪尔介绍了计划)

特伦顿:"我已经把您提的两条建议都记下来了。现在,您还有什么不明白的问题吗?"

迪尔:"没有了。"

特伦顿:"迪尔先生,您对我们这个计划有信心吗?"

迪尔:"有信心。办这所学校需要多少资金?需要我们分摊吗?"

特伦顿:"你只需要负担受训职员的交通、伙食、住宿的费用。其他费用,包括教员的聘金、教学费用、教学工具等,统统由我们包了。我们初步计算了一下,每培训一个推销员,你最多支付45英镑。为了培养出更好的推销员,花费45英镑还是值得的,你说呢?假如经过培训,每个受训职员的销售量只增加了5%的话,您很快就可以收回所支付的这笔费用了。"

迪尔:"这是实话。可是……"

特伦顿:"假如受训职员的推销水平只是您的一半……"

迪尔:"那就很不错了。"

特伦顿:"迪尔先生,我想您可以先派三个有发展前途的职员参加第一届训练班。这样,您就知道训练的效果如何了。"

迪尔:"我看还是先派两个吧。目前我们这里的工作也比较忙,不能多派了。"

特伦顿:"那也是。你准备先派哪两位去受训呢?"

迪尔:"我初步考虑派……,不过,我还不能最后决定。需要我马上做出决定吗?"

特伦顿:"不,你先考虑一下,下周一告诉我,好吗?我给你留两个名额。"

迪尔:"行,就这么办吧!"

案例讨论

在本案例中特伦顿使用了哪种推销模式?结合案例说明该模式的步骤。

第五章 推销信息与推销环境

引例

  1973年,赫赫有名的肯德基公司充满信心、大摇大摆地踏入中国香港市场。在一次记者招待会上,肯德基公司主席夸下海口:要在香港开设50~60家分店。肯德基家乡鸡首次在香港推出时,配合了声势浩大的宣传攻势。其电视广告迅速引起了消费者的注意。电视和报刊、印刷品的广告主题,都采用了家乡鸡世界性的宣传口号"好味到舔手指"。声势浩大的宣传攻势,加上独特的烹调方法和配方,使得顾客们都乐于一尝。而且在家乡鸡进入香港以前,香港人很少品尝过所谓的美式快餐。大家乐和美心快餐店虽然均早于家乡鸡开业,但当时规模较小,未形成连锁店,不是肯德基的竞争对手。看来肯德基在香港前景光明。但肯德基在香港并没有风光多久。1974年9月,肯德基公司突然宣布多家餐店停业,只剩4家坚持营业。到1975年2月,首批进入香港的肯德基全军覆没,全部关门停业。

思考题
什么原因导致肯德基进入香港地区的失败?

  随着信息经济和知识经济时代的到来,市场竞争的内容已经由质量的竞争转向了速度、信息和知识的竞争,市场竞争的范围也由地区扩展到全球范围。面对知识经济大潮的冲击,企业如果不能及时调整自身发展战略、抢占信息化的制高点,就将失去在新的局面下持续发展的动力;推销人员如果不能把握瞬息万变的市场信息,及时调整推销战略与策略,就很难帮助企业取得良好的经济效益,自身也就无法向超级推销人员、高级推销人员与营销管理人员迈进。

第一节 推销信息

一、推销信息概述

(一)推销信息的概念与特征

信息有狭义和广义之分。狭义的信息是指通过加工处理对于接受者具有某种使用价值的那些数据、信息、情报和知识的总称;广义的信息是指信息源发出的各种信号和消息及其所揭示的内容,一般通过声音、语言、文字、符号、图像、磁介质、光盘等形式表现出来。

推销信息属于商业信息的范畴,是反映在一定时间、范围等条件下与推销活动有关的商品供给、需求及消费方面的各种信息、情报、数据、资料和知识的总称,它附着在纸质、声、光、电、口碑等介质上,通过传播而被人们理解和接受。

推销信息的取得需要付出代价,因而是一种稀缺资源。它具有以下主要特征。

1. 可识别性

信息可以通过人的感觉器官来识别,更需要运用现代科学技术手段加以收集、整理、分析、检索,可以提高推销人员鉴别和运用市场信息的能力。尽管对推销活动有直接或间接影响的信息对所有推销人员都是公开、平等的,但信息的可识别性特征并不能保证所有的人都能提炼出推销活动所需要的信息,因为每一个人对信息的敏感性、运用人脑和设备加工处理信息的能力是不一样的,这在客观上影响了推销人员的推销绩效。

2. 可转换性

信息可以在各种介质之间相互转换,目的是更好地实现信息的沟通,使信息资源得到有效传递和充分利用。如文字、图表与图像等形式的信息与计算机代码、通信信号之间是可以互换的,还可以加工处理以满足新的需要。因而,推销人员必须了解各种信息存在的方式,并善于利用其承载的信息内容。

3. 可处理性

人类可以按照既定的目标要求对数据资料进行收集、整理、加工、概括,通过处理分析,去粗取精、去伪存真、由此及彼、由表及里,使资料或者精炼浓缩,或者延伸扩充,变成对人类有用的信息情报。由于人的主观意识的原因,每个人对原始资料的加工处理都可能带有一定的主观性,因而推销人员在使用信息时应考虑到这种特性。

4. 可传递性

信息是可以通过口碑或特定传输介质进行传递的。由于信息具有可传递性的特征,推销人员可以利用各种传播媒体及人际关系渠道传递有关商品和服务的信息。特别是现代通信技术的发展,加大了信息传递的广度和深度,加深了推销人员对市场的了解,同时也大大方便了潜在买主。

5. 共享性

同一信息可以被多个企业利用，也可以被同一企业的若干推销人员共同使用。如某地市场对某种商品的需求大，这一信息可能很多企业都知道，大家都共享这一资源，并向此市场推销符合其需求的产品。

6. 时效性

信息的时效性是指信息发挥其价值作用是在一定时间期限内，超越此期限，其就将丧失情报价值，甚至起负面的作用。信息的共享性与时效性并不矛盾，在某一时刻前信息是可以实现共享的，过了这一时刻，信息的价值就可能丧失。因此，推销人员不能完全依靠经验和历史数据来判断市场形势、制定推销决策，必须善于捕捉最新的市场信息。谁首先获取信息并在推销过程中加以运用，谁就有可能抢得先机。

7. 依附性

信息既不是物质，也不是能量，不能够单独存在，必须借助某种物质载体才能贮存、传递和检索。除了运用人脑贮存有限的信息外，有必要运用各种容量大的介质，如光盘、磁盘、微缩胶片、磁带机、纸张等将信息贮存起来，以供检索和决策使用。

(二) 推销信息的类型

面对复杂多变的国内外市场，要做出明智的推销决策，推销人员应了解各种各样的推销信息，尤其要准确、及时地把握各类推销信息的实质。推销信息主要包括以下几种。

(1) 政治信息，包括一个国家或地区的政治状况，其政府对国际贸易和推销的态度和政策以及限制条件等。

(2) 法律信息，包括一个国家制定的有关经济的法律、法令、政策和规定，如《广告法》《商标法》《票据法》《反不正当法》《消费者权益保护法》《矿产资源法》《环境保护法》等影响推销活动的经济法规。

(3) 经济信息，包括国民经济发展规划和经济发展战略，各地区经济发展的对策、措施及经济发展趋势，国家和各地的财政预算、收支状况、投资方向和实用状况，金融政策、银行利率、货币流向及居民和集团的购买力，经济结构、产业机构、消费结构和市场结构等。

(4) 社会文化信息，包括人口的构成及变化，当地的风俗习惯及民族特点，人口的年龄、性别、文化程度、收入水平、生活方式、爱好等特征，社会风气、价值观念及宗教信仰等。

(5) 市场信息，包括市场容量、需求结构、商品结构、商品推销动向、消费水平、消费能力及消费趋势，物价水平及物价涨落变化走向，各地的资源情况、能源结构及购销调存的情况，国际市场变化趋势、外贸能力等。

(6) 顾客心理信息，包括推销商品的名称、商标、包装、颜色、式样对顾客消费心理的影响，新产品的设计、价格、性能、使用寿命对顾客购买行为的心理影响，商品广告、促销方式、商店的环境格调、推销人员的态度和服务质量对消费心理的影响等。

（7）竞争对手信息，包括同行业商品的质量、数量、服务、交货期和付款方式方面的信息，同行业商品的价格、推销策略和特点，推销渠道、代理商和推销人员的能力和水平等。

（8）科技信息，包括国家科技发展规划及科技成果转化为商品的动向，同行业技术引进和开发创新的能力，同行业设备、工具的现代化水平，能源开发、利用及节能的技术状况；同行业职工队伍的素质，同行业对新技术、新材料、新方法的应用情况等。

企业和推销人员只有深刻认识和理解推销信息的特征和内容，才能为推销信息的收集、传递和利用打下坚实的基础，以做出正确的判断、做好推销决策。

（三）推销信息的作用

推销活动设计对象复杂，范围广泛，影响因素众多，要使每一次推销活动都获得成功是不可能的。通常都要在接近准备阶段，收集大量在推销活动中可能需要的信息，并进行加工处理，对推销活动做出可行性分析，寻求推销活动的最佳方案。因而，掌握推销信息、进行可行性研究是推销工作科学化的必由之路，它能提高推销决策的科学性、降低推销活动的风险，使推销损失减少到最低限度，提高营销效益。其具体作用主要表现在以下几方面。

1．推销信息是制定和实施推销策略的基础与前提

推销策略包括确定推销目标、推销队伍、推销对象、推销品、推销方式等问题，只有通过对推销环境的研究，掌握推销人员所面临的环境发展趋势，明确消费者的需求、心理、行为等信息，才能因地制宜地制定相应的推销策略。

2．推销信息有利于发掘与鉴别推销机会

一个推销人员在一定时期内走访的客户数量是有限的。推销人员通过推销可行性研究，可以发掘更多的潜在买主，并确定其购买的可能性，从而使推销走访的目的性增强、推销效率提高，减少或避免无效的走访。

3．推销信息有利于提高成交率

推销前应了解客户先前的供应商是谁、为何解除了双方的供销关系，了解客户使用本产品的目的、条件等，以便在洽谈中陈述产品怎样帮助客户解决实际问题；了解客户在价格、交货速度与方式、服务等方面的要求，以便在交谈中掌握主动；了解购买方的主要人员是谁，以便在洽谈中集中精力影响主要决策者。因而，推销工作做得越充分，客户信息掌握得越多，洽谈成功率也就越高。

4．推销信息有助于提升企业竞争力

通过推销可行性研究，能够识别和发现现实竞争者与潜在竞争者，了解竞争品与自身产品在性能、利益等方面的差异，认清企业的相对优势与劣势。掌握这些信息，推销人员可以有的放矢地与购买者进行信息沟通，真正做好顾客的"参谋"，并把竞争的外部压力转化为自身的动力，使企业竞争能力日渐增强。现代企业的竞争不仅表现为商品质量、价格、服务方面的竞争，也表现为信息收集、处理与应用能力方面的竞争。

5. 推销信息有利于提高推销效益

通过推销可行性研究,推销人员能够预见推销环境、推销对象及推销活动可能产生的困难,尽量在实际走访前做好准备,节省走访的次数、时间,使每一次走访都不是"空跑",都有着有形或无形的收益,提高推销效益进而提高企业营销效益。

总之,推销可行性研究越充分,占据的信息越多,对推销活动可能出现的困难考虑越充分,推销人员在推销过程中排除困难的信心就越强,解决问题的方法也越多,推销效率也就越高,推销效果也越好。

二、推销信息的收集和利用

(一) 推销信息的来源与使用

推销活动需要的信息非常多,来源也很分散,这要求推销人员充分做好接近前的市场调研工作,善于通过洽谈捕捉客户需求、使用情况、待解决问题等方面的信息,同时把获得的信息快速地进行整理、分析,并与商品推销活动实现"无缝"对接,激发潜在顾客的购买欲望和兴趣,促成最终的交易。

推销过程需要的信息主要来源于文案调查与实地调查,推销人员必须掌握一定的调查技术,不仅要善于收集信息,更要善于使用信息。

1. 文案调查与第二手资料及其来源

(1) 文案调查与第二手资料。文案调查,是指通过收集、整理和分析各种现成的文献资料就能达到调研目标的调查。文案调查所获取的数据资料被称为第二手资料(second data),也叫现成资料。

第二手资料来源于过去,是以前为了其他的研究目的而留存下来的,对今天的推销决策仍有某些参考价值。尽管第二手资料来源于历史文献,但并不是说这样的资料没有价值,也不能说第一手资料(primary data)比第二手资料准确可靠得多。如果通过收集、整理和分析第二手资料,就能满足制定推销策略的需要,就没有必要花费时间、精力、投资去收集第一手资料。另外,借助第二手资料的搜集方法可以指导搜集第一手资料的项目设计,帮助确定抽样方案等。

(2) 第二手资料的来源。第二手资料依据其数据资料的来源可分为内部资料(internal data)与外部资料(external data)。内部资料是指由企业市场营销信息系统所提供的反映内部经营状况的资料,外部资料是指由企业外部有关组织机构所保存的全部资料。

内部资料主要来自三个方面:①会计部门,可从中获取有关成本、销售收入、价格、费用、利润等的信息;②售后部门,可从中获取销售记录、客户名单及其变动、中间商经销情况、顾客的反馈意见、促销方式的运用情况等内部信息;③其他部门,除上述两个部门外,其他部门以前的发展规划、调研报告、各种文件、会议材料等也是内部信息的可能来源。

外部资料来源主要有：①网络搜索；②计算机数据库；③政府机构公布的统计资料；④图书馆；⑤行业协会；⑥市场调查机构；⑦电视台、电台、报社、广告公司、出版社、杂志社等传媒机构；⑧国际组织。

(3) 第二手资料的审核和使用。收集第二手资料，其调研初衷也许是为了解决一般性的问题，也许是从某个特定问题而得到结论，都具有自身的目的性和适应性。因而，应对得到的第二手资料进行审核，鉴别其准确性及可用性。

通常从以下五个方面来审核第二手资料：①资料来源的权威性。应多使用国际组织、政府部门所发布的信息，对于其他来源的信息应认真鉴别其准确性和倾向性。使用资料时，要考虑机构的一贯信誉，因为各种编辑部、调研机构都有自身的观点和倾向，有时难免失之公允。②资料初始研究目的。在使用历史资料时，推销人员应当考察现在的调查目的与以往的是否有类似性，如果相差甚远，则需要考虑是否使用这些资料。③使用的调查方法。过去的资料如果在样本选择、资料整理与分析中使用的方法不科学，即使没有偏见，也不能保证准确性。因此，必须对第二手资料的调查方式与方法做出分析判断。④指标统计口径。一般政府公布的统计资料是针对全社会的，很难满足推销人员对某个特定问题分析的需要，通常需要再分组。另外，资料中的统计指标口径也可能不适应现在的需要，推销人员要在真正理解原有指标的定义、范围、计算方法等的基础上，掌握转变的技巧与方法。⑤时效性。一定的信息资料只能反映一定时期内的情况，不可能永远都适用，失去效用后的信息资料就成为"垃圾"。推销环境表面上没有发生什么变化，但事实上已有了质的变化，仍然沿用过时的资料去制定和实施推销策略就可能犯致命的错误。

2. 实地调查与第一手资料及其来源

(1) 实地调查与第一手资料。尽管通过文案调查取得第二手资料速度快，费用少，时间短，但当某些推销决策需要市场最新动态趋势的信息而又没有现成资料可以利用时，就必须组织实地市场调查，以掌握当前问题所需要的最新信息。因而，实地调查是为了获取某个特定决策问题所需的最新信息情报而开展的调研活动，通过实地调查所取得的反映当前特定问题的信息资料就称第一手资料。

(2) 第一手资料的来源。实地调查是对涉及企业产品推销活动方面的决策需要进行的调查，一般由企业自身负责，也可支付费用委托专业市场调研公司来完成。

具有资金、技术和人员的大企业都设置了自身的调研部门，负责企业的调研任务。没有设立专门调研部门的企业也可以委托专业市场调研公司来完成必要的调研项目，许多企业的推销人员都必须兼做信息员、服务员。

大量的中小企业无须也没有必要"养"一批专职的市场调研人员，企业自身无力完成对第一手资料的收集时，可借助专业的市场调研公司，其形式主要有：①市场调研公司——专门经营各种市场调研业务；②广告公司——除主营广告代理业务外，也设有市场调查部以兼营调研业务；③经营顾问公司——以办理企业经营指导业务为主，同时也办理市场调查业务;④咨询公司——除为企业提供咨询服务外,也承接市场调查的有关业务。

(二)收集推销信息的方法

收集推销信息的方法,是指推销人员在实地调查过程中从被调查对象处收集第一手资料的各种具体方法的总称。其方法主要有询问法、观察法和实验法三大类,应根据调查目的、调查内容与被调查对象的特点来选用。

1. 询问法

询问法是调查者通过口头、电话或书面等信息传递形式,向被调查者了解情况以收集资料的各种调查方法的统称。采用询问法进行实地调查,通常要事先设计好调查表(也叫问卷),以便围绕调查主题有序地进行提问。按调查者对被调查者询问方式的不同,询问法又可分为人员访问法、电话访问法、邮递调查法、留置调查法和网络调查法。

(1)人员访问法,即调查者与被调查者面对面地进行交谈,调查者根据事先拟好的调查表提出问题,让被调查者回答,并予以记录的方法。人员访问法可以分为个人访问与群体访问两种。针对个人的访问,便于调查者说明调查的目的和需要,沟通信息,访问过程中可以根据进程灵活处理,而且能够观察到被调查者态度、心理等的变化,判断其回答的真实性,更重要的是保证调查方案的实施、提高回收率。群体访问的形式,适合集思广益的讨论式调查,相互启发能使调查问题较为深入,而且节省调查费用,但被调查者之间也可能相互影响,不易发挥主观能动性。群体访问邀请的人数不能太多,一般以3~5人为宜。

(2)电话访问法,即调查人员根据抽样设计的要求,用电话向被调查者询问情况的一种调查方法。这种调查方法主要适用于探测性研究,或与其他的调查方法结合运用,一般旨在了解问题的初步原因。

(3)邮寄调查法,即调查人员将调查表当面交给被调查者,由被调查者填好后寄回,再由调查人员统计整理得到调查结果的方法。

(4)留置调查法,即调查人员将调查表当面交给被调查者,并详细说明调查目的和要求,由被调查者事后自行填写回答,再由调查人员在规定时间收回的一种调查方法。

(5)网络调查法,即通过网络来收集有关资料的调查方法,主要有以下两种具体方式。

① 电子邮件访问,即把需要调查的问题制作成电子邮件问卷,并用电子邮件将问卷发送给被调查者,由被调查者填答完毕后发回的调查方式。进行电子邮件访问,首先要掌握一份电子邮件地址名单,其次要设计电子邮件问卷,并以纯文本形式显示问卷,被调查者在指定地方输入问题的答案,然后按下"回答"键。

② 互联网访问,即使用超文本语言(HTML)把问卷设置在一个网站上或嵌入到网页中,将碰巧浏览者或每隔n个浏览者作为调查对象,并使其在该网址完成问卷填答及提交的技术。

各种询问法的特点比较见表 5-1。

表 5-1 询问法特点比较

方法	优点	缺点
人员访问法	可查性、可控性、灵活性、应答率高	对调查人员的素质要求高；受人为因素的影响较大；调查范围较广时，费用较高
电话访问法	调查速度快、费用少，能调查远距离的被调查者，能获得不便于当面提问问题的答案	通话时间受限，只能对简单问题进行调查，无法找到涵盖所有电话的号码簿，应答率低
邮寄调查法	调查范围较广、费用较低，被调查者有充裕的时间回答问题，便于调查结果的统计整理	问卷回收率较低，影响样本的代表性，调查的周期较长，被调查者可能因曲解问卷中的问题而影响调查质量
留置调查法	介于人员访问法与邮寄访问法之间，兼收了两种方法的优点，可以当面回答被调查者提出的问题，应答者有充分时间独立思考，发挥了自身的主观能动性，问卷回收率较高	调查范围有限，费用较邮寄调查的高
电子邮件访问法	辐射范围广，访问速度快，匿名性好，费用低	难以找到电子邮件地址清单，样本代表性差，不能自动实现跳答和逻辑判断，问卷长度有限
互联网访问法	具有电子邮件的所有优点，可以设置按钮、选项框和数据输入域；自动实现跳答，防止应答者误答；自动识别答案的有效性；多媒体效果好	样本代表性较差，无法判断应答的真实性，安全性也是一个潜在的问题

2. 观察法

观察法是在不向当事人提问的条件下，调查者运用自身的感官或专用的仪器设备记录被调查对象的行为、反应或感受，然后对收集到的资料进行分析，以掌握有关推销信息的方法。推销人员在市场调查中常用的观察法如下：

(1) 个人观察法，即调查者以普通消费者的身份亲临现场，以自己的体验和观察作为调查结果的方法。例如，企业要了解它的经销商对顾客的服务态度，就可通过以顾客的身份去购买商品的方式观察了解经销商的言行，并做出评价。

(2) 痕迹测量法，即依据事件发生后所残留的痕迹进行观察、测量，以获取信息资料的一种调查方法。例如，美国的汽车销售商一般都兼营汽车修理业务，为了了解在哪个电台上做汽车广告效果较好，他们就观察、记录来修理的汽车的收音机频率都停在什么位置上，通过整理分析就可知道汽车用户经常收听的是哪个电台，从而就能确定在哪个电台做汽车广告比较适宜。

(3) 机器观察法，即在调查现场安装监听、监视的仪器设备，调查人员不必亲临现场就可对被调查者的行为和态度进行观察、记录和统计的方法。

观察法的优点是：由于被调查者没有意识到自己正在被观察,调查结果比较真实;用仪器观察和记录资料较为客观,没有调查者的心理因素的干扰;与询问法相比,花费较多,耗用时间较长;调查者事先往往难以预料调查现场在哪儿。

3．实验法

实验法是指在给定条件下,通过实验对比,对市场经营活动中变量之间的因果关系及其发展变化加以观察分析的方法。实验法通常在商品质量、保证、设计、价格、广告宣传、陈列等改变时使用,借以了解这些因素的变化对销售的影响。实验法的关键在于能否较好地控制外部变量,真正地研究实验因素对因变量的影响。由于实验环境只是对实际市场环境的模拟,二者之间必然存在差距。在采用实验法时应重视各种因素的影响性质与程度,力争使实验环境与实际环境有较好的一致性。

实验法有着很多实验方案,譬如拉丁方实验、交互实验、正交实验、控制组与实验组实验等,但事实上要严格使实验环境与实验室一样是办不到的,因而在实际运用中多采用的是类似实验法。

（三）推销信息的利用

对收集到的数据资料,必须认真鉴别真伪,判断可靠性和准确性,掌握必要的处理分析方法,把信息有效运用到推销活动过程中,实现信息资源向推销绩效的转变。通常数据处理分析的方法有如下五种。

1．综合加工法

综合加工法即根据推销决策对信息的使用要求,把掌握的各种散乱信息加以综合加工梳理,以提炼出对解决问题有帮助的新信息。综合加工法决不只是把支离破碎的数据资料简单地加以堆积,而是通过人脑或人借助电脑等手段对资料进行再加工的方法,具有知识价值成分和创新要素,是使数据资料成为真正对解决推销活动中面临的问题有指导性作用的信息。一个推销人员可能了解到顾客对产品、服务的很多抱怨和意见,这些抱怨和意见有些是合理的,有些并不合理,推销人员必须善于加以总结和归纳,提炼出客户反映的真正信息。

2．相关推断法

相关推断法是指依据因果性原理,对已知各相关的社会经济现象和经济指标的发展变化资料,进行分析、推断和推理而产生出新的、有实用价值的推销信息的方法。例如,根据过去若干年的资料分析,某地区的社会商品零售额与社会商品购买力有关,在掌握未来社会商品购买力的前提下,就可以利用二者之间的相关关系估算这一地区社会商品零售额及其变化趋向。相关推断法主要用于分析判断市场的发展变化趋势、国家政策对市场的影响、商品的产销变化趋势等。

在运用相关判断法时,首先应根据理论分析或实践经验,找出影响关注目标的各种因素；其次，依据关注目标与影响因素间的相关程度与方向，对关注目标做出推断。其具体包括以下两种方法。

(1) 时间关系推断。某种经济现象在其他一些经济现象出现变动后，相隔一段时间必然会发生变化，这种相关的变动关系，被称为时间上的先行后行关系。时间上的先行后行关系反映了因果关系的时间顺序，通常把先行的经济指标称为领先指标，后行的经济指标称为滞后指标，间隔的时间称为滞后时间。例如，基本建设投资增加了，在相隔一定时间后，随着办公楼或民用住宅的竣工，对办公自动化设备、家具、家用电器等商品的需求必然会增长。在推销活动中，可以根据某些经济指标或产品需求之间的先行后行关系，从已知相关的领先指标或先行产品的变化中推断所要预测的滞后指标或后行产品的变动趋向，也可以从已知相关的滞后指标或后行产品的变化中推断所要预测的先行指标或后行产品的变动趋向。如果经济现象之间的原因与结果相继出现的间隔时间很短，几乎同时出现，则称两者在时间上是平行关系。例如，基本建设投资增长必然带来对建筑材料等的需求的大幅度增长。

(2) 变动方向推断。不仅经济现象之间存在时间上的先行后行关系或平行关系，而且经济指标也表现出变动方向的差异。两个经济指标之间的相关变动方向同步增减的关系叫做顺相关系。从商品种类上看，具有顺相关系的往往是一些连带商品，如汽车的购买数量增加，必然带来汽车销售量的增加。两个经济指标之间的相关变动方向一增一减的关系叫做逆相关系。从商品种类上看，具有逆相关系的一般是替代商品，如随着计算机的普及，许多烦琐的手写工作都被计算机替代，对各种书写笔的需求必将减少。再如，在我国城市中，随着家用小汽车的普及，以自行车或公共汽车作为空间转移工具的人将日趋减少。因此，利用经济现象之间的顺相与逆相关系，在已知某种经济现象的趋势时，就可对另一种经济现象的发展变化趋势做出质与量上的分析判断，从而掌握产品推销的先机，制定有效的推销计划。

3. 对比类推法

对比类推法是一种把研究目标同其他类似经济标量加以对照分析，以此来推断研究目标未来发展趋势的方法。依据比较对象的不同，对比类推法主要包括以下具体方法。

(1) 各国之间同一经济现象的对比类推。把研究目标与国外同类指标或事物的发展过程、发展趋势进行比较分析，找出两者之间的共同变化规律，并用国外经济指标呈现的规律与趋势对研究目标的发展变化趋向做出推断。例如，可用国外家用汽车的发展历程推断我国家用汽车达到饱和的时间。值得注意的是，这种推断是以假定我国与其他国家的国情相似为前提，但事实上其存在着较大差异，因而推销时一定要把不同国家之间的国情差异考虑到研究目标及变化趋势中去，推断结果也只供推销决策参考。

(2) 国内不同地区同一经济现象的类推。把研究目标与国内其他地区同类事物或指标的发展过程相比较，找出两者之间的共同变化规律，借以对研究目标做出某种判断。这种类推法与各国之间同种经济现象的对比类推相同,但由于一个国家内经济变量有更多的共同性,其适用性相对要好些。例如,已知某种服装在沿海城市的流行时间和趋势,就能对该服装在内地城市可能流行的时间和趋势做出推测。

（3）相关产品之间的类推。把拟研究开发和推销的产品同以往生产的某种在生产条件、最终用途、分销渠道等方面与之有关联性的产品相互对比,以找出拟研究产品的变化方向和趋势的推断方法。这种方法通常用于对新产品开发及上市的预测,即通过对已知产品市场寿命周期曲线的绘制与分析,了解新产品未来在市场上的销售情况和变化趋势。采用这种方法推断时,产品之间要具有一定的相似性,要考虑新产品与已知产品可能存在的销售差异,并进行修正。

4. 追踪反馈法

追踪反馈法是一种以正在和已经实施的推销计划作为源头,进行追根溯源,监测推销方案的实施及顾客消费使用的全过程,并从中收集有关反馈信息用以改进和指导推销活动的方法。如期刊、报纸的推销人员可以随同期刊、报纸的销售发行,附上一份读者意见反馈表,请求读者就办刊方向、栏目内容、版面设计、销售方式等发表意见并反馈到编辑部,以便提高办刊质量,更好地服务于读者。

5. 信息碰撞法

信息碰撞法是指将表面看互不相干的信息加以创造性地嫁接组合,由此产生新的信息,并运用到推销活动中的方法。信息碰撞不是对原始数据资料的简单叠加,而是对原有信息的量变积累过程,同时也是推销人员运用知识、智慧对原始材料的加工处理过程,要求发挥创造性的思维,点燃思想的火花,由此发生心灵的碰撞,当到达一定程度后即发生质变——产生新的信息。

阅读材料

整 合 创 新

台灯与时钟是两种不同的产品,并没有什么必然的联系,但推销人员却观察到很多顾客需要这两种产品的组合设计。经过仔细分析,推销人员终于提炼出将二者"合二为一"的设想,并反馈给产品研发部门。产品很快投产上市,既满足了顾客需求,又拓宽了产品的市场,推销的阻力也就大量减少。

日本索尼公司的"随听带"产品就是来源于对"步行"和"音乐"的整合创新。推销人员偶然看到一些年轻人手提录音机听音乐、跳舞,通过仔细琢磨形成了"随身听"的产品构想,并反馈给产品设计部门,由此形成了今天独特的"随身听"市场。

这两个例子都说明,不是每个受市场欢迎的产品,都是全新产品,只要将现有的产品加以巧妙地构思与组合,就可能会诞生一个新产品,创新孕育于整合之中。

第二节 推销环境

推销信息的一个重要内容是对推销环境的认识。推销活动受到推销要素自身及推销环境等因素的影响。制约和影响推销活动的各种有利或不利因素的总体,被称为推销环境。不同的推销环境,影响着推销活动中的推销品、推销方式、推销手段、推销观念、推销人员和推销对象。

推销环境是推销活动中最复杂又难以把握的因素,因而必须详尽地考察其影响作用,掌握分析推销环境的方法,并适应推销环境的变化。

一、推销环境概述

推销环境是指企业和推销人员难以控制并且会影响推销业绩的各种因素。由于企业市场营销受到营销环境的影响,因此作为营销组合一部分的推销,理所当然也要受到营销环境的影响。

推销环境包括的内容既广泛又复杂,这里将推销环境分为微观环境和宏观环境。微观环境(也称个体环境、直接环境、作业环境)是指与企业的推销活动直接发生关系的组织与行为的力量和因素,包括企业本身、供应商、中间商、顾客、竞争者和公众等;宏观环境(又称一般环境、总体环境、间接环境)是指影响企业推销活动的社会性力量和因素,包括人口、自然、经济、技术、政治法律和文化等环境因素。

上述环境因素并不是固定不变的,而是经常处于变动中,并且许多变动往往由于其突然性而形成强大的冲击波。由于企业的推销活动不可能脱离上述环境而孤立进行,所以,企业应该把握推销环境的特征及其变化规律,主动与环境的变化相适应、相协调,从而发掘市场机会、开拓新的市场,这样才能顺利地开展推销活动,并完成预期的各项项目。同时,企业通过推销活动也可以影响外部环境,使环境有利于企业的生存和发展,有利于优化推销活动的效果。

二、宏观推销环境分析

(一)人口环境

1. 人口总量及其增长状况

在人均国民收入水平一定的情况下,人口总量及其增长状况,就决定了该国的市场容量及其发展趋势。

2. 人口的性别构成、年龄构成、迁移构成及人口分布

不同的性别结构,必然造成对某些产品的不同需求,年龄构成则影响一个国家某些产品的生产与销售。例如,年轻型人口国家必然对文教用品、玩具等商品的需求量大,而年老型人口的国家则必然对医疗用品、滋补与护理用品的需求量大。了解目标市场的人口年龄构成状况,对于分析推销可行性有极大的帮助。人口迁移构成与人口分布必然影响不同地区的需求,造成市场的集结与分化。例如,人口城市化造成城市商品需求品种、数量剧增,推销成功的机会就增多;而在城市家电商品达到饱和后,需求的重心必然向农村转移。针对目标市场人口因素的分析,对于做出推销什么商品、推销规模等决策必然打下坚实的基础,避免打无准备之仗。

（二）经济环境

1. 国民收入与人均国民收入

了解国民收入与人均国民收入的资料,可以掌握一个国家总体市场规模的大小,以及相应的消费水平与消费结构,为制定推销品的数量与层次决策提供依据。

2. 目标市场顾客的购买力

购买力总量及其投向,反映了顾客在现实购买力与潜在购买力之间分配的比例。掌握这方面的资料,会为推销品的发展方向与数量提供决策根据,也会为选定推销对象提供依据。推销人员确定的推销对象必须是对某种产品具有需求欲望且有购买能力的个人或组织,推销人员花很长的时间与一个没有购买力的顾客接洽,只可能是浪费时间与精力,影响推销效率。

（三）社会文化环境

社会文化环境是指一个国家或地区范围内的人们的价值观、审美观、民族宗教、风俗习惯等,它们在一定程度上影响人们的消费水平、生活方式,而一定的消费水平、消费模式与生活方式又形成特定的社会文化环境。由于不同国家或地区社会文化环境的差异,必然表现在消费观念与消费行为上,因而推销人员在推销商品之前,应掌握各地社会文化环境的不同特征,分别采取不同的推销对策。例如,推销人员在向受教育程度高的顾客与受教育程度低的顾客推销时,其推销过程、推销手段、推销方式是完全不同的。

（四）竞争环境

对于竞争环境的研究,不应仅仅从产品的销售方面来思考,深层次的竞争并不一定发生在产品的推销领域,也许在产品设计、促销、价格等方面早已是"刀枪对峙",因而企业之间的竞争是营销竞争,而不只是推销的竞争。很难设想,推销人员能推销掉一种设计不合理、使用不方便、价格高昂、信息沟通又少的产品,即使"骗得一时",也难以"骗得一世"。

研究竞争环境主要应研究以下两方面的内容。

1. 可能竞争者

一家企业也许得面对四种层次不同的竞争者,即生产完全相同的产品的直接竞争者、生产同类型产品(但规格型号不同)的侧翼竞争者、生产替代品的间接竞争者和争夺消费者同一项消费计划的准竞争者。弄清企业在某地域范围内的竞争者层次,推销人员才能找到本企业/行业的威胁与挑战来自何方,才能在商品推销中扬长避短,及早提出实施对策,稳定老顾客,突破某些新顾客。

2. 竞争者状况

推销人员不但要熟悉自身企业的产品,而且要应设法弄清竞争者的生产技术、生产方式、生产成本、价格水平及广告推销的决策等。当推销人员向顾客推销商品时,顾客通常会拿一家企业的商品与竞争品进行对比,如果推销人员对竞争品的情况一无所知,一味强调自身产品好,贬低竞争品,又缺乏有说服力的依据,那只能是"王婆卖瓜"。另外,掌握竞争品的推销手段也是很重要的一个问题,企业尽管不可能对竞争者的所有推销攻势都必然做出反应,但只有在了解竞争者的推销策略后,才能依据自身的目标,有选择地予以反击;如果不掌握这样的信息,只跟在竞争者的后面亦步亦趋,既使自身陷于被动,也难以在该行业有所作为。

(五) 政治法律环境

政治法律环境对推销活动的影响,主要表现在国家政治制度、政府对经济干预的程度、有关经济的政策和法律法规等,它们都直接或间接地影响企业或行业的发展,从而也就影响相关产品的经营与销售。

阅读材料

三菱面包车进入中国市场

20世纪80年代初,日本三菱公司驻北京的一位销售代表的任务是每星期写一份关于中国汽车市场的报告。他深入城市调查后,很快了解到中国政府的有关规定,并掌握了真实情况:各单位很难批准购买进口小轿车,但若买装载生产用具、物品的面包车则容易获得批准。他很快将这一信息报告给总部。据此,三菱公司的决策者们立即做出决定,大批量生产面包车,不久,日本面包车即进入中国市场,赢得了可观的利润。

人们总是在一定政治法律体系中生活,并必然受其制约和影响,作为人类活动之一的推销自然也要受其影响。国家产业政策及其倾斜方向、有关企业与经济的法律(如《食品卫生法》、《广告法》、《反不正当竞争法》、《企业破产法》、《环境保护法》、《消费者权益保护法》及物价政策法规,等等)都会影响某些产品的推销。推销人员应有较强的预测能力,能够预见产品推销国家与地区政治经济生活的稳定性,并掌握相应的法律法规,在商品推销中主动去适应环境、适应市场需求。

(六) 科学技术环境

科学技术的发展水平及新技术的应用状况,不仅影响到企业开发新产品,而且也直接影响到推销技术的水平与发展。从一定意义上说,没有先进的科学技术,就不可能设计研制出效率高、费用低的新产品,也就难以开展顺畅的推销活动。技术的发展状况与趋势对推销活动的影响,主要表现在以下三方面。

1. *科学技术的发展水平影响和制约着推销品性能及推销难易程度*

一个国家或地区的科学技术水平越高,发展新产品的能力(包括人才、设备、技术、工艺、管理)也就越强,制造出来的产品的性能也就越优良,越能为顾客/用户所接受;同时,相应国家/地区人口素质越高,理解与接受推销人员理智性推销的能力越强。

2. *科学技术的发展状况与趋势影响着推销人员的推销方式与推销技术*

在科学技术发展的不同阶段,有着与其相应的推销技术与推销方式。在科技发展的低水平时期,推销人员的推销更多采用的是强力推销的方式,不管顾客的实际需要与心理,也不愿从顾客的角度去考虑问题,更不愿帮助顾客解决问题。随着科学技术的发展,推销活动更倾向于科学性和理智性,倾向于准确地把握顾客心理特征,致力于解决问题式的推销。因此,科技的发展首先影响推销人员的观念,从而也影响到整个推销活动。

3. *科学技术的发展状况也影响到推销手段的先进性*

最初,推销人员给人们留下的是"两条腿、一张嘴,拿着样品到处跑"的形象,推销活动强度大,工作简单,效率低下。随着科学技术的发展,一些先进的设备与手段被应用到推销活动中,例如,幻灯、电影、电视、便携式计算机、投影仪及在线销售等,对商品的展示直观方便,增强了顾客的参与意识,也大大激发了顾客的购买欲望;运用现代化的通信工具,如电话、传真、电报和网络等能使先前推销人员跑几天时间才能完成的工作量,在短短的几分钟之内就能完成,节省了时间,提高了效率;交通工具突飞猛进的发展,也使得推销人员与客户之间的距离"无形"中缩短了。

(七)自然环境

自然环境是企业赖以生存的基本环境。自然环境的优劣不仅影响到企业的生产经营活动,而且影响一个国家的经济结构和发展水平,连带影响经济环境等其他环境。企业要想避免由自然环境带来的威胁,最大限度地利用环境变化可能带来的推销机会,就应不断地分析和认识自然环境变化的趋势。这些趋势主要有自然资源短缺;环境污染严重,生态问题日益突出;政府对环境、生态问题的干预在加强。

阅读材料

气候变化对企业销售的影响

1998年夏天,武汉持续高温,这给空调厂家和商家带来了意想不到的市场机会和丰厚的利润。格力空调窗机和小功率分体机一度脱销,厂家为保证市场供应甚至租用了飞机空运产品。武汉中商集团两天内销售空调4700多台。海尔空调因货源来不及供应,甚至谢绝了顾客交预订款的要求。相反,1996年是我国梅雨期最长的年份之一,梅雨期四十多天,遭遇冷夏的空调业价格战达到了"死亡之谷"。一台出厂价5800元的空调,大客户批发价不到5200元,零售店的价格也不过5300~5400元,价格倒挂比少的5%,多的超过10%,这是空调业从未有过的事情,不少空调厂家在这场价格战中被淘汰出局。

三、微观推销环境分析

(一) 客户需求环境

客户的类型不同,客户需求环境分析的内容也不同。

1. 个体客户

对个人或家庭客户需求环境主要分析以下几项。

(1) 个人及家庭收入。个人及家庭收入越高,购买能力越强,消费层次也越高,对名牌产品、奢侈品才具有消费能力和条件;低收入者的购买方向主要在生活用品方面。

(2) 家庭类型和结构。家庭是社会的基本细胞,每个人的消费层次、消费结构、消费行为和观念等无不受到家庭的影响。

(3) 文化程度。文化程度主要影响着需求的结构和对商品的款式、造型、色彩、包装装潢等的选择。文化程度高的消费者,认为精神需要和对理想实现的需要比物质需要更为重要,因此,有时节衣缩食也要购买书籍、电脑等学习用品,或参加高层次的学习以充实自己的知识,等等。

(4) 职业和社会地位。顾客职业不同,对商品的需求也会不同。例如,教师对书籍比较偏爱,医生注意健康,等等。每个人的社会地位不同,所属的社会群体也不同,其消费需求会受到群体的影响。例如某一级的领导干部会考虑某种服装款式是否符合自己的身份,他尽管从心理上非常喜欢,但也会考虑其他人的意见或服装可能给他造成的影响。

2. 组织客户

对企业、机关单位等集团用户的需求环境的分析可主要放在以下方面。

(1) 企业的经济实力。集团用户的经济实力代表着购买力。经济实力越强,购买力就越大;反之,购买力就小。

(2) 企业的大小。如同家庭人口多少影响着消费品的购买一样,企业的大小与生产资料的购买数量、购买品种都有关系。大企业难打交道,但如果能够被说服购买的话,那么达成的交易量往往是许多小企业交易量的数倍。例如,宝钢、大庆油田等国家重点企业要维持其正常运转需要大量的生产资料,如能源、交通工具、原材料、零配件、办公用品等,其中一部分交易,都可能是很大的数额。当然,中小企业也不能忽视,积少成多,如果能获得许多中小企业的订单,积累起来就是一个大数,更何况大型企业毕竟是少数。

(3) 企业的类型。企业生产技术结构不同,需要的生产资料商品就不同。企业的类型有技术密集型、资金密集型、劳动密集型、资源密集型等,这些不同类型的企业在生产资料商品的需求方面有着一定的差异。

(4)需求的类型。根据企业或组织需求的不同,需求可分为新任务型(新需求)、修改需求型、重复购买型三种。新任务型是过去没有该种需求,由于企业的外部环境及其他原因而产生的新需求,如购买新的设备、技术、新材料等;修改需求型是过去就有的需求,但是现在需要对需求的某些条件进行修改,如对购买的数量、规格、型号、价格等重新进行确定;重复购买型是某些常规性的需求,如燃料、动力、原材料等每隔一段时间就需要再次购买。对于推销人员来说,新任务型代表着新客户,需要采取开拓推销策略;修改需求型代表着摇摆不定的客户,需要采取争取推销策略;重复购买型代表着固定的老客户,需要采取巩固推销策略。

(二)客户组织环境

1. 组织大小

组织越大,其购买决策牵涉的面越广,参与决策的人员越多,推销和达成交易的难度越大,因为推销人员会遇到许多"把门人",而难以接近真正的决策者;组织小,购买决策往往由少数决策者做出,交易容易达成。

2. 组织结构类型

组织的结构有各种各样的类型,如直线型、职能型、直线职能型、矩阵型等。不同类型的组织,其决策的方式、权限、参与者都有所区别。分析组织结构类型,有助于推销人员掌握主攻方向和提高推销的成功率。

3. 组织决策结构

组织决策结构可分为技术型、财务型、分级型、统揽型几种。技术型决策结构的主要决策权掌握在技术人员手上,他们注重产品的先进性和技术特点,但对成本和价格不太敏感。财务型决策结构的主要决策权掌握在财务主管手上,他们注重产品的购买成本和价格的高低。分级型决策结构的企业是根据购买数量的大小和购买产品的重要程度,划分不同的决策权限:重要产品和购买数额较大的交易,如对生产线、成套设备的购买等,决策权掌握在企业主管手上;小数额的购买或零配件的购买等,决策权掌握在采购部门手上。统揽型的决策结构则是无论何种购买,其决策权均掌握在企业最高主管手上。这种决策模式主要表现在小型企业或个体企业的采购当中。做好企业决策结构的分析研究,根据所推销的产品,找准决策人,可以提高推销工作的效率。

(三)企业产品环境

企业所推销的主要是产品或劳务,所以,必须对本企业产品所处的具体环境进行深入细致地分析。

1. 产品品质特色

消费者或用户需要的是高质量的产品,产品技术是否先进、质量是否优良和稳定,是顾客首先要询问的问题,也是推销人员必须要了解和掌握的重点。

2. 产品价格

顾客在要求品质优良的基础上还要求价格便宜,即"价廉物美"。当然,对本企业产品价格的分析必须要有参照系,不能泛泛地进行比较,要把价格同产品质量、技术先进性、用户需要、同类产品价格结合在一起进行比较。

3. 平行竞争产品

了解本企业产品的同时还必须了解竞争对手的产品,因为消费者或用户是可以有多种选择的。在产品推销过程当中,顾客会自觉或不自觉地将企业推销的产品同其他企业的产品进行比较,并提出问题,推销人员如果不熟悉竞争产品的有关情况,就会落入尴尬的局面,甚至使交易的达成受影响。平行竞争产品是指其他企业生产的与本企业产品在原料、功能和技术上相类似的产品,是本企业的主要威胁。例如,本企业生产的是蜜蜂营养制品,其他企业生产的蜂王精、蜂乳精、蜂王浆等都属于本企业产品的平行竞争产品。推销人员要在了解平行竞争产品的基础上总结本企业产品的特色,来说服顾客购买。

4. 替代竞争产品

有些产品虽然与本企业产品在原料、功能和技术方面有很大的不同,但在满足消费者的某种需要方面则有相同的方面,其为替代竞争产品。例如,蜜蜂营养制品的替代竞争产品就有人参、燕窝、银耳、虫草等多种营养制品。了解替代竞争产品对研究市场需求、掌握消费趋势变化都有着重要的意义。有时某种替代竞争产品开始并不被人重视,所以企业并没有制定相应的营销策略,但是,随着时间的推移,替代产品反而成为主导产品,而原来的主导产品趋于没落,这表现出市场竞争的残酷性。

(四)客户公共关系环境

推销活动建立在与顾客面对面交流的基础上,因此对客户的人际关系环境进行分析是非常必要的。

1. 决策人员

无论是对家庭还是对组织进行推销,尤其是对组织的推销,都必须对决策人进行分析。决策人员的职位、年龄、阅历、经验、性格、爱好都需要了解清楚,以便推销人员根据掌握的情况采取适当的推销策略。

2. 业务部门

在对组织的推销中,必须了解客户业务部门(即客户专门负责采购商品的部门)的有关情况,例如,人员构成、组织结构、工作分工、职责权限等。推销人员主要还是与这些业务部门的人员打交道,就是大宗交易,需要企业最高领导决策时,也必须先经过业务部门这一关。

3. 采购人员

采购人员是推销人员直接面对并与之打交道的对象,因此,采购人员的有关情况,如职务、年龄、性别、文化程度、阅历经验、习惯爱好等,都是推销人员需要事先掌握的。

(五)其他环境

1. 中介机构

中介机构是协助企业推广、销售、分配产品的企业和组织,包括中间商、实体分配单位、营销服务机构和金融机构等。他们的管理水平和服务水平的高低、政策倾向性、自身实力等因素,直接关系到企业产品能否顺利到达消费环节,在一定程度上关乎企业的生死存亡。其中,中间商是指使产品从生产者流向消费者的中间环节或渠道,它主要包括经销商和代理商。中间商是联系生产者和消费者的桥梁,它的工作效率和营销状况直接影响企业产品的销售情况,因此选择合格的中间商是企业销售人员的主要工作任务。

2. 公众

公众是指对企业经营活动有实际或潜在的兴趣和影响的团体。作为微观环境的公众,主要表现在以下几个方面。

(1) 政府公众。政府公众,即负责管理企业的业务和经营活动的有关政府机构,如行业主管部门、工商税务部门等。

(2) 金融公众。金融公众,即那些关心并影响企业取得资金能力的组织和机构,如银行、投资公司、保险公司等。

(3) 媒介公众。媒介公众是指报纸、杂志、电视、广播等有广泛影响的大众媒体。

(4) 地方利益公众。地方利益公众,即企业周围居民、社区组织等。

(5) 群众公众。群众公众是指消费者权益保护组织、环境保护组织、少数民族组织及其他群众组织。

(6) 内部公众。内部公众是指企业内部的管理者和一般员工。

企业的推销活动会影响到周围各种公众的利益,而公众对企业推销目标的实现也会产生一定的影响。因此,企业的推销活动不但需要针对目标市场的顾客,还需要考虑各种公众,并采取适当的措施,与自己的公众保持良好的关系。

第三节 推销环境的分析与评价

一、市场机会和推销风险

市场推销环境的变化对企业可能产生的影响主要有两种:一种是环境的变化为企业形成新的市场机会;另一种是环境的变化对企业造成新的环境威胁。

(一)市场机会

市场机会是指环境中出现的对企业富有吸引力的变化趋势,即有利于商品销售的大好时机。这既包括进一步增加销售量、提高市场占有率、扩大辐射空间的机会,也包括调整推销战略与策略、扭转推销被动局面的机会,还有改变推销方式与渠道、开拓新市场的机会。如果经过分析和评估,确认市场对某种产品有需求,企业也有满足这种需要的能力,就应积极地创造和适时地利用这一市场机会。机不可失,时不再来,若不及时捕捉,就有可能坐失良机,造成损失。例如社会上出现的健身热、时尚热等,都可以创造商品销售的机会;利用影响较大的政治事件、社会事件以及国内外著名人物的逸事来创造推销机会,都可以收到显著的效果。

为了得到市场机会,企业推销人员必须进行市场调研,去寻找、发掘、识别那些对本企业有利的各种因素。

(二) 环境威胁

环境威胁,是指由于环境的变化形成或可能形成的对企业现有推销活动造成冲击和危害的不利因素。如果不采取相应的策略,这种不利的因素可能会威胁到企业的市场地位。推销人员不仅要善于把握机会,还要善于应对风险,运用一定的策略和方法化险为夷,掌握推销的主动权。

二、分析推销环境的方法

如前所述,企业应建立营销信息系统来监测那些影响业务活动的主要环境因素的可能变化,借此辨明显现的或隐藏的机会与威胁。

(一) 机会分析法

推销人员应善于辨识推销机会,即对企业的推销活动有吸引力和企业有竞争优势的地方。对推销机会的捕捉主要运用机会分析矩阵,即根据推销业务的吸引力(如购买额的大小、长期客户的可能性、财务能力等)和成功的概率将可能的机会加以分类,以便确定最佳的推销机会的方法,如图 5-1 所示。

图 5-1 机会分析矩阵

由图 5-1 可见,第 Ⅰ 种情况(吸引力、成功率都高)是企业最佳的推销机会,第 Ⅳ 种情况的机会最差(吸引力、成功率都低),第 Ⅱ 种和第 Ⅲ 种情况介于二者之间。

推销机会的成功概率不仅取决于企业在产品、价格、信誉、服务等方面的竞争力,还取决于企业是否拥有差别化的竞争优势。企业只有拥有特色优势,且推销人员素质高、能力强,才能将此优势转化为订单。

(二) 威胁分析法

除了抓住一切可以利用的机会外,推销人员也应尽力避免推销环境可能给企业造成的威胁,即可能对企业的营销活动造成不利的因素或趋势。对推销威胁的识别主要采用威胁分析矩阵,即根据威胁对企业的危害程度和发生概率对威胁加以分类,以便判断各种不利因素,从而采取有效措施加以避免或使损失减少到最低限度的方法,如图 5-2 所示。

由图 5-2 可以看出,风险业务发生的概率大且危害性严重,企业应高度重视这种业务的动态,提前拟订应变计划,说明威胁来临之前如何采取防范措施,使危害性减到最小;成熟业务发生的可能性小,危害性也小,可以不考虑;理想业务尽管发生的概率大但危害性却很小;困境业务发生的机会小,但一旦发生,危害性就大。对于后两种业务企业可以不制定应变计划,但应密切监测可能的变化,以防事态扩大。

(三)优势分析法

推销人员除了要识别出市场环境中有吸引力的机会外,还要分析本企业及其产品是否具备利用此机会的能力,其差别竞争优势到底有多大。当然影响推销成功的各个因素并非同等重要,推销人员需要依据每一个因素的重要性及优势大小分别制定不同的推销策略,如图 5-3 所示。

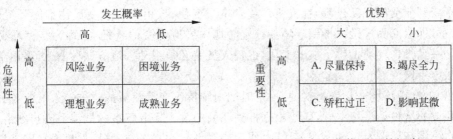

图 5-2 威胁分析矩阵　　　　　图 5-3 优势-重要性矩阵

由图 5-3 可见,A 方格表明这些因素对企业而言优势明显而且很重要,企业必须尽量保持住这种相对优势;B 方格表明这些因素对企业而言无优势可言但又很重要,企业必须竭尽全力加强这方面的竞争力,增加其相对优势;C 方格表明这些因素对企业而言优势明显但顾客并不看重,这说明企业在产品设计开发及包装方面有误,没有抓住顾客需求的关键点;D 方格表明这些因素对企业而言优势小,重要性也很小,这说明这些因素是一些无关大局的次要因素,对商品推销活动影响甚微。

推销人员在对公司及其产品的优势与弱点进行分析时,不要对拥有的优势沾沾自喜,也不必对所有弱点都过于忧虑,因为任何企业及其产品都存在自身的优势和劣势,重要的是需要确定:竞争对手的优势是否必须具备?要发展哪些自身没有的优势领域?例如,美国得克萨斯仪器公司的管理层有两种意见:一部分人要求公司坚持生产工业电子设备,因为公司在此领域有明显的竞争优势;另一部分人则力主公司进入并不具备推销优势的数字手表、个人电脑及其他消费品领域。后来的实践表明后者的经营很不理想。该公司的错误不在于进入了这些领域,而在于它缺乏这些领域所必需的推销优势和顺畅的销售网络。

三、适应推销环境的对策

(一)推销环境的动态稳定性

商品推销活动的影响因素很多,而且相互影响、相互制约。推销人员应通过对推销环境的研究,明白自身所处的推销环境对推销活动的有利与不利之处,并加强对环境系统的识别与预测工作,增强应对环境变化的能力。

推销环境随着社会经济、科学技术和时代变迁而不断地变化,不同的国家可能有截然不同的销售环境,而不同的推销环境又必然会形成不同的推销观念、推销方式与推销手段。因此,人口、经济、社会文化、政治法律、科学技术和竞争等方面的各种内外因素都在不断变化和发展,这种发展变化的特征就是推销环境的动态性。对于推销环境的发展变化,推销人员必须在头脑中树立应变观念,想方设法地去适应,并在一定程度上采取某些手段改变或控制部分环境因素。推销环境的发展变化总是在一定时空上实现的,总有一个从量变到质变的飞跃过程,在推销环境发生质变前,推销人员应把握住推销环境的"惯性"特征,加紧商品推销。推销环境在一定时期内维持不变的特征,被称为推销环境的稳定性。一旦推销环境发生了质的变化,推销人员就必须主动去适应这种变化,采用新的推销方法与手段。

总之,推销环境变化是绝对的,一定时期内维持不变是相对的。推销人员应充分认识推销环境的这种动态稳定性,既要根据推销环境的改变采取新型的推销手段与推销方式,又应在推销环境未发生重大变革以前,使用切实可行的方式与手段,尽量增加推销品的销售量。

(二)怎样适应推销环境

面对推销环境可能给推销活动带来的威胁,可采取以下策略去适应环境的变化。

1. 积极防范策略

推销人员抱着积极适应环境的态度,试图避免或限制不利因素的发展,使损失尽量减少。如可通过沟通、游说等方式促使政府制定某种法规、政策或达成某项协议来改变环境的威胁。

2. 缓和化解策略

通过改变营销策略与推广手段,减轻和化解环境因素所形成的威胁。如推销人员通过积极认真处理顾客抱怨,把顾客的不满转化为提升企业形象的契机,以此形成良好的口碑。

3. 转移撤退策略

企业将产品转移到其他地域市场,或进入其他赢利更多的产品行业,实行多角化经营。如由于美国国内需求的变化,消费者减少了对"肯德基"的需求偏爱,在这种情况下,公司不得不将其业务扩展到亚洲市场。

阅读材料

推销员如何争夺竞争对手的客户

客户是产品销售的对象,客户的多少直接影响着产品的销量。如果不去发展新客户,客户就只会越来越少,因为没有从天上掉馅饼的事。那么,作为企业生力军的推销员该如何为发展新客户而去争夺竞争对手的客户呢?下面就对这个问题作一下了解。

一、工欲善其事,必先利其器

(一) 所推销的产品

推销员要了解自己的产品,相信自己推销的产品的价值。有可能的话,推销员在推销以前,应当亲自试用一下产品,学会怎样欣赏产品,将产品与同类竞争产品加以比较,认识到自己产品的优点,对新产品价值有一个全面的了解。

有一个推销员上门去推销化妆品,必要的礼仪招呼打过之后,他说明了来意。对方看见化妆品包装上有果酸字样,就问他这是什么意思,有什么作用,这个推销员一听马上就懵了,吞吞吐吐谈不出个所以然,结果可想而知。而另一家化妆品公司的推销员,不论顾客问什么、有什么要求,他都对答如流,并尽量满足顾客的需求,销售业绩在同事中遥遥领先。

所以说,推销员一定要熟悉自己的产品,不论客户问什么都要对答如流,不要给客户这么一种印象:自己推销的产品自己都不懂。有的推销员由于对自己产品不了解,推销时没有信心,连赢得客户信任的机会都没有,还谈什么争夺客户?

(二) 所在的公司

推销员要了解自己的公司。如果对公司的制度、人员配给等没有足够的了解,推销员能正常地进行业务活动吗?另外,公司的产品是推销员的招牌,而公司的形象和信誉更是招牌中的招牌,名气大的公司或产品质量好的公司,会增强客户对推销员的信任感,增强推销员的信心,也有利于争夺客户。

吉成公司和二七化工公司服务部同是经营化工产品的公司,但两家公司的推销员在进行产品推广时,却经常受到不同的待遇。从属于前者的推销员只要一张口介绍自己是吉成公司的,对方马上就会给他白眼,而后者的推销员进行业务操作时,对方不管买或不买,态度都很亲切,最起码也给推销员一种舒服的感觉。吉成公司的推销员很纳闷:为什么顾客会这样对自己?经过长期的观察,他们终于了解到:原来自己公司的产品经常缺斤少两或质量不好,甚至有冒牌货出现,给客户造成损失也不道歉,更不用说给客户一个合理的解释了。吉成公司在化工销售市场上可谓"臭名远扬",这给从属于它的推销员进行正常的业务工作带来了极大的困难。而二七化工服务部做法却恰恰相反，不论出现什么情况都认为客户永远是正确的。其对客户该赔就赔，对推销员该罚就罚，严格的销售制度使每个客户都放心使用他们的产品。

有人也许认为吉成公司的推销员很可怜，也很可悲。在同情的同时，不免要问，你对公司没有根本的了解，怎能轻易地去接受工作呢？

二、洞悉竞争对手的弱点

推销员在推销产品之前，除了对自己的产品要有很深刻的认识外，还应充分了解竞争对手的产品及销售情况。他如果对竞争对手的销售状况及弱点有很好的了解，在争夺客户时，就会得心应手，比较容易抓住销售机会；反之，不但争夺不到竞争对手的客户，还会让客户对自己的产品产生怀疑，影响公司的形象。

有一位经理曾经说过：我不相信单纯依靠推销术被动竞争能做好生意，但我相信禁止我的推销员讨论竞争对手的情况是极大的错误。由此可以看出，掌握竞争对手情况的重要性。掌握对手情况主要是掌握对手的售后服务和发展速度怎样、产品的真正价格是多少、对手在销售中的弱点等。三国时周瑜将船只装饰成花船大摇大摆地到曹营晃了一圈，了解到曹兵的布局及人数，回到营地准备一番，主动发起进攻，结果大败曹军。

有心计的推销员会从竞争对手招聘推销员的广告中了解对方推销员流失的程度，然后抓住这个机会拉拢对方的客户。而有的推销员为了摸清对方的销售情况，在对方招聘推销员或其他工作人员时，作为应聘者到对方公司应聘，以便从中得到有利于自己的销售信息。当然后者是一种不道德的竞争方法，但是也可以从中知道，了解对手情况已成为争夺对手客户的有效方法。

三、打铁还须自身硬

英国某化工公司生产的清漆是市场上最好的产品。位于中部地区的某个小城镇有一家公司经常用该公司推销员史密斯送的货，可以说是史密斯的固定老客户。随着业务的扩展，史密斯有些看不起这个小城镇的客户了，因为每次这家公司要的货都不多。他逐渐改变了送货方式，除非这家公司的高层领导请吃消夜或塞礼品，要不就不送货。久而久之，这家公司的一位购货首席代表感觉到史密斯的这种做法太不像话，太过分，简直是目中无人，但由于长期使用他的产品，对其他公司的产品了解不深，又不敢贸然进货。正好，另一家化工公司的推销员彼得来推销公司生产的清漆，他们试用了一下，质量可以，就决定使用彼得的产品。彼得有了史密斯的前车之鉴，不论客户要货数量多少，都准时送到，满足客户的要求。

不妨想一下，如果史密斯公平公正地对待客户，客户就不会流失。因而，推销员一定要提高自身的素质，做一个有公平心、公正心的营销人。

四、超越竞争对手

售后服务，顾名思义，就是产品售出后的服务。产品销到客户手中，并不等于就万事大吉了,推销员要想争夺到竞争对手的客户,售后服务的质量是关键。如果售后服务做得不好,客户迟早会离你而去。

某家电公司推销员小郝,主要销售电视机、洗衣机等大件家电产品。每次客户要货,小郝都会亲自送货上门,按客户的要求放到客户认为最合适的位置,如有客户告知需要维修,小郝就会及时赶到,快速高效地修好。而另一家电公司的推销员小陈,同样也提供送货上门服务,但每一次都是把货送到门口甚至楼下就不管了,客户要求上门维修,他却迟迟不愿照面,经过三催四请终于来了,却修理不到位,修好的电视没多长时间就又开始出现毛病了。凑巧小郝的客户和小陈的客户住得不远,有一次没事聊天的时候,话题就扯到家电上面。小陈的客户一听小郝客户的介绍,感叹万分。经过介绍,小陈的客户见到了小郝,并亲身体验了一下他的售后服务。从那儿以后,小郝的客户每次遇到亲戚朋友需购买电器时,都会把他们介绍给小郝,他的儿子结婚添置的家电产品也几乎都是从小郝的公司买的。

某油漆厂用了某化工公司推销员小张送的甲苯,结果出现了质量问题,生产出的油漆刚刷到门上就凝固了。负责人老付打电话告诉小张,让他过去看一下。小张看了之后发现就是自己的甲苯有问题,但又不想赔偿巨额损失,推脱说回去和经理商量一下解决办法,结果一去不回。无奈之下,老付将电话打到了另一家化工公司,推销员小任接了电话,他对甲苯进行仔细化验后,发现里边的甲醇含量过高,就通过自己的公司将剩余几桶甲苯换了一下,之后,老付用的甲苯都是小任供给的。

五、套牢经销商

(一)与经销商搞好关系

推销员与经销商之间有一种互动利益关系。如果我是一家化妆品公司的推销员,在我去向可能经销商推销产品之前,这个可能经销商已与其他公司的推销员确定了销售关系,也有了一定的客户,当然,我还不知道这个经销商是何许人。见面后,这个可能经销商是我的亲戚或好朋友,那么这个"可能经销商"前边的两个字就可以去掉了。那个推销员肯定没有我和这个经销商的关系好,经销商在顾及利益的情况下会将那个公司的产品留下来,但是这种产品肯定被摆放在不起眼的位置,要么就是和我的产品柜台影响相差甚远。遇到顾客询问化妆品或购买那个推销员的产品时,经销商会亲自或让手下的人将我的产品多介绍一下,以促成交易成功。由此可以了解,推销员与经销商搞好销售关系也是争夺客户的一大关键。

(二)说服高层领导直接面对经销商

中国是个礼仪之邦,礼仪意识根深蒂固。推销员要想争夺到竞争对手的客户,很重要的一个方法就是说服高层领导直接面对经销商。经销商会认为这个推销员、这个领导乃至这个公司都对自己很尊重、很重视。领导的直接造访,会让经销商产生一种心理慰藉。松下集团分市场由于推销员操作不当引发了危机,这个推销员再三对受损害的经销商赔礼道歉,仍旧得不到经销商的谅解。眼看经销商就要失去时,销售经理抱病亲自向经销商道歉，并对经销商的损失进行了补偿。其诚意感动了经销商，经销商与公司、与推销员更加接近，感情也变得更加深厚，这就避免了经销商流失的风险。

小刘是一家化妆品公司的推销员，她的竞争对手小罗对小刘的经销商有一定的了解，也曾向小刘的经销商推销过自己公司的产品，但效果不是太好。有同事提议："何不让你的经理去试试？"小罗想想也是，就把这个想法告诉了王经理。王经理对这种做法也很赞成，于是就亲自到这个可能经销商那里以促进这笔业务。王经理的突然造访让他受宠若惊，看人家公司多么尊重我，他提出考虑一下，王经理欣然答允。两天后，这个可能经销商打电话让小罗送货，竞争成功。

作为推销员，你不妨试试也让你的领导直接去面对经销商。要知道，领导的地位比你高，有时你做不到的事情，如果有领导出面，情况就会有所改观，因为领导和推销员比较，经销商更乐意接受领导。其实不论哪个客户都是这样。

(三) 利用外界因素，先下手为强

小李是甲食品公司的经销商。这天，他到这个食品公司要求做产品广告，以提高该产品的销售效率，这个公司的秘书冯小姐一见小李进来，忙放下笔将手中的资料放进抽屉，进了经理办公室。小李等了约五分钟不见冯小姐出来，就站起来四处走走，蓦然发现冯小姐没合严的抽屉里放着一份产品促销策划书。冯小姐终于出来了，她告知小李公司暂时没有做广告的打算。正好小李也是乙食品公司的经销商，他与乙公司的推销员小王的关系不错。第二天，他去拜访了小王，寒暄过后，小李问小王："甲公司最近有没有什么动静？"小王摇了摇头。"没动静就表示有大动作。昨天我到甲公司去办事，无意中发现他们正在做产品促销策划……"小王忙将此事告诉了经理，经理马上召开紧急会议，连夜赶了份促销策划书，其促销活动比甲公司提前一步进行。当天有许多原属甲公司的客户参与并与乙公司签订了购货订单。

外界因素就像一双无形的手，影响之大不可想象，所以一旦抓住机会就要比对手先下手，占领有效时机，把握商机。

(四) 暗地笼络经销商的业务骨干

举一个简单的例子：众所周知，每一个饭店或酒店都有各种酒摆放在橱窗内以供顾客选用。小张是甲酒的推销员，小李是乙酒的推销员，孙小姐是服务员。小张和孙小姐的关系比跟小李近，有顾客想喝乙酒，孙小姐会怎么做呢？她肯定会说："我们这里新到的甲酒，大家反映酒香浓厚、口感比较好，您可以品尝一下。"然后顺理成章地取出甲酒。在药房这种情况也普遍存在。

在市场经济中销售关系是多方面的，接触不同的人就要跟不同的人搞好关系，利用他们的影响去获取客户，推销员也是这样，在此不一一列举。

六、利用对方内在的调整，渗透挤进

世间万物都在不断地进行变化，企业也是一样。几乎每家企业每年都要进行机构或人事调整。推销员要想争夺竞争对手的客户,此时是一个大好时机,因为企业调整期或制度不完善或人员不到位,会出现漏洞,容易渗透挤进、占领客户。

上海某食品公司最近发布了一份由于机构调整人员要变动的公告,弄得公司上至领导下至员工都有些人心惶惶。推销员无暇顾及业务和客户,领导在进行日常工作的同时也有点心不在焉。另一家食品公司的推销员小耿瞅准了这个时机,对自己的业务计划做了重新安排,在对手无暇防备时,一一进行了实施,结果对手的客户减少了许多。

以上所说的都是争夺竞争对手的客户的方法,然而,推销员在提高推销效率、争夺竞争对手的客户的同时,还应做好防止对手争夺自己的客户导致客户流失的准备,这是一个很艰巨的任务。至于采取什么样的方法,要根据客户及自身的实际情况而定。

本 章 小 结

推销信息属于商业信息的范畴,是反映一定时间、范围等条件下与推销活动有关的商品供给、需求及消费方面的各种信息、情报、数据、资料和知识的总称,它附着在纸质、声、光、电、口碑等介质上,通过传播而被人们理解和接受。其主要特征有可识别性、可转换性、可处理性、可传递性、共享性、时效性、依附性。

推销信息的作用主要有:推销信息是制定和实施推销决策的基础与前提,推销信息有利于发掘与鉴别推销机会,推销信息有利于提高成交率,推销信息有助于提升企业竞争力,推销信息有利于提高推销效益。

收集推销信息的基本要求是真实性、系统性和计划性,推销信息主要靠文案调查与实地调查进行收集。通过文案调查得到的第二手资料,是以前为其他研究目的而储存保管起来的各种文献资料,要审核后才能使用,切忌不管具体条件胡乱地套用。对于推销中所面临的新问题,则须采取实地调查的方式以收集第一手资料、了解最新的市场动态及客户情况。收集第一手资料的方法主要有询问法、观察法和实验法。对于收集到的第一手资料和第二手资料,推销人员还必须懂得使用信息的技术和方法,善于利用信息,以实现推销信息资源向推销绩效的转变。

推销环境是指企业和推销人员难以控制并且会影响推销业绩的各种因素,包括宏观环境和微观环境。环境因素的变化可能会给企业带来市场机会,也可能带来威胁。

宏观环境要素主要有人口环境、经济环境、社会文化环境、竞争环境、政治法律环境、科学技术环境和自然环境;微观环境要素主要有客户需求环境、客户组织环境、企业产品环境、客户公共关系环境和其他环境。

推销环境的分析和评价主要使用机会分析矩阵、威胁分析矩阵和优势分析法。企业及推销人员应主动地分析并适应环境的变化。

思 考 题

1. 简述推销信息及其特征。
2. 通常可采取哪些方法来收集第一手资料？
3. 利用推销信息的主要方法有哪些？
4. 推销环境的含义是什么？企业应如何对待推销环境？
5. 影响推销活动的主要环境因素是哪些？
6. 有人说第一手资料比第二手资料更准确，这种说法对吗？

案 例 分 析

案例 5-1

日本丰田汽车公司二十多年前开拓美国市场时，首次推向美国市场的车牌"丰田宝贝"仅售出 228 辆，出师不利。这增加了丰田汽车以后进入美国市场的难度。丰田汽车公司面临的环境变化及其动向如下。

(1) 美国几家汽车公司声名显赫，实力雄厚，在技术、资金方面有着别人无法比拟的优势。

(2) 美国汽车公司的经营思想是：汽车应该是豪华的，因而其汽车体积大，耗油多。

(3) 其竞争对手除了美国几家大型汽车公司外，较大的还有已经先期进入美国市场的日本本田汽车公司，该公司已在东海岸和中部地区站稳了脚跟。该公司成功的原因有：以小型汽车为主，汽车性能好、定价低；有一个良好的服务系统，维修服务很方便，成功地打消了美国消费者对外国汽车"买得起，用不起，坏了找不到零配件"的顾虑。

(4) 丰田汽车公司忽视了美国人的一些喜好，许多地方还是按照日本人的习惯设计的。

(5) 日美之间不断增加的贸易摩擦，使美国消费者对日本的产品有一种本能的不信任和敌意。

(6) 美国人的消费观念正在转变，他们将汽车作为地位、身份象征的传统观念逐渐减弱，开始转向实用化。他们喜欢腿部空间大、容易行驶且平稳的美国车，但又希望大幅度减少用于汽车的耗费，如价格低、耗油少、耐用、维修方便等。

(7) 消费者已意识到交通拥挤的状况日益恶化和环境污染问题，乘公共汽车的人和骑自行车的人逐渐增多。

(8) 在美国，核心家庭大量出现，家庭规模正在缩小。

案例讨论

丰田公司是从几个方面分析美国的汽车销售环境的？

案例 5-2

一样买卖，两种结果

某一地区，有两个报童在卖同一种报纸，两个人是竞争对手。

第一个报童很勤奋，每天沿街叫卖，嗓子也很响亮，可每天卖出的报纸并不很多，而且还有减少的趋势。

第二个报童肯用脑子，除了沿街叫卖，还每天坚持去一些固定场合，一去就给大家分发报纸，过一会儿再来收钱。他地方越跑越熟，报纸卖出去的也就越来越多，当然也有些损耗。而第一个报童能卖出去的也就越来越少了，不得不另谋生路了。

案例讨论

第二个报童有何聪明之处？

推销沟通

斯坦福大学的建立

一天,一对穿着朴素的夫妇去拜访哈佛大学校长。

这位女士说:"我们有个儿子在哈佛上了一年学。他爱哈佛,但是在一年前,他出意外死了。我和丈夫希望给他在校园里立一个纪念物。"

"夫人,"校长打断她的话,"我们不能对每位读过哈佛而后死亡的人竖一个雕像,如果我们这样做了,这个地方早就变成坟墓了。"

女士很快解释说,"我们是希望为哈佛捐赠一栋建筑"。

校长大叫:"一栋建筑!你知道一栋建筑要多少钱吗?我们用了超过750万美元来建筑哈佛的硬件设施。"

夫人转向她的丈夫说:"我们为什么不自己建一所学校呢?"

夫妇俩到了加利福尼亚,建立了一所以他们的姓氏命名的大学——斯坦福大学。这两位老人就是李兰德·斯坦福夫妇。

思考题

这个故事的启示是什么?

沟通是人的基本技能,也是一种艺术,推销人员与顾客之间、推销人员与管理部门之间、推销团队之间等无处不存在着沟通。整个推销过程就是不断与顾客沟通的过程,推销人员的沟通素质与能力直接决定推销工作的成败,只有懂得沟通、善于沟通的人才能够成为合格的推销人才。因此要想成为优秀的推销人才,必须了解沟通的概念、原则,掌握沟通的技巧。

第一节 沟通概述

一、沟通的含义

沟通是人与人之间、人与群体之间思想与感情的传递和反馈,以求思想达成和感情的通畅的过程。沟通是一种信息的双向甚至多向的交流,是将信息传递给对方,并期望得到对方做出相应反应的过程。在现实生活和实际工作中,沟通无处不在,无时不在。娴熟的沟通技巧是所有营销服务人员都应当具备的。

沟通是为了一个设定的目标,把信息、思想和情感在个人或群体间传递,并且达成协议的过程。它有三大要素:明确的目标,达成共识的协议,沟通信息、思想和情感。

(一)明确的目标

只有大家有了明确的目标才叫沟通。如果大家聊了但没有目标,那不是沟通,是什么呢?是闲聊天。而我们以前常常没有区分闲聊天和沟通,经常有同事或经理过来说:"某某,咱们出去随便沟通沟通。""随便沟通沟通",本身就是一对矛盾。沟通就要有一个明确的目标,这是沟通最重要的前提。

(二)达成共识的协议

沟通结束以后一定要形成一个双方或者多方共同承认的协议,只有形成了这个协议才叫做完成了一次沟通。如果没有达成协议,那么这次不能称为沟通。沟通结束的标志就是达成了一个协议。在实际的工作过程中,常见到大家一起沟通过了就各自去工作了,但是最后没有形成一个明确的协议。对沟通的内容理解不同,又没有达成协议,最终造成了工作效率的低下,双方又增添了很多矛盾。在明确了沟通的第二个要素的时候,应该知道,在和别人沟通结束的时候,一定要用这样的话来总结:非常感谢你,通过刚才的交流现在达成了这样的协议,你看是这样的一个协议吗?这是沟通技巧的一个非常重要的体现,沟通结束的时候一定要做总结,这是一个非常良好的沟通行为。

(三)沟通的内容——信息、思想和情感

沟通的内容不仅仅是信息还包括着更加重要的思想和情感。那么信息、思想和情感哪一个更容易沟通呢?是信息,例如今天几点钟起床,现在是几点了,几点钟开会,往前走多少米。这样的信息是非常容易沟通的。而思想和情感是不太容易沟通的。在工作的过程中,很多障碍使思想和情感无法得到一个很好的沟通。事实上在沟通过程中,传递最多的是彼此之间的思想,而信息并不是沟通的主要内容。

因此,沟通是信息传递与接受的行为,发送者凭借一定的渠道,将信息传递给接收者,并寻求反馈以达到相互理解的过程。沟通与一般对话既有相同之处,又有本质区别。它们的相同点是都是双向的,都表达个人的某种意愿,并且能使对方接受;区别在于沟通往往具有明显的目标,目的是要通过与对方交流使对方理解、接受并与自己取得共识。

同样是沟通,应用于不同的方面也具有各自的特征。例如,人际交往中的沟通侧重情感的交流;商业谈判中的沟通则侧重了解对方的商业动机;服务中的沟通更侧重了解顾客的意见和建议;推销中的沟通则主要在于挖掘客户需求,满足客户的需求,达成最终的交易。

阅读材料

管理沟通是非常必要的

美国普林斯顿大学对一万份人事档案进行了分析,结果是:智慧、专业技术、经验只占成功因素的25%,其余75%取决于良好的人际沟通能力。

哈佛大学的调查结果显示:在500名被解职的男女中,由人际沟通不良导致工作不称职者占82%。

福特公司的董事长亨利·福特曾说:"作为福特公司的董事长,我告诫自己,必须与各界确立和谐关系,不可在沟通上无能为力。"

资料来源:陈企盛.金牌直销员的9堂训练课.北京:中国纺织出版社,2006

二、沟通的过程

沟通过程就是发送者通过一定的渠道将信息传递给接收者的过程。沟通过程离不开沟通主体(发送者)、沟通客体(接收者)、信息(包含中性信息、理性的思想与感性的情感)、信息沟通渠道等基本沟通要素。一个完整的沟通过程包含主体/发送者、编码、渠道(媒介)、解码、客体/接受者、反馈、噪声与背景。任何简单或复杂的沟通都遵循这个沟通过程的八要素模型,如图6-1所示。

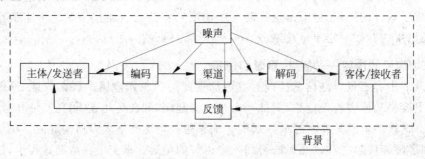

图6-1 沟通的过程(八要素模型)

在沟通过程的八要素模型下,发送者把意图编码成信息,通过媒介物——渠道传送至接收者;接收者对接收到的信息加以解码,并对发送者做出相应的反应,即反馈;在沟通过程中不可避免地会存在各种噪声干扰,导致沟通效果缺憾,同时由于每次沟通都处于一定的环境背景当中,不同的时空背景下,沟通效果也会大相径庭。

根据沟通的要素分析,人们要实现有效的沟通,应该从沟通的八要素入手,系统全面地考虑沟通的策略。

沟通各要素对沟通过程的影响如下。

（一）发送者、接收者

沟通的主体是人，任何形式的信息交流都需要有两个或以上的人参加。由于人与人之间的信息交流是一种双向的互动过程，所以，发送者与接收者只是相对而言，这两种身份可能发生转换。在信息交流过程中，发送者的功能是产生、提供用于交流的信息，是沟通的初始者，处于主动地位；而接收者则被告知事实、观点或被迫改变自己的立场、行为等，处于被动地位。发送者和接收者这种位置对应的特点对于信息交流有着重要影响。

（二）编码与解码

编码就是发送者将信息转化成可传输的符号的过程。这些符号或信号可以是文字、数字、图画、声音或身体语言。评价发送者的编码能力有三个标准：一是认知，即"对不对"的问题；二是逻辑，即"通不通"的问题；三是修辞，即"美不美"的问题。

解码就是接收者将获得的信号翻译成某种含义。如果解码错误，信息将会被误解。沟通的目的就是接收者对发送者所发出的信息做出真实的反应及采取正确的行动，如果达不到这个目的，就说明沟通不灵，产生了沟通障碍。

编码和解码这两个过程是沟通成败的关键。最理想的沟通，应该是经过编码和解码这两个过程，接收者形成的信息与发送者的意图完全吻合，也就是说，编码和解码完全"对称"。"对称"的前提条件是双方拥有类似的知识、经验、态度、情绪和感情等。双方如果对信息符号和内容缺乏共同经验，则容易缺乏共同的语言，无法达到共鸣。这就会使编码和解码过程中不可避免地出现误差和障碍。

（三）信息

本书阐述的信息是广义范畴的信息，它包含了中性的信息、理性的思想与感性的情感，广义的信息应该从如下两方面进行理解。

1. 信息内容的沟通价值

信息发送者首先应该对信息内容的必要性有明确的认识和把握，例如信息的内容是否对接收者重要，信息是事实还是观点，对信息接收者而言信息是积极的还是消极的，信息量有多大，等等。如果对接收者而言，沟通的信息缺乏必要的有意义的内容、信息量太小，沟通则会小题大做、浪费时间和物资；而如果沟通当中所传递的信息量过大，对方则会无法及时全部接受，无法分清信息主次，无法充分理解等。

2. 信息符号系统

由于不同的人往往有着不同的"符号—信息"系统，因而接收者的理解可能与发送者的意图存在偏差。在一种认知体系中，符号（symbol）是指代一定意义的意象，可以是图形图像、文字组合，也不妨是声音信号、建筑造型，甚至可以是一种思想文化、一个时事人物。所有的沟通信息都是由两种符号——语言符号（verbal symbol）和非语言符号（nonverbal symbol）组成的。

人类所面对的客观事物几乎是无限的,可人类只能用有限的词汇和抽象的概念工具来描述无限的事物。根据语言哲学理论,一个特定的句子去掉上下文后可以任意解释,每个人都是根据自己的阅历来对语言进行联想、赋以意义,所以对每个词的定义没有两个人是完全相同的,这便使这个世界上到处充满了误解。

(四)渠道

渠道是信息从发送者处到达接收者处所借助的媒介物。语言符号可以有口头和书面两种形式,每一种又可以通过多种多样的载体进行传递。口头语言可以通过面谈、演说、会议、电话、录音带、可视对话等多种渠道传递,而书面语言的载体又可以是信件、内部刊物、布告、文件、投影、电子邮件等。非语言符号通过人的眼神、表情、动作和空间距离等来帮助人与人之间实现信息交流。例如,在申请一份工作时,要学会利用丰富的非语言符号,如有力的握手、职业装、敬重的语气等传递信息。

信息发送者要根据信息的性质选择合适的传递渠道。传达政府报告、评估员工绩效等正式、严肃和权威的事情,宜用书面形式。在各种渠道中影响最大的仍是面对面的原始沟通方式,因为它可以最直接地发出及感受到彼此对信息的态度和情感。

(五)背景

背景是影响沟通的总体环境,可以是物质的环境,也可以是非物质环境。沟通的背景通常包括如下几个方面。

1. 心理背景

心理背景是指内心的情绪和态度。它包括两方面的内容:一是沟通者的心情和情绪。沟通者处于兴奋、激动状态时与处于悲伤、焦虑状态时的沟通意愿和行为是截然不同的,处于后一种状态时思维往往处于抑制和混乱的状态,沟通意愿不强烈,从而使编码和解码的过程也受到干扰。二是沟通双方的关系。如果沟通双方彼此敌视或关系冷漠,其沟通常常就由于存在偏见而出现误差,双方都较难理解对方的意思。

2. 社会背景

社会背景是指沟通双方的社会角色及其相互关系。不同的社会角色,对应不同的沟通期望和沟通模式。人们之间为了进行良好的沟通,在沟通时必须选择适合自己与对方的沟通方法与模式。

3. 文化背景

文化背景是人们生活在一定的社会文化传统中所形成的价值取向、思维模式、心理结构的总和。文化背景影响着沟通的每一个环节。东西方文化背景不同,也会给他们之间的沟通造成或大或小的干扰和难度。

4. 空间背景

空间背景是指沟通发生的场所。特定的空间背景往往营造特定的沟通气氛,在嘈杂的市场听到的一则小道消息与接到的一个特地告知你的电话,给你的感受也是截然不同的,前者显示出的是随意性,后者体现的是神秘性。环境中的声音、光线、布局等物理氛围会影响沟通效果,而且环境的选择与权力有一定关系,沟通双方对环境的熟悉程度也会影响沟通效果。

5. 时间背景

时间背景是指沟通发生的时间。在不同的时间背景下,同样的沟通会产生截然不同的沟通效果。试想,一种情景是在某位公司职员刚与妻子吵架之后与其沟通工作绩效问题;另一种情景是在员工获得公司嘉奖之后与其沟通绩效问题,你觉得哪种情况下沟通效果会比较好呢?当然是第二种。因此,选择合适的时间进行沟通是非常重要的。

(六)噪声

噪声是沟通过程中对信息传递和理解产生干扰的一切,存在于沟通过程的各个环节。根据噪声的来源,噪声可以分为内部噪声、外部噪声、语义噪声。

内部噪声,比如注意力分散、存在某些信念和偏见等,来自沟通主体,态度、技能、知识和社会文化系统都会造成内部噪声。

外部噪声是指来源于环境的各种阻碍接受和理解信息的因素。常见的外部噪声是声音的骚扰,例如,和亲密的朋友推心置腹地交流时,周围突然有人大声喊叫。不过外部噪声不单指声音,还可能是光线、冷热等。教室的光线不好,会使学生不能看清黑板上的授课内容;在上课的时候,教室过分闷热使同学们难以集中精力学习。还有一种是信息经过沟通渠道时出现信息的损失和破坏,如用电话沟通时电话线路不好;又如用电子邮件进行沟通时,电子邮件设置出现问题,对方无法按时收到自己的电子邮件。

语义噪声,指的是由沟通的信息符号系统差异所引发的沟通噪声。人们个体的差异往往会导致人们内在的信息符号代码系统不能完全一致,因此也就在客观上留有产生系统差异噪声的可能性。

(七)反馈

反馈是指接收者把收到并理解了的信息发送给发送者,以便发送者对接收者是否正确理解了信息进行核实。只有通过反馈,双方才能真正把握沟通的有效性,知道思想和情感是否按照他们计划的方式分享,有助于提高沟通的准确性、减少出现误差的概率。为了检验信息沟通的效果,反馈是必不可少和至关重要的。

与信息的传递一样,反馈的发生有时是无意的。如不自觉地流露出表情等方式,会给发送者许多启示。面对面交谈的参与者可以获得最大的反馈机会,而且交流中包含的人越少,反馈的机会越大。获得反馈的方式可以是提问、观察面部表情以及肢体动作等。

三、沟通的方式

在日常沟通过程中,用得最多的是语言。实际上在工作和生活中除了用口头语言沟通，有时候还会用书面语言和肢体语言如眼神、面部表情和手势去沟通。因此，要产生最好的沟通效果，必须通过自己的手势、语调和词汇，使用最为广泛的表达方式，以便引起对方的共鸣。

归纳起来，沟通方式有两种：语言沟通和非语言沟通。最有效的沟通是语言沟通和非语言沟通的结合。语言沟通包括书面沟通和口头沟通，非语言沟通包括声音语气（比如音乐）、停顿与肢体动作（比如手势、舞蹈、武术、体育运动等）。

（一）语言沟通

语言本身就是力量，语言技巧是最强有力的工具。就像"花言巧语"可以帮助一个人获得他人的感情一样，语言可能使人逃离灾祸，也可能使人陷入泥潭，还可能使人受到极大的鼓舞或者极大的侮辱。

阅读材料

林肯的幽默

一天晚上12点，有一个想投机取巧的政客给林肯打电话说："总统先生，我听说咱们的税务局局长刚刚去世，我可不可以顶替他的位置？"

林肯说："如果殡仪馆同意的话，我没有意见！"

语言是人类特有的一种非常好的、有效的沟通方式。语言沟通包括口头语言、书面语言、图片或者图形。口头语言包括面对面地谈话、会议等。书面语言包括信函、广告和传真，以及现在用的很多的电子邮件等。图片包括一些幻灯片和电影等。

语言可以帮助人获得他人的理解，并使人与他人的沟通变成了可能。你对语言的驾驭使他人对你产生印象——你所处的状态和接受的教育。

阅读材料

中西方语言与思维方式

西方人和中国人在思维方式上有很大的不同，这可能与相互的语言系统有较大的关系。汉语是二维空间，比英语大一个量级，具有抽象的逻辑性。西方的拼音文字，比如英语，是一维线型的。如果西方人对你说"明天我请你吃饭"，你基本就可以等他明天请你了。一个中国人如果说了同样的话，可能仅仅是客气，因为我们是二维空间的动物，在X轴上说"我请你吃饭"，同时在Y轴上说"No"。

（二）非语言沟通

美国加州大学洛杉矶分校（UCLA）研究者发现，沟通效力公式＝视觉沟通（55%）＋

声音沟通(38%)+语言沟通(7%)。可见表达能力绝不只是你的"口才",非语言表达能力和语言表达能力同样重要,有时作用甚至更加明显。正如德鲁克所说,人无法只靠一句话来沟通,总是得靠整个人来沟通。通过非语言沟通,人们可以更直观、更形象地判断一个人的为人、做事的能力,看出他的自信和热情,从而获得十分重要的"第一印象"。人们常说,耳朵听不见为失聪,眼睛看不见为失明。聪明就是耳聪目明,聪明的人能看出别人没有看到的方面,能听出对方的言外之意。人们控制要说的话比较容易,而控制身体语言却不容易,身体语言会将人的思想暴露无遗。

非语言沟通的内涵非常丰富,主要包括动作、表情、眼神、人际距离等。非语言更善于传递的是人与人之间的思想和情感。例如柔和的手势表示友好、商量;强硬的手势则意味着"我是对的,你必须听我的";微笑表示友善礼貌;皱眉表示怀疑和不满意;盯着看意味着不礼貌,但也可能表示兴趣、寻求支持;双臂环抱表示防御。实际上,声音中也包含着丰富的内涵。在说每一句话的时候,采用什么样的音调、语言和语速,是否抑扬顿挫,等等,都代表不同的意图。所以,这些都属于非语言的组成部分。

现实生活中存在大量非语言沟通,如一个眼神、一个细小的动作、一个简单的身体姿态、一件衣服、一个特别的位置、一件物体等,都代表了特定的沟通含义。非语言沟通中最为人知的领域是身体语言和语调,包括人的仪表、举止、语气、声调和表情等。例如,看到学生的眼神无精打采或者是有人在翻阅校报时,大学老师无须言语就可以知道,学生已经厌倦了;同样,纸张沙沙作响、笔记本开始合上,信息也十分明确,下课时间到了;一个人所用的办公室和办公桌的大小、一个人的穿着打扮都向别人传递着某种特定信息。

第二节 推销沟通概述

一、推销沟通的含义

从推销的角度上讲,推销沟通是推销人员与购买者之间传递和领会口头、形体信息的行为。因此,推销沟通强调的是一个买卖双方信息互动及反应的过程。推销活动中,顾客对企业及产品的态度与信念主要取决于媒体的宣传,而面对面的推销洽谈则取决于语言沟通与非语言沟通。

推销沟通包含三要素。

(一)明确的目标

沟通要有明确的目标,这是沟通最重要的前提。面对竞争日益加剧的商业环境,人们越来越强调工作的高效率,推销人员做事干练高效可以给客户留下良好的印象,所以推销人员要珍惜与客户的每次沟通交流的机会,每次与客户的沟通时都要有清晰明确的目标任务,针对目标进行沟通,例如了解客户的性格特点、增进与客户之间的感情、签合约等,争取在最短的时间内促成推销。没有目标的沟通只能称为闲聊,闲聊只能是浪费推销人员和客户的时间。所以,推销人员在和客户沟通的时候,见面的第一句话可以说:"这次我找你的目的是……"沟通时第一句话要说出要达到的目的,这是非常重要的,也是沟通技巧在行为上的一个表现。

(二)达成协议

沟通结束后,或许沟通前所预期的目标并没有达成,但是通过此次沟通,一定要形成一个双方或者多方都达成共识的协议。推销人员与客户沟通交流之后,一定要与客户确认此次沟通双方在哪些方面达成了一致。在实际的沟通过程中,时常会出现这样的情况,即与客户沟通过后,对于此次沟通取得的成效、客户的真实想法,推销人员并不能完全领会确认,由于双方对沟通的内容理解不同,又没有达成协议,最终造成了工作效率的低下,又增添了很多矛盾。所以在客户沟通结束的时候,推销人员一定要来做一个总结,这样才是非常良好的沟通行为。

(三)信息、思想和情感

沟通的内容不仅包括信息,还包括更加重要的思想和情感。推销人员在推销产品之前首先要让客户认可推销人员,接受推销人员,乃至与之成为朋友。这需要推销人员与客户之间进行更多的思想和情感的沟通,在思想上产生共鸣,在行为上成为知己。信息是比较容易沟通的,只要掌握一定的沟通技巧,一般的信息可以通过沟通达到沟通双方理解和知会的效果,但思想和情感的沟通就显得复杂得多。在工作的过程中,很多障碍使思想和情感无法得到很好的沟通,并招致失败。

二、推销沟通的方式

在顾客对推销人员建立了良好的第一印象之后,推销人员接着要做的就是与顾客进行有效的沟通。由于顾客注意的是推销人员而不是其所推销的产品,因而推销人员要用语言沟通和非语言沟通技巧促使顾客关注自身的需求和购买,有兴趣继续进行洽谈。为此,推销人员必须懂得沟通的基本原理,掌握必要的沟通技巧。如果不及时地用人际沟通的各种技能将良好的第一印象与推销品进行有效的链接,则好印象也会渐渐地衰退,具有高度吸引力的外表同样不能达到推销活动所期望的效果。

(一)语言沟通

在沟通过程中,相对于思想的传递和情感的传递而言语言,沟通更擅长信息的沟通。在推销过程中,语言沟通传递的主要是客观信息,例如推销人员个人基本信息,产品的特点、功能,企业的基本信息等。推销人员可以尝试采取多种方式,例如信函、传真、短信、幻灯片、VCR、电子邮件等与顾客进行沟通交流,力求将上述信息最真实完整地介绍给顾客。

(二)非语言沟通

非语言沟通是指有意识和无意识的反应、动作和表情等,是除了语言之外的人们表达思想的手段。其中包括眼睛和面部表情,手、胳膊、头和腿的放置和运动,躯体倾向,人与人之间保持的距离,声音的变化等。人员推销过程中,顾客首先感受到的是推销人员的外表形体,如外表、服饰及装饰等,这是构成推销人员整体形象吸引力的重要方面;其次感受到的是顾客形体揭示出来的信息。研究显示,两个人进行交流时,非语言信息比语言信息有着更大的影响,大多数社会文化是通过非语言形式来表达的。

1. 人际距离

人际距离是指一个人在没有得到允许的情况下不得私自进入的区域。人际距离对推销人员是相当重要的,因为在没有得到顾客同意的情形下擅自闯入其隐私区域,会引起顾客的不快、造成沟通的障碍,甚至导致顾客形成抵触机制,无论推销人员怎么陈述,都会自然排斥。

推销人员与顾客之间的距离必须要适当,离得太近会侵犯、惹怒顾客,离得过远会被顾客认为太冷漠和僵硬。通常认为存在四种人际距离区域。

(1) 亲密距离。亲密区域指为最亲密的朋友和爱人预留的区域。这个区域在60厘米范围内,或一只手臂的距离,是最为敏感的区域。试图进入某些顾客的亲密区域可能不会被社会认同,或被认为具有攻击性。

(2) 私人区域。私人区域指一个陌生人或商业伙伴可以进入的最近区域,大约是0.6~1.2米。即使进入这样的区域,有些顾客可能也会感觉不自在,经常用像办公桌之类的东西作为隔离物,以阻止推销员进入这个区域。

(3) 社交区域。社交区域指新顾客可以接纳推销人员进行推销洽谈的区域,是1.2~3.6米的范围,购买者经常用一张桌子来保持这个距离。站立的推销人员与对面坐着的顾客交谈时,往往会使顾客觉得推销人员太咄咄逼人,因此推销人员通常应保持坐姿来创造一种轻松的交谈氛围,位置大致在这个区域的中间——1.8~2.4米处。

(4) 公众区域。公众区域指推销人员可以用于对一个群体进行推销的区域,大约在3.6米,如教室中老师与学生之间的距离。在这个距离内顾客会感到轻松,不会感受到来自推销人员的威胁。

在顾客的办公室,由于顾客事先设置的缘故,推销人员大都只能坐在办公桌的对面。如果可以在办公桌的对面和侧面进行选择,应该选择侧面,这样可以减少桌子所形成的障碍;如果与顾客是老朋友,还可把椅子搬到桌子旁,以创造友好合作的环境。

2. 面部表情

一个人的脸上写满了复杂的感情。推销人员不仅要注重自己的面部表情,向顾客传递友好,而且要善于观察顾客面部表情的变化,判断顾客的心理反应,找出解决问题的对策。

一般沟通中，顾客面部表情的变化主要传递以下信息：
（1）下巴松驰并伴有微笑，表示听众赞同和兴趣，你可以继续你的推销演讲；
（2）下巴绷紧，则表示怀疑和生气；
（3）皱眉、噘嘴、眯眼表示不确定、不同意，甚至完全不相信；
（4）咬紧嘴唇意味着不确定；
（5）在考虑问题、评价商品时，扬起眉毛表示吃惊。

3．眼神

俗话说，眼睛是心灵的窗户，眼神同样可以传递和表达许多信息。
（1）短时间的眼神接触，并保持自然的状态，意味着诚实和自信。
（2）眼睛直盯顾客，眨都不眨一下，目光直视，会使顾客觉得很不自在，甚至有一种被威胁和不安全的感觉；眼神呆滞，目光环顾左右，则表示对所谈问题不感兴趣和厌烦。
（3）不停地看表，注意力分散，则表示希望尽快地结束会谈。

4．体姿

在洽谈过程中，顾客的身体姿态及其运动，不断地传递着相关的信息，推销人员应善于识别这些信息。
（1）身体前倾暗示对所讨论的问题感兴趣。
（2）远离推销人员，并把双手放在脑后象征着潜在顾客沾沾自喜。
（3）僵硬的起立姿势表示不容置疑，对话题不感兴趣。
（4）张开双臂和双腿意味着坦率、自信与合作，双臂和双腿交叉、清嗓子则暗示有心理抵制倾向。
（5）抬着头，手托着下巴，暗示潜在顾客存在积极的评价与思考。
（6）敲手指或轻轻地跺脚表示人的不耐烦的状态。

5．语调

语调是指说话时所用的音调、声音强度、节奏快慢等。在说每一句话的时候，采用什么样的音调、语言和语速、是否抑扬顿挫等，都表达不同的意图。
（1）音调高表示兴奋，音调低表示怀疑、回避或涉及他人及自己伤心的事。
（2）声音强度大表示强调、激动，声音强度小表示失望、不快、软弱。
（3）节奏加快表示紧张、激动，节奏变慢表示沮丧、冷漠。
（4）停顿有时是强调，以引起重视；有时是一种询问，以观察对方的反应；有时则是给对方提供一个思考的机会。

因此，推销沟通过程中，推销人员一方面要把强有力的视觉形象传递给顾客，另一方面要注重顾客身体所传递和表达的信息。非语言在解读时一定要小心慎用，不要误解顾客所表达的真实信息，因为非语言表示的信息并不标准也不完全统一，受到社会文化的制约。有时，一个手势就是一个手势，它没有别什么意思，也许仅仅是为了更加舒服而已。

三、与客户沟通的原则

（一）尊重

每个人都希望得到别人的尊重，所以尊重他人是成功沟通的基本原则。尊重别人是一种美德，它会让你赢得认同、欣赏和合作。尊重是一种修养、一种品格。一个人只有懂得尊重别人，才能赢得别人的尊重。在日常的推销过程中，推销人员的言谈举止要让客户感受到充分的尊重，"客户是上帝"的行动根本就是尊重客户。尊重客户与被客户尊重是相辅相成的，被尊重的客户会更加理解、支持推销人员的工作，甚至与推销人员成为朋友，建立忠诚，重复购买产品，并向身边的人推销产品。

尊重客户，首先要从心理上认可对方、尊重对方，让客户从心理上感受到推销人员的真诚；其次要从行为上尊重客户，礼貌待人，尊重客户的风俗文化、隐私等；最后要从语言上尊重客户，尽量使用敬辞谦辞，避免在语言上冒犯客户。

（二）诚信

英国专门研究社会关系的卡斯利博士曾说过："大多数人选择朋友都是以对方是否出于真诚而决定的。"诚信是人的修身之本，也是一切事业得以成功的保证，更是各种商业活动的最佳竞争手段，是市场经济的灵魂，是推销人员的一张真正的"金质名片"。诚信要求推销人员在与客户的沟通过程中重诺言、守信用；说真话，不随意夸大编造产品的优点；不向客户随意承诺保证，说到做到，做不到的要实事求是地告诉对方。"推销产品首先是推销自己"，做一名优秀的推销人员的关键是做人，推销人员只有在客户心目中树立了诚信的形象，才能够赢得与客户进一步沟通交流的机会，为促成最终的交易打下基础。

（三）自信

自信就是相信自己，相信自己所追求的目标是正确的，相信自己的目标是可以实现的。对于推销人员来说，自信是做好推销工作的基础。沟通中，只有自信才能应对自如、落落大方，才能赢得客户的好感和尊重。推销人员强烈的自信可以感染客户，让客户信任推销人员，从而信任产品、接受产品。推销人员的自信表现在以下几方面：首先是要相信自己，相信自己有足够的能力做好推销工作；其次是相信自己的产品是最适合客户的；最后要相信自己所属的公司是一家有前途的公司，是时刻为客户提供最好的产品与服务的公司。

（四）主动

对于推销人员来说，自信是重要的，因为自信才能赢得尊重，而主动积极更是不可缺少的特质，因为主动才能赢得机会。推销产品之前先要把自己推销出去，要主动与客户沟通，让更多的人知道你是谁。

营销是了解需求、满足需求并赚取利润的过程。要了解并满足需求，就要主动与客户沟通，而不是坐等客户上门求购。推销需要推销人员主动接近潜在顾客，说服并诱导顾客接受其推销的产品。现实中一些推销人员存在拜访恐惧心理，缺乏主动与客户沟通的勇气，其源于"乞丐"的推销心理。其实，销售不是卖，是帮助顾客买。推销人员如果认为自己是怀着一颗爱心去主动地帮助顾客，何惧之有？生活中主动与人沟通、表达善意的人，能够使人产生受重视的感觉。主动的人往往令人产生好感，主动沟通会创造更多的机遇。

（五）效率

推销人员在与客户沟通时，要有强烈的效率意识，即力争在最短的时间内完成销售任务。很多推销人员容易犯这样的错误，即在推销过程中，与客户沟通得非常愉快，甚至与客户成为了好朋友，但是却迟迟拿不到最后的成交合同。沟通是手段，不是目的，推销人员与客户沟通的最终目的是促成交易，所以推销人员在与客户沟通的过程中，要详细规划、思路清晰、目的明确，争取高效率地完成推销工作。

四、与不同风格的客户沟通

在日常社交沟通中，每个人都有各自不同的做事风格和处事原则。根据人们在日常交际过程中所表现出来的性格特征和处事方式分类，人际沟通风格一般分为四种类型：和蔼型（amiable）、表现型（expressive）、支配型（driver）和分析型（analytical），如图6-2所示。人际沟通的"黄金定律"就是"你希望别人怎样对待你，你就要怎么对待别人"；"用别人喜欢被对待的方法对待别人"。推销人员应该掌握沟通黄金法则，面对不同沟通风格的客户采取恰当的沟通方式，高效地达成推销交易。

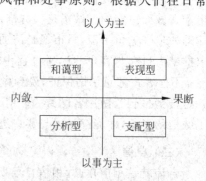

图6-2 人际沟通风格示意图

（一）支配型

支配型的人比较注重实效，具有非常明确的目标与个人愿望，并且不达目标誓不罢休；他们当机立断，独立而坦率，常常会根据情境的变化而改变自己的决定，往往以事业为中心，要求沟通对象具有一定的专业水准和深度；在与人沟通的过程中，他们精力旺盛，节奏迅速，说话直截了当，动作非常有力，表情严肃，但是有时因过于直率而显得咄咄逼人，如果一味关注自己的观点，就可能会忽略他人的情感。与支配型的客户进行沟通，要注意以下几点。

（1）要讲究实际情况，用大量具体的事实依据说话，大胆表达创新的思想。

（2）支配型的人非常强调效率，推销人员要在最短的时间里给他一个非常准确的答案，而不是一种模棱两可的结果。

（3）同支配型的人沟通的时候，一定要非常直接，不要有太多的寒暄，要直接说出你的来历,或者直接告诉他你的目的,要节约时间。

(4) 说话的时候声音要洪亮,充满信心,语速一定要比较快。如果你在这个支配型的人面前声音很小,缺乏信心,他就会产生很大的怀疑。

(5) 与支配型的人沟通时,一定要有计划,并且最终要落到一个结果上,他看重的是结果,另外,回答问题一定要非常准确。

(6) 在和支配型的人谈话时不要流露太多感情,要直奔结果,从结果的方向说,而不要从感情的方向去说。

(7) 在和他沟通的过程中,要有强烈的目光接触,目光的接触是一种信心的表现。

(二) 表现型

表现型的人显得外向、热情、生机勃勃、魅力四射,喜欢在销售过程中扮演主角;干劲十足,不断进取,总喜好与人打交道并愿意与人合作;具有丰富的想象力,对未来充满憧憬与幻想,也会用自己的热情感染他人;富有情趣,面部表情丰富,动作多、节奏快、幅度大,善用肢体语言传情达意,但是往往情绪波动大,易陷入情感的旋涡,可能会给自己及顾客带来麻烦。与表现型的客户进行沟通,要注意以下几点。

(1) 表现型的人的特点是只见森林,不见树木。所以在与表达型的人沟通的过程中,要多从宏观的角度去说一说"你看这件事总体上怎么样""最后怎么样"。

(2) 说话要非常直接,声音洪亮。

(3) 要有一些动作和手势,如果我们很死板,没有动作,那么表达型的人的热情很快就消失掉了,所以要配合着他,在他出现动作的过程中,眼睛一定要看着他的动作,否则,他会感到非常失望。

(4) 表现型的人不注重细节,甚至有可能说完就忘了,所以达成协议以后,最好与之进行一个书面的确认,这样可以提醒他。

(三) 和蔼型

和蔼型的人具有协作精神,支持他人,喜欢与人合作并常常助人为乐;富有同情心,擅长外交,对人真诚,对公司或顾客忠诚,为了搞好人际关系,不惜牺牲自己的时间与精力,珍视已拥有的东西。这种类型的人做事非常有耐心,肢体语言比较克制,面部表情单纯,但是往往愿意扮演和事老的角色,对于销售中的敏感问题,往往会采取回避的态度。与和蔼型的客户进行沟通,要注意以下几点。

(1) 和蔼型的人看重的是双方良好的关系,与之沟通的时候,首先要建立好关系。

(2) 同和蔼型的人沟通的过程中,要时刻保持微笑。如果你突然不笑了,和蔼型的人就会想:他为什么不笑了?是不是我哪句话说错了?会不会是我得罪他了?是不是以后他就不来找我了?等等,他会想很多。所以在与其沟通的过程中,一定要注意始终保持微笑的姿态。

(3) 说话要比较慢,要注意抑扬顿挫,不要给他压力,要鼓励他,要去征求他的意见。所以,遇到和蔼型的人要多提问,如"您有什么意见?""您有什么看法?"

(4) 遇到和蔼型的人一定要时常注意同他保持频繁的目光接触,每次接触的时间不要长,但是频率要高,这样沟通效果会非常好。

(四)分析型

分析型的人擅长推理,一丝不苟,具有完美主义倾向,严于律己,对人挑剔,做事按部就班、严谨且循序渐进,对数据与情报的要求特别高;不愿抛头露面,认为与其与人合作,不如单枪匹马一个人单干,因而往往在销售过程中沉默寡言,不大表露自我情感,动作小,节奏慢,面部表情单一,有时为了息事宁人而采取绕道迂回的对策,从而白白错失良机。与分析型的客户进行沟通,要注意以下几点。

(1) 注重细节,遵守时间。

(2) 必须以专业水准与其交流,因而必须表达准确且内容突出,资料齐全,逻辑性强,最好以数字或数据说明问题,以自己的专业性去帮助他做出决定。

(3) 切忌流于外表的轻浮与浅薄,要避免空谈或任其偏离沟通的方向与目的。

(4) 要一边说一边拿纸和笔记录,像他一样认真、一丝不苟。

第三节　推销沟通技巧

沟通是人类与生俱来的一种生存本领,似乎每个人天生就会沟通。然而,在现实生活中,人与人在沟通方面差别很大,有的人喜欢沟通,有的人不喜欢沟通,有的人擅长沟通,有的人不擅长沟通。事实证明,沟通是人际交往的一种基本技能,沟通态度是否积极、沟通能力是否出色对一个人的成功与否起着重要的作用,特别是对于以人际交往为基础的推销工作而言更是如此。而沟通能力的培养既取决于先天因素,同时也受到后天环境和后天习得因素的影响,所以推销人员有必要掌握有效的沟通技巧,提高自己的沟通能力。

一、学会微笑

微笑来自快乐,它带来快乐也创造快乐,在推销过程中,微微一笑,双方都会从发自内心的微笑中获得这样的信息:"我是你的朋友和同志""你是值得我微笑的人"。微笑虽然无声,但是说出了如下许多意思:高兴、欢悦、同意、赞许、尊敬。一名成功的推销人员,应时时处处把"笑意写在脸上"。

一个推销人员倘若没有开朗的笑容,整天是一副阴郁的表情,就不免被客户打折。当表情使人相当不快时,生意成功的可能性将降至最低。

笑容具备语言不具有的魔力,它能在无言之中拉近与顾客的距离,从而使顾客产生依赖感。是否从心里真诚地笑,顾客是一眼可瞧出的,所以千万要避免皮笑肉不笑,以免招致反效果。

微笑本身无关个性的内外向,只要肯去做,任何人都能拥有一脸"开朗的笑容"。有句话说"开朗的笑容能为对方带来幸福",真是一语道出笑容的影响力。或许可以这么说:"开朗的笑容是吸引顾客最有力的武器。"

推销人员有必要经常自己磨炼自己的笑容。这个笑容务必亲切、开朗,让顾客一见便能打开心胸,坦然地接受自己。

二、真诚倾听

一位外国学者说:"成功的捷径就是把你的耳朵而不是舌头借给所有的人。"很认真地聆听是一个成功沟通者的重要特质之一。

倾听是一种礼貌,同时又是一种高度的赞美,是对别人最好的恭维,是一种尊重他人的表现。倾听能让他人喜欢你,依赖你。每个人都喜欢自己的话有人听,特别是认真、耐心、仔细地听,这证明自身的价值得到了他人的承认,受到了他人的尊重。善于倾听他人的谈话,一般都能受到人们的欢迎接纳。

优秀的推销人员一定是一个出色的倾听者。当客户提出问题时,推销人员一定要去倾听而不是去指导,去理解而不是去影响,去顺应而不是去控制。不过,事实上,大部分的推销人员都不是优秀的推销人员,因为他们不是出色的倾听者。产生这种现象的原因就是心理定势,即认为倾听是被动的。他们认为,要推销成功,就要想方设法说服客户,因此,与客户沟通就必须努力说,努力讲,努力去证明或证实。实践表明,要在推销沟通的过程中与客户建立良好的合作关系,推销人员首先应该学会倾听,倾听客户的需要,倾听客户的深层需求;同时向客户传递这样一种信息:我并不总是赞同你的观点,但是尊重你表达自己观点的权力。这就是人员推销中的"先迎合、再引导"原则。

阅读材料

巴顿将军为了显示他对部下生活的关心,搞了一次参观士兵食堂的突然袭击。在食堂,他看见两个士兵站在一个大汤锅前。

"让我尝尝这汤!"巴顿将军向士兵命令道。"可是,将军……"士兵正准备解释。

"没什么'可是',给我勺子!"巴顿将军拿过勺子喝了一大口,怒斥道:"太不像话了,怎么能给战士喝这个?这简直就是刷锅水!"

"我正想告诉您这是刷锅水,没想到您已经尝出来了。"士兵答道。

只有善于倾听,才不会做出像巴顿将军这样愚蠢的事!

有效倾听的技巧包括以下几方面。

1. 集中精力，专心倾听

集中精力、专心倾听是有效倾听的基础，也是实现良好沟通的关键。要想做到这一点，推销人员应该在与客户沟通之前做好多方面的准备，如身体准备、心理准备、态度准备、情绪准备等。疲惫的身体、无精打采的神态以及消极的情绪等都可能使倾听归于失败。

2. 不随意打断客户谈话

随意打断客户谈话会打击客户说话的热情和积极性，如果客户当时的情绪不佳，而你又打断了他们的谈话，那无疑是火上浇油。所以，当客户的谈话热情高涨时，推销人员可以给予必要的、简单的回应，如"噢""对""是吗""好的"等。除此之外，推销人员最好不要随意插话或接话，更不要不顾客户喜好另起话题，例如：

"等一下，我们公司的产品绝对比你提到的那种产品好得多……"

"您说的这个问题我以前也遇到过，只不过我当时……"

3. 谨慎反驳客户的观点

客户在谈话过程中表达的某些观点可能有失偏颇，也可能不符合你的口味，但是你要记住，客户永远都是上帝，他们很少愿意推销人员直接批评或反驳他们的观点。你如果实在难以对客户的观点做出积极反应，那可以采取提问等方式改变客户谈话的重点，引导客户谈论更能促进销售的话题，例如：

"既然您如此厌恶保险，那您是如何安排孩子们今后的教育问题的？"

"您很诚恳，我特别想知道您认为什么样的理财服务才能令您满意？"

4. 学会遵守倾听礼仪

在倾听过程中，推销人员要尽可能地保持一定的礼仪，这样既显得自己有涵养、有素质，又表达了对客户的尊重。通常在倾听过程中需要讲究的礼仪如下：

(1) 保持视线接触，不东张西望；

(2) 身体前倾，表情自然；

(3) 耐心聆听，让客户把话讲完；

(4) 真正做到全神贯注；

(5) 不要只做样子、心思分散；

(6) 点头微笑，表示对客户意见感兴趣；

(7) 重点问题用笔记录下来；

(8) 插话时先请求客户允许，并使用礼貌用语。

5. 及时总结和归纳客户的观点

在与客户沟通过程中，推销人员要适时总结归纳客户的观点。这样做一方面可以向客户传达你一直在认真倾听的信息；另一方面，也有助于保证你没有误解或歪曲客户的意见，从而使你更有效地找到解决问题的方法。例如：

"您的意思是要在合同签订之后的20天内发货,并且再得到5%的优惠,是吗?"

"如果我没理解错的话,您更喜欢弧线形外观的深色汽车,性能和质量也要一流,对吗?"

6. 真诚地倾听

沟通从"心"开始,只有心与心的沟通才能体现聆听者的诚意。每个人都有倾诉的欲望,但并不一定每个人都愿意倾听他人的倾诉,所以说,善于且能够真诚地倾听他人的谈话是做人的优秀品质。当自己的话被别人认真仔细地倾听时,诉说者会感到,自身的价值得到了他人的承认,自己受到了他人的尊重。

真诚倾听意味着推销人员要把客户当做朋友来对待,在沟通过程中真正关心客户所谈论的一切,即在倾听客户谈话的过程中,不能一味地关注与推销业务成交有关的谈话内容,而对客户所谈的貌似与推销无关的内容显示出无所谓甚至不耐烦的表情。例如,有些推销人员在与客户沟通的过程中,心中只有一个目标,那就是促成交易,谈话时仅仅关注与业务有关的内容,而当有些客户谈论到自己的家人、自己的喜怒哀乐等似乎与推销没有太大关系的内容时就表现出明显的不耐烦,或者不认真听,或者不断引导客户转移话题。这些做法都会极大地伤害客户的自尊心,甚至惹怒客户,导致推销失败。

阅读材料

某电话公司曾遇到一个凶狠的顾客,这位顾客对电话公司的有关工作人员破口大骂,怒火中烧,威胁要拆毁电话,并拒付费用。公司特派一位善于倾听的推销人员与客户沟通,推销人员静静地倾听了这位顾客近三个小时的"狂风暴雨",并对此表示歉意。以后,他又两次登门继续倾听他对电话公司的不满和抱怨。当他第四次去时,那位顾客已经风平浪静,不仅缴了电话费,还和推销人员成了好朋友。

三、善于提问

美国一份关于公众对推销人员评价的调查报告显示,人们最讨厌的推销人员的形象就是:一见面就喋喋不休地谈自己的公司与产品,千方百计地想向顾客证明自己的实力与价值。所以说,优秀的推销人员,最重要的素质不是拥有夸夸其谈的口才,而是善于倾听和提问。

(一)善于提问的重要性

按照30∶70法则,推销人员与客户沟通的时间中的30%应该由推销人员来说,70%应该由客户来说;推销人员说的话中,30%应该为陈述句,70%应该为问句。世界潜能大师安东尼·罗滨说过:"成功者与不成功者最主要的区别是什么呢?一言以蔽之,那就是成功者善于提出好的问题,从而得到好的答案。"如果想改变顾客的购买模式,那就必须改变顾客的思考方式。改变顾客思维方式的方法之一就是提出一些恰当的问题,通过问题引导顾客的思维朝着推销人员所期待的方向转移。专业的推销人员绝不是一味地告诉顾客什么,而是尽可能多地向顾客提问题。销售行业的圣言是:"能用问的方式就绝不用说的方式。"多问少说永远是销售的黄金法则。

巧妙提问的前提是一定要问"对"的问题,那么什么是"对"的问题呢?专业的提问对推销洽谈应该能起到如下作用。

1. 提问能让推销人员有机会了解客户的更多信息

如客户的购买原因、需求偏好、决策过程等。很多推销人员在与客户进行沟通的初始,就滔滔不绝地介绍自己的公司和产品,说明自己的产品如何适合客户。但是一番介绍之后,推销人员对于客户有什么样的需求、有怎样的价值偏好却一无所知,这样的推销就是无的放矢、盲目推销。例如,一位消费者走进一个汽车销售4S店的时候,如果那位销售人员什么也不问,就开始夸夸其谈,某款车有多么多么地好,消费者会觉得如何,消费者会觉得销售员根本不知道自己的需要在哪里,根本不关心产品是否适合消费者,根本不关心消费者的需求与感受,他关心的只是他们所销售的汽车而已。

2. 提问能让推销人员与客户迅速建立信任关系

一般来说,客户对所有的推销者都是带着抵触心理的,所以取得客户的信任是推销成功的一大关键。要想获得客户的信任,整个沟通过程必须以客户为中心,以客户的需求为出发点,所以推销人员越快开始介绍自己的产品,客户就越容易产生抵触心理。客户会想:你一点都不了解我到底需要什么,我为什么要听你介绍那些不相干的东西?你需要让客户明白,你是真的在关心他,为他的利益着想,而不是总想着从他身上赚钱。你唯一的方法就是,小心地提问并认真地倾听。

3. 提问能让推销人员把握对推销进程的控制

推销人员在与客户沟通的过程中,要有强烈的效率意识,即尽量通过短时间的沟通达到促成交易的目的,而不是进行马拉松式的沟通。在沟通过程中,推销人员要尽量让客户多讲话,但客户一般是不会主动将谈话带入成交阶段的,沟通的进程必须由推销人员来把握。而控制沟通进程的最好方法就是在恰当的时间进行有效的提问,使整个沟通过程按照推销的过程自然过渡到最终的成交阶段。

(二)提问的注意事项

推销人员提问时应注意以下事项。

(1)要尽可能地站在客户的立场上提问,例如提问关于客户的偏好、需求、业余爱好等问题。不要仅仅围绕着自己的销售目的与客户沟通,否则会让客户感觉推销人员缺乏诚意。

(2)避免提问某些敏感性问题,例如客户的年龄、收入、在家庭中的地位等,如果这些问题的答案确实对你很重要,那么不妨在提问之前换一种方式进行试探,等到确认客户不会产生反感时再进行询问。

(3) 提问要循序渐进,不要直截了当地询问客户是否愿意购买。初次与客户接触时,最好先从客户感兴趣的话题入手。

(4) 提的问题要通俗易懂,一定要让客户有足够的回答空间,不能让客户捉磨不透、难以回答。

(5) 在客户回答问题时要认真倾听,尽量避免中途打断。

(三) 提问的操作技巧

巧妙的提问有时能够达到长篇大论的推介所达不到的效果,有效的提问要把握两个要点。

(1) 提出探索式的问题,以便发现顾客的购买意图以及怎样让他们从购买的产品中得到他们需要的利益,从而针对顾客的需要为他们提供恰当的服务,使买卖成交。

(2) 提出引导式的问题,引导顾客对打算为他们提供的产品和服务产生信任。

1. 开放式提问

开放式提问是指提出能让潜在顾客充分发挥想象力来阐述自己的意见、看法及陈述某些事实现状的问题。采用开放式提问的方式一般有两个目的:一是取得顾客信息;二是让顾客表达看法和想法,然后针对提问所获得的顾客信息进行有针对性的沟通。

"通常您一般采用哪些护肤的方法?您觉得效果怎样?"

——了解客户目前的状况和存在的问题,挖掘客户的潜在需求。

"您希望拥有哪些方面的服务?"

——了解客户的需求和期望,以便更好地满足客户的需要。

"请问您为什么这样认为呢?"

——了解客户拒绝的原因,以便找到进一步沟通的突破口。

"您认为我们在哪些方面还需要完善才能让您满意?"

——进一步确认客户存在异议的问题所在。

2. 启发型提问

启发型提问是以先虚后实的形式提问,让对方做出提问者想要得到的回答。这种提问方式循循善诱,有利于表达自己的感受、促使顾客进行思考、控制推销劝说的方向。

推销人员:您愿意花较低的价格买个电器三天两头让厂家来维修吗?

客户:我当然不愿意三天两头修电器了。

推销人员:那就是了,我们的产品虽然价格贵了点,但是质量有保证,绝对不会出现三天两头维修的现象。

3. 两难型提问

两难型提问,即在提出一个问题时提示两个可供选择的答案,两个答案都是肯定的。人们有一种共同的心理——认为说"不"比说"是"更容易和更安全。所以,内行的推销人员向顾客提问时尽量设法不让顾客说出"不"字来。如与顾客订约会,有经验的推销人员从来不会问顾客"我可以在今天下午来见您吗?"因为这种只能在"是"和"不"中选择答案的问题,顾客多半只会说:"不行,我今天下午的日程实在太紧了,等我有空的时候再打电话约定时间吧。"有经验的推销人员会对顾客说:"您看我是今天下午2点钟来见您还是3点钟来?""3点钟来比较好。"当他说这句话时,你们的约定已经达成了。

4. 求教型提问

求教型提问是以请教问题的形式提问。这种提问方式是在不了解对方意图的情况下,先虚设一问,投石问路,既可避免因遭到对方拒绝而出现难堪局面,又能探出对方的虚实。同时求教型提问可以让客户享受被尊重的感觉,拉近推销人员与客户的心理距离。如"您是这个行业的专家,对于这个行业当前的发展现状您能谈一下自己的见解吗?"

5. 封闭型提问

封闭型提问是让顾客针对某个问题,在"是"与"否"两者之间做出回答。封闭式提问的目的是通过提出问题引导客户进入推销人员所谈论的主题,控制谈话的进程,同时,通过顾客"是"与"否"的回答,确认顾客的态度以及沟通中的其他一些问题。例如:

"像贵公司这个大型的企业,购买产品的时候质量肯定是首先要考虑的因素,而不是价格,是吗?"

"如果您没有什么意见,我们现在是不是就可以签合同了?"

四、善用同理心

我们经常遇到沟通不畅的问题,这往往是由所处不同的立场、环境所造成的。人们常以自己"想当然"的想法和思考方式来做判断,甚至指责别人,然而"自我的角度"有时候不一定是正确的,因此,为了进行良好的沟通,要学会站在对方的立场思考,培养同理心,真正了解对方的感受。

阅读材料

在美国,曾经有一营的士兵到一家大型剧院集合,聆听当地新的司令官讲话。司令官讲得口沫横飞,也谈到"安全问题"的重要性,接着话锋一转,问道:"你们到这里来时,有多少人坐车系了安全带?"

剧院中五百多人,只有寥寥几个人举手。新司令官脸色很难看,显然是很不高兴,大声责备这些士兵不遵守交通规则,拿自己的生命开玩笑!

此时,随从赶紧走向前去,低声向新司令官说:他们的营房就在马路对街,他们大部分都是走路过来的!司令官顿时语塞,露出歉意的微笑。

(一)什么是同理心

同理心是个心理学概念。它的基本意思是,一个人要想真正了解别人,就要学会站在别人的角度来看问题,也就是人们在日常生活中经常提到的设身处地、将心比心的做法。同理心就是站在当事人的角度和位置上,客观地理解当事人的内心感受及内心世界,并把这种理解传达给当事人。同理心并不要求迎合别人的感情,而是希望能够理解和尊重别人的感情,希望在处理问题或做出决定时,充分考虑别人的感情以及这种感情可能引起的后果。它有三个基本条件:①站在对方的立场去理解对方;②了解导致这种情形的因素;③把这种对对方设身处地的了解让对方了解。

同理心分为表层的同理心和深层的同理心。表层的同理心就是站在别人的角度去理解,了解对方的信息,听明白对方说话的意思;深层的同理心就是理解对方的感情成分,理解对方所表达的隐含的意思。

(二)推销沟通中善用同理心的重要性

1. 使客户更加信任推销人员

善于使用同理心的推销人员能够真正站在消费者的立场分析、解决问题,真正做到帮助客户、为客户服务,而不是一味地以达成交易、赚钱为目的。此时,推销人员与客户直接的沟通就多了一些真诚的情感交流,少了一些功利性的交易,客户就可在轻松的沟通过程中渐渐对推销人员产生信任感,这种信任感不仅可以促使初次交易的完成,而且可以促使推销人员和客户建立良好的长期合作关系。例如有些推销人员会站在客户的角度推销适合客户需求的价格便宜的产品,而不是一味地向客户推销不适合客户的高价的产品,这样的推销人员很容易让客户信任。

2. 使推销人员更加容易掌握客户的消费需求

站在客户的立场与角度分析问题,推销人员能够更加客观地理解客户的消费心理,把握客户的消费需求。有些推销人员面对客户的种种表现不知所措,难以理解,甚至表现出愤恨,抱怨客户刁难、不识货等,其实问题的根本在于推销人员并没有真正理解客户的需求,如果站在客户的角度或许就能够得到不同的答案。例如,为什么我介绍的手机的多种用途客户不感兴趣?原来客户是个非常理性的消费者,只看重手机的通信功能,这样的消费者看重的是产品的性价比,而不是手机的时尚性。

3. 使推销人员更能把握洽谈的进程

推销过程中,推销人员往往会有急于成交的心态,在推销沟通还没有达到一定程度的时候,过于急躁地提出成交的愿望,使客户产生反感。把握推销洽谈进程的最好办法就是站在客户的角度分析问题:假如我是客户,在现有的条件下,我会答应成交吗?我还有哪些不明确的问题?运用同理心,推销人员可以自查推销的进程到达了什么阶段、还有哪些工作要做、是否适时提出成交。

(三)表达同理心的技巧

1. 心理情绪的同步

心理情绪同步,即让自己的情绪与客户的情绪同步,让自己与客户同快乐同悲伤。要做到这一点,推销人员首先要做到积极揣摩客户的心理感受,并要学会控制自己的情绪,适时做出回应,与客户积极探讨。例如,有时候会碰到客户的态度非常激烈——"请你不要再来了,我肯定不会购买的!"在这种情况下,推销人员一定要克制自己的情绪,不可以跟客户争吵,而应该理智地站在客户的角度,分析客户为什么会态度如此激烈。例如,可以这样回应:"哦,对不起,一定是我哪些地方做得不好让您如此生气。生意我们可以不做,但是您一定要帮我指出来我哪些地方做得不好,我将不尽感激。"

2. 身体状态的同步

身体状态同步意即换位思考的同时,尽量将自己想象成对方,使自己不仅在思想上与对方同步,在行为上也与对方同步。其具体包括模仿客户的音调语速、模仿客户的肢体动作语言等。这是一种对他人尊重和重视的重要表现,可以使推销人员真正融入客户的思维视角,真正体会客户的行为心态,较容易拉近推销人员与客户之间的心理距离,感化客户。

如一个汽车销售员在向一个客户介绍一种型号的汽车,而这个客户其实并不想买,只不过是因为自己已经麻烦了这位销售人员很久,心里十分过意不去。因此,他谎称自己手上资金不足,这个销售人员看出了客户的为难,便恭敬地递上了一张自己的名片,对客户说:"您如果决定购买,就请给我打个电话,我会再与您细谈的。"客户释然一笑。几周之后,该客户给这个销售人员打了一个电话,说他的朋友希望购买那种型号的车,并表示越快越好。

(四)表达同理心应该注意的问题

1. 重点关注客户的难处和弱点

客户在购买某些产品或服务时,有的时候是正面临某种困难,抱着解决困难的心态来的,这些困难或弱点是客户最现实和最关注的问题。例如来咨询课外辅导班的家长可能正为孩子成绩不好而苦恼,热衷讨价还价的客人可能的确资金有困难,这些都是客户最敏感脆弱、需要重点关注保护的地方,也是最容易被打动的地方,所以对这些方面推销人员应该给予重点关注。

2. 平淡处理客户的困难

处理客户困难时,要让客户感觉这是很正常的事情、很普遍的现象,让客户心理上处于放松状态。平淡解决客户的困难可以从两方面做起:一是态度上表示淡然,对客户遇到的问题不能一惊一乍,加重客户的心理负担;二是通过语言技巧淡化问题。例如面对为孩子选择辅导班的家长,或许孩子的成绩差、自制力差正是客户苦恼的问题,推销人员切不可大肆渲染成绩差的严重性——"小孩子成绩这么差,确实需要抓紧补课了",应该轻松地宽慰家长:"您的孩子肯定是很聪明,聪明的孩子一般都很淘气的。只要掌握学习方法,养成一个好习惯,很快就会赶上来的。"

3. 用客户容易接受的语言和表达方式委婉处理客户的困难

例如,面对高额的美容套餐价格客户正在犹豫不决,价格很可能是主因,服务小姐可以这样表达同理心:"小姐,其实您的年纪较轻,而且皮肤的底子不错,现在不需要做这么深层的护理,您选择另外一个更基础一些的护理就足够了。"服务小姐的话既赞美了客户,又得体地维护了客户没钱的隐情,维护了客户的自尊心,也促成了购买。

下面来比较一下不同表达方式的效果。

普通表达方式:如果没有那么多的钱……

富有同理心的表达方式:如果您不想花这么多钱在这上面……

普通表达方式:网站建设这部分的技术含量比较高,你们搞贸易的自己做很难的。

富有同理心的表达方式:我们为您把比较基础的工作做好了,您可以省下时间把您的主业做好。

五、要善于赞美

心理学家威廉·詹姆士说过:"人类本质中最迫切的需求是被肯定。这种渴望不断啃噬人类的心灵,少数懂得满足人类这种欲望的人,便可把别人掌握在手中。"美国著名女企业家玛丽·凯曾经说过:"世界上有两种东西比金钱和性更为人们所需——认可与赞美。"赞美是人际关系的润滑剂,"赞美是打开客户心扉最直接的钥匙"。

赞美他人是一件好事,但不是一件易事,所以赞美他人要掌握一定的技巧。

(一)赞美要因人而异

对于不同性别、职业、性格、年龄的客户,要采用不同的赞美语言,切不可以一刀切。人的素质有高低之分,年龄有长幼之别,因人而异,突出个性,有特点的赞美比一般化的赞美能收到更好的效果。赞美他人要把握对方的特点,进行针对性赞美,让对方感觉到你的赞美的确是发自内心的、有针对性的,而不是放诸四海而皆准的客套话。例如,"您今天真漂亮"和"您今天的衣服特别衬您的气质,整个人显得年轻很多",同样是赞美他人的话,后者比前者更具针对性,显得更为真诚,更容易为听者所接受。

(二)真诚是赞美的前提

真诚的赞美是发自内心深处的,是对对方的羡慕和敬佩,能使对方受到感染、有所触动的是那些基于事实、发自内心的赞美。相反,若你无根无据、虚情假意地赞美别人,他不仅会感到莫名其妙,更会觉得你油嘴滑舌、诡诈虚伪。例如,对方是一位身材有点臃肿的女士,你却偏要对她说"你的身材好苗条啊!"对方立刻就会认定你所说的是虚伪之至的违心之言;但如果你着眼于她的服饰、谈吐、举止,发现她这些方面的出众之处并真诚地赞美,她一定会高兴地接受。真诚的赞美不但会使被赞美者产生心理上的愉悦,还可以使自己经常发现别人的优点,从而对人生持有乐观、欣赏的态度。

(三)赞美的内容要翔实

赞美的语言不在大,而在于真诚,从细微之处着眼对他们进行赞美往往更容易打动对方。例如"您的办公室装修真的很有特色啊!""您的声音真的很好听啊!"有些人虽然常常赞美别人,但是赞美他人的内容空洞笼统,缺乏具体的内容,给人假大空的感觉。赞美用语越详实具体,说明你对对方越了解,对他的长处和成绩越看重。例如一些含糊其辞的赞美——"你真的是一位难得的优秀人才"或者"你真的是个大美女啊"等空泛飘浮的话语,可能引起对方的猜度,甚至产生不必要的误解和信任危机。

(四)赞美要及时

赞美他人应该选择恰当的时间和地点,错过了合适的时间,再动听的赞美也难以打动对方。例如,当他人做出了令人赞赏的行为举止时应该立刻赞美,而不是等到事后才想起。赞美的语言结合当时的场景才能给人深刻的印象,而事情发生之后的赞美就难以达到当时赞美的效果。另外,最需要赞美的不是那些早已功成名就的人,而是那些因被埋没而产生自卑感或身处逆境的人。在推销沟通中,如果客户精神不振、心情不佳,推销人员得体的赞美会收到意想不到的效果。所以说赞美贵在"雪中送炭",而不是"锦上添花",赞美他人一定要及时。

(五)借用他人的言辞赞美

有时候,借用第三者的言辞去赞美客户会更有说服力。借用他人的言辞赞美客户会显得更加真实自然,会让客户更加容易接受,更能满足客户的自我心理需求。例如,可以说"你好,某某先生,今天早上,我听您的一位同事介绍说您在这一行里面非常权威,而且您对人特别友好"。

阅读材料

20世纪30年代,美国费城电气公司的威伯到一个州的乡村去推销电,他到了一所富有的农家门前,叫开了门。户主是个老太太,一见是电气公司的代表,就"砰"地把门关闭了。威伯于是再次叫门,门勉强开了一条缝。威伯说:"很抱歉打扰了您,也知道您对用电不感兴趣。所以我这次并不是来推销电的,而是来买几个鸡蛋。"听他这样一说,老太太消除了一些戒意,把门开大了一点。威伯继续说:"我看见您喂的道明尼克鸡种很漂亮,所以想买一打新鲜的鸡蛋回城。"老太太把门打开得更大了一些,并问道:"为什么不用你的鸡蛋?"威伯说:"因为我的力行鸡下的蛋是白色的,做起蛋糕不好看,我的太太让我来买你的棕色的鸡蛋。"这时候,老太太走出门口,态度也温和了许多,并和威伯聊起了鸡蛋的事情。但威伯却指着院中的牛棚说:"夫人,我敢打赌,您丈夫养牛赶不上您养鸡赚钱。"老太太心花怒放,因为长期以来,她丈夫总不承认这个事实。两个星期后,威伯在公司收到了老太太寄来的用电申请。

资料来源:一鸣.金牌推销人员的成功话术.北京:企业管理出版社,2008

第四节 推销礼仪

很多成功的推销人员在谈及成功的推销经验时,首先会谈到要用人格魅力而不是产品去打动顾客。人和产品同样重要,顾客在购买产品时,不仅要考虑产品是否合适,还要考虑对推销人员的印象。71%的顾客之所以购买你的产品,是因为信任你、喜欢你、接受你。推销界的一个著名的公式,即"产品+人品=商品",形象地说明了人品的重要性。顾客如果不喜欢某个推销人员,当然也不会喜欢他所推销的产品。推销人员向顾客推销自己的手段之一就是要掌握一定的推销礼仪知识。

一、推销形象

推销人员的形象是由仪表、服饰、举止等形体语言和非形体语言构成的完整印象。在人与人的交往中,想在很短的时间内使顾客了解推销人员是很困难的,因此第一印象就显得非常重要。而这第一印象,基本上在最初3秒钟内便已经形成。因此一个人的仪容仪表对于赢得对方的信任起着十分重要的作用。俗话说"人靠衣服马靠鞍",得体的服饰可以给人留下良好的第一印象。此外,推销人员讲究自身的仪表与装束不仅可以展示个人的风采,使自己在推销过程中充满自信,还可以表明推销人员对客户的重视和尊重。

阅读材料

首因效应和晕轮效应

一个人在第一次交往中的形象,在对方的头脑中形成印象并占据着主导地位,这种效应即首因效应。人们常说"给人留下一个好印象",这个"好印象"一般指的就是第一印象。

著名推销家弗朗哥·贝德格认为初次见面给人印象的90%产生于服装。

晕轮是指太阳周围有时出现一种光圈,远远看上去,太阳好像扩大了许多。晕轮效应是指人对某事或某人好与不好的知觉印象会扩大到其他方面。

据美国纽约销售联谊会统计,71%的民众从推销人员那里购买产品是因为他们喜欢和信任该推销人员。

(一)仪容礼仪

仪容是指一个人的长相和修饰。美的形象首先表现在容貌上。仪容修饰的基本原则:要与性别年龄相适宜,要与容貌皮肤相适宜,要与身体造型相适宜,要与个性气质相适宜,要与推销人员的职业身份相适宜。男性推销人员要体现刚毅有力、优美自然的男子气韵,女性推销人员要体现温柔妩媚、典雅端庄的女子风韵。

男性的仪容规范重在"洁",男士推销人员要特别注意头部的整洁:头发要经常梳洗,不可过长或过短,比较认可的长度是前不及眼、左右不及耳、后不及衣领,发型不要过分追求新潮;要注意面部修理,及时清理胡须、鼻毛、耳屎、眼屎;要注意牙齿清洁、美容;还要保持指甲卫生。

女性推销人员的容貌修饰要典雅,发型应以中庸为原则,避免形态、色彩怪异;眉毛、睫毛的描画,脂粉、口红、香水的使用,以淡雅清香为宜;要注意皮肤护理,化妆品要与个人的脸形、年龄、气质特点相符。

推销人员在容貌修饰方面应避免犯的错误是:油头粉面或蓬头垢面,发型过于新潮,形态怪异;浓妆艳抹,香气袭人;面部不清洁,口中有异味;交谈中戴变色镜或墨镜。

女士推销人员化妆要遵循 TOP 原则。TOP 是三个英语单词的缩写,它们分别代表时间(Time)、场合(Occasion)和地点(Place),即化妆应该与当时的时间、所处的环境和地点相协调。

(1) 时间:白天是工作的时间,宜化淡妆,这样会显得清雅大方;夜晚因为光线的原因,可适当加重妆容。

(2) 场合:在与顾客会面时,宜化淡妆,这样既庄重又不至于分散顾客的注意力;参加正式的社交活动,如晚宴时,可以化晚宴妆以配合灯光的效果,同时可以打扮得隆重一些来配合妆容。

(3) 地点:在自己家里,如果不会客,可以根据个人喜好化妆或不化妆;但如果要会客,还是应该适当化妆以显示对客人的尊重;应尽量避免在公共场所当众化妆或补妆,因为重视个人形象是一件好事,但是一有空闲就旁若无人地对镜修饰,则显得比较失礼。

(二) 服饰礼仪

服饰是服装与装饰物的统称,包括身上的衣服,头上的帽子,脚上的鞋袜,以及男性的领带,女生的项链、围巾等。服饰是一个人重要的门面,往往会给第一次见面的人留下深刻的印象。推销人员离去时,顾客或许忘记了他的相貌,但会记住他的衣着打扮。

西方的服装设计大师认为:"服装不能造出完人,但是第一印象的 80% 来自着装。"对于销售人员来说,要有效地推销自己,进而成功地销售产品,掌握一定的着装技能是非常有必要的。

1. 着装的 TOP 原则

(1) 时间原则——着装要随时间而变化。如果白天,工作时间与刚结识不久的潜在顾客会面,建议着装要正式,以表现出专业性;而晚上、周末、工休时间在非正式的场合与顾客会面,则可以穿得休闲一些。这是因为在工作之余,顾客为了放松自己,在穿着上也较为随意,这时你如果穿得太正式,就会给顾客留下刻板的印象。但是如果参加较正式的晚宴,则需要遵循场合原则,穿正式晚宴装。

(2) 场合原则——着装要随场合而变化。场合可以分为正式场合和非正式场合。在正式场合,如与顾客会谈、参加正式会议或出席晚宴等,销售人员的衣着应庄重、考究:男士可穿质地较好的西装、打领带,女士可以穿正式的职业套装或晚礼服。在非正式的场合,如朋友聚会、郊游等,着装应轻便、舒适。试想一下,一位女士如果穿着高跟鞋、窄身裙搭乘飞机,将会发现自己有诸多不便。同样地,如果穿便装去出席正式晚宴,不但是对宴会主人的不尊重,同时也会令自己颇觉尴尬。

(3) 地点原则——着装要入乡随俗、因地制宜。地点即所处地点或准备前往的地点。如果是在自己家中接待顾客,可以穿舒适的休闲服,但要干净整洁;如果是去顾客家拜访,则既可以穿职业套装,也可以穿干净整洁的休闲服;如果是去公司或单位拜访,穿职业套装会显得专业;外出郊游可以穿得轻松休闲一些;而到酒店拜访,并在酒店的中餐厅厨房示范产品功效时,则宜穿轻便的服装,因为如果穿得过于正式地在厨房示范产品,不仅会在示范操作时觉得碍手碍脚,也有可能会令别人排斥,感到你不属于他们这个圈子。

总之,穿着打扮应该与时间、场合、地点保持和谐。这样不仅能令自己感觉舒适、信心十足,也能给顾客留下良好的第一印象,唤起顾客对你的好感与共鸣,使其乐意与你交谈,在无形之中使双方的关系变得融洽、亲和,否则就会显得自己和这个环境格格不入,甚至滑稽可笑。

2. 男士穿衣建议

男士与顾客见面时可以穿有领T恤和西裤,以使自己显得随和而亲切,要避免穿牛仔装,以免显得过于随便。如果是去顾客的办公室,则一般要求男士穿西装,因为这样会显得庄重而正式。在所有的男式服装中,西装是最重要的衣着,得体的西装穿着会使人显得神采奕奕、气质高雅、内涵丰富、卓尔不凡。

西装的着装有以下规范。在推销工作中,对男性推销人员来说,西装是最被认可的。选择西装,最重要的不是价格和品牌,而是包括面料、裁剪、加工工艺等在内的许多细节;在款式上,应样式简洁,注重服装的质料、剪裁和手工;在色彩选择上,以单色为宜,建议至少要有一套深蓝色的西装。深蓝色显示出高雅、理性、稳重;灰色比较中庸、平和、显得庄重、得体而气度不凡;咖啡色是一种自然而朴素的色彩,显得亲切而别具一格;深藏青色比较大方、稳重,也是较为常见的一种色调,比较适合黄皮肤的东方人。

西装的穿着很讲究。西装衣袖合适的长度是手臂向前伸直时,衬衫的袖子露出二三厘米。西装衣领的高度以使衬衫领口外露两厘米为宜。如果穿的是单排两颗纽扣西服,只扣上边一颗;穿着单排三颗纽扣的西服,可以只系中间一颗扣子或全扣。

另外,西装的穿着还要注意与其他配件的搭配。

(1) 领带:领带虽小,但是对佩戴者的身份、品味影响非常大。懂得自我包装的男士非常讲究领带的装饰效果,因为领带是点睛之笔。领带的面料一般以真丝为优,颜色尽可能不选择太浅的,黑色领带几乎可以和除了宝蓝色以外任何颜色的西服搭配。深色西服可以搭配比较华丽的领带,浅色西服搭配的领带相应也要浅一些。领带除了颜色必须与自己的西装和衬衫协调之外,还要求干净、平整不起皱。领带长度要合适,打好的领带尖应恰好触及皮带扣,领带的宽度应该与西装翻领的宽度和谐。

(2) 衬衫:在工作场合,和西服配穿的衬衫主要是以纯棉、纯毛为主的单色正装衬衫。白色衬衫搭配深色西服是最安全、最普遍的,浅蓝和浅粉也可以,但不要选择浅紫色、桃色。需要注意的是条纹衬衫和方格西服或方格衬衫和条纹西服是不能搭配在一起的。

穿着衬衫的时候,所有的扣子都要扣上,只有在不打领带的时候才可以解开领扣。衬衫的下摆要均匀地收到裤腰里。衬衣一定要保持干净、硬挺,领子不要翻在西服外。

(3) 袜子:袜子的长度以坐下后不露出小腿为宜。袜子颜色要和西装颜色协调,深色袜子比较稳妥,黑色最正规,尽量不要穿白色袜子、彩色袜子、花袜子。

(4) 鞋子:鞋的款式和质地的好坏也直接影响到男士的整体形象。在颜色方面,建议选择黑色或深棕色的皮鞋,因为这两种颜色的皮鞋是不变的经典,浅色皮鞋只可配浅色西装,如果配深色西装会给人头重脚轻的感觉。休闲风格的皮鞋最好配单件休闲西装。无论穿什么鞋,都要注意保持鞋子的光亮及干净,光洁的皮鞋会给人以专业、整齐的感觉。

3. 女性着装建议

穿着得体大方的女推销人员,通常能给人以成熟、干练、亲切、稳重的感觉。女推销员的职业装一般包括两种:一是西服套裙;二是三件套的套裙,即衬衫、背心和半截裙的搭配。以西服套裙最为标准,最能体现女性的体态美。

(1) 西服套裙的着装规范。女性西服套裙应选择较好的面料,应避免出现褶皱。套裙的大小要合体,上衣最短齐腰,裙子最长可达到小腿中部。在色彩方面西服套裙以冷色调为主,以体现着装者的典雅、端庄和稳重,最好不要选择鲜亮抢眼的颜色。西服套裙应该搭配皮鞋穿,皮鞋以半高跟黑色牛皮鞋为最佳,和套裙颜色一致的皮鞋也可以选择。穿西服套裙时不能穿运动鞋、布鞋、拖式凉鞋。女士穿裙子应当搭配长筒丝袜或连裤袜,不可以光腿、光脚。袜子的颜色以肉色最为常用。夏季可以选择浅色或近似肤色的袜子。冬季的服装颜色偏深,袜子的颜色也可适当加深。袜子最好没有图案和装饰,一些有网眼、链扣、珠饰或印有时尚图案的袜子都不能穿。女性销售代表应在皮包内放一双备用丝袜,以便当丝袜被弄脏或破损时可以及时更换,避免尴尬。

(2) 女性穿着禁忌。

① 女推销员忌穿着暴露。夏季,有的女士会穿"清凉"的服饰,这些服饰的确为炎热的夏日增添了一道亮丽的风景。但是,这样的服装并非适合所有的场合。在正式场合如果穿过露、过紧、过短和过透的衣服,如短裤、背心、超短裙、紧身裤等,就容易分散顾客的

注意力,同时也显得不够专业。除此之外,还要注意切勿将内衣、衬裙、袜口等露在外衣外面。

② 忌过分潇洒或过分可爱。最典型的例子就是穿一件随随便便的 T 恤或罩衫,配上一条泛白的"破"牛仔裤,或穿当下流行的可爱俏丽的款式等,这样会给客户留下轻浮、不稳重的感觉。

③ 饰品要适量。巧妙地佩戴饰品能够起到画龙点睛的作用,能给女士们增添色彩。但是女推销员佩戴的饰品不宜过多,原则上全身的首饰不要超过三套,否则会分散对方的注意力。佩戴饰品时,应尽量选择同一色系。佩戴首饰最关键的就是要与整体服饰搭配统一起来。

(三) 行为举止

仪表与服饰对于给顾客留下第一印象起到了较为重要的作用,但要想让别人敞开心灵的大门,推销人员的言谈举止同样也非常关键。如果说仪表是取得与顾客交谈的机会钥匙的话,则言谈举止是征服顾客心灵并取得其信任的推进器。能引起顾客注意的外表,只是为推销活动开了一个好头,要真正赢得顾客的信任,还要靠推销人员的形体语言、良好的气质与风度。

推销人员的举止要求是:彬彬有礼、端庄大方;在约见顾客、拜访顾客、推销洽谈、社会交往中,要表现出稳健、优雅、大方的姿势、表情,严格遵守社交礼仪。

1. 站姿

站姿是生活中最基本的一种举止。正确、健美的站姿给人以精力充沛、充满自信的感觉。站姿的基本要求是"站如松"。站立时,应头正颈直,双眼平视,挺胸直腰,双肩保持水平,手指并拢自然弯曲,腿伸直,脚跟并拢,重心保持在双脚之间。站立时不能弯腰驼背,左摆右晃,不可以歪脖、斜腰、屈腿,不能双手叉腰、身体倚物等。

2. 坐姿

推销时坐姿要端正、稳重,力求做到"坐如钟"。入座时,动作应轻、缓、柔,应走到座位前,转身平稳坐下;坐定后,身体重心垂直向下,腰部挺起,上体保持正直,头部保持平稳,两眼平视,下颌微收,双掌自然地放在膝头或者座椅的扶手上。女士入座尤其要文静、柔美,穿裙子时要收好裙脚。

3. 行走

行走的基本要求是"行如风"。推销人员的步态应协调稳健,轻松敏捷。行走时,要双目平视前方,双肩平稳,双臂自然摆动,上身要挺直,步位要顺直,步幅要适当。如与顾客一起行走,步伐要以跟上顾客为前提,以方便交谈为宗旨。行走时,男士不要左右晃肩,女士髋部不要左右摆动。

4. 面部表情

推销人员接触顾客时要运用好面部表情和手势。"眼睛是心灵之窗",拜访顾客时,目光应该和蔼、亲切;与顾客交谈时,目光应注视对方;正式洽谈的过程中,目光应严肃认真,注视的位置应在对方的双眼或双眼与额头之间;在社交场合,目光要坦然、有神,注视的位置在对方唇心到双眼之间的区域。微笑是友善和尊重顾客的表现,拜访顾客过程中,要面带微笑。在交谈的过程中,推销人员要注意观察客户的表情:下巴松弛并伴有微笑,表示对对方赞同和有兴趣,可以继续推销演讲;下巴绷紧,则表示怀疑和生气;皱眉、噘嘴、眯眼表示不确定、不同意,甚至完全不相信。

5. 手势

手势是推销人员与顾客交往的过程中使用最频繁的一种非口语活动,运用恰当,会大大提高推销人员传递信息的清晰度、增强交流的效果。

推销沟通过程中,使用手势应注意以下几点:

(1) 大小适度。手势的上界一般不应该超过对方的视线,下界不应低于自己的胸区,左右摆动的范围不要太宽,应在人的胸前或右方进行。

(2) 自然亲切。应多用柔和的曲线手势,少用生硬的直线手势。

(3) 避免不良手势:与人交谈时,讲到自己不要用手指自己的鼻尖,而应用手按在胸口上;在谈到别人时,不可用手指别人;初见新客户,应避免抓头发、玩饰物、抠鼻子等粗俗动作;应避免交谈时指手画脚、手势动作过多过大。

6. 注意观察客户的体姿

推销人员在推销过程中要时刻保持良好的坐、立、行、走姿势,在客户心目中树立良好的印象;同时要注意观察客户的体姿,从中捕捉到客户对推销是否满意的信号,从而适时调整推销的进程。例如身体前倾暗示对问题越来越感兴趣,推销人员应该停止事先准备的推销陈述,直接请求成交;顾客远离推销人员,并把双手放在脑后或坐在桌子和椅子的扶手上,象征沾沾自喜和优越感;张开手臂表示坦率、自信与合作;双臂和双脚交叉、清嗓子暗示有心理抵触;玩手指或轻轻跺脚表示不耐烦。

(四) 谈吐

从谈吐方面来说,交谈艺术与技巧今天显得尤为重要。因为通过沟通、洽谈的方式达成的交易比起任何一种成交方式达成的都多得多。尤其是现代通信工具的运用,更加重了洽谈成交的比例。电话、传真、计算机网络的出现和运用,使得许多传统方式花费较长周期才能达成的交易,在极短的时间就有望达成。这就要求推销人员加强自身的语言训练,提高表达水平,积累交谈技艺,掌握谈话艺术。在拜见顾客和其他一些交际场合中,推销人员与顾客交谈时态度要诚恳热情,措辞要准确得体,语言要文雅谦恭,不要含糊其辞、吞吞吐吐、信口开河、出言不逊,要注意倾听,要给顾客说话的机会,"说三分、听七分",这些都是交谈的基本原则。

1. 交谈的基本要求

交谈的基本要求如下。

（1）发音准确。

（2）条理清楚，逻辑性强，不能前言不搭后语、自相矛盾。

（3）谈话要有据有理，不能强词夺理。

（4）与顾客交谈时，应双目注视对方，不要东张西望、左顾右盼，可适当用些手势，但幅度不要太大。

（5）与顾客保持适当距离，讲话时不要唾沫四溅。

（6）交谈要富有热情，充满活力，使人倍感亲切、有渴望交流的冲动。

（7）交谈中要给对方说话的机会，不要轻易打断或插话，应让对方把话说完。

2. 交谈过程中要注意的环节

交谈过程中要注意的环节如下。

（1）要注意语音、语调、语速及停顿等语言基本功的训练。

（2）要使用规范化语言，一般与顾客交谈宜用纯正的普通话。

（3）要尽量避免使用专业术语。

（4）切忌随意讽刺挖苦别人、攻击竞争者。

（5）不要与顾客争辩。

（6）不要开粗俗的玩笑，否则会使人觉得俗不可耐，而且容易刺伤顾客的自尊心。

（7）不要手舞足蹈，不要用手指人，更不能拉拉扯扯、拍拍打打。

二、推销交往礼仪

（一）拜访礼仪

拜访是指亲自到潜在客户的单位或相应场所去拜见、访问某人或某单位的活动。拜访应遵循以下礼仪规范。

1. 做好拜访前的准备工作

拜访客户之前要做好充分的准备工作，这不仅能够提高本次拜访的成功率，而且也是对拜访对象尊重的体现。

（1）明确拜访的目的和性质，理清此次拜访的核心目标和宗旨。

（2）仪表准备。注意着装和个人形象，力图为客户留下良好的第一印象。

（3）资料准备。推销人员不仅仅要获得顾客的基本情况，例如对方的性格、教育背景、生活水准、兴趣爱好、社交范围、习惯嗜好等以及和他要好的朋友的姓名等，还要了解对方目前得意或苦恼的事情，如乔迁新居、结婚、喜得贵子，或者工作紧张、经济紧张、充满压力、身体欠佳等。总之，对顾客了解得越多，就越容易确定一种最佳的方式来与顾客谈话。另外，推销人员还要努力掌握活动资料、公司资料、同行业资料。

调查表明，推销人员在拜访顾客时，利用推销工具，可以降低50%的劳动成本，提高10%的成功率，提高100%的推销质量！推销工具包括产品说明书、企业宣传资料、名片、计算器、笔记本、钢笔、价格表、宣传品等。

2．做好时间安排

拜访时间的约定要注意两点：一是争取实现预约，预约时要有礼貌地请教对方是否方便并告知需要占用的时间；二是要注意安排在对方乐于接待的时段。

3．等待会见时的注意事项

等待会见时，要注意细节，以给对方留下良好印象。

拜访时间一定要准时，最好提前5~10分钟。到达后先通知前台人员，然后耐心等待通报。若被拜访者不能马上接见，可按前台人员的安排在休息室或者会客室等待。等待的过程中不要大声交谈，不要在公司里到处乱走，更不要乱翻别人的资料，要耐心等待，同时要与在此进出的工作人员点头示意，行注目礼。

4．与客户面谈时的注意事项

在与客户面谈时，要注意以下事项。

（1）不管顾客房门是关还是开，推销人员走进房间前都应先敲门，应用食指敲门，力度应适中，应间隔有序地敲三下，然后等待回应，得到对方允许后才能进入。

（2）进入对方办公室时，应主动询问自己随身携带的资料袋和公文包或雨伞应该放在哪里，在得到对方的确认之前不要自行做主。

（3）等对方的指示后再入座。

（4）不要任意抚摸或玩弄顾客桌上的物品。

（5）当秘书奉茶时，要有礼貌地表示谢意。

（6）在告辞时，要对对方的接待表示感谢；如果碰到对方非常忙碌，要有礼貌地请对方留步。

（二）接访礼仪

客人来访时，推销人员应主动接待，并随时记得"顾客至上"。推销人员应引领客人进入会客厅或者公共接待区，并为其送上饮料。如果是在自己的座位上交谈，应该注意声音不要过大，以免影响周围同事。推销人员在前面领路时，切记始终面带微笑。

在公司内不同场所领路时，应该留意以下重点。

（1）走廊：应走在客人前面两三步的地方，让客人走在走廊中间，转弯时应先提醒客人："请往这边走。"

（2）楼梯：先说要去哪一层楼，上楼时让客人走在前面，一方面是确认客人的安全，另一方面也表示谦卑，不要站得比客人高。

（3）电梯：必须主导客人上、下电梯。首先必须先按电梯按钮，如果只有一个客人，可以以手压住打开的门,让客人先进,如果人数很多,则应该先进电梯,按住开关,先招呼客人,再让公司的人上电梯。出电梯时刚好相反,自己按住开关,让客人先出电梯,自己再走出电梯。如果上司在电梯内,则应让上司先出,自己最后再出电梯。

(三) 介绍礼仪

在推销场合结识朋友,可由第三者介绍,也可自我介绍。为他人介绍,要先了解双方是否有结识的愿望,不要贸然行事。无论自我介绍或为他人介绍,做法都要自然。例如,正在交谈的人中,有你所熟识的,便可趋前打招呼,再由这位熟人顺便将你介绍给其他客人。在有些场合也可主动自我介绍,讲清姓名、身份、单位,对方则会随后自行介绍。为他人介绍时还可说明其与自己的关系,以便于新结识的人相互了解与信任。介绍具体的人时,要有礼貌地以手示意,而不要用手指指点点。

1. 介绍他人的基本原则

介绍他人的原则如下。
(1) 将男士介绍给女士。
(2) 将年轻者介绍给年长者。
(3) 将职位低的介绍给职位高的,而不分男女老幼。
(4) 将未婚者介绍给已婚者。
(5) 将本国人介绍给外国人。

2. 自我介绍

在很多场合,推销人员需要做自我介绍。自我介绍一般包括介绍自己的姓名、身份、单位等,对方则会随后自行介绍。自我介绍应把握以下要点:
(1) 举止要庄重大方,不要慌慌张张、语无伦次;
(2) 表情要坦然亲切,面带微笑,眼睛注视对方或大家。

(四) 称呼礼仪

无论是面见客户,还是打电话、写信给客户,总少不了称呼对方。恰如其分地称呼对方是推销礼仪的内容之一,称呼对方要考虑场合,与对方的熟悉程度,对方的年龄、性别、职务等因素。

1. 仿欧称呼

在特定的商业经营、服务行业、生意场的环境中,对不熟悉的管理人员、服务人员,统统直接称呼"先生"、"小姐"、"女士",对熟悉的人士也常常在前面加姓氏称呼,如"李小姐"、"王女士",其中"先生"、"小姐"的使用频率最高。

2. 称呼身份

身份是指一个人的职务、职称、职业,如经理、教授、服务员、记者等。可以直接称呼身份,也可以在身份前冠以姓氏或名字,如"王厂长"、"张主编"、"吴医生"等,这是一种比较常用的方式。

3. 相对年龄的称呼

根据年龄大小，一般同事或朋友之间可以称呼"老王"、"小李"。关系较为密切的人之间或长者对年少者，可以直呼其名而不称姓。

4. 称呼"老师"

对新结识长于自己的人，可称"老师"。有时，实在不知应如何称呼对方时，可用"老师"这个称呼。尤其在文化艺术界这个称呼显得尊敬有礼，很普遍。

5. 称呼"同志"、"师傅"

在我国，一直通用的称呼是"同志"，前面也可冠以姓氏或名字。后来，"师傅"一词又遍及各个行业。

6. 简称

中国人的语言讲究节奏感和简练，故称呼以 2~3 字为宜，如果超过 3 个字，就有累赘感，有时可自行将其简化，如"陈总司令"、"钱总工程师"、"王总经理"可分别简称为"陈总"、"钱总"、"王总"，"刘工程师"简称为"刘工"等。当然，这类简称只能在非正式场合下运用，在正式场合还应该称全称。

（五）名片礼仪

名片是推销人员常备的一种交际工具。推销人员在与顾客交谈时，递给顾客一张名片，不仅可以很好地进行自我介绍，而且可以与顾客建立联系，方便体面。但名片不能滥用，要讲究一定的礼节，以避免留下不良的印象。

1. 名片的递送

（1）递名片的顺序。递名片时，一般是地位低的先递给地位高的、男士先递给女士、年轻的先递给年长的。但是，如果对方先把名片递了过来，自己也不必谦让，应当大方地收下，然后再将自己的名片递过去。

若同时向多人递送名片，应按照职务的高低或年龄大小顺序递送，且不可遗漏。如分不清职务高低和年龄大小，则可先和自己对面左侧的人交换名片。

（2）递名片的礼仪。向对方递送名片时，应面带微笑，注视对方，将名片正面、字的正方朝向对方，用双手的拇指和食指分别持握名片上端的两角送给对方（如果是坐着，应当起立或欠身递送），同时说"您好，我是某某某，请多指教"，或"我的名片，请您收下"这类的客套话。千万不能用食指与中指夹着名片递过去。

（3）递名片的时机。

① 跟随长辈或上司拜访时，决不能比他们还早递出名片，以示尊重。

② 会议时或用餐时，不可递出名片。

③ 在未确定对方的来历之前，不要轻易递出名片；否则，不仅有失庄重，而且可能使名片日后被冒用。

④ 为了尊重对方的意愿,尽量不要向他人索要名片。

2. 名片的接受

接名片时应起身,面带微笑注视对方;对方递上名片时,自己应用双手接过名片,手持的高度约在胸部;接过名片时应说"谢谢",并仔细观看名片内容,按名片上的职务称呼对方,如果念错,一定要致歉,表现出对认识对方的极大兴趣和对对方的尊重,然后回敬对方一张本人的名片。

3. 名片的存放

接受别人的名片后应将其放入左胸的内衣袋或者名片夹中,以示对他人的尊敬,切不可一边与人交谈一边将名片胡乱搓揉、玩耍,或随意地丢在桌子上。交谈时,可以把对方的名片放在面前,并不时提及对方的姓名和头衔,要注意,不要把谈话内容、约定事项等记在对方名片上。特别要注意的是,所有的名片都要妥善保管、整理,并定期过滤。

(六)握手礼仪

握手在人类社会中起源较早。据说原始人表示友好时,首先亮出自己的手掌,并让对方摸一摸,表示自己手中没有武器。后来握手逐渐演化,成为现在的握手礼。现在的握手礼已没有最初的用意,只是一种交往礼节。

握手有许多规矩,因为握手的姿势、方式、顺序、力度、时间等常常代表了不同的态度和礼遇。

1. 握手时的姿势

握手时应站立相握,除非年老体弱或身有残疾者,否则不能坐着握手。握手时年轻者对年长者或身份低者对身份高者应欠欠身子。

2. 握手的方法

握手时用右手相握,不可用左手握。握手的方法如下。

(1)伸出右手,右臂自然向前伸出,四指并拢,虎口张开,拇指伸直,手的高度大致与对方腰部上方齐平,同时上身前倾。握手时要精神集中,双目注视着对方,面带微笑。熟人之间也可以一边握手一边互致问候。

(2)手伸出时应使手掌处于垂直状态,这是一种自然平等的姿态。否则,掌心向下握对方的手,会显示出高人一等的支配欲,是权利的象征;掌心向上又会显示出过分谦卑。

(3)用右手握手后,左手也相握,以表示更加亲切和尊重对方。此种握法常用于看望德高望重的人和久别重逢的朋友等。男子与女宾一般不采用此种方法握手。

3. 握手时的礼仪

男性握手时不能戴手套、戴帽子,这是礼貌性的问题。当对方伸出手后,应迅速脱去手套上前相握。有身份的人或妇女可戴着薄手套同他人相握。军人戴军帽与对方握手时,应先行举手礼,然后再握手。另外,握手后不能当场擦手。

4. 握手的顺序

两人见面,谁先伸手握手,也是对人的尊敬问题,一般次序如下。

(1) 年龄较大、身份较高的人先伸手。年龄较小、身份较低的人不宜先伸手,而要等对方伸手后,立即上前回握。

(2) 女方首先伸手。男女之间,当女方伸出手后,男方再伸手轻轻地握住。如果女方不伸手,或无握手之意,男方可点头示意或鞠躬。一般来说,男女初次见面,女方可以不和男方握手,只点点头即可。

(3) 主人首先伸手。主人和客人之间,主人有先伸手的义务。当客人到来时,不管客人的身份如何、性别如何,主人都应首先伸手表示欢迎。若是等客人伸手,则显得主人有怠慢之感。

(4) 朋友、平辈见面,谁伸手快谁更为有礼。无论是谁先伸出手,对方都应该毫不迟疑地回握,以避免一方一直伸着手,无所适从。

5. 握手时的注意事项

握手时的注意事项如下。

(1) 握手时力度应适中。握手时过于用力会给人一种居心不良的感觉,而有气无力则给人一种倨傲和不诚恳的感觉。

(2) 男士同女士握手时,应只握住对方的手指部分,且不能十分用力,只需象征性地轻轻一握即可,同时要避免松而无力,否则显得缺乏热情。

(3) 握手的时间一般不宜过长,有3~5秒即可。如果要表示一下真诚和热烈,可以长时间地握手,并上下摇晃几下。男士与女士相握时,切忌握住女士的手后久久不松开。

(4) 多人同时握手时应注意不要交叉,可待别人握完再握。在聚会场合,如果人较多,可只与主人和熟人握手,对其余的人点头致意即可。

(5) 不要用湿手、脏手同他人握手。

(6) 别人伸出手时,不可拒绝或慢慢腾腾地伸出手,不可一边握手一边左顾右盼、东张西望,心神不定。

(7) 为了避免尴尬场面出现,在主动和人握手之前,应该首先想一想自己是否受对方的欢迎。

(七) 电话礼仪

电话已经成为推销人员常用的一种推销工具。推销人员可以通过电话进行市场调查、约见客户、直接进行电话推销或商谈具体的业务事项。因此,推销人员也应该注意使用电话方面的一些礼节。

(1) 打出电话时,要考虑对接听电话人来说时间是不是适宜,应主动说明自己的身份、目的。

(2) 接听电话时应及时拿起听筒,一般在铃响两声后拿起,无论电话是找自己还是别人,都应热情,不要冷冰冰的。

(3) 讲电话不要啰嗦,声音要适度。

(4) 打错电话,应表示歉意。

(5) 固定电话旁或公文包中应常备专用的笔、纸或小本,以便随时记录电话内容,因为如果打出电话时还手忙脚乱地乱找纸和笔,就显得没有诚意。

(6) 接到顾客的抱怨电话,决不能让自己的情绪受到顾客的影响,要尽量去化解顾客的不满;当顾客冷静下来时,要根据情况对顾客的抱怨做出处理,不要轻易让老顾客流失。

(7) 使用"请""谢谢"等礼貌用语,打完电话时应等对方挂断后,再轻轻地挂上电话。

(八) 宴请礼仪

推销工作中可能少不了必要的招待与应酬,但推销人员在进餐时不要铺张浪费、大肆挥霍,要注意进餐的一些礼节,摒弃一些坏的习惯。请客户进餐时,应注意以下方面。

(1) 正式的宴请要提前一周发请柬,一般的宴请也应提前几天告知所邀请的人,以便他人提前做安排。

(2) 宴请地点要考虑顾客心理,最好与所邀请的人商定,一般不要选在顾客投宿的酒店,因为顾客通常把自己投宿的酒店当成自己的家。

(3) 席位安排原则:同一桌上,席位高低以距离主人的座位远近而定,右高左低。

(4) 菜肴要适合顾客的口味,最好由顾客点菜。

(5) 上菜后,主人应招呼客人进餐,要与同桌的人普遍交谈。

(6) 陪客人数要适度,一般不能超过顾客人数。

(7) 不能醉酒,劝酒要适度,以客户的酒量为限,打破一些陈规陋习。

(8) 最好自己单独去结账。

(9) 宴毕应请顾客走在前面。

三、推销交谈礼仪

(一) 寒暄的礼仪

同样一句寒暄话,采用平淡的问候语与采用积极的关怀语句,其间的差距特别大,积极的、关怀式的问候也许就可以拉近推销人员和顾客的距离,不能忽视。

(二) 注意倾听的礼仪和技巧

很多推销人员在注重如何说话的同时,可能忽视了一种十分重要的能力——倾听别人说话的能力。倾听,不仅可以使推销员获得必要的信息,丰富其情报资料,而且可以满足顾客的需要。认真倾听顾客的谈话,是对顾客的一种尊重,可以使推销员了解顾客是否真正理解了自己讲过的观点,领会顾客的真实意图。倾听,还可以使社会交往活动更有效,促使交往双方的关系更为融洽。

(三)留意顾客的眼神

一般情况下,顾客的眼神及含义如下。

(1)当谈话投机时,眼神会闪闪发光。

(2)当觉得谈话索然无味时,眼神会呆滞、漠然。

(3)当三心二意时,眼神会飘忽不定。

(4)当听得不耐烦的时候,眼神会心不在焉。

(5)当沉思时,眼神会凝住不动。

(6)当下某一决定时,眼神会显出坚定不移。

(四)注意视线位置

很多人都认为在谈话的时候应该注视着对方的眼睛,事实上这是一种很大的错误。和顾客对坐的时候,视线的位置对整个推销过程有着非常大的影响。眼睛一直注视着对方和一直游离不看对方都是错误的。

(1)打招呼时要行注目礼,这时当然要看顾客一眼。如果顾客脸色还算和悦,便可以多看几眼。但是,大多数的顾客对于访问推销都非常排斥,打心底里都想要拒绝别人,所以往往是满脸的不悦。这时可以将视线暂时投在桌子、手册、壁饰、地板上等。如果想知道顾客在看什么,也可以找个合适的时机,再看对方一眼。

(2)如果顾客一直注视着推销人员,推销人员也应该常常看着对方;而顾客突然将视线移开的时候,推销人员的眼神就应沿着肩膀慢慢地移开。当谈话的内容渐入佳境的时候,彼此之间视线相接触的机会就会增多。但是,视线最好不要在某一个特定的地方停太久,这样可以使气氛缓和些。

(3)如果推销人员想要移动视线,奖状、壁饰、插花等都是很好的注意目标,因为这些东西都是顾客非常希望被看到的。而且这些东西常常会带来许多话题,对推销活动而言,也算是突破的关键。和顾客对坐时最重要的是不可以一直盯着对方看。

四、推销售后礼仪

优秀的推销人员都清楚,达成交易并不是销售的结束,而是下一次销售的开始。有资料显示,赢得一个新顾客所花费的成本是维持一个老顾客的成本的六倍。因此,老顾客才是最好的顾客。只要留住他们,他们就会成为企业及产品忠实的介绍人。所以,推销人员必须树立这样的观念:老顾客是你最好的顾客!

(一)致谢礼仪

"谢谢!"这句话虽只有两个字,但如果运用得当,会让人觉得意境深远、魅力无穷。在必要之时,推销人员对顾客给予自己的关心、照顾、支持、喜欢、帮助,应表示必要的感谢。

这样做,不是虚情假意、可有可无,而是必须的。

(1) 合作成功时,应及时表示感谢。一句礼貌的"谢谢!"应当在每一笔交易结束时自然而然地表达出来。

(2) 即使面对顾客的抱怨也要心存感谢。凭借着顾客的抱怨,可能得以与顾客之间建立起另一种新的关系。推销人员要向表示不满的顾客表达销售者的诚意,把抱怨当成另一个机会的开始,这比不在意抱怨更为重要。

(二) 赠送顾客礼品的礼仪

赠送商务礼品是一门学问。送给谁、送什么、怎么送都很有讲究。

1. 礼物轻重得当

一般地讲,礼物太轻又意义不大,很容易让顾客误解为瞧不起他,尤其是对关系不算亲密的人,更是如此。而且如果礼太轻而想求别人办的事难度较大,成功的可能几乎为零。但是,礼物太贵重,又会使接受礼物的人有受贿之嫌,特别是对重要客户更应注意。

2. 礼物间隔适宜

送礼的时间间隔也很有讲究,过于频繁或间隔过长都不合适。一般来说,以选择重要节日如喜庆日、寿诞日送礼为宜。这样做既显得送礼者不突兀客套,又使受礼者收着心安理得,可谓两全其美。

3. 了解风俗禁忌

送礼前应了解受礼人的身份、爱好、民族习惯,避免出现不应有的麻烦。

4. 礼品要有意义

礼物是感情的载体。任何礼物都表示送礼人的特有心意,或酬谢,或求人,或联络感谢等。所以,选择的礼品必须与送礼人的心意相符,并使受礼者觉得礼物非同寻常、十分珍贵。实际上,最好的礼品应该是根据对方兴趣爱好选择的富有意义、耐人寻味、品质不凡却不显山不露水的礼品。因此,选择礼品时要考虑如下方面。

(1) 宣传性。礼品要宣传推广企业形象。

(2) 纪念性。礼品要能使对方记住自己,记住自己的单位、产品和服务。

(3) 独特性。选择礼品要做到人无我有、人有我优,不可千人一面,否则就有敷衍了事之嫌。

(4) 时尚性。礼品不仅要与众不同,还要时尚。

(5) 便携性。礼品不宜碎、笨重,应便于携带。

推销活动复杂多变,推销人员会遇到各种各样的顾客和场合,礼仪要求纷繁复杂,推销人员切不可忽视。常言道"礼多人不怪",遵守基本的商务礼仪是推销人员必须做到的,因为失礼而丢掉生意的推销人员不在少数,应该引以为戒。但礼仪的运用不可生搬硬套,要根据时间、地点、场合及推销人员与顾客关系的密切程度灵活运用。

"口"外推销术

推销是说服的艺术。如何说服顾客？一些推销员认为只要有好口才就能说服顾客，因此在推销过程中，只练"嘴功"。大量的推销案例表明，取得推销的成功，仅仅有好口才还不行，还需要用眼——认真观察，用耳——仔细倾听，用手——进行示范，用工具——提供证明。

一、推销需要用眼——认真观察

"一开口就谈生意的人，是二流推销员。"一位日本推销专家认为，推销是从融洽双方感情、密切双方关系、创造一个有助于说服顾客的良好气氛开始的。而要创造出这种气氛，推销员就必须仔细观察。

推销员在走进顾客办公室后，首先要用眼睛仔细观察。观察什么？就是要观察顾客办公室的布置、办公桌的摆放等；在和顾客谈话时，要观察顾客的言谈举止，以了解顾客的性格、爱好、志趣、脾气。掌握这些信息，对说服顾客十分有益。

有一位推销员到某厂找厂长联系业务。一走进厂长办公室，他就发现墙上挂着几幅装裱精美的书法作品。而厂长正在小心翼翼地掸去一幅书法立轴上的灰尘。这位推销员立即意识到厂长喜爱书法，于是走上前对厂长说："厂长，看来你对书法一定很有研究。唔，这幅篆书写得好，称得上'送脚如游鱼得水，舞笔如景山飞云'，妙！看这悬针垂露之法的用笔，就具有多样的变化美。好极了……"厂长一听，此人对书法很内行，一定是书法同好，便说："请坐，请坐下细谈……"这样，双方的感情迅速拉近，后来推销员谈到合同时，自然就"好说"多了。

美国一位心理学家提出这么一个公式：

一个人表达自己的全部意思＝7％的言词＋38％的声音＋55％的表情

在推销过程中，顾客有许多真实想法并不会直截了当、明白无误地告诉推销员。这时，推销员就要仔细观察顾客的言谈举止，以洞悉顾客的内心世界，找出顾客没有说出的意思：他需要的是什么、最关心的是什么、最担忧的是什么、还需要考虑的是什么、犹豫不决的原因是什么等。推销员一旦掌握了顾客的内心世界，进行有针对性的说服，也就掌握了主动权。

二、推销要用耳朵——认真倾听

一些推销员认为，做买卖就要有个"商人嘴"，因此口若悬河、滔滔不绝，顾客几乎没有表达自己意见的机会，这是错误的。

乔·吉拉德向一位顾客推销汽车，交易过程十分顺利。当客户正要掏钱付款时，另一位推销员跟乔·吉拉德谈起昨天的篮球赛。乔·吉拉德一边跟同伴津津有味地说笑，一边伸手去接车款,不料顾客却突然掉头而走,连车也不买了。乔·吉拉德苦思冥想了一天,不明白客户为什么对已经挑选好的汽车突然放弃了。夜里11点,他终于忍不住给客户打了一个电话,询问顾客突然改变主意的理由。客户在电话中不高兴地告诉他:"今天下午付款时,我同你谈到了我们的小儿子,他刚考上密西根大学,是我们家的骄傲,可是你一点也没有听见,只顾跟你的同伴谈篮球赛。"吉拉德明白了,这次生意失败的根本原因是自己没有认真倾听顾客谈论自己最得意的儿子。

倾听,是推销的好方法之一。日本推销大王原一平说:"对推销而言,善听比善辩更重要。"推销员通过听要比通过说能做成更多的交易。

三、推销要用手——进行示范

推销员只有让顾客清楚地认识到所推销的产品的确能够给顾客带来利益,才能打动顾客。然而,人们常说"耳听为虚,眼见为实",顾客不会轻信推销员对产品的介绍,要说服顾客,推销员就需要用一定的方式向顾客证明产品确实具有所说的优点。为此,推销员就要用手进行示范。

示范,就是推销员通过对商品的现场操作表演的方式,把商品的性能、特色、优点表现出来,使顾客对商品有直观的了解。

某厂开发的新产品——气功激发仪,在某商场柜台摆放了三个月无人问津。忽然有一天该商品被顾客抢购了198个。产品由滞转畅的原因是,推销员不仅向顾客介绍商品的性能,而且进行现场表演,在一位患肩周炎的老人身上具体示范。奇迹发生了,当即这位老人的胳膊不仅能抬起,而且伸直弯曲也不疼。围观的顾客无不为之折服,纷纷解囊争购这种产品。示范的作用有两个方面:一是形象地介绍商品,有助于弥补语言对某些商品,尤其是技术复杂的商品无法完全讲解清楚的缺陷,使顾客从视觉、嗅觉、味觉、听觉、触觉等感官途径形象地接受商品,起到口头语言介绍所起不到的作用;二是起证实作用,因为直观示范胜于雄辩。

四、推销需要工具——提供证明

美国伽罗克公司的推销员,在推销他们的多功能大功率车床时,用印有大量彩照的册子介绍商品。在图片册子的每页上,产品介绍言简意赅。利用图片册子描述产品功能引起了顾客的注意,顾客说:"以前我不知道你们生产这种产品。"该公司所有的推销员使用图片向顾客推销后,六个月内订货就增加了300%。

通常,顾客是凭听推销员对商品的介绍来购买商品的。推销员如果备有促进推销的小工具,则更能吸引顾客,激发他们的兴趣和好奇心,引发他们的购买欲。一个皮包中装满推销工具的推销员,一定能对顾客提出的问题给予令人满意的回答,顾客也会因此而信任并放心购买。

资料来源:易开刚.现代推销学.上海:上海财经大学出版社,2008

本章小结

沟通是为了一个设定的目标,把信息、思想和情感在个人或群体间传递,并且达成协议的过程。它有三大要素:明确的目标,达成共识的协议,沟通信息、思想和情感。推销沟通是推销人员与购买者之间传递和领会口头、形体信息的行为,是一个买卖双方信息互动及反应的过程。

沟通能力是影响推销成败最重要的因素。推销沟通包括距离、面部表情、眼神和体姿等非语言沟通,也包括提问、倾听及表述信息等语言沟通。客户沟通的原则有尊重、诚信、自信、主动、效率等。沟通方式根据人的控制欲望和社交能力,可以划分为四种类型:支持型、表现型、和蔼型和分析型。推销人员必须具备与各种沟通风格的顾客打交道的能力,主动地调整自己以适应顾客的沟通方式。

沟通能力的培养既取决于先天因素,同时也受到后天环境和后天习得因素的影响,所以推销人员有必要掌握有效的沟通技巧,提高自己的沟通能力。与客户沟通的技巧有学会微笑、真诚倾听、善于提问、善用同理心、善于赞美等。

推销人员是企业的"外交家",是企业形象的代表,是顾客"判断"商品优劣的第一介质。因此,推销人员的社交形象对推销活动的开展有着举足轻重的作用,推销人员必须重视用非语言和语言进行传递和沟通,为了公司及自身的利益必须注重自身在社会公众面前的形象。推销形象由外表、服装、服饰及言谈举止等方面构成,它是一个不可分割、自然和谐、协调一致的整体。推销人员只有在接近顾客过程中善于用交谈技巧去说服顾客,才可能接近推销的目标顾客群,并最终促成其购买。

推销人员交际活动多,必须懂得基本的交际礼节,以免败坏公司形象、影响产品推销。从推销活动角度看,交际礼仪主要包括:推销交往中的拜访、接访、称呼、名片、握手、电话、宴请等礼仪,推销交谈中的寒暄、倾听、眼神、视线等礼仪,售后中的致谢、赠送顾客礼品等礼仪。在推销活动的整个过程中,会见顾客、与顾客交谈、售后维护是最重要的三个推销环节,这些环节都与拜访、接访、打电话、寒暄、宴请等密切相关,从而也就构成了推销活动中最为人们所关注的礼节。

思 考 题

1. 什么是沟通?为什么推销过程中不仅要重视语言沟通,也要重视非语言沟通?
2. 非语言沟通包括哪些主要内容?
3. 四种沟通风格的顾客各自有什么特点?与其沟通时应注意哪些问题?
4. 客户沟通的原则有哪些?如何运用这些原则?

5. 在推销人员的沟通技巧中哪些技巧最重要？为什么？
6. 为什么推销人员必须关注自己的推销形象？
7. 推销人员的推销形象包括哪些组成部分？分别要注意哪些问题？
8. 在与客户的交际过程中应遵循哪些礼仪？

案 例 分 析

案例 6-1

老太太买李子

之一

一位老太太每天去某菜市场买水果。一天早晨，她提着篮子，刚到菜市场，遇上了第一个卖水果的小贩。

小贩问："您要不要买些水果？"

老太太说："你有什么水果？"

小贩说："我这里有李子，您要李子吗？"

老太太说："我看看。"

小贩赶紧介绍："李子又红、又大、又甜，特别好吃。"

老太太仔细一看，果然如此。但老太太摇摇头，没买，走了。

之二

老太太继续在菜市场转悠，遇到第二个小贩。

小贩问："老太太买什么水果？"

老太太说："买李子。"

小贩："我这里有大的、小的、甜的、酸的，您要什么样的呢？"

老太太："要买酸李子。"

小贩："我这堆李子特别酸，您尝尝？"

老太太一咬，果然很酸，满口的酸水有点让人受不了，但老太太很高兴，马上买了一斤。

之三

老太太没急于回家，继续在市场转，碰到第三个小贩。

小贩："您想买点什么？"

老太太："买李子。"

小贩："要买什么样的李子？"

老太太："酸李子。"

小贩好奇："别人都要买甜李子，您为什么要酸的？"

老太太:"我儿媳妇怀孕了,想吃酸的。"

小贩马上说:"老太太您对儿媳妇真好!想吃酸的就说明她会给您生个孙子!你要多少?"

"我再来一斤吧!"老太太被小贩说得很高兴,便又买了一斤。

小贩一边称李子,一边继续问:"那您知不知道孕妇最需要什么样的营养吗?"

老太太:"不知道。"

"孕妇最需要维生素,您知道什么水果维生素最高吗?"

老太太继续摇头。

小贩:"水果中,猕猴桃含维生素最丰富,您要是天天给儿媳妇买猕猴桃补充维生素,她肯定能给您生个大胖孙子。"

老太太一听乐了,又高兴地买了一斤猕猴桃。

小贩送别老太太时,又强调说:"我每天都在这里摆摊,每天进的水果都是最新鲜的,下次到我这里,我给您优惠。"

案例讨论

为什么三个小贩面对同一个顾客结果却各不相同?

案例 6-2

无声的介绍信

一位先生在报纸上登了一则广告,要雇一名勤杂工到他的办公室做事。约有五十多人闻讯前来应招,但这位先生却只挑中了一个男孩。"我想知道,"他的一位朋友问道,"你为何喜欢那男孩,他既没带一封介绍信,也没受任何人的推荐。""你错了,"这位先生说,"他带来许多介绍信。他在门口蹭掉脚下带的土,进门后随手关上了门,说明他做事小心仔细。当看到那位残疾老人时,他立即起身让座,表明他心地善良、体贴别人。进了办公室他先脱去帽子,回答我提出的问题干脆果断,证明他既懂礼貌又有教养。其他所有人都从我故意放在地板上的那本书上迈过去,而这个男孩却俯身拾起那本书,并放回桌子上。当我和他交谈时,我发现他衣着整洁,头发梳得整整齐齐,指甲修得干干净净。难道你不认为这些细节是极好的介绍信吗?我认为这比介绍信更重要。"

案例讨论

这个故事的启示是什么?

第七章　寻找顾客

引例

从前,有个秀才去京城应试。途中,他在一小店投宿,将马套在门口的木桩上。天亮准备上路时,马却不知去向。于是,秀才开始四处找马。

他找了一整天,没见着马的踪影。第二天,他远远看见前面好像有一匹马,但走近一看,却是一头驴,他失望地摇了摇头,继续往前走。

第三天,他又见到前面有匹马,心中暗喜:"这回该是我的那匹马了吧!"但走近一看,还是头驴。他又走了。以后仍是每天都能看到一头驴,但一直没有理睬这些驴,只是在寻找自己的马。考试时间一天天迫近,而这位秀才终因精疲力竭而死在找马的路上。

思考题

这个故事对推销活动的启示是什么?

寻找顾客的工作是推销实践的开始,在推销活动中占有重要的位置。刚从事推销工作的推销人员,有80%的失败是源自对于"消费群体"的定位和对潜在顾客的搜索不到位。对顾客的定位不准确,目标消费群体不明确,成功机会就很小,也就是常说的"选择不对,努力白费"。推销人员不仅仅要找顾客名单、联系方式、家庭住址等这些简单的顾客信息,更多的是搜索到合格的潜在顾客,因为,有效地确定自身的推销对象,是成功推销的基本前提。

第一节　潜在顾客

一、潜在顾客的含义

潜在顾客是指既能因购买某种产品或服务而受益,同时又具有购买这种商品的货币支付能力的个人或组织。因而潜在顾客是某种产品或服务的潜在购买者,是某种产品或服务的市场或可能买主。

在推销学中,把有可能成为潜在顾客的个人或组织称为"线索"或"引子"。对于潜在顾客的寻找是从对线索的寻找开始的。推销人员在取得线索之后,要对其进行鉴定,看其是否具备潜在顾客的资格和条件:如果其具备,就可以将其列入正式的潜在顾客的名单中,并建立相应的档案,将其作为推销对象;如果其不具备资格,就不能算一个合格的潜在顾客,不能将其作为推销对象。一个尚未找到目标顾客的企业或推销人员,就开始进行狂轰滥炸式的推销,其结果只能是大炮打蚊子似的悲哀。所以,寻找顾客是推销工作的重要步骤,也是推销成败的关键性工作。

现代推销学中认为,线索要成为潜在顾客,应具备三个条件。

(一) 有购买某种产品或服务的需要

人们如果对推销产品没有需求,即便是有钱有权,也不会购买,也就不是顾客。推销是建立在满足顾客某种需求的基础上的,所以推销人员必须首先了解所推销的产品能否真正满足潜在顾客的需求。

(二) 有购买能力

顾客的购买力是指顾客是否有钱,是否具有(现在或将来)购买此推销品的经济能力,亦即审核顾客有没有支付能力或筹措资金的能力。支付能力是判断一个潜在顾客能否成为目标顾客的重要条件,因为任何潜在的需求只有具备了支付能力之后,才能成为现实需求。

阅读材料

中美两国老太太买房

美国老太太年轻时贷了一大笔款买了房,以后逐年还,还了几十年,到她老得不能动的时候,终于还清了所有的贷款,拥有了一套真正属于自己的房子;中国老太太年轻时省吃俭用,攒钱准备买房,到老得不能动的时候,花光了自己一辈子的积蓄,也终于买了一套属于自己的新房子。

在天堂门口,两个异国老太太相遇了。上帝让他们各自说出自己一生中最高兴的事情。

"我攒了一辈子的钱,终于住了一天新房子,我这辈子活得也无怨啊!"中国老太太高兴地说。

"我住了一辈子的房子,在我去世之前终于把买房子的贷款还清了。"美国老太太也高兴地说。

顾客支付能力可分为现有支付能力和潜在支付能力两类:首先,具有购买需求及现有支付能力的人,才是企业的顾客,是最理想的推销对象;其次是具有潜在支付能力的顾客。一味强调顾客的现有支付能力,顾客群就会变小,这不利于推销局面的开拓。掌握顾客的潜在支付能力,可以为推销提供更广阔的市场。当潜在顾客值得信任并具有潜在支付能力时,推销人员应主动协助顾客解决支付能力问题,建议顾客利用银行贷款或其他信用方式购买推销产品,或对其实行赊销(偿还货款的时间不宜过长),使其成为企业的顾客。

(三) 有购买决定权

潜在顾客能否成为顾客,还要看其是否具有购买决策权。也许人们对推销产品具有某种需求,也有支付能力,但他若没有购买决策权,就不是真正的顾客,因为他无法制定购买决策。例如,感冒的时候,很多人自己去药店购买感冒药,但是只能购买 OTC(非处方药),而对于处方药,则必须凭医生的处方才有购买资格。因此,潜在顾客的第三个条件是其是否具有购买决策权。若事先不对潜在顾客的购买决策状况进行了解,不分青红皂白,见到谁就向谁推销,很可能事半功倍,甚至一事无成。

推销人员应按照以上条件对线索进行资格鉴定,把不符合上述三个条件的线索予以剔除,筛选出真正的潜在顾客。这样既可以避免不必要的时间与精力的浪费,又可使推销活动有限定的范围和明确的目标,从而减少推销活动的盲目性,提高推销工作的效率和效益。

二、潜在顾客的类型

通过对线索进行分析判断,审查其是否符合购买条件,合格的线索就成为潜在顾客,即推销访问的主要对象。但每一位潜在顾客购买的概率与数量是不完全相同的,推销人员不可能把时间均衡地分配到每一个顾客身上,也不可能同时对所有潜在顾客进行走访,必然需要将其划分类型,安排好走访的先后顺序。国外通常按照一定的具体标准将潜在顾客进行分级管理,以便使日常推销工作程序化、系统化和计划化,优化推销效果。

划分潜在顾客的标准主要有两种。

(一) 以潜在顾客购买概率作为分级标准

以潜在顾客购买概率作为分级标准,可以把最有可能的购买者确定为 A 级,有可能的购买者定为 B 级,可能性小的购买者定为 C 级,划分时应具体确定其数量界限。

(二) 以购买量作为分级标准

推销人员可以首先根据潜在顾客购买数量将其分为 A、B、C 三个等级,然后对照实际的购买数量再行调整,以便有针对性地"照顾"购买量大者,达到事半功倍的推销效果。

为了准确地划分顾客,经常自我审核以下问题对确定顾客的类型和级别是有帮助的。

(1) 顾客是否正从你这里购买产品? 如果是,这是否就意味着这是增加其购买公司其他产品的机会?

(2) 他是否曾经是你的顾客? 如果是,他为什么要中止购买你的产品? 你是否应该恢复同他的业务关系？

(3) 现有顾客中是否有人也从你的竞争者那里获取产品？其原因何在？

(4) 潜在顾客具有多大的购买数量？

(5) 潜在顾客的信用等级如何？

还应该注意的是，推销人员应根据自己的特定需要来制定标准；随着推销环境的变化，相应调整分级标准，并依据新标准重新界定潜在顾客的级别；在照顾重点的同时，也不可忽略一般；在分级标准难以准确确定时，应考虑采取区分推销区域的方法。

第二节 潜在顾客信息源

潜在顾客的来源随着所推销商品和服务的种类不同而有所不同。有些商品的顾客来源方式很多，有些却很少；有些潜在顾客来源的途径经常不断变化，而有些却始终保持相对稳定。也许一个管道公司的推销人员需要广泛接触的是每个城市的市镇建设公司、自来水公司、煤气公司，电话簿上就可找到它们的相关信息；而推销人寿保险的推销人员可能需要利用自己的人际关系或顾客所做的推荐；药品推销人员则必须关注每个地方的医院、药店的发展变化情况。

表 7-1 列举了美国推销人员搜寻潜在顾客信息的途径，可供参考。

表 7-1 潜在顾客的来源

类型	目标客户探寻的技术
外部资料	推荐方法：向一个目标客户询问另一个目标客户的名称、社会关系，向朋友和熟人打听目标顾客的名称 介绍方法：获得目标顾客经由电话、信函或亲自对其他目标客户的介绍 社会机构：从服务俱乐部和商业会所寻找销售线索 无竞争关系的销售人员：从无竞争关系的销售人员处寻找销售线索 结交有影响力的客户：结交能够影响其他客户的受公众瞩目的和有影响力的客户
内部资料	检查记录：检查公司的数据库、人名地址目录、电话本、成员清单以及其他书面材料 广告询问：答复客户对公司所做广告提出的问题 电话或邮件询问：回答潜在目标客户通过电话或邮件提出的问题
个人接触	个人观察：看到或听到良好的目标客户的线索 游说：对潜在目标客户进行访问（通过电话或亲自拜访）
其他	网上浏览：通过名称和地址了解目标客户 主办或参加贸易展览：组织或参加直接面向目标客户的贸易展览 猎狗：让下级销售人员确定上级销售人员将要联系的目标客户 销售研讨会：目标客户作为群体参加以了解有关销售人员产品的一个主题

资料来源：托马斯·N.伊格拉姆等.专业化销售——基于信任的方式.北京：中信出版社，2003

根据我国的具体情况,推销人员取得潜在顾客信息的可能途径如图7-1所示。

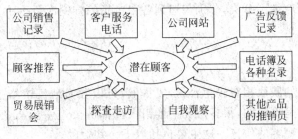

图 7-1 潜在顾客的来源

潜在顾客信息大体上可从以下途径取得。

一、内部来源

很多企业在业界有多年的经营历史,有健全的管理体系,也有一批训练有素的销售人员,企业内部的营销信息系统中可能就有很多有助于推销人员确认潜在顾客的信息资料。因此,对于一个初出茅庐的新手来说,从企业内部开始寻找潜在顾客不失为明智之举。企业内部资料主要包括以下几个方面。

(一) 公司销售记录

推销人员首先应检查公司的各种原始记录,列出一个在过去五年内停止与公司订货的客户的清单,分析这些客户流失的原因。这或许是由于公司的推销人员停止了对他们的访问,或是由于该市场的推销人员走马换灯,业务关系也随着某个推销人员的离去而中止。不管是什么原因,推销人员都可以打一个电话了解他们的状况,这样或许能从中发现若干潜在客户,让他们重新回到公司的客户名单中来。

(二) 客户服务电话

客户服务电话除接受现有客户对公司产品的使用查询、申请服务、投诉外,也对其他的非客户公布,还可作为公司的咨询电话,因而成为吸引潜在顾客的一种信息来源。

(三) 公司网站

今天,互联网在中国城市已越来越普及,而且深得许多年轻人的喜爱。多数公司正是看到了它的商业价值才在网上竞相开办网站,也许网站本身并不能赚钱,但却能从中取得许多依靠商业手段才能取得的效果。网站包括一家公司的历史、产品、价格、订购方式、服务承诺、联系方式等方面的信息,就是一个公司的窗户,必然能够吸引一些对公司及其产品感兴趣的人,公司通过对网络浏览器的统计查询就可能发现潜在顾客。

(四) 广告反馈记录

通过查阅公司的各种广告反馈记录,可以了解可能的潜在顾客,这总比大海捞针式的普遍访问去搜索潜在顾客范围要小得多,而且相对较为可靠,推销成功的概率会大大提高。广告反馈信息应加工分类,分别传递到各个市场的推销人员手中,为各地市场潜在顾客的发掘提供线索。

二、外部来源

企业内部资料的获取相对较为容易,成本低,可以及时地反馈给一线的推销人员,但仅仅依靠内部资料是不够的,很多情况下推销人员都需要进一步从企业外部去获取更及时准确的寻找潜在顾客的信息。这主要包括以下一些途径。

(一) 顾客推荐

现有客户不仅提供利润来源,甚至还可能带来潜在顾客,其前提是推销人员实施的是解决问题的导向型推销方式,真正帮助顾客解决了他们所面临的问题,已经赢得了现有顾客的信任,与顾客建立起了较为稳定的关系。满意的顾客,就会不断地充实潜在顾客名单,推荐他所认识和熟悉的可能客户,帮助推销人员扩大客户集。以下都是很好的客户线索:

(1) 顾客推荐,如当前顾客引荐同行用户。

(2) 意见领袖,如使用过公司产品的社会名流、影视歌明星、体育明星等公众人物。

(3) 社会团体,比方说,如果推销渔具就可以找当地钓鱼协会。

(二) 电话簿及各种记录

在现代商业社会,一些公用性质的名录如电话簿、工商企业名录等,存在巨大的商业价值,推销人员只要勤于动脑,愿意花时间进行钻研就会有收获。一般大中城市的电话簿都是按党、政、工、教育、文卫、娱乐等性质划分的,推销人员分析所推销商品的可能使用对象后,就可有针对性地从电话簿上找到可能的顾客,通过上面的电话取得联系或进行走访,确定其是否具备购买商品的欲望、购买能力及购买权限等;同样,工商企业名录对推销人员推销生产资料用品将更有帮助,针对性会更强。利用好这些工具就能编织好潜在顾客网。

(三) 贸易展销会

我国现在已经有很多规模不等的商品贸易展销会,例如广交会等。通过参展、办展不但能现场销售出去一些商品,而且还能为公司进行公共关系的宣传和建立影响力,同时,通过办展能激发潜在顾客的兴趣,也可以为确定潜在顾客提供线索,为将来的推销走访缩小范围。

(四) 探查走访

对于一个没有任何经验的推销人员来说,探查走访可能是寻找潜在顾客的唯一的途径,也可能是最不成功、最不经济的办法。探查走访需要勇气、意志力,也需要付出时间和努力,经过如此磨炼,推销人员会琢磨出寻找潜在顾客的更好办法。

（五）自我观察

推销人员决不是油腔滑调的"痞子"，他需要细心地观察、体验生活。其实，潜在顾客就在人群中间，只有睁大眼睛，竖起耳朵，才能发现潜在顾客。因此推销人员要善于自我观察，并把它记录下来，通过推敲找到潜在顾客的"影子"。如牛奶推销人员要注意观察城市中小学有无课间加餐、对于学生来说既方便又卫生的食品是什么、加餐是个人行为还是学校统一行为等。连续观察几所学校后，推销人员肯定会思考：已经采取统一购买方式的学校有哪些？还有哪些学校是学生自主选择？由此，潜在顾客不就出现了吗？

（六）其他产品的推销人员

推销人员所推销的商品并不都相同，只要推销的不是竞争性的商品，推销人员彼此之间就存在一定程度合作的可能，有些甚至还可能相互"取长补短"，彼此为对方提供潜在顾客的信息来源，共同发展。

以上只是一般性地介绍了寻找客户源的可能路径和方法。掌握顾客资源的多少，关键取决于推销人员是否具有一定的信息素养。所谓信息素养是一种查找信息、利用信息以及解决信息问题的能力。一个有信息素养的人，不仅能够确定何时需要信息，而且具有探索、评价和有效利用信息的能力及修养。推销工作与信息技术的应用紧密相关，因此信息素养已经成为推销人员生存与发展不可缺少的基本技能。

第三节　寻找潜在顾客的方法

不同行业的推销人员寻找潜在顾客的方法有所不同。例如，寻找房地产、汽车、机械设备等产品的顾客，显然要比选择冰淇淋、服装、食品的顾客困难得多。因此，推销人员在选择潜在顾客的过程中，需要掌握一些基本方法。下面是一些常用的方法。

一、地毯式寻找法

地毯式寻找法又称普通访问法，是指推销人员对推销对象一无所知或了解较少时，挨门挨户直接走访某一特定区域内的所有个人或组织，以寻找潜在顾客的方法。通过这种广泛搜集的途径，可以捕捉到一定数量的潜在顾客。

阅读材料

日本的保险大王齐藤竹之助退休后开始步入保险推销行业，经过十几年的奋斗，先后创造了全日本和世界首席寿险推销第一的业绩。齐藤竹之助居住在白金台街公园住宅的三楼上。经常有个人骑着自行车到这座住宅前面来卖豆腐。一次，这个卖豆腐的唉声叹气地对齐藤竹之助说："遇到好天气，豆腐还好卖，要是下雨天就怎么也卖不掉了。"于是齐藤竹之助告诉他："在下雨天,不妨上楼一户一户地去兜卖。因为尽管你骑着车子一个劲儿地'嘟嘟'直按喇叭,但由于是下雨天,人们怕雨淋,都不愿意出来。所以你应该直接去推销,去寻找顾客……"他依齐藤竹之助所说,每逢下雨天就挨家挨户去串卖,结果听说比平时还卖得快。

这一方法的理论依据是销售平均法则,即在推销人员走访的所有人中,潜在顾客的数量与走访的人数成正比。换句话说,潜在顾客是平均地分布在人群之中的,要想获得更多的潜在顾客,就得访问更多的人。据一位销售人员电话拜访实际记录,电话拜访100位客户约获客户36人,那么成功比率为36%;拜访次数200位客户约获客户为89人,那么成功比率为44.5%;拜访次数500位客户约获客户285人,那么成功比率为57%。你会发现,同样的一个人,拜访的客户越多销售成交的比率就越高;反过来,拜访的客户越少,成交的比率越小。

平均法则还说明一个问题,那就是销售中的非平均概率。例如,拜访100位客户,成交10位客户,成交率为10%,表示10个客户里面就有一位成交客户。但要问"每10位客户就非得有一位成交客户吗?"你会笑着说:"那不可能!"

(一)方法

按照"平均法则",在用地毯式寻找法寻找潜在顾客时,推销人员首先要根据自己所要推销的商品的特性和用途,进行必要的推销区域的可行性研究,确定一个大致的推销地理范围或者推销对象范围,选择一块合适的"地毯",然后就像清洗地毯和扫街一样,对区域范围内的所有人进行调查、访问、推销。一个洗涤用品的推销人员可以将某市某个居民小区的所有家庭作为普遍寻找对象,也可以将该地区所有的宾馆、饭店等作为地毯式选择对象,这个范围应尽可能与目标市场一致。例如,国外某企业发明了一种试纸,该试纸能在10分钟内检测出患者血液中的毒品含量。推销初期,销售人员把潜在顾客范围确定为医院的所有医生,结果销售效率很不理想。后来经过对产品特性的再研究,发现该试纸的主要特点是能快速得出检测结果,特别适合紧急诊断的需要,因此推销人员把潜在顾客的范围缩小到急诊科的医生,结果大大提高了销售效率。

(二)优点

地毯式寻找法是一个寻找顾客的古老方法,对新的推销人员来说是一个寻找顾客的最常用的方法,这一方法具有如下优点。

(1)不会遗漏任何潜在的顾客,有利于争取更多的顾客。

(2)能够全面、客观地反映顾客的需求情况。运用这种方法寻找顾客时,由于推销人员原来不认识顾客,顾客可以坦诚地表明自己的真实看法,而且在这个寻找顾客的过程中,由于接触面广、信息量大,各种意见、需求和客户反应都可能收集到,所以这种方法是分析市场的一种好方法。

(3)有利于扩大推销品的影响。由于区域内的每个人都接受过推销,他们即使没有成为顾客,也会形成共同的商品印象,从而更多的人会了解自己的产品和企业。

(4)可以锻炼和培养推销人员,使他们积累产品推销工作经验。

在外国的市场中,地毯式寻找法被广泛地应用于各行各业的推销活动,例如,比较固定范围的推销如服务保险的推销活动、各种家庭用品如洗涤用品的推销活动、带有普遍适用性的产品如书籍的推销活动。

(三)缺点和注意事项

虽然地毯式寻找法具有上述许多优点,但是,其缺点也是很明显的。

(1)成本高,费时费力。地毯式寻找法要对目标范围内的所有人都进行访问,比较费时费力,寻找顾客的盲目性比较大,效率很低。

(2)容易导致客户的抵触情绪。由于运用地毯式寻找法寻找顾客难以进行充分的推销准备,以及有些顾客只与比较熟悉的人进行交易,像一些咨询服务业等推销成功率比较低,常会受到顾客的拒绝,给推销工作带来阻力。因此,活动如果可能会对顾客的工作、生活造成不良的干扰,一定要谨慎进行。

(3)运用这种方式寻找的访问对象之间有比较紧密的联系,应尽量减小盲目性,选定合适的区域和范围进行寻找;否则,一旦失误,就会影响整个推销计划的进行。

运用地毯式寻找法寻找顾客要做好普访的准备工作,以减少被拒之门外的可能性。地毯式寻找可以采用业务员亲自上门、邮件发送、电话或与其他促销活动结合进行的方式展开。

二、介绍寻找法

介绍寻找法又称连锁介绍法、链式引荐法,是指推销人员在访问现有顾客时,请求为其推荐可能购买同种商品或服务的潜在顾客,以建立一种无限扩展式的链条的方法。

销售行业有句名言:"每个顾客背后都隐藏着49个顾客。"在寻找新顾客时,可以从现有的顾客开始:完成每一单销售或接触潜在顾客后,询问他们的亲朋好友是否对公司产品感兴趣,由此产生一批潜在顾客。现有顾客因为感受到了产品给他带来的好处,对推销员和产品都产生了信赖感,一般很乐意向自己的亲友分享。

阅读材料

两张纸的秘密

世界一流推销大师金克拉在推销时,总是会随身携带两张纸:一张纸满满地写着许多人的名字和别的东西,另一张纸是一张完全的白纸。他拿这两张纸有什么用呢?原来那张有字的纸是顾客的推荐词或推荐信,当他的销售遇到顾客的拒绝时,他会说:"××先生/女士,您认识杰克先生吧?您认识杰克先生的字迹吧?他是我的顾客,他用了我们的产品很满意,他希望他的朋友也享受到这份满意。您不会认为这些人购买我们的产品是件错误的事情,是吧?""你不会介意把您的名字加入到他们的行列中去吧?"

有了这个推荐词,金克拉一般会取得戏剧性的成果。

那么,另一张白纸是做什么用的呢?

当成功地销售一套产品之后,金克拉会拿出一张白纸,说:"××先生/女士,您觉得在您的朋友当中,还有哪几位可能需要我的产品?""请您介绍几个您的朋友让我认识,以便使他们也享受到与您一样的优质服务。"然后把纸递过去。

85%的情况下,顾客会为金克拉推荐2~3个新顾客。

用介绍寻找法寻找潜在顾客来源于链传动的原理。齿链之间是一环紧扣一环的啮合状态,犬牙交错,以此带动物体的移动。商品的推销人员必须从现有顾客这一环去联系潜在顾客的下一环,不断循环往复,扩大推销人员与潜在顾客之间的联系面,使所掌握的潜在顾客得到源源不断的扩充、发展和更新。因此,运用介绍寻找法的关键在于推销人员首先要取信于第一个顾客,并请求引荐其余的顾客,由其余的第二链节发展更多的顾客,最终形成无限扩大的"顾客链"。要使这样的"顾客链"长久地运转下去,推销人员就必须不断地向链传动系统增添"润滑油",维持各个链节之间的正常运行,避免在某个环节上卡死。通过关系链的传动,推销品能够畅通无阻地进入客户手中,其原理如图 7-2 所示。这里所说的"润滑油"即推销人员对客户进行的感情投资,推销人员一定要取信于现有顾客,使顾客通过对推销品的使用,获得某种实

图 7-2 介绍寻找法

实在在的利益或解决实际问题,使顾客真正满意,在此基础上才可能源源不断地从现有顾客那里获得新顾客名单。

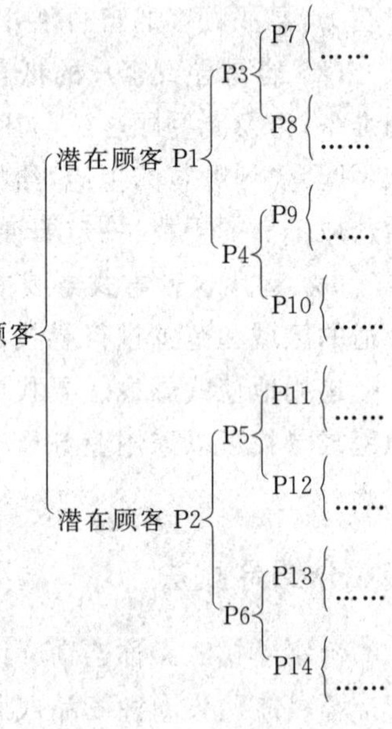

(一)方法

介绍寻找法的应用方式主要有以下两种。

(1)间接介绍。所谓间接介绍,就是推销人员在现有顾客的交际范围内寻找新的顾客。推销人员应主动加入介绍人的社交圈,同一社交圈的人可能是一类顾客,有某种共同的愿望,推销人员如果能成为他们的朋友、熟人,就能消除陌生拜访带来的困难。

(2)直接介绍。所谓直接介绍就是通过现有熟人的直接介绍与新客户联系,即由介

绍人把自己的熟人或可能的用户介绍给推销人员作为潜在顾客。如请赵客户介绍钱顾客和孙顾客，然后再请钱顾客介绍李顾客和周、吴、郑、王等顾客。介绍的内容主要有名单、联系方式、需求、顾客的其他具体特点。介绍的内容越具体、越详细越好。

（二）优点

介绍寻找法的优点如下。

（1）利用介绍寻找法寻找新顾客，目标比较准确，可减小推销人员的盲目性。一般情况下，由于顾客之间的共同特点与相互之间的联系，介绍人了解潜在顾客的情况，所获得的信息准确、详细，使销售更具有针对性，因此，运用介绍寻找法寻找顾客与推销的成功率很高。

（2）利用介绍寻找法寻找顾客，容易取得被介绍顾客或新顾客的信任。经过熟人介绍所接触的新顾客，不易产生对推销人员的排斥心理，容易消除心理上的戒备。这有利于推销人员了解潜在顾客情况，使其接近新顾客也变得比较容易。

（3）利用介绍寻找法寻找顾客，可以降低费用、时间等推销成本。例如现在只有10个客户，如果请求每个现有客户推荐2个可能的客户，顾客马上就会增至30个了，这新增的20个客户每人再介绍2个客户呢？发展下去可能的结果就是 10、10＋20、30＋40……那么，到了第二轮推荐时就有70个客户了，介绍寻找法真是很有效！

（三）缺点和注意事项

介绍寻找法的缺点和注意事项如下。

（1）采用介绍寻找法寻找顾客时，事先难以制定完整的推销访问计划。每个推销人员都希望像上述所说的那样，请求每个现有客户推荐两个或更多的可能客户，但事实上，顾客能够推荐几个顾客是不确定的，推销访问计划可能是一厢情愿。

（2）采用介绍寻找法寻找顾客时，现有顾客的心理因素左右其成功。推销人员不能完全寄希望于现有顾客，因为介绍新顾客不是他的义务，他是否介绍要受很多其他因素的影响。有的现有顾客不太愿意增加麻烦，更不愿意因介绍不当而给朋友或熟人带去麻烦，所以是否介绍或尽全力介绍是此方法能否取得良好作用的关键。有的现有顾客顾及情面给推销人员介绍了客户，但对推销人员的评价并不太理想。访问如果失败，给顾客留下不好的印象，不但会牵连现有顾客，还有可能失去许多顾客。

（3）采用介绍寻找法服寻找顾客时，要建立良好的信誉和人际关系。人们一般愿意给信誉良好的推销人员介绍新客户，而信誉不好的推销人员则难以取得顾客的合作。同时要感谢或回报介绍人。推销人员应该随时向原介绍者汇报介绍推销的结果，一方面，表示谢意；另一方面，引起介绍者的关心，使其继续进行连锁介绍。尤其是介绍人的帮助产生了销售额时，推销人员最好能给予介绍人意想不到的回报，这样介绍人会很乐意继续为推销人员介绍客户。

介绍寻找法几乎被推销界认为是寻找无形产品（如旅游、教育、金融和保险等）的潜在顾客的最好方法，因为在服务领域中，信誉与友谊显得特别重要。但从使用范围来说，推销工业用品时更多地使用这种方法寻找潜在顾客，因为同类型的工业用户之间通常较为熟悉，且具备广泛的联系。

三、中心开花法

中心开花法，又叫中心辐射法、权威介绍法，是指推销人员在某一特定的推销区域发掘一批具有影响力和号召力的核心人物，并且利用这些核心人物的影响作用在该地域寻找可能的买主。

一般来说，这些中心人物可能是推销人员的顾客，也可能是推销人员的朋友，前提是这些中心人物愿意合作。实际上，中心开花法也是介绍寻找法的一种推广运用，推销人员通过所谓"核心人物"的连锁介绍，开拓其周围的潜在顾客。

例如，1960年，当从不戴帽子的约翰·肯尼迪即将入驻美国白宫时，美国的帽子制造商和经销商要求肯尼迪"挽救制帽业"，请求他在宣誓就职时戴一顶帽子。虽然经过苦口婆心的劝说，但肯尼迪仍旧拒绝戴帽子，只是同意到时至少手中拿一顶帽子，这一结果使帽子产销商大大地松了一口气。

中心开花法所依据的原理是心理学的名人效应法则。名人所达成的引人注意、强化事物、扩大影响的效应，或人们模仿名人的心理现象统称名人效应。名人一般都具有较高的知名度，或者还有相当的美誉度，以及特定的人格魅力等，其参与推销活动特别是直接代言产品，更具有吸引力、感染力、说服力、可信度，有助于引起顾客的注意、兴趣和购买欲。

（一）方法

利用中心开花法寻找顾客，关键是找出核心人物，并极力说服这些核心人物，取得他们的信任与支持，这样就有可能利用他们的影响作用、权威性或示范效应，去带动一大批购买者。如政界要人、企业界名人、文体界巨星、知名学者、资深的专家教授等，这些核心人物必须是圈子内有影响力、号召力和权威性的人，能对所属群体的人起到示范效用与带头作用，能施加有形与无形的影响。

当前，很多企业产品广告中的请"名人代言"就是对这种方法的典型应用。又如，有些学术会议，组织者往往都会邀请诺贝尔奖得主，政界、商界的名流等到会，实际上就是利用了"核心人物"的吸引力。名人效应相当于一种品牌效应，名人可以带动人群，名人的效应可以如同疯狂的追星族那么强大。

（二）优点

利用中心开花法寻找顾客，首先可以使推销人员集中精力向少数中心人物做细致的说服工作,避免了推销人员向每一个潜在顾客进行宣传与推销的重复、单调,起到了以一当十的作用,节省了时间与精力;其次,使推销人员既能通过与中心人物的联系了解大批新顾客,又可借助核心人物的社会地位来扩大商品的影响;最后,可以提高销售人员、推销品和企业的知名度、美誉度。人们并不愿意在各方面花很多精力去研究,一般大家都愿意听从专家的意见,利用专家寻找到的客户,可能更利于成交。

(三) 缺点和注意事项

中心人物往往较难接近和说服。许多中心人物事务繁忙、难以接近,每个推销人员所认识的中心人物有限,若完全依赖此法,容易限制潜在顾客发展的数量。另外,一定领域内的核心人物是谁有时难以确定。如果选择的核心人物在消费者心目中有不良形象,就有可能弄巧成拙,难以获得预期的销售效果。

某保健品企业邀请某影视明星代言,广告刚一播出,此明星就由于偷漏税被公安机关审查,结果是可想而知了。

中心开花法主要适用于对金融服务、旅游、保险等无形商品和时尚性较强的有形商品的潜在顾客的寻找。

四、广告拉动法

广告拉动法是推销人员利用各种广告媒介寻找顾客的方法。通常,推销主体与推销对象之间存在着信息的阻隔,现代化的传播手段往往使信息传递面拓宽,使推销人员与潜在顾客之间的信息沟通在短期内得以完成,缩短推销时间,拓展市场,从而大大提高推销效率。一则推销广告被一百万人看到或听到,就等于推销人员对一百万人进行了地毯式的访问,这是其他任何推销手段所无法比拟的。因此,广告被喻为"印在纸上的推销术"。

广告拉动法是根据广告学原理,利用大众宣传媒介,把有关产品的推销信息传递给顾客,刺激和诱导顾客购买。

阅读材料

总统与书商

在国外,有位书商的手中存有一批滞销书。一天。他在电视中看到一个节目里面介绍本国的总统很爱读书。这个消息使书商立刻想到了一个快速卖书的办法。他先是给总统送去了这批滞销书中的一本,然后又多次给总统打电话询问他对这本书的看法。忙于政务的总统不愿与他多纠缠,便随便地说了一句"不错"。于是,书商就利用总统的这句话为自己的书做起了广告"现有总统喜爱的书出售",结果书很快就销售一空。

不久,书商又有一批滞销书,又送了一本给总统。总统上了一回当,想奚落他,就说:

"这本书糟透了。"出版商闻之,脑子一转,又做广告"现有总统讨厌的书出售"。结果又有不少人出于好奇争相购买,书又售尽。第三次,出版商将书送给总统,总统接受了前两次的教训,便不作任何答复。出版商却大做广告"现有令总统难以下结论的书,欲购从速"。书居然又被一抢而空。总统哭笑不得,商人大发其财。

（一）方法

广告的方法与策略很多,常用的广告方式有:广播、电视等声像广告;印刷广告,如单页广告、小册子、说明书、信函贺卡、报纸杂志等。推销广告多属告知广告,主要内容是说明推销产品的内容,约见时间、地点和联系人姓名以及联系方法等。

在西方国家,推销人员用以寻找顾客的主要广告媒介是直接邮寄广告和电话广告。例如,一位推销女士认为潜在的顾客太多,她希望把自己宝贵的时间花在一些最佳的潜在顾客身上,于是向所辖推销区域的每一个人都寄去推销信,然后首先拜访那些邀请她的顾客。再例,一位房地产经纪人,定期向所辖推销区的每一个居民寄去一封推销信,打听是否有人准备出售自己的房屋,他每一次邮寄都会发现新的潜在顾客。除了邮寄广告之外,西方推销人员还普遍利用电话广告寻找顾客。推销人员每天出门访问之前,先给所辖推销区的每一个可能的顾客打电话,询问当天有谁需要推销品。西方推销人员的这些做法,不一定完全符合我国的国情,但是作为一种推销技术,可以借鉴。

利用广告寻找法寻找顾客,关键在于正确地选择广告媒介,以比较少的广告费用恰到好处地发挥广告效果。选择广告媒介的基本原则是因时、因地、不同的推销产品和不同的推销对象,最大限度地影响潜在的顾客。例如,推销人员若决定利用报纸广告来寻找顾客,就应该根据所推销产品的特性来做出选择,既要考虑各种报纸的发行地区和发行量,又要考虑各种报纸的读者类型;若决定选用直接邮寄方式来寻找顾客,最好是先弄到一份邮寄名册。

（二）优点与缺点

1. 广告拉动法的优点

（1）利用现代化的信息传播手段推销,信息传递的容量大、范围广。

（2）广告的先导作用不但能为企业探查顾客,而且也能刺激顾客需求、说服顾客购买。

（3）可以使推销盲目性减小,时间节省,推销效率提高。

（4）广告的先导作用可以使顾客有所准备,有利于顺利实施推销访问工作。

2. 广告拉动法的缺点

（1）推销对象的选择难以掌握,从而影响广告媒体的选择。

（2）不是对所有商品都有用。

（3）难以测定广告产生的实际效果。

五、个人观察法

个人观察法又称直观法或视听法,是推销人员根据自身对周围环境的直接观察、判断、研究和分析,寻找潜在顾客的方法。这是一种寻找潜在顾客最古老也是最基本的方法。

个人观察法的关键在于培养推销人员个人的灵感和洞察力。推销人员应具备良好的观察能力与分析能力,善于从不同渠道搜寻潜在顾客。例如,汽车推销人员整天开着新汽车在住宅区街道上转来转去,寻找旧汽车,发现一辆旧汽车后,就通过电话和该汽车的主人交谈,并把旧汽车的主人看成一位潜在顾客。在利用个人观察法寻找顾客时,推销人员要积极主动,既要用眼,又要用耳,更要用心,还要在观察的同时,运用逻辑推理。事实上,潜在的顾客无处不在,有心的推销人员随时随地都可能找到自己的顾客。

阅读材料

人生何处不推销

有一天,原一平到一家百货公司买东西。任何人在买东西的时候,心中总会有预算,然后在这个预算之内货比三家,寻找物美价廉的东西。忽然间,原一平听到旁边有人问女售货员:"这个多少钱?"说来真巧,问话的人要买的东西与原一平要买的一模一样。女售货员很有礼貌地回答:"这个要7万日元。""好,我要了,你给我包起来。"

想来真气人,购买同一样东西,别人可以眼也不眨一下就买了下来,而原一平却得为了价钱而左右思量。原一平有条敏感的神经,他居然对这个人产生了极大的好奇心,决心追踪这位爽快的"有钱先生"。有钱先生继续在百货公司悠闲地逛,他看了看手表后,打算离开。那是一只名贵的手表。

"追上去。"原一平对自己说。

那位先生走出百货公司,穿过马路,走进了一幢办公大楼。大楼的管理员殷勤地向他鞠躬。果然不错,他是个大人物,原一平缓缓地吐了一口气。眼看他走进了电梯,原一平问管理员:"你好,请问刚刚走进电梯的那位先生是……""你是什么人?""是这样的,刚才在百货公司我掉了东西,他好心地捡起给我,却不肯告诉我大名,我想写封信对他表示感谢,所以跟着他,冒昧向您请教。"

"哦,原来如此,他是某某公司的总经理。"

"谢谢你!"

1. 个人观察法的优点

它可以使推销人员排除一些中间干扰,直接面对市场和社会;可以使推销人员扩大视野,养成良好的思维习惯;可以培养推销人员的观察能力,积累推销经验,提高推销能力。

2. 个人观察法的缺点

由于受到推销人员个人素质和能力的限制，失败率高，容易挫伤推销人员的积极性；往往只能观察到一些表面现象，甚至可能受表面现象的迷惑。

阅读材料

故事发生在日本，有一个23岁的小伙子赤手空拳和同伴们一起来到东京闯天下。到了东京后他们惊讶地发现：人们从水龙头上接凉水喝都必须付钱。同伴们失望地感叹道："天哪！这个鬼地方连喝冷水都要钱，简直没办法待下去了。"言罢纷纷返回故乡了。

这个小伙子也看到了这幕情景，但却想：这地方连冷水都能够卖钱，一定是挣钱的好地方嘛！于是他留在东京，开始了创业生涯。后来，他成为日本著名的水泥大王，他的名字叫浅田一郎。

六、委托寻找法

委托寻找法是指推销人员委托有关人员寻找顾客的一种方法，即企业推销人员雇用一些低级推销人员去寻找顾客，自己则集中精力从事实质性的推销活动。这些接受雇佣、被委托寻找顾客的人士通常被称为"推销助手"或"猎犬"，因此委托寻找法也叫"猎犬法"。

在实际运用委托寻找法时，低级推销人员通常借市场调查或免费提供服务等名义，对可能性比较大的区域发动"地毯式"访问，一旦发现潜在的顾客，立即通知高级推销人员安排正式访问。如果推销助手帮助推销人员做成了一笔生意，推销人员要立即向推销助手支付报酬，而且要感谢推销助手的友好合作。当推销助手提供一位潜在顾客的信息时，推销人员应该立即告诉推销助手，这位顾客是否已经列在自己的顾客名册上；尤其要告诉其信息是否已经被其他推销人员掌握。为了寻找潜在顾客、拓展市场，企业可以以各种形式招聘推销业余信息员、兼职信息员等。这些业余推销人员由于分布面广，并且熟悉本地本行业情况，了解当地顾客消费需求和市场行情，所以往往能找到大批顾客，开辟新的市场。

委托寻找法的关键在于助手人选的确定。助手既要热心推销工作，又需要具有相关的专业知识，而且费用不能太高。一般来说，可以委托参加社会实践与推销实习工作的大专院校学生做推销助手。

1. 委托寻找法的优点

可以使推销人员把时间和精力用于有效的推销工作；可以节省推销费用；可以使专业推销人员获得更多的推销信息，有助于其开拓新的推销区域。专业推销人员可以利用分布在全国各地的推销助手传递市场信息，发现原有推销区域的新顾客；可以借助推销助手的力量，提高产品的知名度。如果选择某一个特定领域的行家里手或名人作为推销助手,不仅可以找到大批新顾客,而且可以发挥中心人物的影响作用来推销产品。

2. 委托寻找法的缺点

推销助手的确定较为困难。推销助手必须热心于推销工作,积极负责,善于交际,信息灵通,而实际工作中,理想的推销助手难寻。运用此种方法时,推销人员处于被动的状态,其绩效往往取决于与推销助手的合作程度,不利于市场竞争。推销人员如果与推销助手配合不够默契,或者推销助手脚踩两只船了,同时兼任几家同类公司的信息员,就会给本公司的产品带来不利的竞争影响。另外,推销人员必须给推销助手提供必备的推销用具和必要的推销训练,如果推销助手更换频繁,培训费用就会增加。

七、文案调查法

文案调查法又称资料调查法,是指通过收集整理现有文献资料寻找可能买主的方法。这种寻找潜在顾客的方法,实际上是一种市场调查方法,着重于现成资料(或称为第二手资料)的收集、整理及分析,以确定潜在顾客。

第二手信息资料来源于历史或现有的各种参考文献,可分为内部资料和外部资料两部分。内部资料是指企业内部报告系统所提供的反映企业内部情况的资料;外部资料是指由企业外部有关机构所保存的全部资料、年鉴、报纸杂志、电话簿,以及信息中心、行业协会、调研机构的资料等。总之,企业应建立数据库或市场营销信息系统,不断输入和更新内、外部资料,以供包括推销人员在内的企业各类人员查询,从而寻找顾客"线索"。

(一) 方法

运用文案调查法寻找顾客,应把握以下资料。

1. 企业内部资料的内容

(1) 企业财务账目表;

(2) 服务部门的维修记录;

(3) 销售部门的销售记录。

从上述资料中可以查询有关行业或企业的情况,如名称、地址、经营范围、通信方式等,然后就可以通过合适的途径进行联系和追踪。

2. 企业外部资料的内容

(1) 互联网的搜索引擎;

(2) 电话号码簿;

(3) 通信录;

(4) 产品目录;

(5) 工商企业名录;

(6) 各类统计资料;

(7) 信息书报杂志;

(8) 各类广告机公告；
(9) 政府统计年鉴及定期发布的经济资料；
(10) 各种专业性团体的成员名册；
(11) 政府及各级主管部门可供查阅的资料；
(12) 各类信息咨询部门、行业协会、调研机构的资料；
(13) 各种大众传媒公布或报道的财经信息、市场信息等。

（二）文案调查法的优、缺点

1. 文案调查法的优点

减小推销工作的盲目性；节省寻找顾客的时间和费用；不但可以找到线索，而且可以进行与顾客接近前的准备工作。

2. 文案调查法的缺点

查阅的文字资料时效性有限；现代社会"信息爆炸"，不知从何处查阅起；不是所有想要的信息都能查阅得到。

八、网络搜寻法

随着信息技术的发展和计算机网络的普及，互联网日益成为推销人员寻找客户的重要方法和途径。网络搜寻法是指推销人员借助互联网宣传、介绍自己的产品从而寻找顾客的方法。

（一）特点

与以往寻找顾客的方法相比，网上寻找顾客的方法所具有的特点如下。

1. 成本低、速度快

企业在网上为广大用户提供大量的信息在线服务，不仅大大节省了推销人员的差旅费和时间，而且潜在顾客看到自己需求的产品时，在几分钟内就可以做出反应。利用网上寻找顾客，具有经济和快速的优势。

2. 可以进行双向、互动的信息交流

网络信息的提供者在发布信息的同时，可以及时收集信息获取者的反馈信息；信息获取者在收集信息时可对众多的信息进行选择性接收。企业推销人员就可以根据潜在客户的反馈信息寻找自己的推销目标。

3. 可以更大范围地寻找顾客

通过国际互联网，推销人员可以发现世界各地的潜在用户，尤其是对于推销一些顾客较分散的产品来说，更加体现出网上寻找顾客的优势，这是以往寻找顾客的方法所无法比拟的。

4. 可以使产品介绍生动形象，增强吸引力

互联网集图、文、声、像、虚拟效果等于一体，利用互联网来介绍推销品可以增强潜在

客户的好奇心与注意力,使企业的广告宣传达到更好的效果。

(二)网上寻找顾客的方式

1. "推"的方式

利用这种方式寻找顾客,一是根据已掌握的潜在顾客的电子邮件的地址,及时传递产品信息;二是利用搜索引擎(如网易、Google、中经网等)查询经济或商业类别的信息。

2. "拉"的方式

在这种方式下,企业可以通过设置自己的网站或主页,及时发布产品信息,以吸引广大潜在客户访问自己的网站,及时了解消费者的购买意向。

(三)网络搜寻法的缺点

网络搜寻法有以下几方面的缺点:

(1)计算机普及仍然有限,特别是在农村地区。

(2)不少人仍然是计算机盲,影响了计算机网络客户寻找法的运用。

(3)计算机网络模糊了客户的真实身份,可能传递有意歪曲的信息资料,给寻找客户带来很多困难。

除以上介绍的几种常用的寻找顾客的方法外,还有一些其他的方法,如竞争寻找法、交易会寻找法等。每种方法都各有优劣,推销人员应在实际推销活动中,结合实际,勇于创新,大胆摸索出一套高效率寻找顾客的方法为己所用。

九、寻找潜在顾客的注意事项

寻找潜在顾客看似简单,其实不易。在整个推销过程中,寻找顾客是最具挑战性、开拓性和艰巨性的工作。推销人员需遵循一定的规律,把握科学的准则,并注意如下事项。

(一)准确定位推销对象的范围

在寻找顾客之前,首先要确定潜在顾客的范围,以便提高寻找效率、避免盲目性。这里的范围包括两个方面:地理范围和交易对象范围。

1. 地理范围

即推销品的销售区域。在地理范围方面,一定要注意"三英尺范围"规则,同时注意各个区域的宏观经济环境。推销界流传着一句名言:"凡是走进你周围三英尺范围的人,都是值得你与之谈论你的产品、服务以及生意的人。"这句话表明客户就在你的周围,那么由于各种机缘走近你的陌生人,很有可能就是对你所推销的商品有兴趣的人。因此,推销人员应善于与各种陌生人交往,从所遇到的陌生人中挖掘潜在客户。

2. 交易对象的范围

即潜在顾客群体的范围。这要根据推销品的特点(性能、用途、价格等)来确定。由于不同的产品在特征方面存在差异,其推销对象的群体范围也就不同。例如,如果推销品是老年保健食品、滋补品、老年医疗卫生用品（如药物、眼镜、助听器等）、老年健身运动器材、老年服务、老年娱乐用品和老年社区（敬老院、养老院）服务等，则推销的对象应是老年人这一客户群体；而药品、医疗器械等产品，其潜在顾客群体的范围应为各类医疗机构以及经营该产品的经销商。

（二）树立随时寻找潜在顾客的强烈意识

推销人员要养成随时寻找潜在顾客的习惯，只要走出家门，就要时刻注意每一条寻找潜在顾客的线索。实践证明，机会不仅出现在推销人员的市场调查、推销宣传、上门走访等工作时间内，而且还出现在推销人员"八小时"工作时间之外。如果没有随时寻找的意识，只在"工作时间"去寻找客户，而在"业余时间"毫无用心，那么许多销售机会将会与你擦肩而过。

（三）学会通过多种途径寻找顾客

对于大多数商品推销而言，寻找推销对象的途径都不止一条，究竟选择何种途径、采用哪些方法更为合适，还应将推销品的特点、推销对象的范围，以及产品的推销区域结合起来综合考虑。例如，对于使用面极为广泛的生活消费品推销来说，运用广告这一方法来寻找顾客就比较适宜；而对于使用面较窄的生产资料推销而言，则宜采用市场咨询法或文案调查法。因此，在实际工作中，采用多种方法并用的方式来寻找顾客，往往比仅用一种方法收效要好。这就要求推销人员在寻找客户的过程中，应根据实际情况，善于发现，善于创新并善于运用多种方法，以提高寻找顾客的效率。

阅读材料

小小火柴盒带来大量的客户

被誉为丰田汽车"推销大王"的椎名保久，从生意场上人们常用火柴为对方点烟的行为中得到启发，在自制的火柴盒上印上自己的名字、公司名称、电话号码和交通线路等，并投入使用。椎名保久认为，一盒20根装的火柴，每抽一次烟，名字、电话和交通图就出现一次，而且一般情况下，抽烟者在抽烟间隙习惯摆弄火柴盒，这种"无意识的注意"往往成为推销人员寻找顾客的机会。椎名保久正是巧妙地利用了这个小小的火柴，寻找到了众多的顾客，推销出了大量的丰田汽车。其中许多购买丰田汽车的用户，正是通过火柴盒这一线索做出购买行动的。

（四）培养敏锐的观察力和正确的判断力

观察力和判断力是推销人员应掌握的基本技能之一，敏锐的观察力和正确的判断力是推销人员发现事物、辨别真伪、寻找客户的有效途径。这就要求推销人员经常训练自己多听、多看、勤于用脑思考、善于总结经验，此外还要扩大兴趣范围、努力开阔视野、充实头脑,这样才能不断发现机会、抓住机会。

阅读材料

关于营业员产品推销意识的实际测试

美国有位叫卡特的商人曾做过这样一个实验:把半新的钱包拴在小汽车后面,在地上拖着钱包到处跑,不几天,钱包就破烂不堪。于是,他就在破旧的钱包中装上钞票、信用卡、驾驶证等,先后到五家绅士用品商店购买领带。在这五家商店中,领带与钱包是在一起摆放的。卡特每次掏钱买领带时,钱包总是"很偶然"地掉在了地上。而每一次,这五家商店的营业员都无一例外地帮他捡起破烂不堪的钱包,还给他,并看着他离开商店,但是从来无人建议他换个新钱包。

（五）掌握"连锁反应"原理

推销人员要学会利用与现有客户的良好关系,请他们宣传自己的产品和企业,为本企业本产品树立起良好形象。请老客户介绍新客户,如此不断地发展下去,犹如化学中的连锁反应。掌握了"连锁反应"原理,推销人员可受益无穷。

阅读材料

猎犬计划:让顾客帮助你寻找顾客

乔·吉拉德认为,干推销这一行需要别人的帮助。乔·吉拉德的很多生意都是由"猎犬"（那些会让别人到他那里买东西的顾客）帮助的结果。乔·吉拉德的一句名言就是"买过我汽车的顾客都会帮我推销"。

在生意成交之后,乔·吉拉德总是把一叠名片和"猎犬"计划的说明书交给顾客。说明书告诉顾客,如果他介绍别人来买车,成交之后,每辆车他会得到25美元的酬劳。

几天之后,乔·吉拉德会寄给顾客感谢卡和一叠名片,以后每年他会收到乔·吉拉德的至少一封附有"猎犬"计划的信件,提醒他乔·吉拉德的承诺仍然有效。乔·吉拉德如果发现顾客是一位领导人物,其他人会听他的话,那么,就会更加努力促成交易并设法让其成为"猎犬"。

实施"猎犬"计划的关键是守信用,一定要付给顾客25美元。乔·吉拉德的原则是:宁可错付50个人,也不要漏掉一个该付的人。"猎犬"计划使乔·吉拉德的收益很大。1976年,"猎犬"计划为乔·吉拉德带来了150笔生意,其交易额约占总交易额的1/3。乔·吉拉德付出了1400美元的"猎犬"费用,收获了75000美元的佣金。

（六）寻找新客户的同时不要忘记重视老客户

对于商家而言,想方设法开发新客户固然重要,但更应该采取积极有效的措施留住老客户。只有在留住老客户的基础上发展新客户才是企业发展壮大之道。国外研究表明：开发一个新客户的费用（主要是广告费用和产品推销费）是留住一个现有老客户费用（主要是支付退款、提供样品、更换商品等）的6倍。美国可口可乐公司在培训自己的销售人员时说，虽然一听可口可乐只有0.25美元，而如果锁定1位客户买1年（假定该客户平均每天消费3听），则一个客户1年的销售额就约为300美元。其实，这就是所谓客户的长期价值，甚至有的企业还非常重视客户的终身价值。

阅读材料

必须要重视老客户重要性的一些相关论据

发展一位新顾客的成本是保持一个老顾客的成本的5~10倍。

向新顾客推销产品的成功率15%，而向现有顾客推销产品的成功率是50%。

向新顾客进行推销的花费是向现有顾客推销花费的6倍。

如果企业对服务过失给予快速关注，70%原本对服务不满的顾客还会继续与其进行商业合作。

60%的新用户来自现有客户的推荐。

一个对服务不满的顾客会将他的不满经历告诉其他8~10个人，而一位满意的顾客则会将他的满意经历告诉2~3人。

顾客忠诚度下降5%，则企业利润下降25%。

顾客保持率增加5%，行业平均利润增加幅度为25%~85%。

第四节　顾客资格审查

在产品推销实践中，并非每一位潜在顾客都能成为推销人员的目标顾客。从潜在顾客到目标顾客还需要对其资格进行鉴定、选择，分析其是否具备成为目标顾客的条件。只有潜在顾客具备了一定的资格条件，推销人员才能正式将其列入目标顾客的名单中，为其建立客户资料卡，将其作为产品的推销对象。

顾客资格审查是推销人员开展市场调研的重要内容之一，审查鉴定的目的在于发现真正的产品推销对象，避免徒劳无功的推销活动，确保将推销工作落到实处。顾客资格审查可以使推销人员节约大量宝贵的时间，也可以提高顾客的订货率、增加顾客的订货量、提高推销人员的工作绩效。通过顾客资格审查鉴定，可以避免推销风险、提高推销活动的安全性。

顾客资格审查通常包括顾客购买需求的审查、顾客购买力的审查和顾客购买决定权的审查三个方面。

一、购买需求的审查

人类的需求可以概括为三大类,即生存消费需求、享受消费需求和发展消费需求。推销人员要充分认识顾客的需求内容与具体形式,将顾客需求和推销形式紧密联系起来,奉行以顾客需求为中心的指导原则,对顾客现实的、潜在的需求进行审查。顾客需求审查是指对潜在顾客是否存在对推销产品的真实需求做出审查与结论,从而确定具体推销对象的过程。从某种意义上说,顾客需求审查就是寻找现实顾客的过程。现代推销学始终认为应该向顾客推销他们需要的而不是不需要的产品。因此,推销活动开始前,推销人员首先要把对产品没有需求的顾客从潜在顾客的名单中排除。顾客购买商品的主要原因在于推销品能够给购买、拥有、消费的顾客带来某种益处,解决某种问题,从而满足某种需求。正如 IBM 公司前营销副总裁巴克·罗杰斯所说:"人们购买某种产品,是因为产品能够解决问题,而不是因为产品本身。IBM 不出售产品,它只出售解决问题的办法。"

顾客购买需求的审查,主要要从三个方面进行。

(一) 考察顾客是否有需求

有些顾客需求是显性的,顾客自己很清楚自己的需求。而有时顾客的需求又是隐性的,可能连顾客自己也没有意识到自己的这种需求。这就需要推销人员引导,以诱发顾客认识到自己该种需求。

1. 对现实需求的审查

现实需求是指已经发现但没有被满足的需求。这时客户已经认识推销品,同时认为通过购买行为可以寻求满足的平衡与和谐。推销人员应该通过需求审查,把具有现实需求的客户作为立即开展推销活动的对象。

2. 对潜在需求的审查

潜在需求又称隐性需求,就是指客户对某类产品或服务因为产品或市场的某些因素,会随时拒绝或使用别的替代品的情况下产生的需求行为。现实需求指的是已经体现出的需求,潜在需求则是指尚未表现出来的将来的需求,它需要通过一些市场行为进行引导才会体现出来,进而向现实需求转化。

在寻找的客户中,有的虽然没有现实需求,但是存在着未来的需求,推销人员应该把他们列为"预备梯队",作为以后工作的对象。例如,住校大学生对商品房的需求就是潜在需求,他们虽然现在可能没有现实需求,但是存在着未来的需求或引致需求,所以也是商品房的潜在顾客,如"把木梳卖给和尚的故事"。

优秀的推销人员之所以优秀,就在于通过工作,培养、创造具有潜在需求的客户,激发他们的购买欲望,使其相信其对推销的产品确实存在需求。事实上,很多人类需求就是通过激发创造出来的。推销人员应该加强"创造需求"方面的训练,通过创造需求来促进销售。真正优秀的推销人员是在创造需求方面有出色表现的推销人员,他们不断地使客户认识到需求,认识到需求的必要性和迫切性,变潜在需求为现实需求,变潜在客户为现实客户。目前,有轿车的大学生不多,但是有驾照的却大有人在,这些人中就有大量的轿车潜在顾客。

(二)考察顾客什么时候需要

顾客往往对于自己的需要在时间上缺乏足够的认识,这时就需要推销人员来帮助顾客判断需要的时间,促使顾客当场下订单。这样既可以提高工作效率,帮助顾客解决问题,又能够提高推销成功的比率。

(三)考察顾客需要的数量

顾客需求审查不仅包括对顾客需求可能性的审查,还应包括对顾客的需求量进行评价。因为有些顾客虽然对推销品的需求可能性较大,但需求数量很少且只有一次性购买,推销人员前去推销得不偿失,不能给公司带来利润,甚至会导致负效益,这些顾客便不能成为合格的目标顾客。而那些对推销品需求数量大又有长期需求的顾客,则是推销人员首先的并应将其列为重点的目标顾客。按照"ABC管理法"的要求,应将顾客分为主次优劣、重轻急缓的不同级别的顾客群。

所谓ABC管理法,是指推销人员根据一定的具体标准对顾客进行分级管理和重点推销的科学方法。这些具体的标准可以根据不同行业的具体情况来制定,如顾客的规模大小、需求量大小、购买能力大小、商誉高低、购买概率大小以及距离远近、可能长期合作关系等标准。根据标准得到不同级别(A级、B级、C级)的顾客之后,推销人员可以按照级别的先后顺序制定推销计划。采用ABC管理法,可以使日常推销工作计划化、程序化、条理化、系统化,有助于推销人员开展重点推销和目标管理工作,保证以较好的推销投入量取得较好的推销业绩。

二、购买力审查

顾客对产品由于需要而产生购买欲望,在具有购买该商品的货币支付能力的基础上,形成购买需求,并希望立即购买。因此,在对顾客需要审查的基础上,应进一步审查顾客的货币支付能,仅仅具有需要但无力购买商品的线索不可能是真正的买主。

购买能力评价的目的在于选择具有推销价值的目标顾客。对那些不具有购买能力的顾客推销毫无意义。购买能力评价可以有效防止呆坏账的损失、降低商业风险,从而提高推销工作的实际效果。

对购买能力的评价主要从两个方面进行。

(一)对现有购买能力的评价

对顾客现有购买力的评价主要是通过对顾客现有收入水平、经营状况等进行调查研究,在此基础上做出估计和判断。这种调查可以从内部和外部两方面进行。内部调查是推销人员深入客户内部了解客户的财务状况,或通过各种关系和途径摸清客户的支付能力;外部调查则是推销人员对顾客表面现象进行观察判断,然后做出估计。两种方法中,内部调查比较困难,顾客的财务状况一般不向外披露;外部观察相对较易,但对推销人员的观察判断能力有较高要求,其要能够于细微之处判断客户的经济状况。例如,某推销人员在与客户的接触中"顺便"问起客户有什么业余爱好,客户回答喜欢打高尔夫球,昨天刚请朋友去某地玩了场。推销人员由此判断,顾客的经济状况应属不错。顾客的经济状况,或多或少会通过其行为表现出来,只要用心观察还是可以发现的。

(二)对潜在购买能力的评价

在现实的推销活动中,有些顾客因处于发展过程之中,或因贷款未及时收回等原因,出现暂时支付困难,经过一段时间后仍然可以支付,被称为潜在购买能力。对于具有潜在购买能力的顾客应保留其潜在顾客的资格,推销人员如果认为不存在什么风险,可以主动帮助解决支付困难的问题,如分期付款或延期付款;如果认为还不保险,可以适当延缓一下推销行动,待顾客经济状况转好后再进行推销,但要注意与顾客保持必要的联系。

▰ 阅读材料

一位房地产推销员去访问一位顾客,顾客对他说:"我先生忙于事业无暇顾及家务,让我做主用几十万元购买一套别墅。"推销员一听非常高兴,便三番五次地到她家拜访。有一次,他们正在谈话,有人敲门要收购废品,这位太太马上搬出一堆空酒瓶与收购者讨价还价。推销员留心一看,这些酒多是一些低档酒,很少有超过10元钱的,推销员立即起身告辞,从此便不再登门。

为什么推销员从此不再登门?他是基于什么做决定的?

三、购买决定权审查

无论潜在顾客是一个人还是一个单位,最终和推销人员洽谈购买的必定是一个具体的人,这个人必须拥有购买决定权。和一个没有购买权力的人谈判,无论怎样努力都无助于推销。对顾客购买决定权评价的目的就在于缩小推销对象的范围,避免盲目性,进一步提高推销的效率。

个体购买者市场和组织市场由于具有不同的市场特征,购买决策的制定也就各不相同。对于个体购买者市场来说,推销对象可能是某一个人或某一家庭,大多说日用消费品很容易判断出购买决策者及购买者,审核其对该种物品是否具有购买决策权也就相对容易。但对于一些价值高、不经常购买且需冒一定风险的高档商品的购买来说,购买决策者很难截然分开,家庭成员之间的意见或建议都可能影响对推销品的接受性,推销人员必须重视所有的家庭成员,正确分析顾客家庭中的各种微妙关系,并依据推销品的性质、类型、适用对象等,抓住关键的决策者进行推销。

组织市场比个人市场更加复杂,影响购买决策的人员的类型与数量更多,掌握购买决策者的意见就显得更加重要。组织市场购买带有很强的专业性,通常是理智型的采购,一般购买决策均由企业管理者做出,采购员的灵活性较小。例如,制造公司需要的原材料或零部件的采购决策通常由供应部门负责人做出,而日常办公用品的采购决策则由行政部门负责人做出。推销人员应深入调查、了解企业内部组织结构、人际关系、决策系统和决策方式,掌握其内部主管人员之间的相对权限,向具有决策权或对购买决策具有一定影响力的当事人进行推销。唯有如此,才能有效地进行推销。

阅读材料

新业务员如何查找客户资料

有人说"台上一秒钟,台下十年功",的确如此。那么,我来告诉那些初入电话销售行业的销售人员如何才能找到客户资料,进而寻找到自己的潜在客户。

一、寻找客户资料前的基本要求

寻找客户资料的方法与技巧,可能多种多样,但是为了能够确保寻找潜在客户的有效性,必须把握以下三点基本要求。

1. 充分了解所要销售产品的行业特性

试想一下,销售人员如果连自己所销售产品所属的行业性质都搞不清楚,怎么可能在最大范围内寻找自己的潜在客户和筛选自己的客户呢?

2. 充分了解自己销售的产品的特性

产品特性包括很多方面,其中有产品所采用的原料、工艺技术、卖点等,甚至推销员还要了解一下同行产品及相关的产品。电话销售人员只有充分了解自己的产品的特性,才能有效定位哪些客户是产品的真正需求者,避免走冤枉路。

3. 充分了解与本行业相关联的行业

为什么要了解与本行业相关的行业呢?试想一下,如果了解关于本产品服务行业,产品运输行业、原料供应行业、包装行业、行业协会等,是不是可以从他们那里获取或者筛选许多关于潜在客户的资料呢?

所以,电话销售人员还必须充分掌握与自己产品相关的上下游环节的特性,才能更好地为自己寻找潜在客户打好基础。

二、寻找客户资料的方法

1. 使用客户搜索工具搜索

现今的客户搜索工具有很多,它们可以帮助电话销售人员快速地查找到大量的客户资料,节省时间,提高效率!

2. 报纸、杂志、电话黄页寻找法

利用报纸、杂志寻找客户资料,也是一种寻找潜在客户的方法,但效果也是不怎么特别明显。一些全国性或区域性的杂志和报纸媒体也保有大量的客户订阅信息和调查信息,可以利用这些信息,为自己服务。

3. 数据公司利用法

数据公司专门收集、整合和分析各类客户的数据和客户属性。

专门从事这一领域的数据公司往往与政府及拥有大量数据的相关行业和机构有着良好而密切的合作关系。一般情况下,这类公司都可以为电话销售行业提供成千上万的客户数据列表。在北京、上海、广州、深圳等国内大中城市,这类公司发展非常迅速,已经开始成为数据营销领域的重要角色。

不过,许多电话销售不愿意进行这方面的投入,怕花钱。其实呢?与其毫无成效地做着毫无意义的事情,浪费时间与生命,不如花些钱去购买些有价值的资料,这样可能回报会更大呢?

4. 当地行业协会利用法

基本上每个行业都有自己的行业协会,如软件行业协会、电子元件行业协会、仪器仪表行业协会、汽车协会、美容保健协会等。虽然行业协会只是一民间组织,但恐怕没有人能比行业协会更了解行业内的情况了。如果潜在客户恰好是某某协会的成员,能得到协会的帮助是直接接触到潜在客户的有效方法。

5. 大型专业市场寻找法

大型专业市场如汽车汽配市场、美容保健市场或某某商品一条街,是商家云集之处等,来到这里不仅可以获取到大量的潜在客户资料,甚至还可以现场物色潜在客户。在这里来来往往的人,几乎都是可以为你提供一些宝贵信息资料的人。

6. 展会寻找法

每年各个地方都有不少交易会或者展会,如广交会、高交会、中小企业博览会等,只要是符合行业属性、产品属性的展会,都可以去光顾,在会展上可以收集到大量的客户资料,甚至可以现场寻找客户、联络感情、沟通了解。

7. 熟人介绍法

你的日常推销活动不会在隔绝的状态下展开,这说明你已经认识了一大批人。这批人有可能成为你产品或服务的潜在顾客,即使不是你的潜在客户,也可能为你提供他们所知道的对你有价值的潜在客户的信息资料。

不可否认,即便是一个社交活动很少的人,他也有一群朋友、同学和老师,还有他的家人和亲戚,这些都可能成为你的资源。

一个辐射一圈,这是销售人员扩大人脉的最快速的办法。你的某一个朋友不需要你的产品,但是朋友的朋友你能肯定他不需要吗?你的朋友不知道你潜在客户的信息,你朋友的朋友手中难道就没有这些资源吗？去认识他们，你会结识很多的人。告诉你身边的人你在干什么、你的目标是什么，获得他们的理解，通过他们的帮助，你会很快找到你的潜在顾客，因为你身边的人都会帮你，都愿意帮你。

8. 相互协助法

你接触过很多的人，当然包括像你一样的销售人员，他们手中都拥有一定量的客户资源或者资料，熟悉顾客的特性。他们只要不是你的竞争对手，一般都会和你结交，你们即便是竞争对手，也可以成为朋友，和他们搞好关系，分享资源，相互协助，甚至可以让对方在拜访顾客的时候还帮你留心，当然了，你有合适他们的客户也一定会记着他，多好，额外的业绩不说，你还有了一个非常得力的商业伙伴。相互协助法是一种比较有效的寻找客户资料的方法，且不需要任何的投入。其含义就是让别人帮你寻找客户资料，同时你也帮别人寻找客户资料，大家彼此相互协助。

9. 客户推荐法

只要不是从事骗子行业，只要产品货真价实，只要服务能令客户满意，我相信，再差的销售人员手中都会有几个老客户的。通过他们可以得到一些翔实的潜在客户资料，甚至可以是马上交易的客户资料。对于给你提供资料的客户，你一定不要忘记他们应得的回报，哪怕是一个你自己精心制作的小礼品也好，这至少说明你的心中在感激着他们。

不同层次阶段，不同做事方式，你可能寻找客户的方法也不同，但是大家想得到的结果却基本相同，那就是最大范围地抓住属于自己的潜在客户，做好自己的销售业绩。

资料来源：http://www.ceconlinebbs.com/FORUM_POST_900001_900005_1037094_0.HTM

本 章 小 结

推销过程始于寻找顾客，而且整个推销环节中不可避免地要流失一部分顾客，这充分说明不断地搜猎客源在推销工作中的重要性。潜在顾客是指既能因购买某种产品或服务而受益，同时又具有购买这种商品的货币支付能力的个人或组织。

从潜在顾客的来源途径上分析，潜在顾客的资料可从企业内部和外部获取。内部来源有公司销售记录、广告反馈记录、客户服务电话及公司网站；外部来源有顾客推荐、电话簿及各种记录、贸易展销会、探查走访、自我观察、其他产品的推销人员。

寻找潜在顾客的方法很多，没有哪个是万能的，也没有一种是适合所有情况的，必须根据推销对象、推销商品及相关环境来选用。常用的方法有地毯式寻找法、介绍寻找法、中心开花法、个人观察法、委托寻找法、广告拉动法、文案调查法、网络搜寻法等。

寻找到的潜在顾客，并非都是现实顾客，推销人员需要对他们的资料进行资格审查。顾客资格审查是推销人员开展市场调研的重要内容之一，审查鉴定的目的在于发现真正的产品推销对象,避免徒劳无功的推销活动,确保将推销工作落到实处。顾客资格审查通常包括顾客购买需求的审查、顾客购买力的审查和顾客购买决定权的审查三个方面。潜在顾客只有这三个方面得到统一,才能成为真正的推销对象。

思 考 题

1. 什么是潜在顾客?什么是线索?如何区分两者?
2. 潜在顾客主要可从哪些途径来寻找?
3. 寻找潜在顾客的方法有哪些?各种方法分别有何优缺点?
4. 寻找潜在顾客的各种方法中,哪些方法比较适合你个人的特点?你还能提出一些新方法吗?
5. 什么是顾客资格审查?推销人员应从哪些方面对顾客资格进行审查?
6. 为什么说,推销工作的实质就是要探索和创造需求?

案 例 分 析

案例 7-1

乔·吉拉德在将汽车卖给顾客数星期后,就从客户登记卡中找出对方的电话号码,着手与对方联系。

"买的车子情况如何?"他一般会这样询问。

白天打电话,接听的多半是购车者的太太,她们大多回答:"车子情况很好。"

乔·吉拉德接着说:"假如车子震动厉害或有问题的话,请送回我这儿来修理。"并且请她提醒她丈夫,在保修期内送来检修是免费的。

同时,乔·吉拉德也会问对方,是否知道有谁要车子。若对方说有位亲戚或朋友想将旧车换新的话,他便请对方告知其亲戚或朋友的电话号码和姓名,并请对方拨个电话替他稍微介绍一下。他同时告诉对方如果介绍的生意能够成功,对方可得到 25 美元的酬劳。最后,乔·吉拉德没有忘记为对方的帮助再三致谢。

乔·吉拉德认为:即使是质量上乘的产品,在装配过程中也会发生莫名其妙的小差错,虽经出厂检验也难免有疏漏。这些毛病在维修部修起来不难,但对顾客来说就有许多麻烦。把车卖给顾客后,对新车是否有毛病的处理态度和做法,将会影响顾客向别人描述购车经历时的角度和重点。他可能会说:"我买了一辆雪佛兰新车,刚购回来就出毛病!"但在你主动征询对方对车子的评价,及时发现毛病并给予免费维修时,顾客就会对别人说:"吉拉德这个人挺有意思,时时为我的利益着想,虽然车子出了点毛病,他一发现就马上给我免费修好了。"

案例讨论

1. 乔·吉拉德用什么方式来选择潜在顾客?
2. 乔·吉拉德急着给顾客打电话询问车子的状况,是否会引起对方对所购产品的质量的怀疑?假如出现这种情况,你认为应怎样处理?
3. 乔·吉拉德为什么明知买主白天不可能在家,却偏偏在这时候打电话到顾客家里去?这里的奥秘何在?

案例 7-2

戴维周围的人一致认为他是最聪明的保险推销员,而戴维则认为自己只不过是能找到真正的决策人罢了。谈到"找到决策人"这一原则时,戴维说:"找到决策人的原则是我在小企业市场工作时形成的。当时是我做保险代理人的第一年,我遇上了一个服装店的店主克莱德。我们约好了那一天晚上在他的服装店见面。我们坐在会计员的小办公室里。"

"克莱德,"我先说话了,"我想跟你谈谈万一你有什么不测,保护你的家庭的一些方法。"

"尽管说吧,戴维。我完全相信保险。我小的时候,父亲去世了,没有保险赔偿金,那种生活实在太可怕。"

克莱德显然是保险的支持者,看来会谈的结果可能会成交,但我需要知道更多的有关他的生意和家庭的信息。他是个容易相处的人,因此,跟他建立起友好关系并让他说话并不困难。可是我们谈得越多,我越是着急。他跟我更多地谈起他的妻子,我开始怀疑是不是自己找错人了。谈到他的生意,克莱德说没有他妻子的许可,他从来不采取任何行动。服装店的地址是他妻子决定的,大多数进货也由她决定。

"克莱德,"我问,"下周我来见你和你夫人怎么样?我们可以一块儿坐下来谈谈保险的事。"他咕哝着说:"我想我们今晚就可以谈,我会向她解释的。"

"克莱德,如果我今晚给你一份你满意的建议书,你会马上就签字吗?"

"哦,当然我得先跟我妻子说一声。"

"我明白了。她理应参加我们的会谈,所以我想见她。"

"但我自己可以向她解释。"

"我花了几个月的时间研究我要给你的保险单,我想你要在一晚上彻底弄清楚并向别人解释不是件容易事。"

"不是很简单吗?"

"问题是,如果她不喜欢其中的一些条款,你该怎么办?"

"我猜她不会买的。"

"但如果我在场,我会答复她的反对问题,并告诉她可以按照她的想法修改,而且保证你们仍然投保。要对她公平一点,我应该坐下来跟她谈谈。"

他没吱声。

"听着，"我说，"我不想让你向你夫人推销保险，那是我的工作。你已经告诉我保险对你来说很重要，你要尽快买保险，对吗？"

"我想是的，我马上给她打电话。"他答道。

过了一周，我跟克莱德和他的妻子见面了。我用了一两个小时回答了克莱德夫人的问题，她最终同意她的丈夫买这份保险。当她表示同意时，我看见克莱德脸上的肌肉放松了。

案例讨论

1. 在本案例中，戴维向克莱德推销保险成功的关键是什么？
2. 结合案例分析，在寻找潜在顾客后，应如何对其进行资格审查。
3. 如何才能确定一次产品推销中客户的实际决策人？

第八章 推销接近

引例

小张是某不太知名的热水器厂家的业务人员,初到某区域市场,翻阅了当地的电话号码簿找到一家比较有名的家电代理公司,便匆匆前往拜访。还算幸运,刚好那天公司老板没有太多事情就直接接见了他。寒暄过后,老板问小张:"如果我销售你们的品牌产品,你们准备怎么操作?"小张说:"我们一般是小区域代理……"而事实上,该顾客是当地最有影响的顾客之一,网络成熟,资金雄厚,基本上只做省级代理,并且该老板自恃资历老、实力强,对于不太知名的品牌根本不做小区域的代理。老板听完就开始转换话题,几分钟就把小张打发走了,根本就没有谈具体的合作事宜。

思考题

小张推销失败的原因是什么?

在确定了潜在顾客之后,推销人员推销的下一步骤是推销接近。它是推销人员为了进行推销洽谈而与潜在顾客进行的初步接触,是推销过程中的一个重要环节。能否成功接近顾客,直接关系到整个推销工作。本章将对推销接近的准备工作和约见潜在目标顾客以及接近潜在目标顾客的方法、技巧展开研究。

第一节 推销接近概述

一、推销接近的含义

推销接近是指推销人员正式与潜在顾客进行的第一次面对面接触,以便把推销引入洽谈的一个活动过程。推销接近是推销人员为推销洽谈的顺利开展而与推销对象正式接触的过程,是推销面谈的前奏,是推销过程的必要环节。

接近不了推销对象,便无法开展推销活动。在接近推销对象的时候,推销人员的主要任务是简要地介绍自己、自己所代表的企业的背景与概况、推销品的特点等,以引起潜在目标顾客的注意和兴趣。同时，在推销接近过程中，推销人员要注意收集潜在目标顾客的需要和意见，帮助其确定购买需求，提出适当的购买建议，以满足其需要。推销接近是推销人员与顾客之间进行双向沟通的过程，推销人员在向潜在顾客输出推销信息的同时，也向企业反馈有关的购买信息。

二、推销接近的目标

推销人员进行接近准备、约见及接近等工作，其最终目标都是成交。但由于对不同的顾客的熟悉和了解程度不同，推销人员不可能使每次接近都能成交。因此，推销接近的目标是逐步推进的，应分别根据顾客的情况达成不同的目标。无论采用何种接近技术，推销接近都包括以下四个层次的目的。

（一）引起顾客的注意

成功的推销需要潜在目标顾客的购买热情，而潜在目标顾客的购买热情总是表现为对推销人员和所推销商品的注意力。只有使潜在目标顾客的注意力完全集中在推销人员的身上，推销工作才能正式开始。

根据心理学的基本原理，一个人在同一时间内不可能感知周围的一切事物，只有少数事物处于人注意的焦点，大量发生的事情或周围的事物都处于注意的边缘，而且人有选择性注意的心理特征，即人自身如果有强烈的需要或受到外部感官刺激，就容易关注相应的事物，并进一步转换为浓厚的兴趣。因此，推销人员在推销接近过程中，如果发现顾客正忙于其他工作，不可能安下心来听推销介绍时，最好是停止或暂缓其推销工作。此时销售人员即使做了较为详细的推销介绍，也未必能引起顾客的注意。

"注意"在推销活动中的作用十分重要。在接近潜在目标顾客之初，推销人员就应采取适当的方法引起潜在目标顾客的注意。例如，寻找与顾客有关共同兴趣和爱好的话题（昨晚某场精彩足球赛或国内外发生的重大事件等），扭转其注意的指向，从而继续接近工作。另外，推销人员必须善于察言观色，及时掌握顾客的心理状态与特征，尽力维持顾客注意力的持久性。一旦顾客把注意力集中起来，推销品又确定能使顾客获利或帮助顾客解决某个实际问题，则推销就已经步入成功的殿堂。

（二）验证事先所得的顾客信息

经过寻找顾客与顾客资格审查阶段，推销人员掌握了一些有关顾客的各种信息，并据此准备了相应的推销方法。但是，信息是否全面、准确、有效，还不确定。推销人员应利用实际接触顾客的最初时间，运用观察、提问、倾听等方法，验证事先收集的信息是否准确。如果发现原有的信息里面有错误，应迅速加以改正。更重要的是，要及时修正根据原有信息所确定的推销方法，这一点非常重要，许多推销人员很容易忽视这一点。

(三) 引起顾客的兴趣

在推销关系中，如果只有潜在目标顾客对推销人员和推销品的注意力，而没有潜在目标顾客对推销人员和推销品的兴趣，那潜在顾客的购买热情仍难以形成，其注意力也无法稳定。有些推销人员善于引导潜在目标顾客的注意力，却不善于引起潜在目标顾客的兴趣。事实证明，引起潜在目标顾客的注意比引起潜在目标顾客的兴趣要容易得多。如果推销人员不能立即引起潜在目标顾客的兴趣，即使一时引起了潜在目标顾客的注意，那这种注意也不会持久。因此在推销接近过程中，推销人员必须设法引起潜在目标顾客的兴趣。

从心理学上来说，兴趣是指一个人积极探究某种事物的认识倾向。兴趣是一种人性特征，而注意力则是个人的表情，兴趣是注意力的基础。在生活实践中，人们的兴趣不仅是千差万别的，而且是千变万化的，这就要求推销人员在宣传推销商品时，注意分析各类潜在目标顾客兴趣爱好的特点，掌握它们变化的趋向，有针对性地开展推销接近工作，使自己的一言一行都能引起潜在目标顾客的注意，并力求使这种注意提高到兴趣的程度，投其所好，即能收到明显的效果。

人们的兴趣爱好与其需要动机密切相关。推销人员可从潜在目标顾客的需要和动机入手，诱发其购买兴趣。实际上，推销人员的一个眼神、一个动作、一句妙语都可能引起潜在目标顾客的兴趣。

综上所述，推销必须接近潜在目标顾客，接近潜在目标顾客必须引起顾客的注意，要使其注意力稳定，必须使其产生兴趣。推销人员如果不能引起潜在目标顾客的注意和兴趣，就无法最终推销成功。

(四) 转入洽谈阶段

对潜在目标顾客有较多了解后，推销人员就应在简短的推销接近过程之后，自然而然地步入洽谈的阶段。这里接近与洽谈两个不同的推销阶段很难找到一个准确的"界限"来区别。推销人员应视具体的推销对象和推销品，把握接近过程的"火候"，及时地转入交易洽谈过程。在实际推销工作中，常常见到一些推销人员进屋就问买不买，开口就问要不要，使顾客感到莫名其妙。其原因就是忽视了接近阶段的意义，认为越快越好，但要注意欲速则不达。也有一些推销人员善于接近顾客，却不会趁机转入洽谈阶段，时间一久潜在目标顾客便很厌烦。这两个极端都不可取，应该避免。正确的做法是一旦达到接近的目的，应立即顺水推舟，使潜在目标顾客在不知不觉中进入洽谈的阶段，这样才会水到渠成。

综上所述，潜在目标顾客的注意和兴趣是推销的必要条件，高度的注意和浓厚的兴趣，可以营造有利的推销氛围。在推销接近阶段，推销人员要努力引起潜在目标顾客的注意和兴趣，在转入洽谈阶段之后，推销人员仍然要设法保持潜在目标顾客的注意和兴趣，继续活跃推销气氛。不然，一旦潜在目标顾客的注意力分散或兴趣减退消失，推销工作就会半途而废,甚至满盘皆输。在接近潜在目标顾客时,推销人员必须心平气和、胆大心细、不慌不忙、循序渐进,既要用新奇的方式引起潜在目标顾客的注意和兴趣,又要抓住适当时机转入洽谈阶段,既要引人注目,又不可哗众取宠;既要引人入胜,又不可故弄玄虚。推销人员只要目标明确、方法得当、不断创新、大胆接近,就能顺利完成接近阶段的任务。

第二节 推销接近的准备

一、推销接近准备的含义

推销人员想要达到接近的目标,顺利完成接近阶段的任务,就必须做好接近准备工作。所谓推销接近准备是指推销人员在接近某一特定潜在顾客之前,对潜在顾客情况进行调查,以设计接近、洽谈计划的过程。推销接近准备阶段实际上是顾客资格审查阶段的延续。接近准备工作的主要目的是收集更多的潜在顾客资料,为推销洽谈做好准备,是推销工作的一个很重要的环节。

俗话讲,"磨刀不误砍柴工",要想获得推销接近的成功,就必须先做到全面了解自己的潜在顾客。在接近每一个潜在顾客之前,都要尽可能地抽出时间做好相关准备,准备得越充分,访问的效率就会越高,效果就会越好。

阅读材料

美国大西洋石油公司的一份调查资料显示,在交通、时间等条件相同的情况下,业绩优秀的推销人员用于接近准备工作的时间占全部推销活动时间的21%,而表现一般的推销人员用于接近准备工作的时间只占全部推销时间的13%,两者相差8%。这说明准备工作与推销业绩是有一定的关联性的。因此,应该对顾客接近前准备工作重要性有充分的认识。

二、推销接近准备的意义

推销接近的准备阶段所做的收集资料、选择接近策略、制定面谈计划以及精神上和物质上的准备等工作,都是为接近和约见顾客提供依据,争取主动高效地完成推销目标。如果疏于前期准备工作,荒于资料收集工作,将直接影响到与顾客的推销洽谈,导致整个推销工作的失败。因此,做好接近准备工作与选择推销对象一样是推销过程不可或缺的一个重要环节。其重要意义在于以下方面。

1. 有助于认定潜在顾客的资格

在初步认定潜在顾客资格的基础上,推销人员已基本确定某些个人或团体是自己的潜在顾客了。但有时会出现这样的情况:原来审定的潜在顾客,由于形势的变化而不是自己的潜在顾客了。可能他们已经拥有了自己所推销的商品，或购买能力不足，或购买决策权受制约，或已有亲戚朋友在推销同种商品。这些影响因素都要求推销人员必须对潜在顾客的资格进行进一步认定，而这项任务必须在接近顾客之前的准备工作中完成，以避免接近顾客时的盲目行为。

2. 有助于拟订接近策略

推销人员面对的推销对象，是一个千姿百态的人群。他们有些喜欢开门见山的商业化接近方式，有些则喜欢拐弯抹角的非商业化接近方式；有些要求推销人员要严格守约、准时赴会，有些则对违约、误约等现象毫不在意。因此，推销人员不能以同一种方式去接近所有的潜在顾客，而应该以不同的方式去接近不同的潜在顾客。譬如，有的潜在顾客讨厌在交谈时抽烟，推销人员如先有准备，事先早已了解，就可加以注意，从而避免不愉快的事情发生。

3. 有利于制定具有针对性的洽谈计划

推销人员在推荐商品时，总是要采取多种多样的形式，从产品的各方面进行游说，或突出产品制作材料的新颖、先进的生产工艺，或突出产品良好的售后服务和保证，或突出优惠的价格，等等。关键在于推销人员介绍商品的侧重点要切合顾客的关注点，否则，洽谈介绍商品的工作就失去了针对性，推销的效果会因此而大打折扣，推销工作会无功而返。例如，潜在顾客最关心的是产品的先进性和可靠的质量，而推销人员只突出产品完善的售后服务，有可能使顾客担心产品的返修率比较高、质量不可靠。推销人员做好前期准备工作，深入挖掘潜在顾客产生购买行为的源头——购买动机，就能找到潜在顾客对产品的关注点，制定出最符合潜在顾客特点的洽谈计划。

4. 可以有效地减少或避免推销工作中的失误

推销人员的工作是与人打交道，其要面对个性各异的潜在顾客。每一位潜在顾客都具有稳定的心理特质，有各自的个性特点，推销人员不可能在短暂的推销谈话中予以改变，而只能加以适应，迎合潜在顾客的这些个性特点。因此，推销人员必须注意顺从顾客要求，投其所好，避其所恶。推销人员做好接近准备，充分了解潜在顾客的个性、习惯、爱好、厌恶、生理缺陷等，就可尽量避免因触及顾客的隐痛或忌讳而导致的推销失败。

5. 能够增强推销人员对工作成功的信心

信心对于推销人员取得成功至关重要，推销人员在准备不充分的情况下接近潜在顾客，会因对潜在顾客的情况不明，底数不清，担心满足不了顾客的需求，言词模棱两可，引起潜在顾客的反感，得不到信任，从而难以被顾客接受。推销人员只有对潜在顾客的情况了如指掌，才会对自己的推销说服能力底气十足，在说服过程中才会从容不迫、言语举止得当，从而取得潜在顾客的信任。

三、推销接近准备的内容

推销接近的准备工作主要有以下几个方面。

(一)顾客资料的准备

顾客资料是反映顾客基本情况的信息资料,推销人员对顾客信息资料掌握得越多,就越容易接近顾客。但是顾客的种类很多,信息要求也不尽相同,因此接近不同类型的顾客时,推销人员应进行不同的接近准备。

1. 接近个体潜在顾客的准备内容

(1) 姓名。要注意写对、读准个体潜在顾客的姓名。人们对姓名很敏感,如果访问时弄错姓名,很容易造成尴尬的局面。准确地了解潜在顾客的姓名,容易使推销接近的氛围变得融洽,缩短推销人员与潜在顾客之间的距离,使推销访问成为老朋友之间的交流。

阅读材料

需要注意的是,中国的姓氏比较复杂,有单姓,有复姓。名字有单有双,有曾用名、别名、俗名、小名、笔名和"字",有的人可能还有"号",近几年更有人编一些比较不常见的名字,个别人还选用一些生僻字作为自己的名字。有的字(如单、朴、仇)作姓的时候,其读音与作为一般的词语时有很大区别。推销人员在接近潜在顾客之前,应尽可能地记住潜在顾客的姓名与正确的叫法、写法;否则,不仅会笑话百出,而且会引起潜在顾客的反感。例如,有一个公司经理叫诸葛华,一次一个推销人员第一次去拜访的时候,他给了推销人员一张名片,在这之后推销人员每次去拜访他都是叫他"诸经理",这让这个诸葛经理感觉非常别扭,最终生意也没有谈成。再看一例,一位推销人员几次前去拜访某厂长均未见到,于是给厂长留了张便条。他听说厂长姓丛,便提笔写了个"葱厂长",结果惹恼了这个厂长,后果可想而知。

(2) 年龄。不同年龄的人会有不同的个性和需求特征,因而会有不同的消费心理和购买行为。在接近顾客之前,推销人员应采取合适的方法和途径了解该顾客的真实年龄,以便于分析、研究、把握顾客的消费心理,制定推销接近策略。

(3) 性别。男女潜在顾客在其性格、气质、需要和交际等方面均有区别,推销人员应区别对待。

(4) 民族。我国是一个多民族的国家。不同民族的人都有自己的民族风格和民族习惯。了解潜在顾客的民族属性,准备好有关各民族风俗习惯的材料,是接近潜在顾客的一个好方法。至于到少数民族地区去开展推销活动,更要入乡问俗、入乡随俗,切不可做出有违于民族风俗习惯的事。相互尊重对方的民族习惯是长期合作的重要基础。

(5) 出生地。推销人员在接近准备时,应尽可能了解潜在顾客的籍贯和出生地。一个人出生和生长的地方,会给其生活习惯甚至性格打上很深的烙印。了解潜在顾客的出生地,一来可以从侧面揣测其生活习惯和性格特征;二来可以以此为话题拉近与其的感情距离。中国人对于乡土有着浓厚的感情,所谓"他乡遇故知",常被世人颂为人生的一大快事。

(6)相貌特征。推销人员在接近准备阶段,应了解潜在顾客的音容、相貌、身体等重要特征,最好能拥有一张潜在顾客的近期相片。掌握潜在顾客的身体相貌等特征,既可避免接近时出错,又便于推销人员提前进入洽谈状态。

(7)职业状况。不同职业的人在价值观念、生活习惯、购买行为和消费内容与消费方式等方面,都有着比较明显的区别。因此,针对不同职业的潜在顾客,在约见方式、认识方式、接近方式与洽谈方式上也应该有所不同。

(8)学习和工作经历。对于推销人员来说,了解推销对象的学习和工作经历将有助于约见时与其寒暄,拉近双方间的距离。例如,一位推销人员了解到顾客和自己一样,都曾在市足球队踢过球,于是他和顾客一见面时,就谈起了过去踢足球的经历,双方谈得津津有味,最后在愉快的气氛中达成了交易。

(9)兴趣爱好。了解潜在顾客的兴趣爱好,不仅可以避免冒犯潜在顾客,而且有利于寻找更多的共同话题接近潜在顾客、融洽谈话气氛,并且有利于有针对性地向潜在顾客推销商品,以投其所好。

(10)办公及居住地址。潜在顾客的住址、办公地点和经常出入、停留的地方,对推销人员而言是很重要的资料。在接近准备阶段,推销人员一定要不厌其烦地核对清楚。例如,邮政编码、区名、街道名、楼宇名、门牌号码以及其周围环境特征、联系电话、传真机、手机号码等都要搞清楚,以便顺利到达接近地点和节省接近拜访时间。

(11)家庭及成员情况。了解潜在顾客的家庭情况,可以为接近准备和洽谈提供一些话题。

(12)需求内容。这是潜在顾客资格审查的重要内容之一,同时也是接近潜在顾客前准备工作的重要方面。推销人员应尽量了解潜在顾客需求的具体情况,如购买需求的特点、购买动机、购买决策权限以及购买行为的规律性等,以便于有针对性地做好推销工作。

2.接近组织潜在顾客的准备内容

所谓组织潜在顾客是指除个体潜在顾客以外的所有潜在顾客,包括工商企业、政府机关、事业单位及其他社会团体组织。组织潜在顾客的购买(比如学校购买课桌、椅子、粉笔、电脑等为了组织教学)由于是为了获利或开展正常业务活动,除具备个人采购的一些特点外,还具有以下特点:购买数量大,订货次数少,供购关系稳定,重视品质,由专业人员购买,影响购买决策的人员多,属于理智型购买。采购者只是执行购买决策的人员,通常不是做出购买决策的人,因而向组织购买者推销就是指向购买决策者推销,或向影响购买决策的有关人员施加影响,促使决策者做出购买决策。购买决策的复杂性,要求推销人员必须更加充分地做好接近组织潜在顾客的准备工作。因此,除应准备推近个体潜在顾客的一些内容外,还应准备以下内容。

(1) 基本情况。组织潜在顾客的基本情况包括机构名称、品牌商标、营业地点、所有制性质、注册资本、职工人数等。除此之外还包括组织潜在顾客总部所在地及各分支机构所在地的详细地址、邮政编码、传真号码、公司网址,具体人员的电话、手机号码,以及前往约见与接近时可以利用的交通路线及交通工具,进入的条件和手续等情况。

(2) 生产经营情况。即产品品种、产量、生产能力及发挥水平,设备技术及技术改造方向,产品结构情况,产品加工工艺及配方,产品主要销售地点及市场反映,市场占有率及销售增长率,管理风格与水平,发展、竞争与定价策略等。如果潜在顾客属于商业机构,推销人员还应该了解潜在顾客的营业面积、商品规模、商品等级、客流量、购买者的购买行为及商品特点等,并了解对方的资信情况。

(3) 采购习惯和购买情况。不同潜在顾客有各自不同的采购习惯,包括采购对象的选择、购买途径、购买周期、购买批量、结算方式等方面都可能有差异。在准备的过程中,推销人员要对组织潜在顾客的采购习惯进行认真、全面、细致的分析,再结合推销品的特征和性能,确定能否向潜在顾客提供新的利益以及其对推销品进行采购的可能性。购买情况包括:在一般情况下,由哪些部门需求或提出购买申请,由哪个部门与机构对需求进行核准,由哪个部门与机构对需求及购买进行决策及选择供应厂家,客户目前向哪几个供应者进行购买,供求双方的关系及其发展前景如何,等等。

(4) 组织情况。对组织潜在顾客的推销,实际上是向机构决策人或执行人推销,而绝非向机构本身推销。但是,机构本身复杂的组织结构和人事关系,对推销能否成功有着重要的影响。因此,在接近组织潜在顾客之前,推销人员不仅要了解组织潜在顾客的近远期目标、规章制度和办事程序,而且还要了解它的组织结构和人事状况、人际关系以及关键人物的职权范围与工作作风等方面的内容。

(5) 关键部门与关键人物情况。对在购买行为与决策中起关键作用的部门和人物的有关情况也要了解清楚。

(6) 其他情况。推销人员还要了解影响潜在顾客购买的其他情况,例如,购买决策的影响因素是什么,目前进货有哪些渠道,维持原来的购买对象与可能改变的原因是什么,目前潜在顾客与供应商的关系及发展前景如何,目前竞争对手给潜在顾客的优惠条件是什么,潜在顾客的满意程度如何,等等。

3. 接近老顾客的准备内容

小马的失误

推销人员小马给从前的老顾客某医院郝院长打电话,内容如下。

小马:"郝院长您好!好长时间没见了,今晚有空吗?我请您吃饭。"

郝院长："不用了，谢谢!"

小马："我们公司刚从国外进口一种新的心脏起搏器，我想向您介绍一下。"

郝院长："有业务就想起找我啦?"

小马："当然，我们是老朋友了嘛!"

郝院长："我恐怕要让你失望了。"

小马："为什么?"

郝院长："一年前我就改任书记，从事党务工作了。"

这个案例中，小马的推销一定是不成功的。虽然郝院长是熟人，但小马长时间没有与顾客保持联系，对老顾客的变动情况也不了解，容易使老顾客流失。

老顾客是推销人员熟悉的、比较固定的买主。保持与老顾客的密切联系，是推销人员保证顾客队伍的稳定、取得良好推销业绩的重要条件。

对老顾客的接近准备工作与对新顾客的接近准备工作有所不同，因为这时推销人员对老顾客已经有一定程度的了解。对老顾客的接近准备工作主要是对原有资料的补充和调整，是对原有资料错漏、不清楚、不确切等方面进行的及时修订和补充，是对原有客户关系管理工作的延续。

接近老顾客前，应该准备的资料如下。

（1）基本情况。应该注意和重视在见面之前对老顾客的原有情况进行温习与准备。通过温习，在见面时可以从这些内容入手进行寒暄，这样会使顾客感到很亲切。

（2）变动情况。最重要的一点就是对原来档案中的资料，逐一进行审查，并加以核对，了解原有资料是否有变动。其中重要的内容包括经营与财务状况有无变化，最近有无涉嫌诉讼案件、经济案件，银行信用账号是否有变动，相关决策人和联系人是否变动等。

（3）信息反馈情况。推销人员再次拜访老顾客之前，应该先了解老顾客（无论是个体顾客还是团体顾客）上一次成交后的信息反馈情况，包括供货时间、产品价格、产品质量、使用效果和售后服务等情况。老顾客反映情况的内容和形式无非两个方面：一是好的反映；二是不好的反映。无论老顾客反应好坏，推销人员都应该认真听取，并加以研究。

（二）拟订推销方案

推销方案就是推销人员展开推销活动的行动方案，它不一定是书面的，可以是内心的一种设想。推销人员在访问顾客之前，对如何接近顾客、如何面谈、如何妥善处理异议并促成交易，都要进行认真考虑，并精心设计出对策，以顺利接近顾客，较快地转入推销的正题，及时排除推销洽谈中的阻力，获得良好的推销成果。推销方案的主要如下。

（1）设定访问对象、见面时间和地点。应选准适当的访问对象并选择其所能容许和接受的时间和地点见面。

（2）选择接近的方式。应根据产品自身的特点和顾客的不同情况，选择合适的接近方式。

（3）掌握商品介绍的内容要点与示范。推销人员必须全面掌握所推销商品的功能、特点、规格、价格、售后服务等各方面的情况，并牢记心中，清楚商品能给顾客带来哪些好处，同时，还要掌握顾客的实际需要和兴趣所在。另外，推销人员还要结合商品和顾客两方面的情况，确定介绍商品的侧重点和示范商品的突出点，以求说服顾客。

（4）异议及处理。应设想顾客可能提出哪些异议，做好处理这些异议的准备，使下一步的面谈能顺利进行。

（5）预测推销中可能出现的问题。推销人员尽管已经获取了准确可靠的信息，进行了深入的思考和透彻的分析，设计的行动方案也很周密，但是，在访问顾客时，仍然可能遇到一些意想不到的问题。如有些人本来需要这种产品，但对来访的推销人员拒而不见；有些人本来是购买决策人，却让其他人与你周旋；有些人不需要这种产品，却热衷同你争论，甚至争得面红耳赤，最后不欢而散。有时还会出现令人非常难堪的场面，推销人员对此要有充分的心理准备并预先想出相应的对策。

（三）物品准备

物品准备主要是指推销人员在接近潜在顾客时准备所需要的各种资料、工具等。在接近潜在顾客前，推销人员应仔细检查一下自己需携带的推销辅助物品。推销辅助物品可以对难以用语言表达的内容给予直接说明，有助于加深推销对象的印象和记忆。对于推销新手，准备推销辅助物品的意义更大，它可以弥补语言表达能力不足和对业务不熟悉的缺点。当然，在实际推销工作中，因推销品、潜在顾客、访问目的的不同，所需推销的辅助物品也不相同。一般推销物品准备应包括以下四个方面。

（1）准备产品目录册、样品、幻灯片、录像带、照片、效果图、光盘等，以便向潜在顾客直接展示商品的实物形态，吸引潜在顾客的注意力，促使顾客直接感受商品。

（2）准备各种宣传材料，包括各种印刷广告、有关新闻简报、说明书、价格表、检验报告、鉴定报告、营业执照等，以帮助推销人员加大说服潜在顾客的力度。

（3）准备各种票据、印章、合同文本，以便交易时尽快履行有关手续，不贻误时机。

（4）准备其他物品，如笔、笔记本、介绍信、名片、身份证、计算器，以及为帮助推销而进行的商品演示等，它能为推销人员的工作带来极大方便。

（四）心理准备

推销人员的工作就要把尚未想买推销品的潜在顾客变成想买的潜在顾客，这的确是件很难办的事情。有一位优秀的推销人员曾经说过，在你还没有推销之前，推销的成败不在于商品的魅力，而在于推销人员本身的魅力。因此，推销人员在接触潜在顾客之前，必须要做好充分的心理准备。

一般而言，推销人员应做好以下三方面的心理准备。

(1) 访问可能遭到拒绝。在拜访潜在顾客前,推销人员应告诫自己遭拒绝或不受到礼遇是自然的现象,此次拒绝是下一次成功的开始。

(2) 访问可能失败。拜访之前,推销人员应要客观地看到,并不是每一次拜访都会成功,也不会每一次拜访都会失败。只要坚持不放弃,成功可能就在下一次拜访中。

(3) 预演商谈的内容。为了做好心理准备,推销人员最好在访问前预演,假想顾客可能提到的问题,自问自答一番。

第三节 约见潜在顾客

从前,推销人员大多采取挨门挨户的推销方式,随时随地登门造访。但是,在现代社会,推销环境、推销工具和推销对象都发生了巨大的变化,推销方式必须要不断改进。现代人生活节奏快,办公大楼门岗森严,有些顾客很难接近。接近不了顾客,还谈什么推销?因此,推销人员在完成接近顾客的准备工作之后,为了成功地接近顾客,应该事先进行约见。

所谓约见,又称商业约会,是指推销人员事先征得潜在顾客同意接见的行动过程。约见实际上既是接近准备的延续,又是接近过程的开始。只有通过约见,推销人员才能成功地接近潜在顾客,顺利开展推销洽谈工作。通过约见,推销人员还可以根据约见的情况进行进一步推销预测,为制定洽谈计划提供依据。此外,约见还有助于推销人员合理地利用时间,提高推销效率。当然,在某些情况下,约见顾客这个环节有时也是可以省略的,这要视具体情况而定。

一、约见的内容

约见为顾客接近工作的前奏,顾客约见的内容要根据推销人员与潜在顾客关系的密切程度、推销面谈的需要、顾客接近的准备情况等来定。在推销中,既不能以同一种方式拜访所有的顾客,也不能用同一种方式约见所有的顾客。一般来说,约见的主要内容包括以下几项。

(一) 确定约见对象

约见潜在顾客的首要内容是确定约见对象,从而避免在无权或无关人员身上浪费时间。所谓约见对象,指的是对购买行为具有决策权或对购买活动具有重大影响的人。如果推销的是个人用品,约见对象一般容易确定;如果推销的是生产用品,推销人员首选的约见对象则是公司的董事长、总经理、厂长等组织的决策者。

但是,在实际推销工作中,推销人员常常不能直接与约见对象联系。在一些大型工商企业和重要的行政部门,那些有决策的要人为方便工作、减少干扰,通常都配备了专门的接待人员,他们负责接待包括推销人员在内的各类人员。这样一来,推销人员首先面对的往往是秘书和接待员这样一些通往决策者的路上的"关卡"。推销人员必须设法突破决策者下属设置的障碍,争取接待人员的合作与支持,与之建立较为友好的关系,开始时即使不能直接约见决策者,也要通过接待人员了解到约见决策者的时间和办法,寻找直接约见购买决策人的机会。

确定约见对象时,需要注意以下问题。

(1)设法直接约见决策人,以及其他对购买决策具有重大影响的人,避免在无权或无关人员身上浪费时间。对于企业潜在顾客而言,公司的董事长、总经理、厂长等企业或有关组织的决策者拥有最终的决定权,是推销人员首选的约见对象,推销人员若能成功地约见这些决策者,将为以后在该企业或组织中的推销铺平道路。

(2)要尊重接待人员或决策者周围的人。在尽量约见购买决策人的同时,也不要忽视那些对购买有影响力的人物,如总经理助理、秘书、办公室主任、部门经理等人。这些人虽然没有最终购买决定权,但接近决策层,可以在公司中行使较大的权力,对决策者的决策活动有很大的影响。所以,推销人员绝对不可以怠慢、不尊重接待人员、秘书以及对决策者有重大影响的人,而要把他们当做同等重要甚至更加重要的"要人",力争取得他们的合作与支持,使他们乐于帮助推理人员顺利约见购买决策者。

阅读材料

日本推销奇才原一平访问推销对象的一个小故事

原一平的推销"手记"中写道:"根据打听来的消息,我前去拜访一家业务很活跃的贸易公司。但是,去了好几次,董事长不是不在就是在开会,总是无法见到面。我好几次都是在接待小姐同情的目光之下,留下名片,怅然而返。"

"不知道是在第几次的拜访中,我突然发觉接待小姐桌上的花瓶不见了。于是,下一次再去时,我便带了装着两朵菊花的小花瓶送给接待小姐,以表示我心中的感激。又惊又喜的接待小姐告诉我,董事长常常推说不在因此一定得这么守下去。"

"此后,接待小姐就成了我的内援,每隔3天,我就带着两朵菊花前去拜访。可是,推销工作依然没有任何的进展。时间一久,全公司的人都认得我,并且戏称我为'菊花推销人员'。但是,我还是见不到董事长。"

"大约经过两月以后,有一天,我照常前去拜访,接待小姐好像是自己的事情一样,兴高采烈地对我说'董事长等着你呢!'并立刻将我带入董事长的办公室。'本公司的员工都非常称赞你哟!'董事长只说了这么一句话,也不容我多言,即签下最高金额的合约。我永远也无法忘记当时不禁喜极而泣的情景。"

(二)确定约见目的

约见的第二项主要内容就是明确约见的目的。任何人都不会接受没有理由的约见,特别是在双方从未谋面或不熟悉的情况下,所以推销人员在约见访问对象时,必须告诉对方访问的原因和需要商谈的事项。虽然约见顾客的最终是为了成功推销商品,但约见目的因顾客、推销进展阶段和具体推销任务的不同而不同。一般说来,约见潜在顾客的目的和事由不外乎下列几种。

(1) 推销产品。推销访问的主要目的是直接向顾客推销商品。在约见顾客时,推销人员应设法引起顾客的注意和兴趣,着重说明所推销产品的用途、性能和特点等。顾客若的确需要所推销的产品,自然会欢迎推销人员的来访,并给予合作。若顾客确实不需要,推销人员也最好不要强求。

(2) 进行市场调查。市场调查是推销人员的重要职责之一。以市场调查为事由的约见,由于不需要顾客购买商品,往往容易被顾客接受,容易赢得顾客的信任、合作与支持。这样既有利于收集市场情报和信息,为进一步推销做好准备,又可避免强行推销,往往还可使市场调查转变为正式推销,甚至促成当面成交。

(3) 提供服务。在现代市场竞争中,提供服务与推销产品同等重要。事实上,推销本身就是一种服务。把提供服务作为约见顾客的理由,往往比较受顾客的欢迎。通过这种方式既可以完成推销任务,又可扩大企业影响,树立企业及其推销人员的良好形象,为今后的推销工作铺路搭桥。

(4) 签订合同。推销人员与顾客经过多次推销洽谈,已达成购买意向,需要商讨一些具体细节,签订合同。以此为目的的约见,一定不要显得过于急切,要尊重顾客的时间,因为签订合同不仅意味一次交易的结束,而且意味着下一次交易的良好开端,必须予以高度重视。

(5) 收取货款。收取货款是推销过程中的重要环节。没有收回货款的推销是不完整的推销,无法收回货款的推销是失败的推销。以收取货款作为访问事由的访问,对方不好推托,但推销人员也应该体谅对方的困难,既要防止出现呆账,又不要过于逼账。

(6) 走访用户。企业和推销人员要保证基本顾客队伍的稳定与发展,不断提高销售业绩,不仅要不断寻找、发现、发展新客户,而且要不断巩固与老顾客的关系,以建立自己稳定的销售网。这种方式使推销员既可以引起顾客的好感、增进与顾客的感情,又可以赢得主动,还可以收集到真实的信息、合理化建议,甚至忠告等,为正式推销奠定良好基础。

总之,约见顾客有各种目的。推销人员应根据具体情况,创造各种机会约见、接近顾客。扩大自身影响,提高企业信誉,树立企业形象,并达到预期的推销目的。

(三) 确定约见时间

约见潜在顾客的主要目的之一就是与其约定一个见面的时间。约见时间安排是否适宜,会影响到约见顾客的效率,甚至推销洽谈的成败。本着服务顾客的原则,在约定约见时间时,最好由顾客主动安排。顾客可以根据自己的工作日程,安排适当时间约见推销人员,这样,既可以节约时间,又可以满足推销人员约见的要求。在实际推销工作中,并没有一个适合所有约见对象的"标准"约见时间。约见的对象、目的、方式、地点不同,约见的时间也就有所区别。推销人员应根据下列因素来选择最佳约见时间。

(1) 根据约见顾客的特点和约见的事由来选择最佳约见时间,尽量考虑顾客的作息时间和活动规律,设身处地为顾客着想,尊重对方意愿,共同商定约会时间。如元旦、春节、"五一"和国庆放假结束后的第一天上班时间,就不适合上门推销,因为大家都要处理一些内部事务,而且会议比较多。你即使业务紧急,也要尽量避开上午,最多也就是上午电话预约,下午过去。还有,月末各公司都比较忙乱,除了催收货款之外,一般也不要预约顾客。

(2) 根据约见的目的来选择最佳约见时间,尽量使约见时间有利于达到约见目的。与不同的约见对象,应该约定不同的约见时间,每次访问应在时间充裕的情况下进行,最好不是只约见一个顾客。即使是约见同一个对象,约见的目的不同,约见的时间也应该有所不同,应做到合理安排。例如,推销产品时,应该选在顾客有需求的时间;催收货款最好是在企业顾客资金充足时,个人顾客发工资后比较好。如果不打算请对方吃饭,就不要在上午十一点半之后去拜访新顾客;即使是拜访老顾客,宁肯自己在外面吃了饭,也要等到下午一点半以后去拜访。

(3) 根据约见地点和路线来选择最佳约见时间。推销人员在约见顾客时,应根据约见时间与约见地点合理安排约见路线,保证按时赴约。与顾客约定时间与地点后,不管有什么困难,哪怕刮风下雨,只要约会未被取消,都要努力做到如约而至,以体现出诚意。如果因为客观原因,如交通阻塞、走错路等而不能准时到达,或者因有临时变故需取消预约,一定要提前通知顾客,表示道歉,并说明详细的情况和具体的理由,以争取顾客的谅解。顾客越早收到你的通知,就越容易避免因你的迟到而带来的不便,也就越能够谅解你。

(4) 尊重访问对象的意愿,充分留有余地。在约定约见时间时,推销人员应把困难留给自己,把方便让给顾客。考虑到各种难以预见的意外因素的影响,约定时间必须留有一定的余地。除非有十足的把握和周密的安排,推销人员不应该连续约定几个不同的顾客,以免因前面的会谈延长而使后面的约会落空。

总之,推销人员应该加快自己的推销节奏,选择有利时机约见顾客,讲究推销信用,准时赴约,合理安排和利用推销时间,提高推销约见的效率。

阅读材料

推销人员约见顾客的最佳时间

顾客刚开张营业,正需要产品或服务的时候。

对方遇到喜事吉庆,如晋升提拔、获得某种奖励等的时候。

顾客刚领到工资,或提升工资级别,心情愉快的时候。

节日、假日之际,或者碰上顾客厂庆纪念、大楼奠基、工程竣工之际。

顾客遇到暂时困难、急需帮助的时候。

顾客对原先的产品有意见,对你的竞争对手最不满意的时候。

下雨、下雪的时候。

在通常情况下,人们不愿在暴风雨、严寒、酷暑、大雪冰封的时候前往拜访,但许多经验表明,这些时候正是推销人员上门访问的绝好时机,因为在这样的环境下前往推销访问,往往会感动顾客。

不同职业的最佳接触时间

会计师:月中。

医生:上午11点以后和下午2点以前,最好的日子是雨天。

行政人员:上午10点前后到下午3点。

股票行业:避免在开市后,最好在收市后。

银行家:上午10点前或下午4点后。

公务员:工作时间内,切勿在午饭前或下班前。

饮食业:避开用餐时间,最好是下午3点到4点。

建筑业:大清早或收工时。

律师:上午10点前或下午4点后。

教师:大约在下午4点后,即放学的时候。

零售商:避开周一或周末,其他时间最好是下午2点到3点。

(四)确定约见地点

约见地点,应与约见顾客、约见目的、约见时间和接近方式相适应。选择约见地点的基本原则是方便顾客、有利于推销。选择约见地点时,推销人员应该研究所在区域的推销环境及其变化趋势,综合分析,全面考虑,做出科学的决策。

通常下述地点可供推销人员在选择约见地点时参考。

(1)顾客工作地点。若目标顾客是企业,最佳约见地点一般是目标顾客的工作地点。因此,在约见顾客之前,推销人员必须彻底调查和了解顾客的工作地点和工作环境。在选择约见地点时,既要方便顾客,又要营造推销气氛。

(2)顾客居住地点。若推销对象为个体顾客,则最佳的约见地点是顾客居住地点。在此处面谈,可缩短双方的距离,显得亲切和自然。在实际推销工作中,以居住地点为约会地点,一般应由顾客主动邀请,或者在顾客乐于接受的情况下由推销人员提出约请。如果顾客不同意或不乐意,则应更改约会地点,决不可强求。为了节省时间、方便顾客,推销人员事先还要研究推销区内的道路、胡同、院落、楼房、门栋等情况,对于重点推销区的各种有关情况应了如指掌。

(3) 社交场合。推销人员不仅是一个推销人员,还必须成为一个社交活动家,要和顾客交朋友,做顾客的知心人。在实际推销活动中,许多交易是在社交场合中谈成的。八小时之内是推销时间,八小时之外也是推销时间。在国外,许多生意不是在办公室而是在高尔夫球场上成交的。推销人员可以利用许多社交场合谈生意或约见顾客。

(4) 公共场所。对于有些顾客来说,工作地点和居住地点都不便于会见推销人员,他们又不愿意出现在社交场合。那么,推销人员就可以考虑把一般的公共场所作为约见地点。人们经常可以在剧场、车站等公共场所见到推销人员。

(5) 推销人员工作地点。约见地点有的时候也会在推销人员的工作地点,例如,饭店的服务员向顾客推销特色菜肴,售楼小姐向顾客推销房屋等都是在推销人员的工作地点。这时候,推销人员占有主场之利。

总之,约见的基本内容就是要确定约见对象、目的、时间和地点,约见的任务是把握最佳时机,确定最佳的推销地点,接近最佳的推销对象,优化推销效果,也就是要明确"四何",即何人、何事、何时、何地。做到这些,就可以成功地接近推销对象,正式开展推销洽谈工作。

二、约见的方法

推销人员要达到约见的目的,不仅要考虑约见的对象、时间和地点,还必须讲究约见的方式与技巧。现代商务活动中约见潜在顾客的常见方式主要有以下几种:

(一) 电话约见

所谓电话约见,是指推销人员利用电话约见潜在顾客。电话约见的谈话时间不宜太长,应尽量做到言简意赅、重点突出。电话约见是现代推销活动中常用的约见方法,它的优势在于能在短时间内接触更多的潜在顾客,这是一种效率极高的约见方式。但电话约见也有明显的缺陷:由于推销人员与潜在顾客没有直接见面,潜在顾客处于被动地位,推销人员处于主动地位,容易遭遇潜在顾客的推拖。

电话约见成功的关键在于推销人员必须懂得打电话的技巧。

(1) 要精心设计开场白,激起对方足够的好奇心,使他们有继续交谈的欲望。

(2) 约见目的要充分,用词要简明精练。

(3) 态度要诚恳,语气要平缓、亲切。

(4) 掌握电话约见的基本步骤。电话约见的一般步骤包括问候、介绍自己和公司、感谢顾客倾听、道明约见目的、确定约见时间和地点、再次致谢。

(二) 信函约见

所谓信函约见,是指推销人员利用各种推销信函约见潜在顾客。这是推销人员利用书信约见顾客的一种方法。信函通常包括个人书信、会议通知、社交柬帖、广告函件等。

特别是在面约、电约不成的情况下,信函约见有助于推销人员敲开潜在顾客的大门。

信函约见既简便、快捷、易于掌握、费用低廉,又可避免当面约见顾客时的层层人为阻碍,可以把信函畅通无阻地传递给顾客。但这种方式也有一定的局限,如:信函约见的时间较长,不适于快速约见,而且不利于信息反馈;许多顾客对推销约见信函不感兴趣,甚至不去拆阅,推销人员花费较多的时间和精力撰写的约见信函往往如泥牛入海。

为了提高信函约见的成功率,推销人员在写约见信函时应注意以下几个问题。

(1)措辞要委婉恳切。写信约见潜在顾客,对方能否接受,既要看他的需要与购买力,也要看推销人员是否诚恳待人。一封措辞委婉恳切的信函往往能博得潜在顾客的信任与好感,也容易使对方同意会面。

(2)内容要简单明了。信函应尽可能言简意赅,把约见的时间、地点、事由写清即可,切不可长篇大论、不着边际。

(3)传递的信息要投其所好。约见信函应该以说服潜在顾客为中心,投其所好,以潜在顾客的利益为主线劝说或建议接受约见要求。

(4)信函形式要亲切。约见信函要尽可能自己动手书写,而不应使用冷冰冰的印刷品,信封上最好不要盖"邮资已付"的标志,要动手贴邮票。

(5)电话追踪。在约见信函发出一段时间后要打电话联系,询问潜在顾客的想法与意见。把电话约见与信函约见结合起来使用,可大大增强约见效果。

(三)当面约见

当面约见是指推销人员与顾客面对面约定见面的时间、地点、方式等事宜。这种约见方式简便易行,也极为常见。推销人员可以利用与顾客会面的各种机会进行面约。如在展销会或订货会上、社交场所、推销旅途中或其他见面的场合与顾客不期而遇,推销人员都要借机面约。

当面约见是一种理想的约见方式,具有以下优点。

(1)能及时得到潜在顾客的反应,缩短双方的距离,增强亲近感,甚至可以与潜在顾客建立信任与友谊关系。

(2)信息传递准确、可靠,能保守商业秘密,并能消除顾客疑虑。

(3)节约信息传递费用,简便易行,于人于己都比较方便等。

当然,当面约见也有一定的局限性。

(1)受地理限制,远距离的潜在顾客往往很难面约。

(2)受时机的限制,有时很难碰巧遇到要面约的潜在顾客。

(3)效率限制,面约花费的时间与精力较多,很难在短期内面约较多的潜在顾客。

(四)委托约见

所谓委托约见(简称"托约"),是指推销人员委托第三者,包括对潜在顾客有一定社会影响的有关人士,如助理人员、接待人员、秘书、朋友、邻居等约见潜在顾客。托约有利于推销人员接近潜在顾客。推销人员不能或不便亲自约见潜在顾客时,可以通过各种社会联系,委托其周围的社会关系网内的有关人员约见。

委托约见的优点是:可以通过第三者与潜在顾客的特殊关系对其施加影响,从而消除约见障碍,顺利达成交易;推销人员更容易接近推销对象,节省了推销时间,提高了推销效率;有利于反馈信息,潜在顾客因为与托约人的关系比较密切,往往能够直接提出异议,这样,推销人员就能有针对性地制定推销策略,排除推销障碍,促成洽谈成功。

但委托约见也有一定的限制:一是推销人员不可能拥有众多的亲朋、熟人;二是自己的好友未必与潜在顾客有交情;三是要搭人情,而且环节较多,如果所托之人与自己的关系或与潜在顾客的关系较一般,就会导致潜在顾客对约见的重视程度不够。因此,运用此方法特别要注意真正了解第三者与推销对象的关系。

(五) 广告约见

所谓广告约见(简称"广约"),是指推销人员利用各种广告媒介,例如各种报纸、杂志、广播、电视、直接邮寄、散发印刷广告等约见潜在顾客。利用广告进行约见可以把约见的目的、对象、内容、要求、时间、地点等准确地告诉广告受众,然后在约定的时间、地点等待潜在顾客上门。变上门推销为潜在顾客登门求购,可以使推销人员处于积极主动的有利地位。广告约见比较适用于约见的潜在顾客较多,约见对象不太具体、明确,或者约见对象姓名、地址不详,在短期内无法找到等情况。

广告约见具有很多优点:一是约见对象较多,覆盖面广;二是能够吸引潜在顾客主动上门约见;三是节省推销时间,提高约见效率;四是可以扩大推销人员的影响,便于树立企业形象等。广告约见也有一定的局限性:一是针对性较差;二是费用高;三是现在广告泛滥,很难引起潜在顾客的注意等。

(六) 网络约见

网络约见是推销人员利用互联网与顾客在网络上进行约见的一种方法。互联网(Internet)的迅速发展为现代推销提供了快捷的沟通工具,不仅为网上推销提供了便利,而且为网上购物、商谈、联络情感提供了可能,尤其是电子信箱的普遍使用,加快了网上约见与洽谈的进程。

网络约见的优点是快捷、便利、费用低、范围广。但网络约见要受到推销人员对网络技术和顾客网址、电子信箱等情况的掌握程度等方面的限制。因此,现代推销人员要掌握有关的网络知识,学会利用现代化的信息手段和推销工具开发客户。

以上介绍了约见的六种基本方法,约见方法还有多种,推销人员可根据具体情况选用一种或综合使用几种方法达到约见的目的。

第四节 推销接近的方法

完成约见工作后,推销人员便可以按照预先约定的时间和地点会见潜在顾客。这是推销人员正式接触顾客的一个步骤,在推销学中称接近。它是正式开展推销洽谈工作的前奏,和洽谈紧密相连。

推销接近是有目的的,主要的目标在于引起顾客的注意和兴趣,使买卖双方顺利转入洽谈阶段,以促成交易的完成,也就是为推销交易的发生提供基础条件。要达到接近的特定目标,推销人员必须掌握一定的接近方法。

一、介绍接近法

介绍接近法是指推销人员通过自我介绍或由第三者介绍接近潜在顾客的方法。介绍接近法按介绍主体不同,可分为自我介绍法和他人介绍法。

(一)自我介绍法

自我介绍法是推销人员通过自我介绍接近推销对象的方法。自我介绍法是最常见的一种接近顾客的方法,大多数推销人员都采用这种接近技巧,例如"××,你好。我是××,是××公司的代表"。在正式接近潜在顾客时,除了进行必要的口头自我介绍外,还应主动出示推销介绍信、身份证及其他有关证件,以消除顾客心中的疑虑。

由于介绍信及有关证件需要重复使用,不可能交给顾客留存,所以,赠送本人或公司的名片是现代推销接近中常用的做法。推销人员给对方递上自己的一张名片,也同样可以弥补口头介绍的不足,并且便于日后联系。出于礼节,对方会回赠名片,由此自己又获得了顾客本人及企业的一些资料和信息,为今后进一步联系增加了机会。但是,这种接近方法由于使用过于普遍,很难在一开始就引起潜在顾客的注意和兴趣,所以最好与其他方法联合使用,那样可能会更加有效。另外,名片设计得特殊一些,或者所用的材料与一般的不太一样,会有助于给潜在顾客留下深刻的印象。

(二)他人介绍法

他人介绍法是推销人员利用与潜在顾客熟悉的第三者,通过打电话、写信函字条或当面介绍的方式接近潜在顾客,例如,"陈先生,我叫张××,是快餐配料公司的。上个星期您哥哥曾跟我谈起您,他要我跟您联系一下,看看我们是否有你所需要的配料"。在推销人员与所拜访顾客不熟悉的情况下,托人介绍是一种行之有效的接近方法,这种方式往往使顾客碍于人情面子而不得不接见推销人员。

他人介绍法的主要方式有信函介绍、电话介绍、当面介绍等。一般来说,介绍人与顾客之间的关系越密切,其介绍的作用就越大,推销人员也就越容易达到接近的目的。因此,运用这一方法来接近顾客,关键在于推销人员能否找到与顾客关系密切的第三者充当自己的介绍人,切不可勉为其难,更不要招摇撞骗。

他人介绍法也有其局限性。因为潜在顾客是出于人情或碍于面子而接见推销人员的,并不一定对推销品感兴趣,只是表面应付而已,所以他人介绍法虽然省力易奏效,但不可滥用,对某一特定的潜在顾客也只能使用一次,而有些潜在顾客则讨厌这种接近方式,他们不愿意别人利用自己的友情和感情来做交易。推销人员如果贸然使用此法,可能会弄巧成拙。

二、产品接近法

产品接近法也称实物接近法,是指推销人员直接把推销产品实物或者模型摆在顾客面前,以引起顾客对其推销产品的足够的注意与兴趣,进而转入洽谈阶段的接近方法。产品接近法也是推销人员第一次与潜在顾客见面时经常采用的方式。这一方法主要是通过产品自身的魅力与特性来刺激顾客的感官,如视觉、听觉、嗅觉、触觉等,通过产品无声的自我推销,来吸引顾客、引起顾客的兴趣,以达到接近顾客的目的。

一位美国推销人员贺伊拉说:"将牛排放在顾客面前固然有效,但最令人无法抗拒的是煎牛排的'滋滋声',它会使人想到牛排正躺在黑色的铁板上,滋滋作响,浑身冒油,香味四溢,而不由得咽下口水。"这一推销至理名言告诉我们,利用产品自身独特的魅力刺激顾客的欲望,可以达到较好的推销效果。因而,产品接近法适合推销具有独到特色的产品,容易引起买主的注意和兴趣。

当然,产品接近法并不是完美无瑕的,也有自身的局限性,选用时要符合以下条件。

(1)产品本身必须要有一定的吸引力,能够引起顾客的注意和兴趣。这种吸引力不是从企业或推销人员的角度来认识,而是设法让买主也实实在在感到产品的这种不可抵挡的"诱惑"。

(2)产品本身精美轻巧,便于携带,有利于顾客参与操作。例如,服装、玩具等新潮产品易于展示和供顾客试用,但推土机、车间机床、大型电动设备等产品不方便携带和供顾客操作,不宜采用此种方法。

(3)推销品必须是有形的实体,能使顾客通过感官产生注意力和兴趣。如果是无形产品,推销人员就难以用产品接近法。

(4)产品本身质地优良,经得起顾客的摆弄,并使其从操作中实实在在地感受到产品的利益。

三、表演接近法

表演接近法也叫马戏接近法、戏剧化接近法,是指推销人员利用各种戏剧性的表演技法引起顾客的注意和兴趣,进而接近顾客的方法。这是一种比较传统的推销接近方法,如街头杂耍、卖艺等都采用现场演示的方法招揽潜在顾客。在现代推销活动中,有些场合仍然可以用表演的方法接近潜在顾客。

阅读材料

铸砂厂的推销人员通过两种产品的对比表演赢得客户

日本一家铸砂厂的推销人员为了重新打进已多年未曾往来的一家铸铁厂,多次前往该厂拜访采购课长。但是采购课长始终避而不见,推销人员死缠不放,于是那位采购课长迫不得已给他五分钟的见面时间,希望这位推销人员能够知难而退。

这位推销人员胸有成竹,走进办公室后,在采购课长面前一声不响地摊开一张报纸,然后从皮包里取出一个砂袋,突然间推销人员将里面的铸砂猛地倒在报纸上,顿时屋内砂尘飞扬,几乎令人窒息,呛得课长咳了几声。

采购课长十分恼火地大吼起来:"你在干什么?"

这时推销人员才不慌不忙地开口说话:"这是贵公司目前所采用的铸砂,是上星期我从你们的生产现场向领班要来的样品。"

说着他又在地上另外铺上了一张报纸,然后又从皮包里取出另一袋铸砂倒在报纸上,这次却不见砂尘飞扬。面对静静躺在这张报纸上的这堆铸砂,采购课长十分惊异。

紧接着这位推销人员又取出两袋样品,对其性能、硬度和外观都做了详细的对比和介绍,使那位采购课长惊叹不已,从而顺利地赢得了一家大客户。

这个案例中的推销人员非常精明,他在事先调查的基础上发现自己公司的产品质量要远远好于目前客户公司所用的产品,为了形象地说明这种质量的差异,利用精彩的演示赢得了顾客。

利用这一方法,可以迎合某些顾客的求新、好奇心理,充分调动人们的主观能动性。在实际运用此法时应注意以下问题。

(1) 推销表演必须具有戏剧效果,能引起顾客的注意和兴趣。

(2) 推销表演必须自然合理,不要过分夸张以免引起"作秀"的嫌疑。

(3) 推销人员应尽量让顾客参与到"戏剧"的表演中,以激发顾客的兴趣。

(4) 接近表演所使用的道具应是推销品或其他与推销活动有关的物品。

阅读材料

美国有一家防弹衣制造公司,生产世界一流的防弹衣。有一天,销售部经理发现有一位推销人员半年之内竟然没有卖出一件防弹衣,于是找到这位推销人员问他是怎样做销售的。推销人员说:"我每次让顾客穿上防弹衣,然后拿起枪要向他射击以证明产品的质量,结果他们不但不买反而都吓跑了。"

经理想了一会儿说:"你的方法错了,来,我们演示一下,你穿上防弹衣,我来射击。"这位推销人员战战兢兢地穿上防弹衣后,经理连续向他射了几发子弹,推销人员当即倒下。原来他已经吓晕过去了,经理让人用水把他泼醒。好一会儿这位推销人员像落汤鸡一样爬起来,迷迷糊糊地问:"这是在天堂,还是在地狱?"经理说:"你既不在天堂也不在地狱,是在人间。"

从此,这位销售员的业绩直线上升!

四、赞美接近法

赞美接近法是指推销人员利用求荣心理来引起潜在顾客的注意和兴趣,进而转入洽谈阶段的接近方法。卡耐基在《人性的弱点》一书中指出:"每个人的天性都是喜欢别人的赞美的。"现实的确如此,好话人人爱听,因为人们都有渴望被他人重视和认可的心理。赞美接近法正是利用人们希望赞美自己的心理来引起顾客交谈兴趣的,因为如果赞美得当,顾客一般都会表示友好,并乐意与你交谈。人们在心情愉快的时候,很容易接受他人的建议,这时,推销人员应抓住时机,正确地引导推销活动。

例如,一个乳制品厂的推销人员说:"王经理,我多次去过你们的超市,你们超市的客人比其他超市的多很多,你们虽然是一个超市,但货架摆放很有艺术性,产品的品位也很高,有很多省内外著名品牌的产品,让人一进商店就有购物的激情,还有服务员的服务也很到位,一切都井井有条,看得出来,王经理为此花费了不少心血吧,可敬可佩!"听了推销人员这席话,王经理不由得连声说:"做得还不够,请多多包涵,请多多包涵!"但他心中却是美滋滋的。这位推销人员用这种赞美对方的方式开始推销洽谈,很容易获得潜在顾客对自己的好感,推销成功的希望也大为增加。

一般来说,在采用赞美接近法时,推销人员还应注意以下问题。

(1)选择适当的赞美目标。推销人员必须选择适当的目标加以赞美。就个人购买者来说,个人的长相、衣着、举止谈吐、风度气质、才华成就、家庭环境、亲戚朋友等,都可以给予赞美;就组织购买者来说,除了上述赞美目标之外,企业名称、规模、产品质量、服务态度、经营业绩等,也可以作为赞美对象。但最佳的赞美目标是符合潜在顾客的心理,是其自以为最值得赞美的人或事。双方只有认识相统一,才会产生共鸣,才会有融洽和谐的气氛,推销人员才能达到接近潜在顾客的目的。推销人员如果信口开河、胡吹乱捧,则必将弄巧成拙。

(2)赞美顾客一定要诚心诚意,要把握分寸。事实上,不合实际的赞美,虚情假意的赞美,只会使顾客感到难堪,甚至导致顾客对推销人员产生不好的印象。

(3)选择适当的赞美方式。对不同个性的潜在顾客,推销人员应有不同的赞美方式。即使是同一个潜在顾客,他在不同的时候,由于心境不同,对同样的赞美也会产生不同的反应。所以,推销人员一定要事先掌握多种不同的赞美方式。对于严肃型的潜在顾客,赞美应自然朴实,点到为止;对于虚荣型的潜在顾客,则可以尽量发挥赞美的作用。对于年老的潜在顾客,应该多用间接、委婉的赞美语言;对于年轻的潜在顾客,则可以使用比较直接、热情的赞美语言。

阅读材料

有一次,一个推销人员向一位律师推销保险。律师很年轻,对保险没有兴趣。但推销人员离开时的一句话却引起了他的兴趣。

推销人员说:"安德森先生,如果允许的话,我愿继续与您保持联络,我深信您前程远大。"

"前程远大,何以见得?"听口气,好像是怀疑推销人员在讨好他。

"前几周,我听了您在州长会议上的演讲,效果相当好。这不是我个人的意见,很多人都这么说。"

听了这番话,他竟有点喜形于色了。推销人员请教他是如何学会当众演讲的,他的话匣子就打开了,说得眉飞色舞。临别时他说:"欢迎您随时来拜访。"

没过几年,他就成为当地一位非常成功的律师。推销人员与他保持联系,最后成为了好朋友,保险生意自然越来越好。

五、馈赠接近法

馈赠接近法是指推销人员利用馈赠小礼品的方式来引起顾客的注意和兴趣,进而转入正式洽谈阶段的接近方法。从推销学理论上讲,馈赠接近法符合一些潜在顾客求小利的心理。一般来说,人们总希望无偿地获取一些东西,如一支印有公司名称的圆珠笔或印有公司产品的挂历等。

顾客由于受人赠品,一般都会待人友善,又由于盛情难却,往往在接受礼品之后,很难拒绝购买推销人员所推销的产品。因此,馈赠小礼品不仅是拉近与潜在顾客间距离的一种有效方法,而且也是一种极好的促销措施。

例如,一位推销人员到某公司推销产品,被拒之门外。女秘书给他提供了一个信息:总经理的宝贝女儿正在集邮。第二天推销人员快速翻阅有关集邮的书刊,充实自己的集邮知识,然后带上几枚精美的邮票又去找经理,告诉他是专门为其女儿送邮票的。经理一听有精美邮票,热情相迎,还把女儿的照片拿给推销人员看,推销人员趁机夸起其女儿漂亮可爱,于是两人大谈育儿经和集邮知识,非常投机,一下子熟识起来。

本例中的推销人员深谙推销接近的成功之道,懂得抓住顾客的心理状态投其所好,成功打开了这家公司的大门,因此,有时恰如其分的小小馈赠会成为成功推销的润滑剂。

现实生活中,推销人员就可以经常发放一些特制的广告品,比如记事簿、签字笔、打火机、广告伞等。日本人最懂得赠送小礼物的奥妙,大多数公司都会费尽心机地制作一些小赠品,供推销人员初次拜访客户时赠送客户。

一般来说,在采用馈赠接近法时,推销人员还应注意以下问题。

(1) 通过调查,了解顾客的嗜好和需求,按照投其所好的原则来选择赠品,确定赠送礼品的内容和方式。

(2) 明确赠品的性质。赠品只能当做接近顾客的见面礼和媒介,而不是恩赐顾客的手段。

(3) 礼品的内容和金额必须符合国家有关法律法规和纪律规定,价值不宜太大;否则,馈赠就变成了贿赂,属违法行为。

(4) 赠品最好是与推销品或本企业有联系的物品,这样赠品既是接近顾客的媒介,又是企业与推销品的宣传品,有双重的作用。

六、利益接近法

利益接近法是指推销人员利用顾客求利的心理,强调推销品能给顾客带来的实质性利益而引起顾客的注意和兴趣,以达到接近顾客目的的一种方法。用这种推销方法接近顾客时不是从宣传自身商品的优点入手,而是从顾客购买给顾客带来什么好处,比方从经济、实用、功能等方面入手,站在顾客的角度,换位思考。

利益接近法的主要方式是直接陈述或提问,告诉顾客购买商品本身的实惠。语言不一定要有惊人之处,但必须引起顾客对商品利益的注意和兴趣。例如,一位推销人员在介绍产品时可以说:"我们厂的产品与其他厂的产品便宜三成。"他从顾客关心的重点入手,引发了顾客对所销售产品的兴趣。

利益接近法使用时应该注意以下几方面的问题。

(1) 必须实事求是地陈述推销品能够给顾客带来的利益,不可夸大其词。夸大事实可能导致顾客的信任危机,即使顾客在欺骗下购买,如果所购商品不可能带来相应的利益,购买者的需求也就得不到满足,购物者就会像其他人传播公司的坏名声,从而导致企业形象遭受损失。

(2) 推销品的独特利益必须有可供证明的依据。任何推销人员都强调推销品所固有的利益,但顾客并不会盲目地认可,推销人员必须寻找能够证明其有独特利益的证据,以增强顾客的信任感。

(3) 应该仔细地设想顾客可能的回应,以便采取适当的对策来处理顾客提出的问题。

阅读材料

齐格是美国一位烹调器推销人员,他推销的烹调器每套价格是 395 美元。一天,他敲开一位顾客的门,简单介绍之后,顾客说:"见到你很高兴,但我不会购买 400 美元一套的锅。"

齐格看看顾客,从身上掏出一张一美元,把它撕碎扔掉,问顾客:"你心疼不心疼?"顾客对齐格的做法感到吃惊,但却说:"我不心疼,你撕的是你的钱,如果你愿意你尽管撕吧!"

齐格说:"我撕的不是我的钱,我撕的是你的钱。"

顾客一听感到很奇怪:"你撕的怎么是我的钱呢?"

齐格说:"你已结婚23年,对吧?"

"是的"。顾客回答道。

"不说23年,就算20年吧,一年365天,按360天计算,使用我们的烹调器烧煮食物,每天可节省1美元,360天就能节省360美元,这就是说,在过去的20年内,你没有使用烹调器,就浪费了7200美元,不就等于白白撕掉7200美元吗?"

接着,齐格盯着顾客眼睛,一字一句说:"难道今后20年,你还要继续再撕掉7200美元吗?"

七、提问接近法

提问接近法也称询问接近法,是指推销人员直接向顾客提出有关问题,以引起顾客的注意和兴趣,从而接近顾客的一种方法。这一方法符合现代推销的原理,现代推销是推销人员不断帮助顾客发现需求方面的问题,进而分析问题,寻找最终解决问题的办法的过程,强调把顾客需求与所推销的产品有机地联系起来。运用这一方法的关键是要发现并适时地提出问题,问题要明确具体,有的放矢,切中要点,针对性强。

提问接近法是推销活动中经常使用的一种很好的方法,可以单独使用,也可以在利用其他接近技术时穿插使用。这种一问一答的形式,有利于拉近顾客与推销人员的距离,消除顾客的戒备心理,尤其适合在第一次约见陌生客户的情景中使用。

推销人员:"夏天到了,自来水供应正常吗?水质如何?"

顾客:"供应不正常,水质也不好。"

推销人员:"如果有一种既纯净又有保健功能的饮用水,您的家庭愿意接受吗?"

顾客:"可以考虑。"

推销人员:"如果我们每周两次送水上门,既经济又方便,这样的服务方式您会满意吗?"

顾客:"非常好。那我就订三个月的用量吧。"

提问接近法虽然是比较有效的方法,但其要求也较高。推销人员在提问与讨论中应注意以下两点。

(1)提出的问题应表述明确,尽量具体,做到有的放矢。例如,"你愿意节省一点成本吗?"这个问题就不够明确,只是说明"节省成本",究竟节省什么成本,多长时间,都没有加以说明,很难引起顾客的注意和兴趣。而"您希望明年内节省7万元材料成本吗?"这个问题就比较明白确切,容易达到接近顾客的目的。一般说来,问题越明确,接近效果越好。

(2) 提出的问题应突出重点、扣人心弦。在实际生活中,每一个人都有许许多多的问题,推销人员只有抓住最重要的问题,才能真正打动人心。推销人员提出的问题,重点应放在顾客感兴趣的主要利益上。如果顾客的主要动机在于节省金钱,提问应着眼于经济性;如果顾客的主要动机在于求名,提问则宜着眼于品牌价值。因此,推销人员必须设计适当的问题,把顾客的注意力集中于他所希望解决的问题上面,以缩短与成交的距离。

(3) 所提的问题应全面考虑,迂回出击,不可完全出言不讳,应避免出语伤人。

(4) 推销人员必须为所提的问题精心构思,刻意措辞。如"近来生意好吧?""最近很忙吧?"诸如此类的问题就显得平淡、乏味,无法取得良好的接近效果。

八、好奇接近法

好奇接近法是推销人员利用顾客的好奇心理达到接近顾客之目的的方法。在实际推销工作中,与潜在顾客见面之初,推销人员可通过各种巧妙的方法来唤起顾客的好奇心,引起其注意和兴趣,然后说出推销产品的利益,转入推销洽谈阶段。

心理学表明,好奇和探索是人类行为的基本动机之一,人们的许多行为都是好奇心驱使的结果。好奇接近法正是利用人们的好奇心理,引起顾客对推销品的关注和兴趣,从而接近顾客。譬如说,推销人员在首次推销时遭到拒绝时,可以用"我只说一句话"之类的小小请求来引发顾客的好奇,重新唤起顾客的注意,促使他再次考虑对产品的需求。这样往往能够产生戏剧化的转机。当然,运用好奇接近法,推销人员也要注意不可故弄玄虚,以致引发顾客的反感。

例如,某推销人员手拿一个大信封步入顾客的办公室,进门便说:"关于贵公司上月失去的250位顾客,我这里有一份备忘录。"这自然会引起顾客极大的注意和兴趣。

采用好奇接近法时,应注意以下问题。

(1) 无论是利用语言、行动方式还是利用其他任何方式引起潜在顾客的好奇心理,都应与推销活动有关。

(2) 在认真研究潜在顾客心理特征的基础上,真正实现出奇制胜。潜在顾客只有感到好奇时,才会产生兴趣,才能进入面谈;否则,就会弄巧成拙,增加接近的困难。

(3) 引起潜在顾客好奇的手段必须合情合理,好奇而不荒诞。推销人员只能根据科学和各种真实的奇闻、奇遇、奇志、奇谈、奇货向潜在顾客展示以唤起他们的好奇心,达到接近的目的,而不应该凭空捏造,以违背客观真实的奇谈怪论来吸引顾客。例如,"刘翔在洛桑大奖赛上以12秒88的成绩刷新了男子110米栏世界纪录",通过振奋人心的信息来吸引顾客。再如,"日本夏普公司开发的像纸一样薄、可弯曲成筒状的太阳能电池",通过新奇的事物引起顾客的注意。

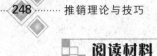

用金币吸引顾客

在法国的一个城市的偏僻小巷里,人们拥挤得水泄不通。只见一位50多岁的男人,拿出一瓶强力胶水,然后拿出一枚金币,他在金币的背后轻轻地涂上一层薄薄的胶水,再贴到墙上。不久,一个接一个的人都来碰运气,希望能揭下墙上那枚价值5000法郎的金币。

小巷里的人来来往往,最终没有人能拿下那枚金币,金币牢牢地粘在墙上。原来,那男人是个老板,由于他的商店位置偏僻,生意不景气,他便想出了一个奇妙的广告办法:用出售的胶水把一枚价值5000法郎的金币粘在墙上,谁揭下,那枚金币就归谁。

那天,没有谁拿下那枚金币,但是,大家认识了一种强力胶水。从此,那家商店的胶水供不应求。

九、震惊接近法

震惊接近法是指推销人员设计一个问题,使顾客认识到所推销产品的重要性,或用令人吃惊的数据资料来引起顾客的注意和兴趣,进而转入洽谈阶段的接近方法。在实际推销工作中,有时面对的潜在顾客思想保守、因循守旧,拒绝接受新观念,拒绝购买新产品,因此,推销人员确有必要使某些顾客震惊,转变观念,正视现实。震惊接近法给现代推销人员提供了一个有力法宝,使推销人员有可能击溃某些潜在顾客的心理防线,顺利地接近他们。

例如,一位年轻的总经理一直不买个人保险,一天,推销人员突然闯进他的办公室,把一张相片放在他面前,对他说:"您不应该为这位老人做点什么吗?"他一看,原来是一位鬓鬓老人的照片。再仔细一看,原来那位老人就是他自己。推销人员告诉他:"您70岁的时候就是这样(有些夸大)!"于是他购买了大额人寿保险,因为那个相片使他震惊了。

采用震惊接近法时,应注意以下问题。

(1)无论推销人员利用何种方式震惊潜在顾客,如利用有关客观事实、统计分析资料或其他手段,都应该与该项推销活动有关,以为推销洽谈铺平道路。

(2)推销人员应该根据潜在顾客的心理特征,认真设计,做到话不惊人不说、事不惊人不做。

(3)无论推销人员利用何种手段去震惊顾客,都应该适可而止,令人震惊但不让人恐惧,绝不可过分夸大事实。

(4)必须讲究科学,尊重客观事实,切不可为震惊潜在顾客而过分夸大事实真相,更不应信口开河。

总之，震惊接近法是一种接近潜在顾客的比较有效的方法。利用震惊接近法接近潜在顾客，可以促使他们不得不去思考一些他们不愿意思考的问题，帮助其正视事实真相，促使其与推销人员接近，增强推销的说服力，以有利于达成交易。

十、请教接近法

请教接近法是指推销人员利用慕名拜访顾客或请教顾客的理由来达到接近顾客目的的一种方法。一般来说，人们不会拒绝登门虚心请教的人。销售人员在使用此法时应认真策划，把要请教的问题与自己的销售工作有机地结合起来。

例如，"我是这方面的新手，我想知道你是否能够帮助我？""我的同事说我们公司的产品是同类中最好的，请问你是怎么看的？"这些就是利用人们好为人师的心理特点接近顾客的做法。

从心理学角度讲，人们一般都有好为人师的心理，总希望自己的见地比别人高明，以显示能力胜人一筹，高傲自大的人更是如此。对这样的人推销，采取虚心请教的方法，以满足其高人一等的自我心理，十分有效。

使用请教接近法时，应注意以下问题。

(1) 求教时态度应诚恳，语言要谦虚，让潜在顾客多说多讲，而推销人员应洗耳恭听、多听多记。

(2) 赞美在先，请教在后。首先，应对潜在顾客的专长加以肯定与赞美；其次，应提出与推销品有关的问题进行请教。

(3) 求教在前，推销在后。必须认真计划，使求教的问题与推销工作紧密相关，使推销工作在引起潜在顾客的注意和兴趣之后能顺利转入推销洽谈阶段。

(4) 在求教过程中应注意分析潜在顾客的讲话内容，从中寻找资料，以便确定下一步推销重点。如可以说："赵工程师，您是电子方面的专家，您看看我厂研制投产的这类电子设备与同类老产品相比怎么样？"

以上介绍的接近顾客的技巧方法，在实际工作中推销人员应灵活运用，既可以单独使用一种方法接近潜在顾客，也可以配合使用多种方法，还可以自创独特方法。

阅读材料

推销经典开场白

在销售拜访中，准客户首先看到的就是你的专业形象，接下来便是开场白给予他的印象。你的表达方式、真诚与创意则会影响整个约谈的气氛。

当代世界最富权威的销售专家戈德曼博士强调，在面对面的销售中，说好第一句话是十分重要的。顾客听第一句话要比听后面的话认真得多。听完第一句话，许多顾客就会不自觉地决定是买,是打发销售员走还是继续谈下去。因此,打动人心的开场白是销售成功的关键。

一、问句开场白

假如你可以总是把客户的利益与自己的利益相结合,问问题将特别有用,顾客是向你购买想法、观念、物品、服务或产品的人。你问问题时将带领你的潜在客户为他的最佳利益做出选择。

某图书公司的一名销售人员总是从容不迫、平心静气地以提出问题的方式来接近顾客。

"如果我送给您一套有关个人效率的书籍,您打开书发现内容十分有趣,会读一读吗?"

"如果读了之后非常喜欢这套书,您会买下吗?"

"如果没有发现其中的乐趣,您把书重新塞进这个包里给我寄回,行吗?"

这位销售员的开场白简单明了,使客户几乎找不出说"不"的理由。后来这三个问题被该公司的全体销售员采用,成为接近顾客的标准方式。

二、建立期待心理开场白

建立期待心理开场白是一种非常有效的开场白,会激起顾客的好奇与兴趣,并且会抓住准客户的全部注意力。你可以这样说:"你一定会喜欢我带来给你看的东西!""我带来给你看的东西是一套革命性的作业方法!""我们公司发展了一套能在三十天之内降低你一半电脑成本的系统!"

你不管用哪一句,都会激起对方不自觉的反应:"那就是我要的东西"或是"我等不及了!"假如对方的业务责任涵盖了对你产品或服务的决定权,他就会强烈地表示要对你卖的东西多了解一些。

好的开场白应该会引发客户的第二个问题,当你花了30秒的时间说完你的开场白以后,最佳的结果是客户问你的东西是什么。每当客户问你是干什么的时候,就表示客户已经对你的产品产生了兴趣。如果客户没有对你的产品或服务产生好奇或是兴趣,那就表示你这30秒的开场白是无效的,你应该赶快设计另外一个更好的开场白来替代。

三、假设开场白

假设问句开场白指的是将产品最终能带给客户的利益及好处转换成一种问句的方式来询问客户,借此让客户在你一开始进行产品介绍时,就能产生好奇心及期待感。

举例来说,假设产品最终能带给客户的利益点是可以节省他们的某些成本开支和增加他们的某些利润,那么在一开始接触客户时,可以直接问:

"先生/小姐,如果我有一种方法能够帮助您每月增加1000元的利润或节省1000元的开支,请问您会有兴趣抽出10分钟的时间来了解吗?"

使用此种问句方式,让客户给你一个机会,开始介绍你的产品。而当你介绍完你的产

品之后,只要你能够证明你的产品或服务能够达到当初所承诺的效果,那么这个客户就不会说"没有兴趣"。或者你可以问:

"假设我有一种方法可以帮助你们公司提高 20%～30% 的业绩,而且这一方法经过验证之后真正有效,你愿意不愿意花几百元钱来投资在这件事情上面呢?"

在这种情况下,如果客户的回答是肯定的,那么接下来你所要做的产品介绍和说明,就是很简单地去验证你的产品和服务是否能帮助客户提高他们的业绩,那么自然而然地他们就能够做出购买决定了。

要找出在产品销售过程中最常见的客户抗拒点,可以使用假设问句法来询问客户。

例如你所销售的是健康食品,而一般客户可能最常见的抗拒点是怀疑产品的有效性,那么你可以一开始就问他:"如果我能证明这一产品真的有效,您是不是会有兴趣购买呢?"

使用这种假设问句法,让客户自己回答说:"只要……我就会买。"

这样之后,只要你能证明产品是有效的,客户购买的意愿自然就会增强。任何一位顾客都不能被别人说服,能够说服他的只有他自己。

四、打消准客户疑惑的开场白

日本销售之神原一平对打消准客户的疑惑、取得准客户的信任有一套独特的方法:

"先生,您好!"

"你是谁啊?"

"我是明治保险公司的原一平,今天我到贵地,有两件事专程来请教您这位附近最有名的老板。"

"附近最有名的老板?"

"是啊!根据我打听的结果,大伙儿都说这个问题最好请教您。"

"喔!大伙儿都说是我啊!真不敢当,到底什么问题呢?"

"实不相瞒,是如何有效地规避税收和风险的事。"

"站着不方便,请进来说话吧!"

"……"

突然地销售,未免显得有点唐突,而且很容易招致别人的反感,以至于拒绝。先拐弯抹角地恭维准客户,打消准客户的疑惑,取得准客户的信赖,销售便成了顺理成章的事了。

打消准客户疑惑的方式有:

(1) 赞美、恭维准客户;

(2) 利用顾客见证;

(3) 切中对方要害。

提出相关的问题,并善意地为潜在顾客解决问题,做潜在顾客的朋友,是打消潜在顾客疑虑的有效方法,因为朋友会跟着朋友购买。

五、感激开场白

在初次见面的时候,推销人员可以以感激作为开场白。

"××先生,很高兴你能够接见我。我知道你很忙,我也非常感谢你在百忙之中能够给我几分钟。我会很简要地说明。"

当你凡事都向人致谢的时候,你就会引起他们的自我肯定心态,并让他们对你心生好感。不管准客户为你做了些什么,你都要说声"谢谢",这样会让准客户更喜欢你,更尊重你。

六、解决问题开场白

有位销售人员去我朋友的办公室销售他公司的服务,他一进门就自我介绍:

"我叫××,我是××公司的销售顾问,我可以肯定我的到来不是为你们添麻烦的,而是来与你们一起处理问题、帮你们赚钱的。"

然后问公司经理:"您对我们公司非常了解吗?"

他用这个简单的问题,主导了销售访谈,并获得了潜在顾客的全部注意力,他继续说:

"我们公司在这市场区域内是规模最大的。我们在本区的经营已有10年历史,而在过去10年中,我们的员工人数由10人增加至260人。我们占有35%的市场,其中大部分都是客户满意之后再度惠顾的。"

"××先生,您有没有看到××经理采用了我们的产品,公司营运状况已大有起色?"

用这样一个简单的开场白,他已经为自己和他的公司,以及他的服务建立了从零到最大的信赖度。他已经回答了"它安全吗?""它可靠吗?"这两个问题。他打开了潜在顾客的心,并且减弱了潜在顾客的抗拒感,所以潜在顾客马上就很有兴趣地想知道他过去的客户得到了哪些利益而顾客也会从他的服务中得到哪些好处。潜在顾客从开始的抗拒变成后来的开放与接受。

七、反问句开场白

当销售时感觉对方有一种强大的抗拒心理时,就可以用反问句开场白。准客户可能曾经对一些强迫而又强势的销售人员产生过恶劣的印象,所以当他觉得自己置身相同的状况时,他就会感到压力,对新来者产生反感。

反问句的开场白可以这么说:

"××先生,在我开始以前,我要让你了解,我不是来这里销售任何产品的。在我们今天短短几分钟的会面里,我要做的只是问一些问题,看看我们公司在哪些方面可以帮助你达成目标。"

假如真的要给准客户留下深刻印象,就应该在见面的时候,准备好一张想和他讨论的三到五个问题的议程表。给他一份这样的议程表,并告诉他想进一步了解的情况。

问他这些问题是否可以问。如果他的回答是肯定的,你就可以用这些话作开场白:

"在我们开始以前,我能请教您一个问题吗?你在公司中真正的任务是什么?"

当你把谈话焦点偏离销售,转到一系列探索性的问题上,然后再问与他工作及职业生涯直接相关的问题时,他一定会彻底放松并且敞开心胸。从那时开始,就应该把你的注意力放在他以及他的处境上,问他一些有水准的问题,并且很专心地听他回答。

也许能够让客户放松,并让他开始讲话的一种最佳武器就是"你怎么进入这一行(或做这种工作)的?"大多数的人都会对自己的职业生涯津津乐道,所以如果你问他这个问题,他通常会很高兴地与你谈论自己,而让你有机会去聆听客户并博得客户的依赖。

八、激发潜在顾客兴趣开场白

"我有一种已经证实能够在六个月当中增加销售业绩达20%~30%的方法,感兴趣吗?"

对于这种问题,大部分人都会回答有兴趣。所以你问完类似问题后,接下来必须马上说:

"我只占用您大概10分钟的时间来向您介绍这种方法,当您听完后,您完全可以自行地来判断这种方法是不是适合您。"

在这种情况下,一方面,要提前告诉客户你不会占用他太多的时间;另一方面,也要让客户能够比较清楚地知道,你在销售的过程中不会对他们进行强迫式的销售。

顾客之所以愿意购买,是因为有足够的购买动机。购买动机是促成购买行为的原动力。

九、深刻印象开场白

有一位销售顾问去某家公司作了一次产品介绍,他就是用深刻印象开场白开场的。

"我们是本市关系企业中最大的一家公司。我们在这个产业中已有二十八年的历史,而且我们的母公司是业界一个拥有一百二十家最优秀关系企业的世界性集团。我们的名气来自我们每收客户一块钱,就会为他省下五块钱。"

这是一个非常令人印象深刻、引人注意的开场白。他让自己及他的公司被视为业界重量级的角色,最后他做成了价值好几万元的大型买卖。

这位顾问在产品介绍中提到了准客户是否购买的三大影响力:公司规模、公司在行业中的历史,以及产品服务的市场占有率。

十、引起注意开场白

康宁玻璃公司的一位顶尖销售人员有这么一则有名的故事。他是全国安全玻璃销售的总冠军。当他被问及如何去开始销售对话时,他说,他会一走进会议室就问:"您有没有看过一种破了却不曾碎掉的玻璃?"当准客户表示不曾见过的时候,他就拿一块完整的玻璃样本,把它放在客户的桌上,然后用一个榔头用力敲。

这时准客户会跳开以躲避玻璃碎片,但却发现根本没有任何碎片。这样这位销售人员就得到了客户完全的注意力,从此推销活动就能迅速进行了。

他在全国会议中把这种销售方法分享给所有的销售人员。从此以后,他们出动的时候,都会携带安全玻璃的样本和一把榔头去向客户做示范。到了第二年,他仍然是全国销售总冠军。有人问道,即使别人都使用了同样的技巧,他怎么依然能够卖出更多的产品。

他解释说他在第二年稍微改变了做法。

现在,当他去见一位准客户的时候,他会问:"你想不想看一下你敲不碎的玻璃?"然后就把榔头交给准客户,请准客户自己敲碎玻璃。

十一、两分钟开场白

"您有两分钟吗?我想向您介绍一项让您既省钱又提高生产力的产品。"

你说这句话的时候,要拿下你的手表,放在客户的桌子上。你说至一分钟又五十秒的时候,即使还没说完,也一定要打住,然后说:"我的时间到了,我希望告诉你一件事:本公司言出必行。如果您允许的话,我可以再继续。要不然,就此告辞。我知道您很忙,这是我的名片。"

你会惊讶地发现,多数时候你会被留下,而且会拿到订单。

本 章 小 结

推销接近是推销过程中的一个重要环节,它是推销人员为了进行推销洽谈而与潜在顾客进行的初步接触。能否成功接近顾客,直接关系到整个推销工作。推销接近的目标有引起顾客的注意、验证事先所得的顾客信息、引起顾客的兴趣、转入洽谈阶段。

推销接近准备是指推销人员在接近某一特定潜在顾客之前,对潜在顾客情况进行调查,以设计接近、洽谈计划的过程。推销接近的准备工作主要有以下几个方面:顾客资料准备、拟订推销方案、准备物品、做好心理准备。

在完成接近顾客的准备工作之后,为了成功地接近顾客,应该事先进行约见。约见的内容包括确定约见对象、目的、时间和地点。约见的方法有当面约见、信函约见、电话约见、委托约见、广告约见和网络约见等。

接近顾客是推销人员为了推销洽谈工作的顺利开展与推销对象进行正式接触的过程。推销人员必须明确接近顾客的目标,掌握接近顾客的主要方法。最常见的接近方法有介绍接近法、产品接近法、表演接近法、赞美接近法、馈赠接近法、利益接近法、提问接近法、好奇接近法、震惊接近法、请教接近法等。

思 考 题

1. 怎样理解推销接近的含义?推销接近的目标有哪些?
2. 什么是推销接近准备?做好推销接近准备工作有什么重要意义?

3. 对于个体顾客和组织顾客的接近准备,分别需要收集哪些资料?
4. 对于老顾客,在进行顾客接近之前,需要做好哪些准备工作?
5. 约见顾客的基本内容有哪些?
6. 约见顾客的方式有几种?各有什么优缺点?
7. 约见顾客的事由通常有什么?
8. 为什么说自我介绍是推销人员最常使用的方法,也是作用最微弱的方法?
9. 试以推销某一件具体产品为例,举出五种以上接近潜在顾客的方法。

案 例 分 析

案例 8-1

一位推销人员急匆匆地走进一家公司,找到经理室敲门后进屋。

推销人员:"您好,李先生。我叫李明,是美佳公司的推销人员。"

曲经理:"我姓曲,不姓'李'。"

推销人员:"噢,对不起。我没听清楚您的秘书说您姓曲还是姓李。我想向您介绍一下我们公司的彩色复印机。"

曲经理:"我们现在还用不着彩色复印机。即使买了,可能一年也用不上几次。"

推销人员:"是这样,不过,我们还有别的型号的复印机。这是产品介绍资料。(将印刷品放到桌上,然后掏出烟与打火机)您来一支?"

曲经理:"我不吸烟,我讨厌烟味。而且,在这个办公室不能吸烟。"

案例讨论

1. 在本例中,推销人员失败的直接原因是什么?
2. 联系本例,阐述顾客接见前进行准备工作的重要性。
3. 这里推销人员失败的根本原因是什么?

案例 8-2

"请将此函寄回本公司,即赠送古罗马银币。"

这是美国一家人寿保险公司的推销人员寄给潜在顾客的一封信中所写的话。信发出后效果很好,公司不断收到回信。于是,推销人员拿着古罗马银币,逐一拜访这些回函的潜在顾客:"我是××人寿保险公司的业务员,我把您需要的古罗马银币拿来送给您。"对方面对这种希望得到的馈赠和免费的服务当然欢迎。推销人员一旦进了顾客的家门,就可以逐步将对方引入人寿保险的话题,开展推销行动。

案例讨论

1. 这位推销人员使用了什么形式的接近方法?利用了顾客的一些什么心理?
2. 这位推销人员所设计的接近方法有哪些缺陷?应如何弥补这些缺陷?

3. 假如你是保险公司的业务员,请设计一个接近顾客的方案。

案例 8-3

小李的第一次客户沟通

红星发展股份有限公司是一家致力于生产高品质塑料制品的公司,生产的产品包括冰箱制造厂需要的冰箱门的封套、洗碗机的容器等。

小李刚从学校营销专业毕业,被公司安排到某省市场做推销工作。上岗前,公司组织了培训,强调了推销接近和洽谈对销售的重要性。对此,小李很熟悉,因为他曾经在大学的课程中学过。

小李的第一次客户沟通是与一家小冰箱厂联系业务。他前一天已通过电话与该厂采购部的经理联系好,约定第二天早上9点见面。在赴约的早上,小李由于闹钟出了故障而迟到了30分钟。当他赶到采购部时,有人告诉他经理已去参加另一个会议,但留下话说愿意在10:30与他见面。小李为经理不能等他而有些恼火,只好在办公室等经理归来。

10:35,当他向采购部经理进行自我介绍时,发现他的办公室里有很多××大学的纪念物,他想起了培训时首先和顾客建立融洽关系的训导,因而就问经理是否去过该大学。这使得他们的谈话很顺利,采购经理正是从该所大学毕业的,而且非常愿意谈论这些。小李很激动,他知道这有助于建立良好的关系。经过10分钟的闲谈后,小李盘算着到开始谈生意的时候了。

小李把经理从关于学校的回忆中拉了回来,开始谈论他的产品。为了能控制住谈话,不至于再扯到别的话题上,小李连续不断地讲述一种可以用于洗碗机内胆的新型塑料产品。他向经理解释了产品定制的过程、耐用性及花色品种,最后还说明了公司的收益和信用政策。经过15分钟连珠炮式的介绍后,小李问经理还有什么问题。

经理问他是否带来一些样品,小李很抱歉地说由于走得太匆忙,样品忘记带了。经理又问他,从订货到送货需要多长时间。小李知道,时间对于采购经理比较重要,就谎称要两周,但实际上却需要四周。小李想,只要能签下订单,发货晚点可归罪于生产部门。当谈到产品价格为什么比同类商品稍高时,小李也未能给出一个合适的解释。小李自己认为已经很好地解释了产品的优点,而且认为对采购经理来说这也是一个很好的选择。

但最后,经理告诉他,因为还有另外一个谈话要参加,只能结束这次谈话。他感谢小李的到来,并承诺会考虑他的产品。

案例讨论

小李的第一次客户沟通中,他哪些方面做得不够得体?如果是你,你会怎样做?

第九章 推销洽谈

引例

跳船逃生

一艘船即将沉没,船长下令弃船,但几个外国人不愿意跳船,大副没有办法,只好请船长出面。船长和每个人说了一句话,他们二话不说,纷纷跳了下去。大副很好奇,问船长都说了些什么。船长说:"我告诉德国人,跳船是命令!于是德国人跳下去了。我告诉英国人,跳船是高尚的绅士行为!于是英国人跳了。我告诉法国人,跳船是一件很浪漫的事情!于是法国人跳了。我告诉意大利人,跳船是非法的!于是意大利人跳了。我告诉美国人,跳船是极其危险的!于是美国人跳了。我告诉日本人,这是你卖充气娃娃的最好时机!于是日本人跳了。"大副问:"那中国人呢?"船长说:"我告诉中国人,赶紧跳吧,跳了,您就和国际接轨了!"

思考题

为什么船长能成功说服顾客跳船?

按照现代推销活动的程序,推销人员成功地接近顾客之后,转入推销洽谈阶段。推销洽谈是推销人员最重要的工作之一,也是整个推销过程中的一个关键性环节。能否说服顾客,进一步激发顾客的购买欲望,最后达成交易,关键在于推销洽谈是否成功。

第一节 推销洽谈概述

一、推销洽谈的概念

所谓推销洽谈,就是买卖双方为达成交易、维护各自利益、满足各自的需要,就共同关注的问题进行沟通与磋商的活动。在推销洽谈中,推销人员要运用各种方式、方法和手段,向顾客传递推销信息,并设法说服顾客购买商品。

在过去的传统推销时期,推销人员主要依靠一双"铁腿"和一张"巧嘴",要"行万里路,登万户门,说万次话,讨万回价",双方通过当面商议,各得其所。因此,过去所谈的推销洽谈基本上属于当面洽谈。在现代社会,新的推销方法、推销技术和推销手段不断出现,使得推销洽谈的方式和方法也在不断变化。现代推销洽谈可以利用人类所能利用的一切信息沟通工具,除面对面的直接洽谈外,还有电话、书信、电报、电子邮件等推销洽谈方式。因此,作为现代推销学中的一个科学概念,推销洽谈具有特定的含义,是一个既丰富又复杂的活动。

推销洽谈具有三个突出的特点。

(一)以经济利益为中心

在推销洽谈中双方主要围绕着各自的经济利益展开洽谈工作。推销洽谈是商业谈判的一种类型,是围绕着销售产品进行的洽谈。卖方希望以较高的价格出售,从而使己方得到较多的利润;买方则希望以较低的价格购买,从而使己方降低成本。

因此,谈判的中心是各自的经济利益,而在推销洽谈中价格作为调节和分配经济利益的主要杠杆就成为洽谈的焦点。当然,推销洽谈中经济利益的中心性并不意味着就不需要考虑其他利益,而是说相对于其他利益来说,经济利益是首要的,是起支配作用。

(二)合作与冲突并存

所有的推销洽谈都建立在双方利益的基础之上,双方既有共同利益点也有截然相反的利益点。冲突表明双方存在利益分歧,推销洽谈的作用之一就是将双方的分歧点转化为共同点,尽可能加强双方的合作、减少双方的冲突。这是因为合作与冲突是可以相互转化的,如果合作性的比例加大,冲突性的比例减少,双方洽谈成功的可能性就大;反之,如果冲突的一面通过洽谈没有得到解决或减少,那么,洽谈就有可能失败。

推销人员可以在洽谈之前或者过程中,将双方意见的共同点和分歧点分别列出,并按照其在洽谈中的重要性分别给予不同的权值和分数,根据共同点方面的分值与分歧点方面的分值比较来预测洽谈成功的概率,并决定如何消除彼此的分歧。

(三)原则与调整并存

洽谈中原则是指洽谈双方在洽谈中最后退让的界限,调整是指双方为了消除分歧在基本原则不被打破的基础上彼此做出的一些让步。洽谈双方对重大原则问题通常是不会轻易让步的,退步是有一定限度的。但如果推销洽谈的双方在所有的方面都坚持自己的立场,那么,洽谈就可能没有结果,双方的共同利益也就无从实现。

绝大多数时候谈判对方都有潜在的共同利益,共同利益就意味着商业机会,并且谈判双方还有可能存在兼容利益。洽谈参与人员应分析双方原则立场之间的差距大小,以及经沟通协调缩小这种差距的可能性,充分发挥想象力,扩大方案的选择范围,或准备多个备选方案,努力实现双赢的目标;如不能达成全面共识,可以就某些问题和合同条款达成不同的协议;如不能达成永久协议,可以达成临时协议;不能达成无条件的,可以达成有条件的;等等。同时,也要做好洽谈失败的应变措施。

二、推销洽谈的目标

从现代推销学理论上讲,洽谈的目标既取决于顾客购买活动的一般心理过程,又取决于推销活动的发展过程。因此,我们认为,现代推销洽谈的目标在于向顾客传递推销信息,诱发顾客的购买动机,激发顾客的购买欲望,说服顾客,达成交易。

为了实现推销洽谈的目标,推销人员需要完成以下几方面的任务。

(一)向顾客传递信息

为了说服顾客达成交易,推销人员必须向顾客全面介绍推销品的情况以及生产企业的情况,包括品牌、商标、功能、质量、价格、服务、销售量、市场地位以及生产企业的情况。顾客只有在对相关各信息了解的情况下,才能做出购买决策。

在洽谈之初,推销人员要将自己所掌握的有关信息迅速传递给顾客,以帮助客户尽快认识和了解推销品的特性及其所能带来的利益,增强顾客对推销品以及生产企业的好感,诱发顾客的购买兴趣,为顾客进行购买决策提供信息依据。同时,推销人员在向顾客传递信息时必须客观、恰当、实事求是。

(二)展示推销品

消费者行为学中强调,只有发现或者激发人们的购买需求和动机,才可以去预测和引导人们的购买行为。购买行为是受购买动机支配的,而动机又源于人的基本需要。为此,推销人员在洽谈之初就必须找到顾客此时此刻的心理需要,并投其所好地开展推销洽谈工作。

同时,应在推销洽谈中针对顾客的需求展示推销品的功能,向顾客证明产推销品可以充分满足顾客的需求。顾客只有在真正认识到推销品的功能和利益、预期到推销品所带来的满足感的时候,才能产生购买动机。

一种推销品往往有多种功能和利益,但不同的顾客对该产品有不同的需求。例如,手机是一种通信工具,但不同的顾客,由于性格、职业、经济情况、年龄、性别等方面的不同,对手机的需求不同。

推销人员要善于发现顾客的需求,并紧紧围绕着这个需求来展示推销品的功能和利益。否则,推销人员即使面面俱到地向顾客传递信息,但如果对顾客想要了解的功能却一带而过,也就不能诱发顾客的购买动机、刺激顾客的购买需求。因此,只有针对顾客的需求传递推销品的信息、展示推销品,为顾客带来的利益,才能真正地激发顾客的购买欲望,最终达成交易。

(三）恰当处理顾客的异议

在推销洽谈中，顾客接收到推销人员传递的有关推销品的信息后，经过分析会提出一系列的看法和意见，这就是常说的顾客异议。处理不好或不排除顾客异议，就很难说服顾客达成交易。所以，处理顾客异议是推销洽谈的关键任务。

产生顾客异议的根源有两个方面：一是推销人员所发出的信息本身不全面，顾客因信息不全面而提出异议；二是顾客对推销品知识的不了解或欠缺。因此，一个优秀的推销人员必须掌握与推销品相关的尽可能多的知识。例如，电脑推销人员必须是一位熟悉基本电脑制造技术和使用技术的技术人员，化妆品推销人员最好是一位业余化妆师。只有这样，推销人员才能圆满地解答顾客提出的各种问题，妥善处理顾客异议，帮助顾客加深对推销品的认识，取得顾客的信任，顺利达成交易。

（四）促使顾客做出购买决定

推销人员寻找、接近并说服顾客的最终目的是要顾客购买推销品。顾客购买活动的心理过程，历经认识阶段，还要经过情绪变化和意志决定这两个发展阶段。在认识明确、动机诱发，顾客会产生相应的情绪反应和意志行为，甚至会产生错综复杂的心理冲突。经过一番激烈的内冲动之后，顾客就会做出购买或不购买的决策。

因此，推销人员在洽谈过程中，要准确把握顾客购买决策前的情绪变化和心理冲突，利用理智的和情感的手段去刺激顾客的购买欲望，引导顾客做出购买决定，促成交易。所以，推销人员可以采用各种方式说服顾客，强调顾客购买推销品所能得到的利益，满足顾客的特殊要求，适当给予顾客一些优惠，同时提供优质的服务，强化顾客的购买欲望，努力促使顾客最终做出购买决定。

总之，推销洽谈的目标在于沟通推销信息，向顾客展示推销品，诱发顾客购买动机，并促使顾客采取购买行动，最终目的还在于推销产品、达成交易。

三、推销洽谈的内容

推销洽谈涉及面很广，内容丰富。不同商品的推销，有其不同的洽谈内容，但其基本内容是大致相同的，主要有以下几个方面。

（一）商品品质

商品品质是商品内在质量和外观形态的综合，是顾客购买商品的主要依据之一，也是影响价格的主要因素。所以，商品品质是推销洽谈的主要内容之一，推销人员必须向顾客全面地介绍推销品的质量、功能和外观特点，让顾客对推销品有一个全面的了解，也可以把商品获得的品质标准（如国际标准，国家标准，部颁标准，通过了 ISO 9001、ISO 9002、ISO 1400 国际认证等）介绍给顾客。

一般来说，品质条件洽谈的内容包括商品本身及其规格、性能、款式、质量等，这是顾客最关心的内容。对于个体顾客和生产者顾客来说,购买商品的目的就是得到一定的使用价值,满足生活消费和生产消费的需要。对于中间商来说,购买商品的目的是转卖,满足其实现盈利的需要。不管是中间商还是最终顾客,他们每个人所关心的产品的侧重点和要求都各有不同。

以产品的质量为例,商品应当符合同类商品的质量标准,如国家标准、行业标准、地方标准。不同顾客对质量的要求也是不同的,质量好的商品能引起顾客的购买欲望,有时候质量差的商品也会引起一部分顾客购买。与个体顾客和生产者顾客洽谈时,推销人员应以商品的适用性为重点;与中间商洽谈时,推销人员应着重介绍商品的市场前景。

(二) 商品数量

商品的数量是指用一定的度量衡来表示商品的质量、个数、长度、面积、容积等。成交商品数量的多少直接关系到交易规模以及交易价格。在推销洽谈中,买卖双方应协商采用一致的计量单位、计量方法,通常情况下是将数量与价格挂钩。成交数量大时,通常商品的价格都会有一定的优惠。

(三) 商品价格

价格洽谈是推销洽谈的中心内容,是洽谈双方最为关心的问题。成交价格的高低,直接影响交易双方的经济利益,所以价格是推销洽谈中最重要的内容,也是洽谈中极为敏感的问题。买卖双方能否成交,关键在于价格是否适宜。在洽谈中,买卖双方要考虑与价格相关的成本、付款条件、通货膨胀状况、彼此信任与合作程度等有关因素,商定一个双方都满意的价格。

通常,双方会进行反复的讨价还价,最后才能敲定成交价格。价格条件洽谈包括数量折扣、退货损失、市场价格波动风险、商品保险费用、售后服务费用、技术培训费用、安装费用等条件的洽谈。

(四) 结算方式

在商品交易中,货款的支付也是一个关系到双方利益的重要内容。在洽谈中,双方应确定货款结算方式及结算使用的货币、结算的时间等具体事项。

在洽谈方案中,必须先明确结算问题,包括结算方式和时间。双方应本着互利互惠、互相谅解、讲究信誉的原则进行磋商。洽谈中要确定的主要内容是:采用现款还是采用本票、汇票、支票方式支付;是一次付清、延期一次付清,还是分期付清以及每次付款的时间和数额;在付款时间方面,是提前预付,还是货到即付或其他方式。

(五) 销售服务

销售服务是顾客极为关心的内容之一,所涉及的服务项目如下。

(1) 按时交货是顾客的基本要求、推销人员能否按时交货,则受生产和经营能力、运输能力、供应能力等因素制约。顾客提出交货时间后,推销人员要将各种因素加以综合考虑。

(2) 送货、运输方式、地点等方面的服务。

(3) 售后维修、养护、保管等方面的服务。

(4) 技术指导、操作使用、消费需求等方面的服务。

(5) 零配件、工具、供应等方面的服务。

在洽谈过程中，推销人员和企业应尽量满足顾客的正当要求，以解除顾客的后顾之忧。

(六) 保证条款

保证条款的主要内容是担保。在商品交易活动中，卖方要对售出的商品承担某种义务，以保证买方的利益，卖方的这种义务和责任被称为担保。对于日期较长、数量、金额较大、风险较大的商品交易，权利方都要求义务方提供担保。为限制卖方售货后执行担保行为，有必要洽谈保证条款。

为了预防意外情况和随机因素对合同执行情况的影响，应就合同的取消条件以及履约和违约等有关权利、义务进行洽谈，并对合同纠纷中引起的诉讼及处理办法进行协商，以免引起不必要的麻烦。

四、推销洽谈的类型

按照推销洽谈人员的组织方式划分，推销洽谈可以有以下几种类型。

(一) 一对一

一对一是指单个推销人员面对一个顾客进行洽谈的方式。这种洽谈方式有利于创造洽谈的良好气氛，可以充分发挥推销人员的个人才干，但相应来说，若个人缺点暴露和出现疏漏，补救起来较为困难。所以，这种方式一是适合有经验的推销人员，二是适合小宗交易，三是适合大于宗交易准备阶段的洽谈。经验不足的新手需要通过业务培训和以老带新的方式提高推销洽谈的能力。

(二) 一对多

一对多是指单个推销人员面对一组顾客或一个洽谈小组进行洽谈的方式，例如，参加订货会、展销会等情况。如果推销人员是面对许多不同的顾客，那么应该将其转化为一对一的方式进行处理，如分别约定不同时间、不同地点与顾客洽谈。这样做的好处：一是可以防止顾客联手压低价格；二是有利于根据各个顾客的具体情况展开有针对性的推销洽谈。推销人员如果面对一个洽谈小组，那么就应该在洽谈中掌握一对一的原则。对方的不同成员提出许多问题，推销人员应该将它归纳整理成条理化的问题，每次将一个问题作为重点进行洽谈，将该问题解决之后再进行下一个问题，不能同时多条战线作战。那种试图对所有问题都同时进行令对方满意洽谈的方式，一是不利于推销方对每个问题进行审慎研究的；二是容易被对方抓住可能出现的漏洞,因为对方是每个成员专门负责一个问题,是以逸待劳,而推销方是以一当十,一个人同时考虑许多方面的问题,极有可能出现破绽。

(三) 多对一

多对一是指一组推销人员面对一个顾客进行洽谈的方式。这种方式一是出现在新产品的推销中,因为需要对顾客详细介绍新产品的有关情况和了解顾客对新产品的意见,所以需要产品开发、生产和其他方面的有关人员共同参与洽谈;二是出现在所推销的产品出了问题时,这时需要了解问题的性质、区分彼此的责任,并且找出解决问题的办法,而这是推销人员一人所不能胜任的。

(四) 多对多

多对多即一组推销人员面对一个采购小组或者一组推销人员面对一组顾客进行洽谈的方式。在一组推销人员与顾客的一个采购小组进行洽谈的方式中,应该做好小组内分工,进行对口洽谈,每个推销人员必须对自己负责的问题进行周密的考虑。在一组推销人员与一组顾客进行洽谈的方式中,应该将其转化为一对一的方式,即每个推销人员负责一个顾客。

推销洽谈还可按照洽谈主题的多少分为单一型洽谈和综合型洽谈,按照洽谈的利益分配性质分为输赢式洽谈和互利式洽谈,等等。

第二节 推销洽谈的原则与程序

一、推销洽谈的原则

为达到推销的目的、实现洽谈的目标,推销人员可灵活采用多种方法和技巧说服顾客。但是无论采取何种方法或技巧,在洽谈中推销人员均应遵循以下基本原则。

(一) 针对性原则

所谓针对性原则是指推销洽谈应该服从推销目标,使洽谈具有明确的针对性。不同的顾客,由于性格、能力、兴趣、受教育程度、职业、经济条件以及人生观、价值观的不同,有不同的需求。因此,推销人员在洽谈中应把握好顾客的思想,弄清顾客需求的实质,根据推销品的特点设计洽谈方案,恰到好处地宣传、说服,以引起顾客的关注。

坚持针对性原则,要求推销人员做到以下三点。

(1) 针对顾客的购买动机开展洽谈工作。顾客购买推销品在于追求推销品的使用价值,其购买动机多种多样,有的求名,有的求美,等等。在洽谈中推销人员应针对推销品的使用价值和顾客的具体购买动机进行推销。

(2) 针对顾客的个性心理开展洽谈工作。顾客的个性心理差别很大,而个性心理对推销洽谈的影响很大,不容忽视。只有针对不同个性的顾客采取不同方法,才能完成洽谈的目标。

(3) 针对推销品的特点开展洽谈工作。推销人员应根据推销品的特点设计洽谈方案,突出产品特色,增强洽谈说服力。

(二) 诚实性原则

诚实性原则是指推销人员在洽谈中要遵循讲真话、卖真货、出实证的原则,对顾客抱有负责的态度,诚实地进行洽谈,不玩弄骗术。诚实是现代推销人员起码的行为准则。推销人员唯有诚实,才能取信于顾客,才能赢得顾客。

(1) 推销人员要讲真话。推销人员要向顾客传递真实的推销信息,如推销品特性、质量标准、原材料、使用寿命、销售价格、服务项目等,以便顾客在正确分析判断的基础上做出购买决策。

(2) 推销人员要卖真货。卖真货才能取得顾客的信任、树立推销人员的信誉。信誉是推销的法宝,以假充真、以劣充优,只会害人又害己。例如,有的公司挂出"无假冒伪劣商品"的招牌,注明"假一赔十"等承诺,以此树立企业的信誉。

(3) 推销人员要出实证。真话真货要靠实证来证明,只有出示真凭实据,才能打消顾客对推销人员、推销品和推销信息的种种疑虑,坚定购买的决心。因此,在实际推销活动中,推销人员必须适时地向顾客出示真实可靠的推销证明,如身份证明、企业营业执照、产品鉴定证明、产品检验证明、获奖证明等,以增强推销洽谈的说服力。

阅读材料

一房地产经纪商正在和顾客讨论有关一所大房子的交易问题。他们一起去看房子,房地产经纪商觉察到顾客对房子颇感兴趣。经纪商对顾客说:"现在,当着你的面,我告诉你,这所房子有下列几个问题:①取暖设备要彻底检修;②车库需要粉刷;③房子后面的花园要整理。"顾客很感激经纪商把问题指出来,而且他们又继续讨论房子交易的其他一些问题。最后的交易结果是不言而喻。

这个案例中,这位房地产经纪商推销成功,不在于其个人推销能力和技巧,而在于其诚信。

(三) 参与性原则

参与性原则是指推销人员设法引导顾客积极参与推销洽谈,促进信息双向沟通,增强推销洽谈的说服力。现代推销洽谈的方式应该是会议式的和讨论式的洽谈方式。推销人员既是顾客的老师,又是顾客的学生;既是顾客的顾问,又是顾客的朋友。顾客参与洽谈的程度直接影响着顾客接受、处理、反馈和制定购买决策的水平。为此,推销人员应尽力做到以下两点。

（1）推销人员要将顾客同化，消除顾客的戒备心理。推销人员应寻找与顾客相同或相似的因素，如相同的爱好、共同的兴趣。在洽谈时，要关心顾客的问题，赞同顾客的见解，同情顾客的困难，想顾客之所想，急顾客之所急，使顾客产生认同感。这样才能与顾客打成一片，创造一种良好的推销气氛，瓦解顾客的心理防线，提高洽谈的效率。

（2）推销人员要设法引导顾客积极参与洽谈过程、提出对产品的问题和见解，和顾客开展讨论，推销自己的思想，影响顾客的消费观念，同时认真听取顾客的"高见"，使顾客产生一种满足感，从而充分调动顾客的积极性和主动性，创造有利的洽谈氛围，提高推销洽谈的成功率。

在推销洽谈中，不仅应与顾客展开充分的语言沟通，还应尽量吸引其观看、触摸、操作，如试穿、试用、试尝等，让推销品自己推销自己。但推销人员应注意掌握洽谈的主动权，控制洽谈局面和发展进程，使洽谈不偏离推销方向。

阅读材料

一个成功的经营者能运用技巧让顾客产生参与感，形成一种强大的影响力，让顾客最后接受建议。

史密斯先生在美国亚特兰大经营一家汽车修理厂，同时还是一位十分有名的二手车推销人员。在亚特兰大奥运会期间，他总是亲自驾车去拜访想临时买部廉价二手车开一开的顾客。

他总是这样说："这部车我已经全面维修好了，您试试性能如何？如果还有不满意的地方，我会为您修好。"然后请顾客开几公里，再问道："怎么样？有什么地方不对劲吗？"

"我想方向盘可能有些松动。"

"您真高明。我也注意到这个问题，还有没有其他意见？"

"引擎很不错，离合器没有问题。"

"真了不起，看来你的确是行家。"

这时，顾客便会问他："史密斯先生，这部车子要卖多少？"

他总是微笑着回答："您已经试过了，一定清楚它值多少钱。"

若这时生意还没有谈妥，他会继续怂恿顾客一边开车一边商量。如此做法，使他的笔笔生意几乎都顺利成交。

其实，这种提高成功率的经营术并不仅限于推销汽车，其他方面也同样适用：你假如在经营美容材料行业，可以提供一部分试用品请顾客免费试用；推销食品时则可以先让顾客品尝；经营药品时不妨把试验统计结果向顾客公开。这种经营术最有力之处就是把顾客变成主人，使顾客产生一种参与感，引起他购买的欲望。

（四）辩证性原则

辩证性原则是指推销人员必须运用唯物辩证法来指导推销洽谈工作。推销人员应该坚持辩证地看待顾客和辩证地看待推销品。

（1）辩证地看待顾客。辩证地看待顾客就是要全面、发展、联系地看待顾客，而不是片面、静止、孤立地看待顾客。推销人员应该看到顾客的个体差异，如不同的心理特征、购买动机、支付能力、购买模式等，并且要辩证地看待这些差异，对顾客不抱成见，因为既没有十全十美的顾客，也没有不讲道理的顾客。辩证地看待顾客，有利于消除成见、加深相互之间的了解，有利于创造融洽的洽谈的氛围。

（2）辩证地看待推销品。推销人员既要辩证地介绍推销品，又要引导顾客用辩证的眼光来看待推销品。任何推销品既不可能是绝对完美的，也不可能是毫无用处的。推销人员应该全面地介绍推销品的特性，突出其优点，指出其存在的不足之处，运用唯物辩证法回答顾客提出的问题。例如，当顾客提出推销品的价格偏高时，推销人员应承认推销品的价格比同类产品的略高一些，同时强调推销品的质量也比同类产品的高出一筹，正所谓"一分钱一分货"。这样的辩证解答，可以排除顾客因推销品价格高而提出的异议。

（五）鼓动性原则

鼓动性原则是指推销人员在推销洽谈中用自己的热情、信心、知识、语言等去感染顾客，鼓动顾客采取购买行动。推销洽谈既是说服的艺术，又是鼓励的艺术。洽谈的成功与否，关键在于推销人员能否有效地说服和鼓动顾客。

（1）推销人员要用自己的信心和热情去鼓舞和感染顾客。推销人员要对企业和推销品充满信心，相信自己企业的产品和服务、自己的推销工作能满足顾客的需要，同时，要对推销工作充满热情，热爱自己的事业。这样，推销人员才能把这种热情传递给顾客，感染顾客并激发其购买欲望。

（2）推销人员要以自己丰富的产品知识去说服顾客。推销洽谈必须以丰富的产品知识为基础，推销人员在推销洽谈中要表现出专家风范，做到有问必答，用广博的知识去说服和鼓动顾客。

（3）推销人员要以情感性的语言和气氛去鼓动顾客。在推销洽谈中，推销人员要善于使用鼓动性的情感语言进行洽谈，善于利用各种推销工具来营造热烈的、鼓动性的推销气氛，因为非理性的感情因素在购买活动中往往起着非常重要的作用，具有更大的感染力和鼓动性，更容易打动顾客的心。

（六）灵活性原则

灵活性原则是指推销人员应根据不同的具体情况做出具体分析，随机应变。推销洽谈并没有固定不变的模式，坚持灵活性原则，要求推销人员能根据不同情况，采用不同的方式、方法开展洽谈工作。一个成熟的推销人员在洽谈之前总会尽可能地预测洽谈中可能出现的情况,因为顾客也在随时调整自己的洽谈计划、方针和态度,推销人员只有以变应变,灵活处理各种情况,才能达到预期的推销目标。

推销人员既要在洽谈中坚持各项基本原则,又要明确这些基本原则是相互联系、相互渗透、相互影响、相互优化的,还要明确这些基本原则只是方法论原则,而不是具体的洽谈方法。推销人员应该将这些基本原则运用到推销洽谈的过程中去,指导具体的推销洽谈工作。

二、推销洽谈的程序

一个完整的推销洽谈工作,大致可分为准备阶段、开局阶段、磋商阶段、成交阶段和检查确认阶段。每个阶段都有与众不同的基本要求和工作重点。正式推销洽谈必须按照一定的步骤去进行,以加强洽谈的计划性,将洽谈的各个阶段或环节有机地统一起来,增强洽谈的整体效果。在洽谈开局阶段,一定要掌握好洽谈的步骤,既不能操之过急,也不能裹足不前。

(一)推销洽谈的准备阶段

推销洽谈是一项较为复杂的推销业务工作,它受诸多因素的影响,特别是对大中型的推销洽谈来说,局面更加错综复杂。因此,推销洽谈前必须进行充分的准备,才有可能有效地实现推销目的。推销洽谈之前应做好以下准备工作。

1. 信息资料准备

推销洽谈之前,必须将洽谈当中需要用的各种资料准备好。一般来说,洽谈当中需要用的资料有产品说明书、报价单、配件一览表、有关的图片、证明材料、营业执照、专利证明、合约文本、售货发票等。要将这些资料分门别类整理好,以在需要的时候迅速取出。

2. 工具准备

在推销洽谈中,除双方口头交换意见和运用书面资料加以说明外,越来越多的推销洽谈人员开始运用一定的辅助工具例如幻灯片、录像、录音、挂图、投影、计算机多媒体演示和推销品的现场展示等,使洽谈更具有直观和形象效果。

3. 心理准备

洽谈的心理准备主要是指洽谈人员要在思想上高度重视,对洽谈过程中可能出现的一些情况做好应对的准备,更要处变不惊、沉着冷静,不可慌乱。

4. 洽谈场所和人员准备

如果是在卖方的公司、展览会、订货会等地进行洽谈,卖方就要对洽谈场所进行准备。准备洽谈场所包括房间、家具、文具、需要使用的相关设备等。对洽谈人员也应提前安排与通知,既要分工明确,又能紧密配合。

(二)推销洽谈的开局阶段

推销洽谈的开局阶段是谈判双方走到一起并提出各自的基本要求、立场的阶段。在这一阶段里谈判双方要处理好以下两个方面的问题。

1. 营造融洽的谈判气氛

谈判一开始形成的气氛,如洽谈双方是对立的还是友好的、是坦诚的还是猜忌的等,将会在很大程度上影响到谈判的结果。因此,在谈判的初始阶段,谈判双方最好不要直奔主题,而应以一些非业务性、轻松的话题开头,竭力营造一种轻松、友好、愉快与和谐的谈判气氛。这将对推销洽谈起积极的促进作用,是谈判得以顺利进行的润滑剂。

2. 明确谈判议题,试探对方谈判底线

当谈判双方在一种轻松友好的气氛中就有关的谈判事项达成共识之后,双方正式确定谈判的议题。在这一阶段,谈判双方要进行开场陈述,各方要将自己的立场、要求作一个全面的叙述,同时听取对方的陈述。推销人员通过初步接触来判断顾客的真正目标,以及可能的让步程度。推销人员应聚精会神地倾听顾客的陈述,观察顾客的举止,想办法让顾客敞开胸怀、畅所欲言,而自己则应谨言慎行,少说为宜。

(三) 推销洽谈的报价阶段

推销洽谈的报价阶段是推销洽谈双方分别提出协议的具体交易条件,它涉及谈判双方的基本利益。报价是推销洽谈十分重要的阶段,是洽谈的核心和关键。谈判一方在向另一方报价时,首先应该弄清楚报价时机与报价原则。一般而言,在对方对推销品的使用价值有所了解后再报价;对方询问价格时是报价的最好时机;报价既要尽可能最大限度地实现己方利益,也要有被对方接受的可能性。在报价时要做到表达清楚、明确,态度坚定、果断,不要试图对报价加以解释和说明。

(四) 推销洽谈的磋商阶段

推销洽谈的磋商阶段也称"讨价还价"阶段,是指洽谈双方为了各自的利益、立场,寻求双方利益的共同点,并对各种具体交易条件进行磋商和商讨,以逐步减少彼此间分歧的过程。在报价阶段之后,推销洽谈就进入了艰难的磋商阶段。在这一阶段,双方都极力阐述自己的立场、利益的合理性,施展各自的策略和手段,企图说服对方接受自己的主张或做出一定程度的让步。磋商阶段是双方利益矛盾的交锋阶段,也是推销洽谈过程中的一个关键步骤。在这一步骤中谈判双方之间存在分歧或彼此处于对立状态是不可避免的,它是双方顺利达成交易的障碍。因此,双方要积极采取各种有效的策略和方法,谋求分歧的消除办法。积极、充分、恰到好处的妥协与让步是消除彼此分歧、达成协议的一种基本策略和方法。在此阶段,应切记在没有真正把握对方意图和想法的时候,不可轻易做出妥协、让步。让步应坚持以下原则:"要价要高,还价要低"的原则,留出进一步讨价还价的余地,争取在讨价还价中处于有利的地位;不作无利益的让步;不作同等幅度的让步;不要过早地让步;每次让步幅度不宜太大。

达成最后协议之前,发生冲突的危险性也悄然增大。为了避免前功尽弃,推销人员应加强自我控制,保持清醒、冷静的头脑。如果在重大的、主要的问题上已经达成了协议,必

要时做一点最后的、无碍大局的让步也是可以的。如果顾客仍然坚持一些不切实际的要求，致使洽谈不能成交，推销人员千万不能和顾客发生不愉快的争吵，要坚持"买卖不成情意在"的理念，和顾客建立良好的公共关系，为今后的推销洽谈留下余地。许多重大的推销洽谈，往往要经过多次，甚至几十次的反复，才能最终达成交易。

（五）推销洽谈的成交阶段

当谈判双方进行实质性的磋商后，经过彼此的妥协让步，重大分歧基本消除，意见逐步统一，形势逐渐明朗，最终双方就有关的交易条款达成共识，于是推销洽谈便进入了成交阶段。在这一阶段，当洽谈双方都产生了成交的意愿，而又都不愿意直接说出来的时候，推销方应把握时机，用言语或行为向对方发出成交的信号。当顾客明确表示愿意成交时，推销人员应对有关成交的问题进行最后的归纳和总结，双方最好根据已经讨论的内容起草一个协定备忘录。备忘录并不视为合同或协议，它只是双方当事人暂时商定的一个意向，是以后达成正式协议的基础，代表双方的承诺。整个谈判过程至此基本结束，下一步工作就是签订合同或协议。

签约是洽谈人员以双方达成的原则性协议为基础，对洽谈的内容加以归纳、总结、整理，并用准确规范的法律条文进行表述，最后由洽谈双方代表正式签字生效的过程。正式协议的条款要求具体、明确、规范、严密，价格、数量、质量要求等要准确，支付方式、交货期限、售后服务及履约责任要明确，标的名称要标准化、规范化，符合法律规范。当谈判协议审核通过之后，谈判双方都要履行正式的签约手续。这是因为双方在洽谈中获得的利益只有用书面形式予以肯定之后，才能受到法律、法规的保护。

（六）推销洽谈的检查确认阶段

推销洽谈的检查确认阶段是推销洽谈的最后阶段，在这一阶段，主要应做好以下工作。

（1）检查成交协议文本。应该对文本进行一次详细的检查，对关键的词句和数据的检查尤其要仔细认真。如合同书、订货单等，一般应该采用统一的、经过公司法律顾客审定的标准式文本，大宗或成套系项目交易的最后文本一定要经过公司法律顾问的审核。

（2）签字认可。经过检查审核之后，协议应由洽谈负责人进行签字认可。

（3）对小额直接交易，主要应做好货款的点收和产品的检查移交工作。

（4）最后，无论是哪种洽谈结果，均应诚恳地感谢对方，礼貌道别。

第三节　推销洽谈的方法与策略

一、推销洽谈的方法

推销洽谈是一门技术，更是一门艺术。在推销洽谈中，推销人员要针对不同的产品、不同的顾客，灵活地采用适宜的方法，说服顾客，激发顾客的购买欲望，最终达成交易。显然，推销人员必须娴熟地掌握推销洽谈方法。

为了能最终成功地开展推销洽谈工作，推销人员可以运用一些方法，总地来说可以概括为提示法和演示法。提示法侧重以语言介绍的方式进行推销洽谈，演示法则侧重以非语言的方式进行推销洽谈。

（一）提示法

提示法就是指推销人员在推销洽谈中利用语言的形式启发、诱导顾客购买推销品的方法。提示法大多用于推销人员向顾客介绍完商品，顾客还在犹豫时。此时，推销人员采用提示法则可以进一步引起顾客注意，刺激顾客的购买欲望。

1. 直接提示法

直接提示法是指推销人员直接向顾客呈现推销品带来的利益，以劝说顾客购买推销品的洽谈方法。这是一种适应现代快节奏生活、提高推销洽谈效率的简单明快的方法。这种方法的特征是：推销人员接近顾客后立即向顾客介绍产品，陈述产品的优点与特征，并建议顾客购买。

例如，一位推销人员在推销一种试剂时对顾客提示："听说你们在寻找一种反应速度更快的试剂。我们公司新近开发了一种新的试剂产品，它能将反应的速度提高5～6倍，这是这种试剂的实验报告。您看看，它一定会达到您们的要求。您们如果满意，请快点订货。不然的话，因为订货太多，交货期就难以保证。"

又如，一个笔记本电脑推销人员在向顾客全面介绍完产品后，接着说："本周我们公司正在做暑期优惠活动，您如果在优惠活动期间购买我们这款电脑，就会有三重惊喜：获赠一个高档电脑包，免费获得4G优盘一个，并得到200元的保修卡。"

在具体应用直接提示法时，应注意以下问题。

（1）突出推销重点。应用直接提示法推销时不仅要重点提示推销品与众不同的主要特色和优势，而且要把顾客的主要需求与购买动机同推销品的优势特征相组合，并直截了当地向顾客进行提示性陈述，以满足顾客需求、解决顾客问题。如果忽视顾客需求，盲目提示推销品的特点，就难以激发顾客的购买欲望。

（2）提示内容易于被顾客理解与接受。要做到有效地提示，推销人员不仅要根据顾客的特点，有针对性地运用不同的提示语言，而且要善于运用各种方式和技巧，对推销品及顾客利益进行生动形象的描述，以突出产品特色与优势，加深顾客印象。

（3）提示的内容应尊重顾客的个性。不同的顾客有不同的购买需求、购买动机与购买行为，直接提示时不得冒犯顾客。例如，对一位爱便宜货又有虚荣心的顾客，就不宜当众说明推销品是处理品或便宜货。

2. 间接提示法

间接提示法是指推销人员运用间接的方法劝说顾客购买推销品的洽谈方法。在当代推销环境中，应该尽可能运用直接提示法，以便提高洽谈效率。但是，在许多特定的情况下,则要避免直接提示法,而应该采取间接提示法。这是因为,间接提示法是一种有效的心理减压法,可以排除面谈障碍,制造有利的面谈气氛,也使顾客容易接受推销人员的建议。

例如,一个推销人员在推销过季商品时,面对顾客的犹豫,说:"现在是换季,所以这样的冬季商品打折,你看这质量,怎么会打六折呢?在冬季,你是不可能花这么少的钱就买到这么好的商品的。如果等到今年冬季时再买,商品就可要恢复原价了。"推销人员没有直接说明推销品的价格便宜,而是巧妙地提醒顾客如果错过季节优惠,就将会支付更多地货币,暗示了顾客现在购买所能得到的利益。

在具体应用间接提示法时,应注意以下问题。

(1) 选择合适的顾客。在推销洽谈过程中,推销人员会遇到各种各样的顾客。有的顾客性子急,喜欢直来直去,对这样的顾客应采取直接提示法;对于老成持重、自尊心较强、感情细腻等类型的顾客,适合采用间接提示法。所以,推销人员应该根据洽谈内容和洽谈对象,来选择合适的提示方法。

(2) 虚构对象,开展间接推销工作,减轻顾客的心理压力。一般顾客由于认为接受了推销人员的意见,就意味着接受了推销人员所推销的产品,所以在洽谈过程中心存抵触,故意制造一些异议、设置推销洽谈的障碍,无论如何都不被推销人员说服。为了减轻顾客的心理压力、消除洽谈的无关异议、制造良好的洽谈气氛,可以虚构一个推销对象或提及第三者作为推销对象,这样会使顾客觉得这是在讨论别人,而不是在说自己。

(3) 使用温和含蓄的语言和婉转的语气。在洽谈过程中,推销人员应根据不同的顾客,用适宜的语气间接说出顾客的购买动机,提示推销重点,这样使顾客易于接受。

3. 明星提示法

明星提示法是指推销人员借助一些有名望的自然人、法人或团体组织购买、使用推销品的事例,来劝说顾客采取购买行动的一种提示法,例如,"我厂生产的防寒服是国家赴南极考察队员的首选产品"。这一方法主要是利用顾客普遍存在的崇尚权威、崇拜偶像、迷信名望的心理来进行洽谈提示,使社会名流们的消费行为成为顾客购买与消费的参照,对顾客的消费心理与行为起到了较好的引导与影响作用,产生了良好的"晕轮效应"。

例如,"劳力士"牌手表是瑞士日内瓦生产的一种高档名表,其设计和推销的对象是世界各国的社会名流,于是推销商就费尽心思找名人为其说话。著名登山健将莱因霍尔德·梅斯纳曾经就是瑞士"劳力士"手表的产品代言人。梅斯纳说:"我绝对不会忘记戴我的劳力士表去登山,登山者不戴上一块可以信赖、走时准确的表简直是在发疯,我做梦也没有想过不佩戴劳力士而登山,劳力士是最好的手表。"借助梅斯纳这段话的明星效应,很多的登山爱好者都开始倾慕于"劳力士"手表。

在具体应用明星提示法时,应注意以下问题。

(1) 所用名人必须为顾客所周知。提示明星首先要在社会上有名、在顾客心中有名,否则，即使再大的名气，如果不为顾客所知，也等于无名。相反，明星即使只是小有名气，如果在顾客心中有名，也可以作为提示明星。其实，如果推销人员本身或所代表的公司在社会上或顾客心中有一定名气，则不用明星也可产生明星效应，因为可以自身作为提示明星。

（2）所用名人必须是能被顾客接受的。不被顾客接受的明星，不仅不能产生明星效应，反而可能成为产生顾客异议的根源。例如，推销人员不了解顾客的情况，说推销品是某位名人推荐使用的，如果顾客很反感该明星，就有可能惹恼顾客："什么？是他推荐的产品！那又怎样？本来是想买的，你这么一说，不买了。"可见，只有被顾客接受的名人，才能作为提示明星。推销人员不可自以为是，把自己心中的偶像强加于顾客。

（3）提示明星必须与推销品有关。明星效应不是无限大，而是具有一定的范围。推销人员应该根据明星效应的特定范围来选择提示明星，使提示明星与推销品联系起来，以增强推销洽谈的说服力。例如，可选择体育明星作为运动用品的提示明星，选择电视明星作为服装、化妆品的提示明星，选择老寿星作为保健用品的提示明星等。

（4）提示明星与推销品的关系必须是真实存在的。在推销洽谈中，推销人员所提示的明星及其内容必须是真人真事，并且他也确实使用了推销产品且效果不错，不得欺世盗名、招摇撞骗。另外，在公共场合运用提示明星法时，要经过有关当事人的同意，避免一些不必要的麻烦。

4. 联想提示法

联想提示法是指推销人员通过向顾客提示或描述与推销有关的情景，使顾客产生某种联想，进而刺激顾客购买欲望的洽谈方法。例如，一位推销瓷片的推销人员的一句话打动了顾客："你把这种天蓝色的瓷片铺在淋浴室，每当洗澡的时候，就会有种置身大海的感觉。"在这一方法中，推销人员向顾客勾画出梦幻般的情景，让顾客去想象，使产品更具有吸引人的魅力，从而达到强化顾客购买欲望的良好效果。

在具体应用联想提示法时，应注意以下问题。

（1）推销人员的举止、表情要有助于引导顾客产生联想。

（2）提示的语言要有感染力，有助于引导顾客产生联想。

（3）提示的语言必须真实、贴切、可信。提示时既要避免刻板、教条的语言，也不能采用过分夸张、华丽的辞藻。这样方能打动顾客，感染顾客，让顾客觉得贴切、可信。

5. 逻辑提示法

逻辑提示法是指推销人员利用逻辑推理来说服顾客购买推销品的洽谈方法。它是通过向顾客摆事实、讲道理来启发、引导顾客进行分析、思考与判断，使顾客逐步认识到推销品的功能、利益等，心悦诚服地信任推销品，从而采取购买行动。这种方法尤其适用于具有理智购买动机的顾客。

例如，有一房地产推销人员对一个看房者说："先生，你看现在房地产的价格天天上涨,如果您将钱存在银行,再过几年,您这些钱连本带息,恐怕只能购买这一半大小的房子了,我劝您现在就买下这栋漂亮的房子!"案例中,房地产推销人员的一番逻辑推理,反映了市场经济发展的规律,有较强的说服力。

在具体应用逻辑提示法时,应注意以下问题。

(1) 逻辑提示法适合有较强的理智购买动机的顾客。顾客的购买动机分为理智型、情感型、惠顾型。通常情况下,那些文化层次较高、财力较薄弱、意志力较强的顾客才可能具有理智性动机,因而可以对他们运用逻辑推理提示法。而对倾向情感型购买动机与惠顾型购买动机的顾客,则不适用这种方法。

(2) 推销逻辑必须与顾客的购买原则相一致。推销过程是一个双向沟通的过程,推销人员应考虑顾客的购买原则,从顾客的角度来进行逻辑推理和逻辑分析。不同身份、职业的人有不同的购买动机、逻辑思维方式。因此,推销人员应尽最大可能分析了解顾客的个性倾向、思考问题角度、模式与标准,从而说服顾客购买。

(3) 推销洽谈过程中要做到情理并重。推销洽谈是一个千变万化的过程,在推销洽谈中使用逻辑提示法时,推销人员应该晓之以理,动之以情,合情合理,动心动情。很少有顾客愿意听推销人员干巴巴的、一本正经的推理。因此,在使用逻辑提示法时,应特别注意讲究提示艺术,真正做到情理并重,既要推销真理,又要推销真情。例如,下面两段逻辑提示就很有说服力:"现在市场竞争激烈,各企业都希望降低生产成本,我们这种材料能降低生产成本、提高贵厂产品的市场竞争力,贵厂应该采用这种新型材料。""目前市场不景气,各企业都在努力开拓市场,找一家有实力、有水平的广告公司协助策划宣传是应该的、有利的。而我们公司是这方面的专业公司,可以帮助您们解决这个问题。"

(二) 演示法

演示法是指推销人员通过各种方法向顾客直接展示产品或辅助物品,来劝说顾客采取购买行动的一种方法。它通常包括以下几种方法。

1. 产品演示法

产品演示法是指推销人员通过直接演示推销品,向顾客传达推销的有关信息,进而劝说顾客购买推销品的洽谈方法。以推销品本身作为比较有效的刺激物进行演示时,既可演示商品的外观、结构,又可演示其功能、效果、使用方法、维修保养等。这样可以使顾客对产品有直观的了解,产生深刻的印象。

以现代推销学原理讲,推销产品本身就是一个沉默的推销人员,是一个最准确、最可靠的产品信息来源,再生动的描述与说明,也比不上产品自身留给消费者的印象更深刻。

例如,人们在车站、码头、街口等处常见到一些推销人员站在显眼处,从口袋中掏出一瓶脏油水倒在手帕上,顿时把一块干净的手帕弄得很脏,但还不罢休,又把手帕丢在地上,用鞋底来回搓、踩等,然后拾起手帕,又掏出另一瓶什么清洁剂倒一点在手帕上搓了几下,再放在一碗清水(先喝一口,以证明无其他物质)里洗了洗,取出来时又是一块洁白的手帕。在上述案例中，推销人员用事实证明了推销品的功能和性能，真实可信，这是语言提示所无法传递的信息。

又如，郑州柴油机厂为打开该厂"金牛"牌柴油机在内蒙古的市场，举行了一场别开生面的"拔河赛"。一台装有"金牛"牌柴油机的拖拉机，与十几台装有相同马力、不同牌号柴油机的拖拉机轮番较量，无不取胜。该厂通过这种方式向顾客展示了"金牛"牌柴油机马力大的特点。

在具体应用产品演示法时，应注意以下问题。

（1）根据推销品的特点选择演示方式和演示地点。由于推销品的性质和特点各不同，演示方法和演示地点应有所不同。例如，有形产品可以进行实际操作表演，无形产品就更应该进行演示，以加强顾客对推销品的直观了解。可以借助辅助物品，利用各种形象化手段将无形产品实体化。有些体积小、携带方便的产品可以进行室内演示，而有些携带困难的产品就需要与顾客当面约定，另外安排具体时间和地点进行现场演示。所谓现场演示，也就是现场看货。比如，可以邀请顾客参观生产现场，也可以邀请顾客参观产品展览会等。

（2）操作演示一定要熟练。推销人员的演示，是向顾客证明推销品。如果推销人员在演示过程中因操作不熟练，总是出现差错或笨手笨脚，顾客就会对推销品质量产生怀疑，进而不相信推销人员及推销品。

（3）操作演示要有针对性。每一位顾客对推销品所关注的点可能会不同。如果顾客最关心产品质量，则推销人员的演示速度不宜过快，要让顾客看得清、听得懂，对推销品有一个认识、接受的过程。推销人员不能因为自己对推销品很了解，就忽略了顾客的感受，也许顾客是第一次接触推销品。如果顾客更关心价格或服务，则推销人员在演示的同时要注意说明产品的功能价格比、售后服务的内容等。所以推销人员在演示时要有针对性。

（4）演示速度适当，边演示边讲解，营造良好的推销氛围。推销人员向顾客演示商品，特别是新产品时，操作演示的速度要放慢；演示老商品或技术含量不高、操作简单的产品，操作速度可以适当加快。同时，要针对推销要点和难点，边演示边讲解，要讲演结合，开展立体化的洽谈，努力引起顾客的注意和兴趣，充分调动顾客的积极性，营造有利的洽谈气氛。

（5）鼓励顾客参与演示，把顾客置于推销情景中。推销洽谈是一个双向沟通过程，推销人员和顾客都是推销活动的主体。因此，在使用产品演示法时，应鼓励顾客参与表演操作。例如，汽车推销人员可以请顾客试车，食品推销人员可以请顾客试尝，服装推销人员可以请顾客试穿，等等。但是，有些商品是不能交给顾客使用的，也有些顾客不会操作推销品，这时推销人员应该亲手为顾客演示，充当主角，鼓励顾客参与演示，邀请顾客做助手。这样做有利于形成双向沟通，发挥顾客的推销联想，使顾客产生推销认同，增强洽谈的说服力和感染力，提高洽谈效率，增强顾客的购买信心并提高其决策认可程度。

2. 文字、图片演示法

文字、图片演示法是指推销人员通过展示有关推销品的文字、图片资料来劝说顾客购买的洽谈方法。在不能或不便直接展示或用语言难以说明产品的情况下，推销人员通过向顾客展示推销品的文字、图片、图表、音像等资料，能更加生动、形象、真实可靠地向顾客介绍产品，比如一些商品工作原理、统计数据、价目表等通过文字、图片演示法可以做到动静结合、图文并茂，收到良好的推销效果。

例如，小李是一家家庭装饰公司的销售员，在接待顾客时，小李总是首先询问顾客对房间装饰的总体想法，了解各房间尺寸，然后通过电脑软件将装饰后的效果显示在电脑屏幕上让顾客看。顾客由于能够在房屋未完成装饰前就看到装饰后的效果，因此很容易接受小张的建议，往往在与小张的洽谈中就签定了装饰协议。

文字、图片演示法既准确可靠又方便省力，能生动、形象地向顾客介绍推销品、传递推销信息。这种图文并茂、生动形象的推销方法，不仅容易被顾客接受，而且会对顾客产生强大的感染力。

在具体应用文字、图片演示法时，应注意以下问题。

(1) 根据推销洽谈的实际需要，收集整理有关的文字、图片资料。在推销过程中，所演示的文字、图片资料作为一种推销工具，应该与推销目的保持一致。要根据洽谈的实际需要，广泛收集相关的文字、图片资料，展示给顾客。

(2) 文字、图片要结合演示，做到图文并茂。文字、图片都是视觉信息媒介，两者关系十分密切。在演示过程中，二者相配合，既有实物图片又有实物说明，既有情景图片又有情景介绍，图文并茂，易于顾客接受。

(3) 坚持洽谈的真实原则，演示真实、可靠的文字资料。推销人员必须遵守有关推销法律，不能演示虚假资料或非法资料。

3. 音响、影视演示法

音响、影视演示法是指利用录音、录像、光盘等现代工具进行演示，来劝说顾客购买推销品的洽谈方法。例如：在许多百货商场，顾客经常会听见"各位顾客，您好！欢迎您惠顾本商场！本店一楼家用电器部正在出售各种名牌等离子彩电，欢迎您前往选购，谢谢！"

许多制药厂为自己的产品推销拍摄健康系列讲座，以及电视直销、消费向导等，都是在为自己的产品做推销，效果都是不错的。

羽西、丁家宜、兰蔻等化妆品生产公司都是通过在推销过程中使用音响、影视等推销演示方法来吸引顾客的兴趣。其所拍摄的化妆系列讲座，以及电视直销、消费向导等，都取得了很好的效果。

这种方法融推销信息、推销情景、推销气氛于一体，易使顾客陶醉、迷恋，留下深刻的印象，并具有很强的说服力和感染力，是现代推销发展趋势之一。同时，这种方法还有利于消除顾客异议，切实提高推销的成功率。

4. 证明演示法

证明演示法是指推销人员通过演示有关的证明资料或进行破坏性的表演,来劝说顾客购买推销品的洽谈方法。推销洽谈既是向顾客传递信息的过程,又是说服顾客采取购买行动的过程。所以,推销洽谈成功的关键在于取信于顾客。为了有效地说服顾客,推销人员必须拿出推销证据,如生产许可证、质量鉴定书、营业执照、推销证明等。有时,推销人员也可以通过破坏性、戏剧性的表演来证明推销品、说服顾客。例如,消防用品的推销人员推销防火衣时,可以将推销品放进一个铁桶中,再向铁桶中丢一把火,等火熄灭后把防火衣拿出来展示,产品完好无损,以此证明该防火衣的质量很好。

又如,一个灭火剂推销人员可以把一定数量的特殊灭火剂泡沫喷洒在自己的手上,然后用喷火枪对着自己的手喷射,以此证明所推销的商品的质量。

证明演示法是现代推销洽谈必不可少的技术,推销人员在具体使用时,应注意以下问题。

(1) 准备很充分的证明资料和证明表演。

(2) 演示的推销证明资料必须真实可靠。

(3) 选择恰当的时机和方法进行证明演示,表演应自然,令人信服。

推销洽谈的方法很多,尤其是现代科学技术的发展与信息传递技术的普及,为推销人员提供了更多的洽谈方法与手段。在实际推销洽谈中,推销人员要根据实际情况灵活选择洽谈方法,不断开拓创新,设计更加新颖、高效的推销洽谈方法。

二、推销洽谈的策略

推销洽谈的策略林林总总,数不胜数,下面是几个在实践中卓有成效的策略。

(一) 自我发难策略

自我发难策略是在洽谈中先将对方可能提出的问题,自行摆出,再加以解释并阐明立场的洽谈策略。这种策略必须建立在深入调查、知己知彼的基础上,问题必须选得恰当,理由必须令人信服;否则不但达不到预定的目的,反而还会使自己处于被动的局面。例如,由于己方的报价比其他企业同类产品的高 20%,估计对方一定会对这一问题心存疑惑,并且会怀疑己方洽谈的诚意,进而影响到他们对洽谈的态度和信心,因此,在洽谈的一开始就应予以介绍。与同类产品的报价相比,本企业的价格要高 20%,看起来似乎价格过高,但是实际并不高:首先,本企业采用的是进口优质原料,质量绝对可靠,而其他企业产品则采用的是国产原料;其次,本企业的产品合格率比其他同类产品的高 30%,并且采用国际 ISO 9000 标准进行生产和管理,本产品获得国家专利,有独特的性能;再次,本公司在一年内,对不合格的产品一律给予退换;最后,本企业是该行业最大的供应商,货源充足,能够保证长期稳定的供应。这种自我发难、解释疑难,可以使对方感到己方是以诚相见,从而解除疑虑,顺利达到洽谈目的。

（二）扬长避短策略

扬长避短是指在洽谈中尽量突出己方优点和长处，避免谈及不足的策略。运用这种策略的目的是以一俊遮百丑，弥补在洽谈中所处的不利地位。例如，本企业产品在合格率及技术先进方面落后于同类产品，但是，价格便宜、大量供应、提供不合格产品的退换业务、提供零配件供应和厂家售后维修的支持是己方的长处。因此，推销洽谈时就可以在这些方面下功夫，突出推销品的优势，说服对方，签订合约。但扬长避短绝不意味着弄虚作假、欺骗对方，而是突出优势，弥补不足。虽然在某些条件上己方不如别人，但在另外一些条件上己方占有一定优势，甚至是绝对的优势，在综合考虑下，己方并不比别人差。

（三）曲线求利策略

在洽谈中双方都必须做出一些让步，这是正常的情况。因此，为己方谋取满意的利益必须从整体的角度考虑，而不能只是在某些条件上坚持己见、钻牛角尖。曲线求利就是这一策略的出发点。己方在某些条件上向对方作了让步，损失了部分利益，可以通过在其他方面提出要求使对方让步来弥补这部分利益损失。例如，对于产品降价的损失，可以通过提高技术转让费和易损零配件的价格等来弥补；卖方坚持产品不降价，己方则可以要求对方提供免费人员培训、免费运货和安装等服务来弥补。

（四）先发制人策略

先发制人策略即在洽谈中由己方先提出有关条件和合同草本的策略。例如，己方预先提出了产品价格、供应数量、各种规格产品的构成比例、付款方式等洽谈框架，在这种情况下，对方很难另起炉灶再提出自己的一个方案，只能在已提出的这一方案基础上提出自己的意见。先发制人策略要求知己知彼，熟悉行情及双方的力量对比，提出的条件要适度，过高容易吓跑对方，过低则会失去一定的利润。这种策略对卖方来说，多用在大企业对小买主的情况；对买方来说，多用在供过于求、许多卖主对一个或少数几个买主的情况。先发制人并不意味着一口说死，不可改变，所以，提出方案的一方还要准备应变方案，即确定哪些条件是可以让步的、哪些条件是不能让步的、让步可以让到什么程度等。如果对方采取这种策略，己方不应为其所动，不能被对方牵着鼻子走，应该坚信，任何条件都是可以通过洽谈改变的，所以要按照己方原定的洽谈方针进行洽谈，不能被对方束缚住自己的手脚，因而不敢提出自己的方案或条件。

（五）折中调和策略

折中调和策略是指在洽谈处于僵持局面时，由一方提出折中调和方案，双方都做出一些让步以达成协议的策略。例如，我同意降价10%，但你也得同意将订货数量增加30%；我愿意优惠供应你这条生产线，但你必须再订购1000套散件；等等。折中调和貌似公平，但实际上并不一定，所以，对付这种策略必须权衡得失，要经过仔细的计算，用数字说明问题，而不能认为对方让步一半，我方也让步一半，这是对等的，谁也不吃亏。这种想法有时会使己方受到较大的损失，而使对方得到利益。折中调和本身就意味着双方都有让步的余地，所以，坚持自己的原则立场，在关键问题上不作让步，有时是可以使对方妥协并达成交易的。

（六）欲擒故纵策略

欲擒故纵策略是指想谈成某项生意，但却装出满不在乎的样子，以免对方漫天要价的策略。"欲擒故纵"的手法是多变的，要因条件而异，但不难掌握。如从态度上，不过分忍让、屈从；在日程安排上，不应非常急切，可随和对方，这既显得礼貌又可以择机利用对己有利的意见，采取一种半热半冷、似紧不紧的做法，使对方摸不到己方的真实意图。有时在对方强烈的攻势下，可采用不计较后果的轻蔑态度，不慌不忙，让他摸不着头脑，以制造心理上的优势。这样可以获得比较好的谈判条件。这个技巧也是一个谈判原则，即在谈判中不求人。

例如，多年前，美国可口可乐公司为了打开中国市场，采取的并不是大量倾销产品的方法，而是先无偿向中国提供价值400万美元的可乐灌装设备，投入大量资金在电视上做广告，并向中方提供低价浓缩饮料，让中方乐于生产和推销美国的可乐饮料。而若中方再要引入进口设备和原料，美方则会根据需要情况来调整价格、抬价获利。多年以来，美国的可口可乐饮料风行中国，销量、价格也成倍增长，其获得的巨额利润早已超出无偿给中国提供设备的投资数额，这就是典型的欲擒故纵策略。

第四节 推销洽谈的技巧

洽谈是借助推销人员和顾客之间的信息交流来完成的，而这种信息传递与交流，需要双方运用听、问、答、说等基本的方法及技巧。

推销洽谈技巧，是指推销人员在洽谈过程中灵活运用语言、行为，艺术化地解决洽谈中的实际问题的方法和方式。在推销实践中，这些技巧已成为较为规范的和可借鉴的模式。推销洽谈中推销人员应掌握叙述技巧倾听技巧、提问技巧、答复技巧、报价与让价技巧、说服技巧等。

一、叙述技巧

推销人员在洽谈中要交流信息、介绍己方的情况、阐述对某一问题的具体看法，就需要能准确表达自己的观点与见解，而且要表达得条理清晰、恰到好处，以便顾客了解己方的观点和立场，这就需要叙述的技巧。推销洽谈中的叙述技巧主要有以下几种。

（1）转折用语。推销洽谈中推销人员如遇到问题难以解决，或者有话不得不说，或者需要将顾客的话题转向有利于自己的方面，就可使用转折语，如"可是""虽然如此""然而"等。这种用语具有缓冲作用，可以防止气氛僵化，既不使对方感到太难堪，又可以使形势向有利于自己的方向转化。

（2）解围用语。当洽谈出现困难时，为突破困境，推销人员可运用此语，例如，"这样做肯定对对方不利""再这样下去，只怕最后也不妙"。这种解围用语，有时能产生较好的效果。只要双方都有谈判的诚意，顾客就可能接受你的意见，促成谈判成功。

（3）弹性用语。洽谈用语应因人而异：如果顾客很有修养，语言文雅，那么推销人员也可以采取相应的语言；如果顾客言语豪爽、耿直，那么自己就无须迂回曲折，可以干脆利索地摊牌。

二、倾听技巧

在与顾客进行推销洽谈时，不少推销人员总以为做交易就要有个"商人嘴"，于是口若悬河、滔滔不绝，不给顾客表达意见的机会。这样一来，很容易引起顾客的反感。实际上，在推销洽谈中，专心地倾听往往比滔滔不绝地谈话更为重要。香港推销家冯两努先生说过，上帝让人长一张嘴巴、两只耳朵，就是让人少说多听。学会倾听才能探察到顾客的心理活动，观察和发现其兴趣所在，从而确认顾客的真正需要，以此不断调整自己的推销计划、突出推销要点。洽谈中要想获得良好的"听"的效果，应掌握四大倾听技巧。

1. 专心致志地听

精力集中、专心致志地听，是倾听艺术的最重要、最基本的方面。心理学家的统计证明，一般人说话的速度为每分钟180~200个字。而听话及思维的速度，大约要比说话快4倍。所以，对方的话还没说完，听话者大都理解了。这样一来，听者常常由于精力富余而开"小差"。也许恰在此时，顾客提出了要推销人员回答的问题，或者传递了一个至关重要的信息。这时，推销人员如果因为心不在焉没有及时反应，就会错失推销良机。

2. 有鉴别地倾听

有鉴别地倾听，必须建立在专心倾听的基础上。因为不用心听，就无法鉴别顾客传递的信息。例如"太贵了"，这几乎是每一位顾客的口头禅，言外之意是"我不想出这个价"，而不是"我没有那么多钱"。如果不能辨别真伪，就会错把顾客的借口当做反对意见加以反驳，从而激怒顾客，令顾客感到有义务为他的借口进行辩护，这就在无形中增加了推销的阻力。只有在摸清顾客真正意图的基础上，才能更有效地调整谈话策略，有针对性地做好说服顾客的工作。

3. 不因反驳而结束倾听

当已经明确了顾客的意思时，也要坚持听完对方的叙述，不要因为急于纠正顾客的观点而打断顾客的谈话。即使是根本不同意顾客的观点，也要耐心地听完他的意见。听得越多就越容易发现顾客的真正动机和主要的反对意见，从而可以及早予以处理。

4. 倾听要有积极的回应

要使自己的倾听获得良好的效果，不仅要专心地听，还必须有反馈的表示，比如点头、欠身、双眼注视顾客或重复一些重要的句子,或提出几个顾客关心的问题。这样,顾客会因为推销人员如此专心地倾听而愿意更多、更深地暴露自己的观点。

三、提问技巧

在推销洽谈中,提问是一种非常有效的方式。它可以引起顾客的注意,使顾客对这些问题予以重视;还可以引导顾客的思路,使推销人员获得所需要的各种信息。可见,推销人员如果善于运用提问的技巧,就可以及早触及与推销有关的问题,揭示顾客真正动机,从而有效地引导洽谈的进程。世界潜能大师安东尼·罗滨说过:"成功者与不成功者最主要的判别是什么呢?一言以蔽之,那就是成功者善于提出好的问题,从而得到好的答案。"在洽谈中常用的提问技巧有以下四种。

1. 限制性提问

提出的问题最好是范围界限比较清楚的,以使顾客的回答能带有具体内容。可以采取选择式问句,使顾客能够在一个较小的范围内加以选择。

2. 引导性提问

所谓引导式提问,是指对答案具有强烈暗示性的、尽快促成洽谈成功的问句。提问要促成洽谈成功,对那些似是而非、可答可不答的问题,以及与洽谈无关的问题,可采取引导式问句,要避免使用多主题式的问句或含义不清的问句。

3. 探测性提问

这种提问是在没有摸清对方虚实的情况下的投石问路,能避免对方拒绝而出现难堪局面,而且能探出对方的虚实、达到提问的目的。如可以说"这种产品的性能还不错吧?""您能评价一下吗?"如果顾客满意,他会接受;如果不满意,他的拒绝也不会使双方难堪。

4. 协商性提问

推销人员要顾客同意自己的观点时,要用婉转的方法和语气,尽量用商量的口吻向顾客提问,如"我退让一步,这样的价格可以吗?"应尽量避免使用强调式的问句,使洽谈陷入僵局,如"我退让一步了,这样的价格总可以了吧?"

总之,在推销洽谈中,推销人员应像记者一样事先准备问题,提前把提纲写好;像律师一样引导问题,引导顾客,让他自己得出结论,甚至让他得出自相矛盾的结论;像侦探一样发现问题,找出蛛丝马迹。

四、答复技巧

推销洽谈是由一系列问与答构成的,回答的不准确或不适宜会使洽谈陷入被动局面,因此答话时必须十分慎重。在洽谈中,按顾客的提问准确地回答问题,未必是最佳的答话技巧。答话的技巧在于要分清哪些是该说的、哪些是不该说的。对于顾客的提问,推销人员首先要坚持诚实的原则,给予客观真实的回答,既不言过其实,又不有所保留,以赢得顾客的好感和信任。但是，有些顾客为了自己的利益，提出一些难题、怪题，甚至是别有用心的问题，或者是涉及企业机密等不便回答的问题时，推销人员应采取灵活的方法给自己留下进退的余地。推销人员在答复客户问题时应注意应用以下技巧。

1. 不要确切回答对方的提问

推销人员回答顾客的问题时，要给自己留有一定的余地。在回答时，不要过早暴露自己的实力。通常，可先说明一件类似的情况，再拉回正题，或者利用反问把重点转移。

2. 减少顾客追问的兴致和机会

顾客如果发现推销人员的漏洞，往往会刨根问底。所以，回答问题时要特别注意不要让对方抓住某一点继续发问。为此，以问题无法回答来回答也是一种回避问题的方法。

3. 让自己获得充分的思考时间

推销人员回答问题必须谨慎从事，对问题要进行认真的思考。要做到这一点，就需要有充分的思考时间。一般情况下，推销人员对问题答复的好坏与思考时间成正比。正因为如此，有些顾客会不断地催问，迫使推销人员在未对问题进行思考的情况下仓促作答。遇到这种情况时，推销人员更要沉着，不必顾忌顾客的催问，而要告诉对方你必须进行认真思考，因而需要时间。

4. 不轻易作答

推销人员回答问题，应该具有针对性，有的放矢，因此必须认真思考问题的真正含义。同时，有的顾客会提出一些模棱两可或旁敲侧击的问题，意在摸推销人员的底。推销人员对这类问题更要清楚地了解顾客的用意，否则轻易或随意作答，会造成被动的局面。

5. 有时可将错就错

当顾客对推销人员的答复作了错误的理解，而这种理解又有利于推销人员时，则不必更正顾客的理解，而应将错就错、因势利导。推销洽谈中，由于双方在表述与理解上的不一致，错误理解对方讲话的情况经常发生。一般情况下，这会增加推销人员与顾客信息沟通的难度，因而有必要予以更正、解释。但是，在特定情况下，这种错误的理解能够为谈判中的某一方带来好处，因此推销人员可以采取将错就错的技巧。

总之，推销洽谈中的答复技巧不在于回答对方"对"或"错"，而在于应该说什么、不该说什么和如何说，这样才能产生最佳效果。推销人员应该懂得"正确的答复未必是最好的答复"这个道理。

五、报价与让价技巧

在推销谈判中，价格往往是买卖双方最关心的问题，也是谈判的关键。为了争取更大的收益，买卖双方会想方设法，通过适当运用各种谈判策略和技巧来实现预期的谈判目标。

1. 报价技巧

报价也即确定开盘价的阶段,具体指的是在推销谈判初始阶段,谈判一方首次明确提出各种交易条件和交易要求,这里的"价"并非指价格,而是包括各种相关的交易条件,换而言之,"价"中包括了对价格、数量、质量、运输费用等问题的具体要求。

合理的报价,应具有一定的吸引力,并具有一定的谈判空间。所谓吸引力,是指所报的开盘价对于买方而言,是有利可图的;所谓谈判空间,则指开盘价对于卖方而言,有妥协和回旋的余地,即使让步也能有理想的收益。

在推销洽谈过程中,可利用以下技巧来增强报价的效果。

(1) 以较小单位报价

例如,一斤茶叶 500 多元,但营业员在报价时,则说每两 50 多元。在英国,当你向售货员询问好咖啡的价格时,营业员会告诉你"50 便士可以买 1/4 磅",而不是说"每磅咖啡两英镑"。使用较小单位报价,可使人们有一种价廉的错觉,因此它比用整数价格报价更能促进交易。

(2) 用比较法报价

这种报价方法可以从两方面进行:①同类比较法,是指推销人员在向顾客解释推销品的报价时,列举其他同类产品的价格,通过比较其他产品与本产品的优缺点,推导出本产品价格的合理性;②相关比较法,是指推销人员在向顾客做产品报价时,采用分析其他相关产品与本产品的比价关系的方式来说明价格的合理性。例如,一位推销钢笔的推销人员向男士们出售钢笔时常会说:"这支笔是贵了点,但也只相当于两包'红塔山',一支笔可使用好几年,但两包烟只能抽两天。"

(3) 算账报价法

这种报价方法是将价格与产品的整个使用寿命周期结合起来,以计算出单位时间的用量和所对应的支出的方式报价。例如一位推销人员是这样向一位看中了一块 2400 元的进口手表的男士推销的:"这种表 2400 元,但可以使用 20 年,您想每年只花 120 元,每月只花 10 元,每天只花 0.33 元,可它可以在 7300 天里,天天为您增辉。"

(4) 抵消报价法

在对高价产品进行报价时,推销人员将产品构成要素一一列出,再与其可能抵消的价格因素比较,这样高价也就变成低价了。例如,推销人员将一台设备 8000 元的报价解说为:"该设备一台生产成本 6200 元,附设零配件 500 元,获金牌加价 300 元,送货上门运输费 200 元,所以利润只有 800 元,销售后税率 10%,如果只算前三项,每台价格只有 7000 元,比一般设备还要便宜。"

(5) 尾数报价法

利用消费者的求廉心理,将产品的价格用尾数报出。如定价为 10.8 元的产品不说成 11 元。这样的报价,既给消费者以信任感,又给消费者以廉价感,进而可促进商品销售。

(6) 高价报价法

这种报价方法是专门针对那些有砍价欲望的洽谈对手。这样做,一方面满足了顾客的砍价欲望,另一方面也保障了自身利益的获得。

2. 让价技巧

在推销洽谈中,推销人员报价后,大多数情况下,顾客可能会提出让价的要求。让价的方法很多,运用中颇有奥妙。一般的让价方式如下。

(1) 步步为营让价法。

步步为营让价法即在报价后,推销人员分多次让价,直至顾客接受、达成交易。

① 步步为营让价方式的优点如下。

- 符合稳健妥协的原则。推销人员在价格洽谈中让价的步子平衡,不急不躁,无论面对多大压力,都坚持有步骤地让价,每次让价的幅度都很小。
- 可随时在双方都满意的价格水平上达成交易。每次顾客提出的让价要求都得到了答复和回应,使价格洽谈多次处于高潮的状态下,每一次让价所形成的高潮都是一次可能达成交易的机会。
- 每次让价由于幅度都不大,不会使顾客获利太多,也不会使自己处于被动地位。
- 可以使推销人员在讨价还价中掌握主动,有足够的时间来磨砺自己的性格,使自己掌握一定的推销技巧与策略,最终达成对自己有利的交易条件。

② 步步为营让价方式的缺点如下。

- 每次让价都使顾客获得一定的利益,有的顾客会得寸进尺,不断地提出让价要求,这就延长了价格洽谈时间。
- 让价幅度小,对顾客难以形成刺激,最终极有可能达不成交易。
- 由于每次让价的幅度都小,需要花费大量的时间和精力。

(2) 一步到位让价法。

在洽谈之初,对于推销品的报价,推销人员态度要坚决,使顾客认为推销人员妥协的可能性很小,不抱有太高的希望,但到了达成交易的关键时刻,推销人员一次性地让价到位,给顾客一个惊喜,加速交易达成。

① 一步到位方式的优点如下。

- 推销人员报价态度坚定,寸步不让,如果顾客没有更强的毅力与持久的耐心,最终会接受推销人员的报价,为卖方带来丰厚的收益。
- 推销人员在坚持数次不让价之后,关键时刻的一次较大幅度的让价会使顾客惊喜异常,从而产生珍惜、感激之情,为达成交易创造条件。
- 要么不让价,要么大幅度地让价,会使顾客觉得推销人员豪爽、大气,进而对推销人员产生好感,从而为以后的交易奠定基础。

② 一步到位让价方式的缺点如下。
- 推销人员口气坚定，没有妥协的余地，会使顾客觉得推销人员态度生硬、冷漠、不近人情，缺乏达成交易的诚意，从而不愿意洽谈下去，有可能过早地结束洽谈。
- 如果顾客是个洽谈高手，在做出较大幅度的让价后，又提出更高的让价要求，推销人员会因无利可让，导致推销洽谈陷入僵局。

（3）虎头蛇尾让价法。

虎头蛇尾让价法是指推销人员在价格洽谈中让价幅度由大到小，逐次下降。这种方式运用起来显得自然、流畅，符合大众的价格心理，符合推销洽谈一般的规律。

① 虎头蛇尾让价方式的优点如下。
- 推销人员在价格洽谈之初就以较大幅度向顾客让利，能给顾客留下态度坦诚、性格爽朗的印象，为下一步价格洽谈的顺利进行创造了良好的条件。
- 让价幅度由大到小，既合乎人情，也合乎规律，运用起来显得自然、流畅，无须推销人员格外谨慎小心，价格也易于为顾客接受。
- 这种让价方式能够使顾客感到推销人员已做了很大的努力，确实已经无利可让，再要求推销人员大幅度让价就有点不合情理了。在此情况下，交易容易达成。

② 虎头蛇尾让价方式的缺点如下。
- 这是一种常见的洽谈模式，在运用时买卖双方都缺乏新鲜感。
- 让价幅度由大到小，会使买卖双方在讨价还价时感到洽谈气氛越来越沉闷，难以形成高潮。

（4）波浪起伏让价法

波浪起伏让价法是指让价的幅度先高后低，然后再逐步拔高，高潮迭起，最终达到令双方都满意的成交价格。

① 波浪起伏让价方式的优点如下。
- 推销人员洽谈开始时让价幅度较大，表现出了较大的诚意和达成交易的积极性，同时也给顾客传递了一个有一定利益可供争取的交易信息，可以促使价格洽谈顺利地进行下去。
- 高潮迭起，成交机会较多。
- 比较灵活。推销人员可以根据顾客以及洽谈的进展情况决定让价的幅度。

② 波浪起伏让价方式的缺点如下。
- 让价幅度没有定量标准，让价幅度大时，会使顾客胃口越来越大。让价幅度小时，顾客已不再希望获得较大幅度的让价。
- 当推销人员经受不住压力，缺乏耐心，突然又给对方一个较大幅度的让价时，顾客会认为推销人员不诚实。
- 如果推销人员在其他方面稍有不慎，顾客的不信任感会促使其果断地中止洽谈。

六、说服技巧

说服顾客接受自己的观点和方案,是推销洽谈成功的关键。推销人员只有掌握高明的说服技巧,才能在变幻莫测的洽谈过程中左右逢源,达到推销的目的。推销洽谈中的技巧可归纳为以下几点。

(1) 洽谈开始时,要先讨论容易解决的问题,然后再讨论容易引起争议的问题。如果把僵持不下的问题和已经解决的问题联在一起,就没有希望达成协议。

(2) 强调双方处境相同要比强调彼此处境的差异更能使顾客理解和接受。

(3) 强调买卖合同中有利顾客的条款,能较容易地使顾客在合同上签字。

(4) 说出一个问题的两面性,比仅仅说出一方面更能使顾客信服。

(5) 通常顾客比较容易记住推销人员所说的头尾部分,而不容易记清楚中间部分,因此能打动顾客的部分应先说或者最后说。

七、处理僵局技巧

在洽谈交易中,由于推销人员与顾客双方的利益和认识不同,会出现各抒己见、互不相让的僵持局面,使洽谈无法进行下去,甚至导致洽谈不欢而散,无法取得交易的成功。形成僵局的原因很多,在洽谈中,僵局随时都有可能发生,但只要掌握一些处理僵局的技巧,问题就会迎刃而解。

1. 要尽量避免僵局出现

推销人员要将形成僵局的因素消灭在萌芽状态。推销人员在洽谈中,首先,要对顾客的批评意见持冷静态度,不要因激烈反驳顾客的批评意见而发生争吵。其次,要积极探寻顾客意见和建议的价值。在应对顾客的意见和建议时,应先对其可取之处进行肯定,再根据客观信息和理由给予否定。再次,要善于直接或间接利用顾客的意见说服顾客。最后,在直接应对顾客的反对意见时,要大量引入事实和数据资料,用充分的理由说服顾客。

2. 要设法绕过僵局

在洽谈中,若僵局已形成,一时无法解决,可采用下列方法绕过僵局:

(1) 撇开争执不下的问题,去谈容易形成一致意见的问题。

(2) 回顾以前的友好交往,减弱对立情绪。

(3) 暂时休会调整情绪和政策。

(4) 推心置腹地交换意见,化解冲突。

(5) 邀请有影响力的第三者调停。

3. 打破僵局

在僵局形成之后,绕过僵局只是权宜之计,最终要想办法打破僵局。打破僵局的办法有如下几种。

（1）扩展洽谈领域。单一的交易条件不能达成协议，可把洽谈的领域扩展，如价格上出现僵局时，可将交货期限、付款方式一起进行洽谈。

（2）改变洽谈环境。洽谈出现僵局容易使人产生压抑感，推销人员可以去旅游观光或参加一些娱乐活动，在轻松活泼、融洽愉快的气氛中，解决洽谈中的棘手问题。

（3）更换洽谈人员。在洽谈陷入僵局时，各方为了顾全自己的面子和尊严，谁也不愿先让步，这时可以换一个推销人员参与洽谈。

（4）改期。当僵局暂时无法打破时，可暂时中止谈判，使双方冷静下来，进行理智的思考。

（5）让步。在不过分损害己方利益时，可以考虑以高姿态首先做一些小的让步。

阅读材料

李嘉诚谈销售

李嘉诚曾经说过："我一生最好的经商锻炼是做推销人员，这是我用10亿元也买不来的。"

很多人一谈到销售，就简单地认为是"卖东西"，这只是对销售的很片面的理解，其实人生无处不在销售，因为销售实际上是一个分析需求、判断需求、解决需求、满足需求的过程。比如我们到一个新的环境，进行自我介绍，就是对自己的一种销售。再譬如我们做一个学术报告，就是在向与会者销售自己的一些观点。凡此种种不胜枚举。

但在实际中很多人的销售并不是很成功，营销人员拼命地预约、讲解、讨好客户，跑折了腿、磨破了嘴，可客户就是不买账；追其原因，其实就是分析需求、判断需求、解决需求有了偏差，对方的需求得不到满足，我们的目标就很难完成。

经常看见营销人员见到客户就迫不及待地介绍产品、报价，恨不得马上成交。他的专家般的讲解，往往让人感叹其销售知识的匮乏，使得他的专业知识不能得到很好的发挥。

销售是有规律可循的，就像拨打电话号码，次序是不能错的。销售的基本流程是大家所熟知的，在此结合本人多年实际销售工作经验和销售培训的粗浅体会总结出销售十招，和大家做一分享。

一、销售准备

销售准备是十分重要的，是达成交易的基础。销售准备是不受时间和空间限制的，包括个人的修养、对产品的理解、心态、个人对企业文化的认同、对客户的了解等，它涉及的项目太多，不在此赘述。

二、调动情绪，就能调动一切

良好的情绪管理（情商），是使销售成功的关键，因为谁也不愿意和一个情绪低落的人沟通。积极的情绪是一种状态、是一种职业修养，是见到客户时马上形成的条件反射。营销人员用低沉的情绪去见客户,那是浪费时间,甚至是失败的开始。无论遇到什么挫折,只要见到客户就应该立即调整过来,否则宁可在家休息,也不要去见客户。

因而在准备拜访客户时,一定要将情绪调整到巅峰状态。

什么叫巅峰状态?我们有的时候会有这种感觉,今天做事特别来劲,信心十足,好像一切都不在话下。这就是巅峰状态,在这种状态下办事成功率很高。可这种状态时有时无,好像无法掌控。其实不然,这种状态只要经过一段时间的训练,是完全可以掌控的。比如优秀的运动员,在比赛前就能很快地自我调整到巅峰状态。

那么怎么才能把情绪调整到巅峰状态呢?怎样才能掌控这种状态呢?

每天早上醒来可以听一个很好的励志光盘或一段很激昂的歌曲。可以大声地对自己说"我是最棒的!"给自己一些良好的心理暗示。一个好的心情是一天良好情绪的开始。

同时还要懂得一些调整情绪的具体方法。这里只是简单地罗列几个调整情绪的基本方法,有兴趣的朋友可以阅读这方面的书籍。

(一)忧虑时,想到最坏情况

在人生中快乐是自找的,烦恼也是自找的。如果你不给自己寻烦恼,别人永远也不可能给你烦恼。忧虑并不能够解决问题。忧虑的最大坏处,就是会毁了我们集中精神的能力。因而当出现忧虑情绪时,首先勇敢面对,然后找出万一失败可能发生的最坏情况,并让自己能够接受,就OK了。

(二)烦恼时,知道安慰自我

人的痛苦与快乐,并不是由客观环境的优劣决定的,而是由自己的心态、情绪决定的。如果数数我们的幸福,大约有90%的事还不错,只有10%不太好。那为什么不让自己快乐起来呢?

(三)沮丧时,可以引吭高歌

营销人员会经常遭到拒绝,而有些人遭受拒绝就情绪沮丧,其实大可不必。没有经过锤炼的钢不是好钢。沮丧的心态会泯灭我们的希望。

三、建立信赖关系

(一)共鸣

如果推销人员见到客户过早地讲产品或者下属见到上级急于表现自己的才能,信赖关系就很难建立,你说的越多,信赖关系就越难建立。比如客户上来就问,是你的产品好还是你们对手的产品好?这时候,你怎么回答都不对:说自己的好,他肯定说你自己夸自己,不可信;你说我们不了解对手的情况,那他就会说你连同行都不了解,不专业!所以信赖关系在建立过程中,也是很需要技巧的。

如果技巧掌握得好,跟客户的信赖关系很快就可以建立起来。此时要尽可能从与产品无关的事入手,为什么呢?说产品那是你的领域是你的专长,消费者心里是一种防备状态,你说得越多,他的防备心就越重,信赖关系就越不容易建立。这时候,要从他熟知的事情入手,从鼓励赞美开始。比如说在他家,你就可以问他说:房子多少钱1平方米?做什么工作的?我对您的专业很感兴趣,能给我讲讲吗?有些问题人家是不愿回答,有些问题是必须回答。你如果是销售美容品的,面对一位女士可以说:"您的皮肤真好,您是怎么保养的啊?"她肯定要回答呀(因为这是她感兴趣的话题,也是她非常引以为傲的)。她回答时你一定要有共鸣。她说"以前用的是××化妆品",你一定要对美容专业知识有所了解,同时要不断地赞美,从而引导她多说。这就是共鸣。

你的共鸣点越多,你跟对方的信赖关系就越容易建立。设想一下,如果赶巧了你和客户穿的是一样的衣服,那么信赖关系一眼就建立了,不用过程,他就能感觉你的品位和他的品位是一样的。

人和人之间很愿意寻找同频率,看看这些词:同学、同行、同事、同志,学佛的人叫同修,一起为官叫同僚。反正两个人只要有共同点,就容易凑到一起,就容易建立信任关系。方法很简单,就是找更多的共同点,产生更多共鸣。

(二)节奏

推销人员跟消费者动作节奏和语速越接近,信赖关系就越好建立。很多人都在做销售,怎么卖出去呀?其中很重要的一点就是跟着消费者的节奏走:对方的节奏快、语速很快,我们说话的语速也要很快;对方是个说话很慢的人,你还很快,他就不知为什么感觉极不舒服,信赖关系怎么也建立不起来;如果对方是个语速适中的人,你的语速也要适中。

(三)表达方式

同时,推销员还要以对方能理解的表达方式和对方沟通。有些营销人员满嘴的专业术语,但请不要忘了,客户不是行业专家。

四、找到客户的问题所在

信赖关系建立起来后,你和对方都会感觉很舒服。这个时候,要通过提问来找到客户的问题所在,也就是他要解决什么问题。

比方你是卖空调的,就要了解客户买一台空调是要解决他的什么问题,比如:他家的老空调坏了,由于它的故障率太高,不想修了,要换一新的;客户从过去的旧房搬到现在的新房;客户过去没有用过空调,现在要改善生活条件;小区是中央空调,自家用着不太方便,现在要装分体的;孩子结婚用;等等。只有把问题找准了,才能真正替客户着想,帮助客户找到他原本就有的需求。

怎样才能找到客户的问题所在呢?只有通过大量提问,才能了解客户到底想通过这次购买解决什么问题。一个优秀的营销人员会用80%的时间提问,只用20%的时间讲解产品和回答问题。

五、提出解决方案并塑造产品价值

实际上这个时候,推销人员已经可以决定给客户推销哪一类商品了。这时提出的解决方案针对性会很强，客户会认为是为他量身定做的，他会和你一起评价方案的可行性，而放弃对你的防备。

在这个过程中要不失时机地塑造产品价值，把品牌背景、企业文化、所获奖项毫不吝惜地告诉给客户。自己的专业知识这时就有了用武之地，这个时候你说的话他很容易听进去。

六、做竞品分析

很多营销人员都知道讲竞争对手不好，咱就卖咱的产品，说起对手的情况就说不了解。错了！在信赖关系没有建立的时候，客户和你站在对立方面，你去做竞品分析，他会很反感；可是当双方建立了信赖关系，你又为他提出了解决方案时，他巴不得去听一些竞争品牌的缺点，他非常期望你做竞品分析，不然此时的流程就中断了，进行不下去了。

这时候，不但要分析竞品，而且一定要跟他讲清楚，我们好在哪儿，对方不好在哪儿（但一定是客观的，不能是恶意的攻击）。

这时的分析有两个作用。一方面这可以为他的最终购买提供足够的依据。另一方面他购买商品之后肯定要四处炫耀："我买的太好了，你买的怎么样？"我们要给他提供充足的论据，以供他跟别人去辩论，证明他的选择是最明智的。

七、解除疑虑，帮助客户下决心

做完竞品分析，客户是下不了马上掏钱的决心的，这个时候千万不能去成交，否则消费者买后会反悔的。

钱在自己的身上，总是多捂一会儿好。你看买空调的，不到热得受不了，人家就不着急买，他多捂一天，觉得是自己的。不愿意下购买决心，说明他一定有抗拒点。

你很容易判断他是否已经进入到这个状态——他说，"回去跟我爱人商量""我觉得这价格还是有点高""现在我身上正好没带钱"……看到对方这个样子，我们要一步一步不断地地追问，一直问到找到真正的抗拒点为止。

例如，你问："还有什么需要考虑的吗？"他说："我回去跟我爱人商量商量。"你就继续问："那您爱人会关心哪些问题？"他就会说他爱人关心什么问题。那么就再追问，一步一步追问下去。

抗拒点找准了，解除的方法自然就有了。

本 章 小 结

推销洽谈是买卖双方为达成交易、维护各自利益、满足各自的需要，就共同关注的问题进行沟通与磋商的活动。推销洽谈具有以经济利益为中心、合作与冲突并存、原则与调整并存的特点。推销洽谈的目标在于向顾客传递信息、展示推销品、恰当处理顾客的异议、促使顾客做出购买决定。推销洽谈的内容包括商品品质、商品数量、商品价格、结算方式、销售服务、保证条款等。

推销洽谈应遵循针对性原则、诚实性原则、参与性原则、辩证性原则、鼓动性原则以及灵活性原则。一个完整的推销洽谈,大致可分为准备阶段、开局阶段、磋商阶段、成交阶段和检查确认阶段。每个阶段又有不同的要求和工作重点。

推销洽谈的方法主要有提示法和演示法。提示法包括直接提示法、间接提示法、明星提示法、联想提示法、逻辑提示法,演示法包括产品演示法、文字、图片演示法、音响、影视演示法、证明演示法。卓有成效的推销洽谈策略,主要有自我发难策略、扬长避短策略、曲线求利策略、先发制人策略、折中调和策略、欲擒故纵策略。

为了保证推销洽谈的成功,推销人员还应灵活运用洽谈的技巧,如叙述技巧、倾听技巧、提问技巧、答复技巧、报价与让价技巧、说服技巧、处理僵局技巧。

思 考 题

1. 什么是推销洽谈?有何特点?
2. 推销洽谈的目标与内容有哪些?
3. 怎样营造和谐的洽谈气氛?
4. 推销洽谈的提示法和演示法各包含哪些具体内容?
5. 你认为哪一种推销洽谈方法最实用?为什么?
6. 在推销洽谈过程中,哪些策略最为有效?为什么?
7. 在推销实践中,常用的推销洽谈技巧有哪些?它们各自的要点是什么?

案 例 分 析

案例 9-1

推销人员小胡供职的湖南怀化一家综合性服务企业,策划了一个"十佳礼仪小姐大奖赛"的广告演出活动。他受命推销公司活动计划,以赢得广告客户、获得营业收入。

当地的工商企业不少,从哪家企业开始呢?小胡想,参与这个活动的企业必须具备两个条件:一是效益好,能有广告资金投入;二是重视广告宣传,乐于投入资金。一家制药企业——广州白云山制药总厂怀化分厂进入了他的视野。这是一家沿海地区先进企业与内陆合办的工厂,联营后,通过加大科技投入,不断开发新产品、努力提高产品质量、强化销售等一系列措施,使工厂发生了很大的变化。特别是企业带来的广东人注重广告宣传、注重销售等新的营销观念深深地吸引了小胡,他决定上门推销。

厂长是一位精明的医学硕士,年龄和小胡差不多,是位三十刚出头的年轻人。因为年龄相仿,经历相似,可以交谈的话题很多,容易相处,一见面小胡决定先不谈正事,先融洽感情再说。于是自我介绍后,小胡即代表公司感谢白云山总厂对湖南特别是湘西人民的支持,对他们远离家乡、远离亲人在外艰苦创业的精神表示钦佩,并和他们谈起了工作、生活和工厂生产情况。待气氛缓和之后,小胡就将一本《公共关系》杂志递给了厂长,并翻出事先折好页的文章,请厂长指教。

推销怎么要带上一本杂志呢?原来事前小胡做了充分准备。临去之前,小胡请一位与该厂很熟的朋友为他预先约见,动身时又带上一本西安出版的《公共关系》杂志,因为里面刊登着小胡的一篇文章《公关广告的基本类型》,文章中引用了广州白云山制药总厂开展赞助型公关广告的实例。这也算是小胡和白云山厂的联系,拿着到时肯定会帮上忙的。果然不出所料,杂志起到了作用,厂长看到已用红线划出的白云山厂实例后,马上来了兴趣,不仅把实例看完,还把文章从公关广告与商品广告的不同,一直到公关广告有赞助型、服务型等七种基本类型的全文都认认真真看了一遍。待厂长看完抬起头来时,小胡乘机把计划和盘托出。或许是文章的宣传效应,没等小胡怎么解释公关广告宣传如何如何重要,厂长便对这次活动表现了浓厚的兴趣,并就其中一些技术性问题进行询问。等听到小胡圆满的回答、了解到活动安排十分周密后便欣然应允,答应投入广告费一万元,买下本次大奖赛活动的冠名权。很快,一份关于举办"正清杯十佳礼仪小姐大赛"的广告宣传协议书正式签署,一万元广告费如期汇到了公司的账户上。

案例讨论

1. 联系案例的内容,说明推销洽谈的过程包括哪些阶段。
2. 在本例中小胡成功的原因是什么?他有哪些值得推广的经验?

案例 9-2

华成印刷公司由于近两年盈利甚微,陷入财政危机。去年,它从专业美术品的印刷领域向更商业化的领域转轨,因此,一套市场上少有的、高质量的、欧洲制造的专业美术印刷机被闲置在工厂中,机器几乎完好如新。当地一个富有的美术爱好者打算开一个工作室承揽专业美术印刷业务,需要华成公司的这样一套设备。得到消息后,他向华成公司开价8000元。由于机器一直闲置在工厂中,因此华成公司的第一反应是不管价格如何一定要卖掉它。公司经理给一个废品收购商打电话,询问如果把这台设备当做废铁处理掉会卖多少钱。废品收购商问明机器的重量后开价4000元。这样看来,8000元的价格是有诱惑力的。而且由于这是一台专业美术品印刷设备,设备的初始购置价格是80000元,在印刷机中是价格偏高的,加之是欧洲制造,所以问津者不会太多。但是公司经理也同时发现,这台设备是这个地区独一无二的,并且一台全新的机器现价为96000元。为了把这套闲置设备处理得更好,公司通过电话向当地大学的美术系询问捐赠的情况。根据问答,华成公司估计,如果捐赠机器,免税金额可达20000元。于是,经过一场小型的谈判后,公司与购买者以30000元的价格成交。

案例讨论

1. 结合案例,分析影响华成公司还价的因素有哪些。

2. 案例中并没有明确给出华成公司首次还价的具体金额,而是给出了双方的最终成交价为30000元。结合案例所提供的信息,你认为华成公司的首次还价是多少?并说明理由。

顾客异议处理

引例

东方厂的多功能搅拌机在某商场设有展销专柜。推销人员刘明是厂方生产车间的工人,他的突出特点是细心、耐心。在展销会上,他不断地向顾客介绍产品的用途、使用方法和优点。

一位中年男顾客看了一眼演示情况,就说这个搅拌机不容易洗干净,也不安全。刘明听了,二话没说,重新演示了一遍,并说明部位放置不到位,机器不会启动,有一定的安全保障。顾客又看了一下产品,犹豫不决地说,搅拌机功能多,是优点,但是零部件塑料制品多,容易坏。

刘明拿出保修单,说明东方厂在商场所在城市设有多处特约维修点,对本产品实行"一年内不论任何原因损坏均可免费保修、包换;一年后,整机终身维修,修理费免收,零部件按成本价供应"的维修承诺。

资料来源:黄文恒,周贺来,王辉.现代推销实务.北京:机械工业出版社,2010

思考题

刘明如何消除顾客的疑惑?

在推销洽谈过程中,顾客往往会提出一些意见、问题甚至是相反的看法,并以这些作为拒绝购买的理由。推销人员应该明确,顾客提出异议是正常现象,它既是成交的障碍,也是成交的信号。推销劝说是推销人员向顾客传递推销信息的过程,而顾客异议则是顾客向推销人员反馈信息的过程,它几乎贯穿整个推销活动中。推销人员只有正确分析顾客异议的类型和产生的原因,并针对不同类型的异议、把握处理时机,采取不同的策略,妥善加以处理,才能消除异议、促成交易。因此,正确对待并妥善处理顾客所提出的有关异议,是现代推销人员必须具备的能力。

第一节 顾客异议的类型和成因

一、顾客异议的含义

在实际推销工作中,推销人员会经常遇到"对不起,我很忙""很抱歉,我没有时间""这些商品真的像你说的那样好吗？""价格太贵了""质量能保证吗？"等被顾客用来拒绝购买推销品的问题，这些就是常说的顾客异议。顾客异议是顾客对推销人员、推销品、推销活动所做出的怀疑、否定或提出反面意见等反应。换句话说，顾客异议就是顾客用来拒绝购买的意见、问题和看法。

为了弄清顾客异议的完整含义，必须明确以下问题。

1. 顾客异议是推销过程中的必然现象

推销人员与顾客分别代表着不同的利益主体，顾客用自己的利益标准去衡量推销人员的推销意向时，大多数会产生否定的反应。顾客提出异议是推销介绍的必然结果，是推销活动中必然会出现的现象。一些成功的推销人员甚至认为，顾客提出异议，正是推销洽谈的目的与追求的效果，因为，只有当顾客开口说话，提出反对购买的理由时，推销人员才有可能进行针对性的介绍与解释，推销活动才能真正开始。因此，推销人员不要害怕顾客提反对意见，而应欢迎并理解顾客异议，虚心听取顾客的不同意见、看法，认真分析顾客异议产生的原因，为妥善处理顾客异议提供依据。

2. 顾客异议既是成交的障碍，也是成交的信号

顾客对推销人员或推销品等提出异议，当然就为进一步推销设立了障碍，但如果没有这些障碍的出现，推销人员始终只能唱独角戏。一旦顾客提出了异议，推销便进入了双向沟通阶段。这是因为顾客提出的异议可能是在说，他对产品或服务，已经发生了兴趣，但还需要更进一步地了解商品的功能与价值，才能做出最后的决定。推销人员可以抓住这个机会，做更详细的说明，把产品的功能、特征及商品的使用价值解释得更清楚。所以说，顾客提出异议表明推销已向成交跨进了一步，有了进一步发展的基础。因此，推销人员既要看到顾客的异议为推销工作设置了障碍，也应看到解决顾客异议就可成交的前景。

3. 顾客异议是改善营销工作的动力

辩证看待顾客异议一方面能让推销人员及时从顾客那里了解到推销品、自己的行为以及推销活动计划等所存在的问题，不断纠正自己的推销行为和活动，保证推销的顺利进行，同时也能使推销员搜集顾客对企业产品及相关要素的意见和看法，便于推销人员掌握向决策者反馈信息的资料和依据；能帮助企业发现推销活动乃至整个营销工作中存在的问题，发现企业所面临的处境，使企业的营销工作得到改善。

二、顾客异议的类型

顾客异议往往是出于顾客保护自己的目的，其本质不具有攻击性，但它的后果不但可能影响一次推销的成功，有的还可能形成舆论，造成对推销活动的空间、时间上扩大的不利影响。要消除异议的负面影响，首先要识别和区分顾客异议的类型，然后采取相应的办法予以处理。

（一）按顾客异议的性质分类

1. 真实的异议

真实的异议是指顾客确实有心接受推销，但从自己的利益出发对推销品或推销条件进行质疑和探讨，例如，对商品功能、价格、售后服务、交货期等方面的考虑。在这种情况下，顾客应十分注意推销人员所做出的反应，做出积极的回应，或有针对性地补充说明商品的有关信息，或对商品存在的问题做出比较分析和负责任的许诺，如用质量性能好来化解价格高的异议，用允许退换、长期包修的承诺来消除顾客对商品某些方面质量不好的疑虑。如果推销人员回避问题，掩饰不住时就将会导致推销的失败。承认问题并提出解决问题的办法，才能解决这类顾客异议。

2. 虚假异议

虚假异议是指顾客提出的异议是违反客观事实的，因而是虚假、无效的。比如，顾客账户上有很多存款却说因没有钱而不购买推销品，明明他有权决定是否购买推销品，却说需等总经理批准。这些异议与客观事实不符，因此都是虚假、无效的。通常，虚假异议可以分为以下两种。

（1）借口。它是顾客并非真的对推销品不满意，而是因有别的不便于明说的原因而提出的异议。例如，有的顾客为了掩饰自己无权做出购买决定，就推说商品质量有问题，或者说要比较比较再决定。这种情况下，推销人员即使消除了顾客的借口也不能达成交易。对于这类顾客异议，推销人员应当首先了解顾客隐藏在借口后面的真实动机，帮助顾客消除真正的障碍，但要注意给顾客一个从借口立场上下来的台阶。

（2）偏见或成见。它是指顾客从主观意愿出发，提出的缺乏事实根据或不合理的意见。对这类异议，推销人员不能因为顾客不正确而一定要搞出一个是非输赢不可，而应当从顾客的角度出发，理解他们所提出的异议，对其偏激、片面之处予以委婉的劝导，让其保留自己的观点，引导其将注意力放到能对推销品进行正确认识的新问题上来。例如，有的顾客认为保健品价格太高，不值得购买。推销人员可以附和道：保健品的价格确实比食品要高一些，但是服用保健品能够增强体质、减少病痛、节省医疗费用，还是合算的。顾客如果接受了推销人员的观点，就有可能在比较利弊之后接受推销品。

（二）按顾客异议的内容分类

1. 价格异议

价格异议是指顾客因认为商品的价格过高或过低而产生的异议。在推销工作中经常会听到这样一些议论："这个商品的价格太高了""这个价格我们接受不了""别人的比你的便宜"。这是顾客受自身的购买习惯、购买经验、认识水平以及外界因素影响而产生的一种自认为推销品价格过高的异议。

商品的价格是顾客最敏感的问题之一，也是最容易提出异议的问题之一，因为这与顾客的切身利益息息相关。因而不论产品的价格如何,总有一些人会说价格太高不合理。有的顾客即使心中已经认为价格比较低廉,也会在口头上提出异议,希望价格降低从而获得更多的利益或者心理满足。许多顾客在产生购买欲望之后,首先就对价格提出异议。对价格的异议通常包括价值异议、折扣异议、回扣异议、支付方式异议以及支付能力异议等。折扣异议和回扣异议是顾客对价格折扣和回扣的数量及方式等提出的异议。支付方式异议是对用现金支付还是用非现金支付,是一次付清还是分期付款等产生的异议。支付能力异议是顾客以无钱购买为由提出的一种异议。通常顾客出于面子和信用的考虑,是不愿意让别人知道其经济状况不佳的,如果提出这种异议,可能是在寻找拒绝购买的借口。

2. 需求异议

需求异议是顾客提出自己不需要所推销的商品。常见的需求异议有"我们已经有了""我们已经有很多存货""这个东西有什么用"等。这种异议是对推销的一种拒绝,根本就不需要还谈什么如何购买。顾客提出这类异议,或许是因为他确实不需要推销的商品,或许是在找借口,或许是因为对推销品给自己带来的利益缺乏认知。推销人员应该对顾客需求异议做具体分析,弄清顾客提出异议的真实原因,妥善加以处理。

从现代推销理论来讲,推销人员早在顾客审查阶段,就已对顾客的需求状况做了严格的资格审查,在接近准备阶段又进行了更具体的需求状况分析,因此对顾客的需求和爱好应该是心中有数的。推销人员应该利用所掌握的情况巧妙消除顾客的异议。如果顾客对商品缺乏认识,推销人员应当详尽地介绍产品,帮助顾客认识商品能给他带来的利益。当然,也有可能是推销人员判断失误。如果顾客确实不需要推销品,推销人员就应当停止推销,因为推销商品必须建立在满足顾客需求的基础之上,明知顾客不需要仍然要强行推销是很难达成交易的,即使勉强成交,事后顾客也可能产生不满。

3. 产品异议

产品异议是顾客对推销品的使用价值、质量、式样、设计、结构、规格、品牌、包装等方面提出的异议。这表明顾客已经了解自己的需要,但却担心推销品能否满足自己的需要。这类异议带有一定的主观色彩,主要是顾客的认知水平、购买习惯以及其他各种社会成见影响所造成的,与企业的广告宣传也有一定的关系。推销人员应在充分了解产品的基础上,采用适当的方法进行比较说明以消除顾客的异议。

4. 企业异议

顾客的企业异议往往和产品异议有一定联系,有时顾客对产品的偏见会影响到其对企业的看法。顾客把企业的社会知名度和美誉度不高、厂址过于偏僻和规模太小等因素与企业的产品性能相联系而产生了顾虑。顾客在企业信誉不佳、市场竞争激烈、售后服务跟不上,特别是对推销人员代表的企业不了解、受传统的购买习惯约束的情况下容易提出这类反对意见。其实顾客是需要推销的商品的,也愿意购买,只是对眼前的生产单位有疑虑。这时推销人员应当有锲而不舍的精神,采用反复接近法增加洽谈次数、增进感情联络。推销人员还应当对顾客的现有供货单位进行了解,弄清顾客的真正意图,消除顾客疑虑。如果顾客只是对推销人员所属的企业不了解,则应加强对自己的企业及其推销产品的宣传和介绍。如果顾客以此为借口另有所图,要在弄清其真实目的的基础上给予可能的让步或优惠。如果确实存在着竞争者,应在不贬低对手的前提下,说明自己的推销品所具有的比较优势,以及给顾客带来的更大利益。

5. 推销人员异议

推销人员异议是顾客针对某些特定的推销人员提出的反对意见。这可能是由推销人员本身的不足造成的。顾客因对推销人员不信任或反感而提出异议,意味着顾客并不是不想购买推销品,只是不愿意向某位特定的推销人员购买。推销人员异议属于真实的异议。对推销人员的异议,顾客一般不直截了当地表达出来,而是以其他方式表示出来。

对于顾客提出的推销人员异议,推销人员一方面提高服务质量,并向企业提出建议以改进营销工作、塑造良好的企业形象;另一方面要不断地提高自身素质和修养,善于运用各种推销策略与技巧来改变顾客的主观看法,以达到推销的目的。

6. 货源异议

货源异议是顾客对推销品来自哪个地区、哪个厂家,是何种品牌,甚至对推销人员的来历提出的异议。顾客可能对货源来路的真实性有疑问,或者是不愿意接受信不过或不知名企业、品牌的推销品。顾客常常会提出"我们一直用某某厂的产品,从来没有买过你们厂的产品""没听过你们这个企业""这种产品质量不好,我愿要别的厂家生产的"。

7. 购买时间异议

购买时间异议是顾客有意拖延购买时间而提出的反对意见,一般有三种可能:第一种情况是顾客对推销品已经认可,但由于目前经济状况不好,手头现金不足,提出延期付款和改变支付方式,比如采取分期付款的方式的要求;第二种情况是顾客对商品缺乏认识,还存在各种各样的顾虑,害怕上当受骗,于是告诉推销人员"我们考虑一下,过几天再给你准信""我们不能马上决定,研究以后再说吧";第三种情况是顾客尚未做出购买决定,所提异议只是借口。

顾客提出推迟购买时间,说明他不急于购买。你急他不急,反正他有足够的时间,他还可能提出其他优惠条件要求。所以,推销人员对顾客提出时间异议要有耐心,但是也必须抓紧时间及时处理。在市场瞬息万变的情况下,顾客拖延购买时间过长,可能招致竞争者的介入,给推销工作带来更大的困难。推销人员可以用"时间价值法",说明尽快购买的好处,还可以和顾客约定具体购买的时间,或签订预售合同。

8. 权力异议

在业务洽谈中,有时顾客会拿出"订货的事我无权决定""我做不了主"等理由来拖延或者拒绝购买。这类关于决策权力或者购买人资格的异议,是顾客自认为无权购买推销品的异议,被称为权力异议。就权力异议的性质来看,真实的权力异议是直接成交的主要障碍,说明推销人员在进行顾客资格审查时出现了差错,应及时予以纠正,重新选择有关销售对象;而对于虚假的权力异议,应将其看做顾客拒绝推销人员和推销品的一种借口,要采取合适的转化技术予以化解。

9. 财力异议

财力异议也称支付能力异议,即顾客自认为无钱购买推销品而产生的异议。这类异议也有真实的和虚假的两种。一般来说,顾客不愿意让人知道其财力有限。出现这种虚假异议的真正原因可能是顾客早已决定购买其他产品,或者是顾客不愿意动用存款,也可能是推销人员说明不够,顾客没有意识到产品的价值。推销人员应采取相应措施化解异议。如果顾客确实无力购买推销品,推销人员最好的解决办法是暂时停止向他推销。

10. 服务异议

服务异议是顾客对推销品交易附带承诺的售前、售中、售后服务的异议,如对服务的方式、方法、延续时间、延伸程度、实现的保证措施等多方面的意见。从营销学的产品整体概念分析,服务是产品的附加部分,有关服务的异议属于产品异议。但是在市场竞争日趋激烈的情况下,提高服务质量和水平、提高商品的附加值已经成为企业竞争的一种重要手段。顾客购买行为的发生,在很大程度上取决于企业能够提供什么服务及服务的质量和水平。优质的服务能够增强顾客购买商品的决心,树立企业及产品的信誉,防止顾客产生服务异议。对顾客的服务异议,推销人员应诚恳接受并耐心解释,以树立企业的良好形象。

11. 政策异议

政策异议是指顾客对自己的购买行为是否符合有关政策的规定而有所担忧进而提出的一种异议,也称责任异议。提出政策异议的顾客大多属于组织购买者。在现实生活中,购买政策多属于向社会公开的信息。在顾客看来,推销人员理应熟悉和掌握推销品的有关购买政策。可以说政策异议是顾客向推销人员发出的请求帮助的信号,是顾客探询推销人员并寻找应对措施的一种方法。可见,推销人员应当熟悉推销品的相关购买政策,以便在实际推销活动中能有的放矢地解决顾客的政策异议方面的问题。

顾客异议是多种多样的,推销人员必须根据推销品的特点,在推销计划实施之前,对各种可能出现的顾客异议做出分析和预测,做好消除各类顾客异议的准备。这样推销人员就能大大提高推销洽谈中的应变能力,妥善处理顾客异议。

三、顾客异议的成因

顾客异议产生的原因很多,有来自顾客、推销品、推销人员方面的,也有来自推销环境方面的;有推销人员意料之中的,也有突发性和偶然性的。总之,顾客异议形成的原因复杂多样,难以控制和捉摸。推销人员只有了解了异议产生的可能原因,才能有效地化解异议。

（一）来自顾客方面的异议根源

1. 顾客缺乏产品知识

随着现代科技的发展,产品的生命周期日趋缩短,而新产品更是层出不穷。有些新产品,尤其是高科技产品的特点与优势并不能一目了然,需要有一定的有关高科技产品的基础知识才能够了解,因此会造成一些顾客的认知障碍,从而造成顾客异议。一般来讲,顾客的文化素质越低,则产生该类异议的机会就越多。推销人员应当以各种有效的展示与演示方式深入浅出地向顾客推荐商品,进行有关的启蒙及普及工作,使顾客对产品产生正确的认识,从而达到消除顾客异议的目的。

2. 顾客的自我保护

人有出于本能的自我保护意识,因为人在没弄清楚事情之前,会对陌生人心存恐惧,自然会心存警戒,摆出排斥的态度,以自我保护。

当推销人员向顾客推销时,对于顾客来说推销人员就是一位不速之客,推销品也是陌生之物。顾客即使明白推销品的功能、作用,知道它是自己所需要的物品,也会表示出一种本能的拒绝,或者提出这样那样的问题乃至反对意见。绝大多数的顾客所提出的异议都是在进行自我保护,也就是自我利益的保护。他们总是把得到的与付出的做比较。因此,推销人员要注意唤起顾客的兴趣,提醒顾客购买推销品所能带来的利益,才能消除顾客的不安、排除障碍,进而达成交易。

3. 顾客不了解自己的需要

顾客由于没有发现自己存在的问题,没有意识到需要改变现状,因而固守原来的消费方式,对于购买对象、购买内容和购买方式墨守成规、不思改变,缺乏对新产品、新服务、新供应商的需求与购买动机。推销人员对于这类因缺乏认识而产生需求异议的顾客,应通过深入全面的调查了解确认顾客的需要,并从关心与服务顾客的角度出发,利用各种提示和演示技术,帮助顾客了解自己的需要和问题,刺激顾客的购买欲望,提供更多的推销信息,使之接受新的消费方式和生活方式。

4. 顾客的决策权有限

在实际的推销洽谈过程中,推销人员会遇到顾客说"对不起,这个我说了不算""等我家里人回来再说吧""我们再商量一下"等,这说明顾客可能确实决策权力不足,或顾客有权但不想承担责任,或者是在找借口。推销人员要仔细分析,对不同的情况区别对待。团体顾客由于组织机构上的原因,也会产生有关政策与决策权异议。目前我国的工商企业具有多种经营形式和组织结构,不同类型的企业拥有不同的经营自主权,各个企业又有不同的规章制度与决策程序。推销人员必须在实施推销计划之前了解清楚潜在顾客的有关情况,以避免权力异议产生。

5. 顾客缺乏足够的购买力

顾客的购买力是指在一定的时期内,顾客具有的购买商品的货币支付能力。它是顾客满足需求、实现购买的物质基础。顾客如果缺乏购买力,就会拒绝购买,或者希望得到一定的优惠。顾客有时也会以此作为借口来拒绝推销人员,有时也会利用其他异议来掩饰缺乏购买力的异议。因此,推销人员要认真分析顾客缺乏购买力的原因,以便做出适宜的处理。

6. 顾客的购买经验与成见

偏见与成见往往不符合逻辑,其内容十分复杂并带有强烈的感情色彩,由此而产生的异议不是靠讲道理就可以轻易消除的。在不影响推销的前提下,推销人员应尽可能避免讨论偏见、成见或习惯问题。处理这类顾客异议时,推销人员要首先推销新的消费观念和消费方式,引导顾客改变落后的生活方式,推动社会进步。

7. 顾客有比较固定的采购渠道

大多数工商企业在长期的生产经营活动中,往往与某些推销人员及其所代表的企业形成了比较固定的购销合作关系,双方相互了解和信任。当新的推销人员及其企业不能使顾客确信可以得到更多的利益和更可靠的合作时,顾客是不敢冒险丢掉以往的供货关系的,因而会对陌生的推销人员和推销品怀有疑惑、排斥的心理。

在推销过程中,推销人员应当认真分析、辨别,一方面要善于发现和了解客户的真正需要,另一方面要善于启发、引导、影响与培育顾客的需要。当发现顾客确实不需要时,不要强行推销,而应该立即停止推销。

8. 顾客的私利与社会不正之风

受社会不正之风的影响,一些存有私心的人有时会利用职权之便为推销设立障碍,企图索取额外的回扣与好处费,由此导致一些交易商借机销售假冒伪劣产品。这些违反市场经济规律和国家法律的行为,会增加推销的难度。对此种顾客异议,推销人员一方面要遵守国家有关的法律和规章制度,另一方面应在现行政策允许的范围内灵活推销。

9. 顾客的偶然因素

在推销过程中,一些顾客方面的偶然因素,如身体欠佳、情感失落、家庭失和、人际关系紧张、晋升受挫等原因,会造成顾客心情不好。当推销人员向顾客做推销介绍时,顾客有可能不能有效地控制自己的情绪,从而不停地向推销人员提出异议,以此作为发泄情感和寻求心理平衡的方式。推销人员在推销过程中应当细心观察,及时判断,如果顾客情绪低落或起伏较大,最好停止推销,下次再来。总之,应尽量回避由偶然因素造成顾客异议的推销环境。

在推销洽谈中,来自顾客方面的异议是多方面的,也是复杂的。推销人员要想处理好这一环节,就应始终站在顾客的立场上,处处为顾客着想,只有这样方能达成交易。

（二）来自推销方面的异议根源

1. 推销品方面的原因

推销品自身致使顾客对推销品产生异议的原因也有很多，如产品品质不良，价格高于竞争对手的同类产品，或是品种规格不全，不能满足顾客的需要，也可能引起顾客异议。

（1）推销品的质量。推销品的质量包括推销品的性能（适用性、有效性、可靠性、方便性等）、规格、颜色、型号、外观包装等。顾客如果对推销品的上述某一方面存在疑虑、不满，便会产生异议。当然，有些异议的产生确实是因为推销品本身有质量问题，有的却是因为顾客对推销品的质量存在认识上的误区或成见，有的是因为顾客想获得价格或其他方面优惠的借口。所以，推销人员要耐心听取顾客的异议，去伪存真，发掘其真实的原因，对症下药，设法消除异议。

（2）推销品的价格。美国的一项调查显示，有75.1%推销人员在推销过程中遇到有价格异议的顾客。顾客产生价格异议的原因主要有：顾客主观上认为推销品价格太高，物非所值；顾客希望通过价格异议达到其他目的；顾客无购买能力；等等。要消除价格异议，推销人员必须加强学习，掌握丰富的商品知识、市场知识和一定的推销技巧，提高自身的业务素质。

（3）推销品的品牌及包装。商品的品牌一定程度上可以代表商品的质量和特色。在市场中，同类同质的商品就因为品牌不同，售价、销售量、美誉度都不同。一般来说，顾客为了保险起见，也就是为了获得的心理安全度高些，通常在购买商品时都会挑选名牌产品。

商品的包装是商品的重要组成部分，具有保护和美化商品、利于消费者识别、促进产品销售的功能，是商品竞争的重要手段之一。一般顾客都喜欢购买包装精巧、大方、美观、环保的商品。

可见，无论是品牌还是包装，它们都是商品的有机组成部分。顾客如果对它们有什么不满，也可能产生异议。推销人员要能灵活处理，企业也应该重视商品的品牌创建和商品包装。

（4）推销品的销售服务。商品的销售服务包括商品的售前、售中、和售后服务。在日益激烈的市场竞争中，顾客对销售服务的要求越来越高。销售服务的好坏直接影响到顾客的购买行为。

在实际推销过程中，顾客对推销品的服务异议主要有：推销人员未能向顾客提供足够的产品信息和企业信息，没能提供顾客满意的服务，不能为产品的售后服务提供一个明确的信息或售后服务不能得到顾客的认同等。

对企业来讲，商品的销售服务是现在乃至将来市场竞争中的最有效的手段，推销人员为减少顾客的异议，应尽其所能，为顾客提供一流的、全方位的服务，以赢得顾客、增加销售量。

2. 推销人员方面的原因

顾客的异议可能是由推销人员素质低、能力差造成的。例如，推销人员的推销礼仪不当；不注重自己的仪表；对推销品的知识一知半解，缺乏信心；推销技巧不熟练；等等。因此，推销人员能力、素质的高低，直接关系到推销洽谈的成功与否，推销人员一定要重视自身修养，提高业务能力及水平。

3. 企业方面的原因

在推销洽谈中，顾客的异议有时还会来源于企业。例如，企业经营管理水平低、产品质量不好、不守信用、知名度不高等，这些都会影响到顾客的购买行为。顾客对企业没有好的印象，自然就不会对企业所生产的商品有好的评价，也就不会去购买。

第二节　处理顾客异议的原则和策略

顾客异议无论何时产生，都是顾客拒绝推销品的理由。推销人员必须妥善地处理顾客异议，才有望取得推销的成功。为了高效而顺利地完成这一任务，推销人员在处理顾客异议时必须遵循一些基本原则，灵活地运用一些基本的策略。

一、处理顾客异议的原则

推销人员在处理顾客异议的时候，为了使顾客异议能够最大程度消除或者转化，应树立以顾客为中心的营销观念，并遵循以下原则。

（一）尊重顾客异议的原则

推销人员应当欢迎与重视顾客异议。顾客产生疑问、抱怨和否定意见，总是有一定原因的，要么是商品性能、质量不尽如人意，要么是商品价格还不够合理，要么是交易条件苛刻。即便是顾客对物美价廉的商品和优惠的交易条件缺乏了解，也正好说明推销活动还存在不足之处。同时，能否尊重顾客异议也是推销人员是否具有良好修养的一个体现。只有关注并重视顾客异议，才能在此基础上做好转化工作。要知道，顾客购买推销品，并非完全出于理智，在许多情况下还有由于感情的作用。重视顾客异议应当具体地体现在推销人员的言谈举止中。

1. 欢迎顾客提出异议，对顾客的异议心存感激

由于顾客的异议能让推销人员在竞争中胜出，使推销工作更富有挑战性，持有反对意见的顾客更有可能成为推销人员的现实顾客，正确处理和解决这些异议，就意味着交易的达成，因此顾客异议并不可怕，重要的是对顾客异议做出正确的答复，在异议解决过程中让顾客看到推销人员的热情和诚意。

2. 对顾客的异议要认真倾听

推销人员应认真倾听顾客的异议，营造良好的氛围，让顾客畅所欲言，充分发表意见，不要轻易打断顾客讲话。无论顾客的意见是对是错,推销人员都应该认真地听下去,不能表现出厌烦或倦意,走神、东张西望、摆弄手机等都是对顾客意见的轻视。推销人员应正视顾客,面带微笑,通过神态告诉顾客"我在听,你讲吧"。推销人员只有通过倾听顾客意见,才能弄清顾客的真实意图或问题的症结所在,对症下药,解决异议。

3. 不能故意曲解顾客异议

要以客观公正的态度解决顾客异议,不能故意曲解顾客异议,否则只会引起顾客的反感,甚至使新的异议产生,使推销过程中断,得不偿失。

(二)真实性的原则

在处理顾客异议的过程中,应该坚持说真话、说实话,处理异议凭实据,应以科学的态度对待证据,不可无中生有、移花接木、夸大宣传。推销介绍中所讲的、所提示的、所演示的都应是真实的,消除顾客异议的关键是与顾客"坦诚相见"并且使顾客相信所证实的内容。可用有关单位或权威部门出具的证明材料,如检验单、鉴定测试报告、使用测试记录、证明、证书来说明,还可以用一些典型实例来消除异议。

(三)永不争辩的原则

推销洽谈的过程是一个人际交流的过程,推销人员与顾客保持融洽的关系是一个永恒的原则。在推销洽谈过程中,推销人员应避免与顾客争论,更不允许争吵。根据经验,推销失败的原因中,推销人员与顾客发生争论高居第一位。满足受尊重的需要是顾客愿意接受推销的心理基础,很难想象感情和自尊受到伤害的顾客还有兴致购买商品。推销人员首先应当时刻牢记提出异议的顾客是合作伙伴,而不是应当与之抗争的敌人。这样才可能与顾客建立友好的关系,保持推销洽谈的良好氛围。

此外,推销人员应当树立"顾客总是有理"的观念。要明确推销的目的不在于明辨是非,推销洽谈也不是澄清事实的讨论会,推销的目的在于达成交易、满足顾客的需要。顾客是销售的中心人物,顾客的意见应当成为销售的指南。销售必然随购买变化,卖方为买方服务,这是推销范畴中的真理。在与顾客的争论中,推销人员即使能言善辩赢得了争论,也只能是逞一时之快,结果必然是失去顾客和销售机会。

例如,一位顾客就推销人员所介绍的矿泉水提出异议:"听说你们的矿泉水都是灌的自来水。"这一问题显然不是事实。推销人员顿感十分生气,立即进行反驳,要求顾客拿出证据来,否则就是凭空捏造。顾客也不示弱,双方为此而发生了激烈的争吵,最终推销人员还是占了上风,顾客因为没有依据而不再争辩,但一场交易却因此不欢而散。

当然,认为"顾客总是有理",并不等于说推销人员是无理的,也不是说顾客总是正确的。抱怨有时是错误的,异议也常有不合理的成分,但内容的错误并不等于行动的错误。推销人员应当把争论看做失策的举动,尽力避免争论,以免推销活动功亏一篑。不与顾客争辩也不是认同顾客的异议,某些情况下,直接否定顾客异议能够吸引顾客的注意力,使其倾听推销人员的讲解、建议。坚持永不争辩的原则应当有一个适当的度,既不使对方因难堪丢面子而产生对立情绪,又要使对方注意到你的意见的正确性和合理性。

阅读材料

一个建筑大师面对市长提出异议时的处理方法

历史上有个有名的建筑大师给某地设计市政大楼。有一天市长跑过来告诉他大厅里没有柱子,可能会塌下来。其实这是杞人忧天的事,但那个建筑大师仅说了声好,就加了几根柱子。过了若干年后,那位建筑大师死了。有一天人们忽然发现,那几根柱子根本没有接触天花板。

这个故事给我们很大的启发。如果当时建筑大师给那位市长说一大堆建筑结构的理论,那位市长大人能接受吗?能听得懂吗?

(四)适时处理的原则

美国通过对几千名推销人员的研究发现,好的推销人员所遇到顾客严重反对的几率只是差的推销人员的1/10。这是因为,优秀的推销人员对顾客提出的异议不仅能给予一个比较圆满的答复,而且能选择恰当的时机进行答复。懂得何时回答顾客异议的推销人员会取得更大的成绩。推销人员对顾客异议答复的时机选择大致有四种情况。

1. 提前处理

推销人员完全有可能预先揣摩到顾客异议并抢先处理的,因为顾客异议的发生有一定的规律性。如推销人员谈论产品的优点时,顾客很可能会从最差的方面去琢磨问题。有时顾客没有提出异议,但他们的表情、动作及谈话的用词和声调却可能有所流露,推销人员觉察到这种变化,就可以抢先解答。这样,推销人员可以争取主动,先发制人,避免纠正顾客的看法或反驳顾客的不同意见,也避免了与顾客发生争执。另外,在作推销介绍时,不仅要向顾客介绍推销品的特点和优势,也要向顾客说明产品的不足之处和它的使用注意事项。这样做,通常会使顾客感觉到推销人员没有隐瞒自己的观点,能客观地对待自己的推销品,从而使推销人员赢得顾客的信任。

2. 即时处理

一般而言,除了顾客出于偏见、恶意等原因提出的一些无端的异议、虚假的异议外,对其他异议推销人员都应及时回答。这样,既可以促使顾客购买,又是对顾客的尊重。顾客都希望推销人员能够尊重和听取自己的意见,不回避问题,并做出满意的答复。若推销人员不能及时答复顾客所提出的问题,顾客就会采取拒购行动。因此,在推销实践中,推销人员应视具体情况,立即答复那些需要立即答复的顾客异议,及时排除推销障碍,促进交易的顺利达成。即刻回答顾客异议,要求推销人员具有丰富的知识、敏捷的思维、灵活应变的能力、善辩的口才和一定的临场经验。

3. 推迟处理

在推销过程中,推销人员对于顾客的某些异议不作及时回答可能会危及整笔交易。而对有些异议,推销人员如果不量力而行,企图立即做出答复,则可能会葬送整笔交易。因此,对于顾客提出的某些异议,推销人员如果认为不适合马上回答,可采取延迟回答的办法加以解决。

阅读材料

顾客异议处理的时机

推销人员:"太太,您好!请允许我占用您几分钟的时间,我是保险公司儿童险的业务员,您愿意给您的孩子买份保险吗?"

顾客:"我不想投保,我不愿意把钱交到别人手里。"

推销人员没有在意顾客的态度,也没有正面回答顾客的异议,而是将话题引到顾客的小女儿身上。

推销人员:"呦,这个小姑娘可真漂亮啊!瞧这双大眼睛,就像会说话,她的眼睫毛可真长,还翘翘的,太可爱了!"

顾客:"哪里。她是看着好,其实可不听话了。"

推销人员:"现在的孩子多幸福啊!无忧无虑,想要什么就有什么,就连他们的将来家长也为他们准备好了。你说是吧?"

顾客:"可不是吗,现在的孩子真是用钱堆出来的。"

推销人员:"一点不错。您的女儿现在还小,今后她要上小学、初中、高中,还要上大学。现在培养一个大学生每年上万还不止,您今后的经济负担还是很大的。如果您现在给孩子买保险,就能缓解您今后的压力,人必须要有远虑才好啊,您说是吧?"

顾客:"是啊,你讲的也有些道理,那现在给孩子买一份保险需要多少钱?"

上述案例中,推销人员并没有及时回答顾客的异议,而是选择了另外的时机来处理顾客的异议。

4. 不予处理

许多时候,推销人员不必对顾客的反对意见逐一加以反驳,因为即使让顾客正确也不会影响推销工作,根本没有反驳的必要。以下异议就没有回答的必要:无法回答的奇谈怪论,容易引起争论的话题,废话,可一笑置之的戏言,具有不可辩驳的正确性的异议,明知故问的发难等。推销人员不回答时可采取以下技巧:沉默;装作没听见,按自己的思路说下去;答非所问,悄悄转移对方的话题;插科打诨幽默一番,最后不了了之。

总之,在推销过程中,推销人员不需要对所有的顾客异议一一答复,而应具体分析,区别对待，处理那些真实的、有价值的、对推销工作有帮助的顾客异议；否则，有问必答，有求必应，难免会节外生枝，引起不必要的麻烦或纠纷，从而影响整个推销工作的顺利进行。

二、处理顾客异议的策略

（一）处理价格异议的策略

顾客经常会从价格方面提出异议，如"太贵了""我买不起""你要价太高了""别处比你的便宜多了"等。不管顾客出于何种目的提出价格异议，推销人员都应当首先分析、确认顾客提出异议的动机是什么，然后有针对性地采取以下策略。

1. 先谈价值，后谈价格；多谈价值，少谈价格

推销人员可以从产品的使用寿命、使用成本、性能、维修、收益等方面进行对比分析，说明产品在价格与性能、价格与价值、推销品价格与竞争品价格等方面中某一方面或几方面的优势，让顾客充分认识到推销品的价值，认识到购买带给他的利益和方便。

推销人员必须注意，在推销洽谈中，提出价格问题的最好时机是会谈的末尾阶段，即在推销人员充分说明了推销品的好处，顾客已对此产生了浓厚的兴趣和购买欲望后，再谈及价格问题。除非顾客急切地问到价格问题，不及时回答就会引起顾客猜疑、阻碍洽谈顺利进行；否则，一般情况下，推销人员不要主动提及价格，也不要急于回答顾客较早提到的价格问题，更不要单纯地与顾客讨论价格问题，在报价后也不要附加评议或征询顾客对价格的意见，以免顾客把注意力过多地的集中在价格上，使洽谈陷入僵局。

2. 强调产品性价比

价格只是代表了产品的货币价值，是商品使用价值的外在表现。除非和使用价值相比较，否则价格本身没有意义。因此，在推销过程中，推销人员应避免单纯地与顾客讨论价格的高低，而必须把价格与商品性能、质量、服务等价值联系在一起。事实上"便宜"和"昂贵"的含义并不确切，带有浓厚的主观色彩，单纯考虑价格会造成顾客利益和价值的损失。在很大程度上，价格是人们的一种心理感觉。如果加以合适的引导和比较分析，顾客对价格问题就会有全新的认识和理解。所以，推销人员不要与顾客单纯讨论价格问题，而应通过介绍商品的特点、优点和带给顾客的利益，使顾客最终认识到，推销产品的使用价值是高的，价格是相对较低的。

3. 心理策略

在向顾客报价时，应首先说明该报价是考虑顾客情况后，给予顾客的最优惠价格，并暗示顾客这已经是公司所能够给予的价格底线，没有必要再讨价还价，以抑制顾客继续讨价还价的念头。推销人员在介绍产品单价时，还可使用尽可能小的计量单位报价，以减少高额价格对顾客的心理冲击。如在条件允许的情况下，改吨为公斤，改公斤为克，改千米为米，改米为厘米，改大包装单位为小包装单位。经过这种处理后，相同的价格会让顾客感觉小计量单位产品的价格较低。

4. 让步策略

在推销洽谈中,双方讨价还价是免不了的。在遇到价格障碍时,推销人员首先要注意不可动摇自己对自己的企业及产品的信心,坚持报价,不轻易让步。只有充满自信,才可能说服别人。如果只想以降价消除价格异议,很容易被对方牵着鼻子走了。这样不仅影响推销计划的完成,而且有损企业和产品的形象。但是,推销人员的职业特性也决定了他不可能永远坚持不让步。在有些情况下,通过适当的让步可以获得大额订单,使顾客接受交货期较长的订货。推销人员应当掌握的让步原则是:①不要作无意义的让步,应体现出己方的原则和立场;②以退为进,在让步时提出某些附加条件,减缓让步的速度;③让步要恰到好处,一次让步幅度不能过大,让步频率也不宜太快;④不做损害企业利益和形象的让步。

(二)处理货源异议的策略

许多货源异议都是由顾客的购买经验与购买习惯造成,推销人员在处理这类异议时可采用以下策略。

1. 锲而不舍,坦诚相见

通常顾客在有比较稳定的供货单位或有过接受不如意推销服务甚至受骗上当的经历时,会对新接触的推销人员怀有较强的戒备心,由此而产生货源异议。推销人员应不怕遭受冷遇,多与顾客接触,联络感情,增进相互了解。在互相了解逐渐加深的情况下,顾客也容易对推销人员敞开心扉,说出自己的顾虑和期望,此时推销人员就可以对顾客进行具有针对性的解释和劝说,最终促成交易。在与顾客的交往中,推销人员应当注意社交礼仪,以诚挚的态度消除顾客对公司或者产品的偏见。

2. 强调竞争受益

顾客常常会提出已有稳定的供货单位或者已经习惯某种产品,并对现状表示出满意,从而拒绝接受新产品和服务。此时推销人员应指出,不论是个人还是公司,在购买产品的时候采用单一来源的方法具有很大的风险性,如果供货单位一时失去供货能力或者破产,将会导致顾客的生活或生产因购买不到所需产品而受影响,为了抵御风险,顾客应当采取多渠道策略满足其购买需要。这跟投资理财时会采取多元投资方式以降低风险是一个道理。采取多渠道进货策略,会增强顾客采购中的主动性和灵活性。顾客可以对不同货源的产品质量、价格、服务、交货期等进行多方面比较分析,择优选购,并获得引入竞争所带来的利益。

3. 提供例证

在解决货源异议时,推销人员为了说明其推销的产品是质量可靠、渠道合法的产品,可以向顾客提供一些第三方的客观证据,例如,厂家的代理授权证书,企业营业执照,产品生产、销售许可证,质量管理体系认证证书,产品质量鉴定报告,获奖证书以及知名企业、知名人士的订货合同或者使用记录等资料来消除顾客疑虑。这些证据由于可以通过其他渠道进行求证,有利于顾客消除顾虑、促进购买。

(三) 处理购买时间异议的策略

在推销活动中,在推销人员进行详细的产品介绍之后,顾客经常会提出购买时间异议以拖延成交的时机。实际上,顾客借故推托的时间异议多于真实的时间异议,他们主要是为了对所购产品进行更多的比较或者为了争取更大的价格或者服务优惠。针对这种异议,可以采取以下几种策略进行应对。

1. 良机激励法

这种方法主要是采用对顾客有利的机会激励顾客,使其不再犹豫不决,而是当机立断、拍板成交。例如,可以说"目前正值展销期间,在此期间购买可以享受20%的价格优惠","货已经不多了,如果你再犹豫的话,就可能被别人买去了"。但要注意的是,使用这种方法必须确有其事,不可虚张声势欺诈顾客,否则将适得其反、欲速则不达。

2. 潜在风险法

这种方法是利用顾客意想不到但又很可能会发生的一些潜在风险,例如厂家调价、原材料涨价、宏观政策调整、市场竞争格局改变等情况对顾客进行影响,使顾客认识到存在的这些不确定因素可能给自己带来的损失,促使顾客尽早做出购买决定。

3. 竞争诱导法

此即推销人员向顾客指出购买该产品将会使顾客在某些方面获益,而且这些好处已经在他的竞争对手那里得到了证实,顾客如不尽快购买推销产品,就会在与同行的竞争中处于不利的地位。这种方法可以打破顾客心中假定的竞争均衡格局,引起顾客对其所处环境的关注,从而促使顾客为了改变其所处环境而做出购买决定。

第三节 处理顾客异议的方法

顾客异议是多种多样的,处理的方法也千差万别,推销人员必须因时、因地、因事地采取不同的方法处理异议。在推销过程中,常见的处理顾客异议的方法有以下几种。

一、转折处理法

转折处理法是指推销人员根据有关事实和理由来间接否定顾客异议的一种方法。采用这种方法时,推销人员首先要表示对顾客异议的同情、理解,或者仅仅是简单地重复,使顾客心理暂时得到平衡,然后再用转折词,如"但是"、"不过"、"然而"等,把话锋一转,最后再用有关事实和理由否定顾客异议。其表现形式为"是的……但是……""是的……然而……"或"对……如果……"这种语气比较委婉,容易被顾客接受,能够缓解顾客对抗心理,营造良好轻松的推销气氛。因而这种方法又被称为间接否定法或回避处理法,它一般具有很广泛的适用性,是处理顾客异议常用的一种方法。

这种方法一般适用于由于顾客的无知、偏见、缺乏经验或推销信息不足产生的异议。例如,顾客:"不行,这个价格太高了。"推销人员:"这商品的价格是不低,但是我们这种产品比起同类产品多了三个功能,您看……"(给顾客演示)

再如,顾客:"你推销的服装颜色过时了。"推销人员:"小姐,您的记忆力的确很好,这种颜色几年前已经流行过了。我想您是知道的,服装的流行潮流是轮回的,如今又有了这种颜色回潮的迹象。"

(一)转折处理法的优点

转折处理法具有如下优点。

1. 能够保持良好的推销气氛

良好的推销气氛是双方都希望的。使用该方法时首先应肯定顾客的异议,从而避免顾客的抵触情绪,也使顾客被尊重的需求得到满足,使顾客在心理上获得暂时的平衡。这样就会使顾客有兴趣听取推销人员的进一步解释,从而就可为推销洽谈营造良好的气氛。

2. 有利于推销人员继续有效的推销

推销人员采用这种方法可以给自己留下一定的时间思考、分析顾客异议,制定具体的处理方案和策略,然后再主动进攻,否定顾客异议,促成交易。

3. 比较容易使顾客接受

推销人员运用此种方法,先退后进,尊重并承认顾客异议,态度委婉,语气诚恳,容易使顾客接受。尽管后来话锋一转对异议进行了处理,但总比直接否定顾客异议容易让顾客接受。

(二)运用转折处理法时的注意事项

使用转折处理法时,应注意以下问题。

1. 只肯定顾客异议中明显的合理成分

这就要求推销人员思维敏捷,能够进行发散思维。当顾客提出异议时,推销人员应该能够联想到顾客异议背后的各种因素,先行肯定异议中的合理成分。先行肯定时,要为以后的反驳留有充分的回旋余地,尽量不要削弱反驳的力度。然后,推销人员再运用发散思维从顾客可能接受的新的角度、新的内容及重点重新开展推销说服工作。

2. 选好反驳重点

要在充分了解顾客及其异议信息的基础上,选择好反驳的重点。在选择反驳重点时,要学会发散思维,从新角度、新层面向顾客传递新信息。反驳重点不宜太多,要注意"是的"与"但是"内容的平衡,但一定要有力度。

3. 注意转换词的选择

在转折处理法中,可以使用的转折词有很多,比如"虽然"、"不过"、"然而"、"除非"、

"诚然"、"(但是)如果"等。由于"但是"听起来显得生硬,让人觉得不太舒服,所以在实际推销活动中,推销人员应针对不同的顾客选用不同的转换词,尽量做到语气委婉、转折自然,以更好地消除顾客的不满情绪。

4. 要让顾客感觉到你的真诚

推销人员在先行附和时,一定要让顾客感觉到真诚。也就是说,推销人员的肯定一定是发自内心的,理由要充足,不能让顾客感觉你是在有意讨好他/她、溜须拍马,否则只会让顾客产生逆反心理,不利于拉近与顾客的心理距离,不利于推销气氛的营造。

二、反驳法

反驳法又称直接否定法,是推销人员根据确切的客观事实和相关材料对顾客提出的异议进行直接否定的一种方法。推销人员采用这种方法时应给顾客直接、明确、不容置疑的否定回答,迅速、有效地输出与顾客异议相悖的信息,以加大说服的力度和加快反馈速度,从而达到缩短推销时间、提高推销效率的目的。反驳法适用于处理由顾客的误解、成见、信息不足等导致的有明显错误、漏洞、自相矛盾的异议,不适合处理由个性、情感因素引起的顾客异议。

一般情况下,直接反驳顾客的做法是最不明智的,往往会让顾客感到遭受了不恭敬的对待,从而使面谈恶化为无谓的争辩或使顾客拂袖而去。但在有些情况下使用反驳法却很奏效,当顾客对企业的服务、诚信有所怀疑时,推销人员拿到订单的机会几乎可以说是零。如果顾客引用的资料不正确,推销人员能以正确的资料佐证自身的说法,顾客不仅不会不接受,反而会对推销人员更信任。

例如,美国一位顾客向一位房地产经纪人提出购买异议:"我听说这房子的财产税超过了 1000 美元,太高了!"推销人员非常熟悉有关税收法令,知道这位顾客的购买异议并没有可靠的根据,于是有根有据地加以反驳:"这房子的财产税是 618.5 美元。如果您不放心,可以打电话问一问本地税务官。"在这个案例中,推销人员使用直接否定法有效地否定了顾客所提出的有关异议,显示了推销人员良好的专业知识能力。

(一)反驳法的优点

反驳法具有以下优点。

1. 可以节省推销时间、提高推销效率

在使用这一方法时,推销人员可以针对顾客异议中的谬误,直接说明有关情况,不必兜圈子,这样可以避免浪费推销时间,尽快促成交易。

2. 可以增强推销洽谈的说服力

在推销洽谈中,正确使用反驳法,以合理而科学的根据反驳顾客,可以增强推销论证的说服力和顾客的购买信心。

(二)使用反驳法的注意事项

使用反驳法时,需要注意以下问题。

1. 始终注意保持良好的推销气氛

在推销过程中,良好的人际关系有助于营造良好的推销氛围,有利于推销洽谈的顺利进行。但是该方法由于直截了当地否定了顾客异议,极易引起推销人员与顾客的正面冲突,这对于交易活动是不利的。因此,推销人员在反驳顾客异议时,应该保持良好的推销态度,面带微笑,语气诚恳,态度真挚,既要否定顾客异议,又不冒犯顾客本人,同时,要多关注顾客的反应。总之在任何情况下,都不要增加顾客的心理压力,更不能伤害他们的自信心和自尊心,对于顾客在洽谈中的一些过激行为应给予谅解。

2. 对顾客的反驳要有根据

有些顾客异议是没有根据的无效异议,其根源在于顾客的偏见、误解和无知,反驳法最适合处理这类无效异议。在使用该方法时,应和顾客进一步沟通,向其提供更多的推销信息,用事实和证据对顾客进行反驳,使顾客心服口服。

3. 要考虑对顾客的熟悉程度和顾客的个性

对于不熟悉和个性敏感的顾客应尽量避免使用这种方法。

三、转化处理法

转化处理法又称太极法、利用法,是指推销人员利用顾客异议作为说服顾客购买的理由,即推销人员直接利用顾客异议中有利于推销成功的因素,对此作加工处理,将其转化为自己观点的一部分去消除顾客异议,说服其接受推销。转化处理法是一种处理顾客异议的比较有效的方法,也是推销中最常见的技巧之一。

顾客异议本身是把双刃剑:既有积极、正确的一面,也有消极、不妥的一面;既可能阻碍成交,也可为成交带来希望。因此,应充分利用顾客异议本身来处理顾客异议,把顾客拒绝购买的理由转化为说服顾客购买的理由,把顾客异议转化为推销提示,把成交的障碍转化为成交的动力。

例如,顾客提出:"你们的产品又涨价了,我们买不起。"推销人员回答:"你说得对,这些东西的价格又涨了。不过现在它所用的原材料的价格还在继续上涨,所以商品的价格还会涨得更高。现在不买,过一段时间它的价格会更高。"

这个例子中,推销人员就是利用顾客异议,把顾客认为现在涨价了这个拒绝购买的理由转化为以后还会花更多的钱来购买产品这个说服顾客的理由,从而促成交易。

(一)转化处理法的优点

转化处理法具有以下优点。

1. 有利于与顾客建立良好的合作关系

使用这种方法是直接承认、肯定并赞美顾客异议,再巧妙地将顾客异议中的消极因素转化为积极因素,容易使顾客在心理上接受,有利于与顾客之间形成良好的合作关系,并促成交易。

2. 可以有效转化顾客异议

这种方法可以改变顾客异议的性质和作用,把顾客拒绝购买的理由转化为说服顾客购买的理由,把顾客异议转化为推销提示,把不利的因素转化为有利的因素,把消极因素转化为积极因素,既妥善处理了顾客异议,又顺利地达成了交易。

日常生活中也经常碰到类似转化处理法的运用。例如主人劝酒时,您说不会喝,主人立刻回答说:"就是因为不会喝,才要多喝多练习。"又如,想邀请女朋友出去玩,女朋友说心情不好,不想出去,您就说:"就是因为心情不好,所以才需要出去散散心!"这些异议处理的方式,都可归类于转化处理法。

(二)使用转化处理法的注意事项

使用转化处理法时,应注意以下问题。

1. 保持良好的气氛

态度要诚恳热情,方式要得当,语言要自然,特别是要注意非语言信息的传递,以保持良好的推销气氛,切不可傲慢、洋洋得意。

2. 应正确区分异议中的合理部分

在运用转化处理法时,顾客的异议是利用、转化的基础,推销人员肯定顾客异议的客观性、合理性时,其目的是利用异议中正确的部分和积极的因素。因此,推销人员不能不加分析地对顾客异议的内容一概加以肯定,而应在分析与判断的基础上,只肯定顾客异议中的正确部分与积极因素,利用顾客异议本身的矛盾去处理异议。

3. 向顾客传递正确的信息

推销人员在运用转化处理法时,应该正确分析影响推销的各种环境因素,分析影响顾客购买的各项因素,向顾客传达客观、真实、预测正确的信息,而不能为了推销产品,不负责任地向顾客传递虚假信息,误导、蒙骗顾客。

四、补偿法

补偿法又称抵销处理法、平衡处理法,是推销人员坦率地承认顾客异议所指出的问题是的确存在的问题,指出顾客可以从推销品及其购买条件中得到另外的实惠,使异议所提问题造成的损失从其他方面得到充分补偿,从而使顾客得到心理平衡、增强其购买信心的一种异议处理方法。这一方法在推销工作中是普遍运用的方法,特别适用于顾客理智地提出有效真实的购买异议时。

例如,顾客:"怎么?楼房附近还有一家小木材加工厂?会有噪音吧?"推销人员:"是啊,这房子美中不足的正是离木材加工厂稍近了一些,可能会有噪音。这也正是我们这么好的房子卖这么便宜的原因。您看,这房子坐落的地方,四通八达,出行便利,周围又有医院、幼儿园、学校、超市,而且房子朝向正、结构合理,又很实用,价格还比同类房产便宜20%。再说了,您如果怕有噪音,把窗户安上隔音玻璃,效果也不错。您买到这么便宜的房子,省了好大一笔钱,安装隔音玻璃花不了多少钱,您想想看是不是太合适了。要不我先陪您去看看?"顾客:"那好,我看看再说。"这就是补偿法。

当顾客的反对意见的确是产品或公司所提供的服务中的缺陷时,千万不可以回避或直接否定。明智的方法是肯定有关缺陷,然后淡化处理,利用产品的优点来补偿甚至抵消这些缺点。这样有利于顾客的心理达到一定程度的平衡,有利于促使顾客做出购买决策。

例如,在一次冰箱展销会上,一位打算购买冰箱的顾客指着不远处一台冰箱对身旁的推销人员说:"那种 AE 牌的冰箱和你们的这种冰箱同一类型、同一规格、同一星级,可是它的制冷速度要比你们的快,噪音也要小一些,而且冷冻室比你们的大 12 升。看来你们的冰箱不如 AE 牌的呀!"推销人员回答:"是的,你说的不错。我们冰箱噪音是大点,但仍然在国家标准允许的范围以内,不会影响您家人的生活与健康。我们的冰箱制冷速度慢,可耗电量却比 AE 牌冰箱少得多。我们冰箱的冷冻室小但冷藏室很大,能储藏更多的食物。你一家三口人,每天能有多少东西需要冰冻呢?再说吧,我们的冰箱在价格上要比 AE 牌冰箱便宜 300 元,保修期也要长 6 年,我们还可以上门维修。"顾客听后,脸上露出欣然之色。

(一)补偿法的优点

补偿法具有以下优点。

1. 有助于推销人员赢得顾客的信任

当顾客对于商品的某些不足之处提出异议时,推销人员坦诚地承认事实,可以使顾客认为推销人员态度客观、可以依赖,有利于洽谈工作的顺利进行。

2. 可以给推销人员留有一定的余地

推销人员承认推销品的不足,可以为以后的销售服务,特别是当顾客抱怨时留有一定的回旋余地,因为在此之前自己已经对顾客明确地说过了产品的不足,并没有隐瞒或欺骗顾客,购买决定是顾客自己做的。

(二)使用补偿法的注意事项

使用补偿法时,应注意以下问题。

1. 认真分析顾客异议,确定顾客异议的性质

在推销过程中,顾客会提出各种各样的异议,推销人员要认真分析,不是什么样的顾客异议都可以使用补偿法处理的。补偿法主要适用于处理各种有效的顾客异议。

2. 承认顾客异议是有效异议

在实际推销中,既没有无懈可击的顾客异议,也没有十全十美的推销品。因此,应该实事求是,正确处理有关的顾客异议,肯定购买异议,提示推销建议和推销重点,使顾客达到一定程度的心理平衡。

3. 提示推销品的优点,有效地补偿并抵销顾客异议

使用此方法的前提是顾客得到补偿的利益一定要大于异议涉及问题所造成的损失;否则,会动摇顾客的购买决心。

五、询问法

询问法又称提问处理法或追问法,是推销人员利用顾客异议来反问顾客以化解异议的方法。在实际推销过程中,许多顾客提出的异议只不过是用来拒绝推销人员及其推销品的一种借口而已,有时连顾客本人也无法说清楚有关异议的问题。在这种情况下,顾客异议的性质、类型与真假很难分析判断,这时就可以利用询问法排除障碍,找出并处理顾客的真实异议。

例如,顾客说:"你的商品质量不错,价钱也比较公道,可是它不适合我。"推销人员无法确定这一异议的真实根源。此时,推销人员应使用询问法,直接追问顾客"它为什么不适合您呢?"这样可从顾客的解释中找出异议的根源,进行下一步处理。

(一)询问法的优点

询问法具有以下优点。

(1)可以进一步了解顾客。推销人员通过询问,可以获取更多的顾客信息,找出顾客异议的真实根源,从而对症下药,便于排除异议。

(2)可使推销人员掌握主动权。通过询问,推销人员可以从被动地听顾客申述异议,变成主动提出问题,主动地引导推销洽谈工作的进行。

(3)可以建立良好的人际关系和营造融洽的气氛。

(4)能使推销人员有时间进行思考、分析、判断,有的放矢地采取推销策略。

(二)使用询问法的注意事项

使用询问法时,应注意以下问题。

(1)对顾客的询问应当及时。推销人员只有看准有利时机,以求教式、启发式、讨论式等方式进行询问,才能引导顾客把异议的真正根源说出来,以利于交易的达成。

(2)询问顾客应抓住重点。在询问顾客时,应紧扣顾客的有关异议,而不能询问其他的无关问题,以免无事生非,弄出更多的有关异议或无关异议,直接阻碍成交。

(3)追问顾客应适可而止。推销人员要注意顾客的表情与动作,如果顾客很为难或根本就说不清楚,就不要再追问了,推销人员这时的任务应是帮助顾客认识问题,而不是驳倒顾客,只要有关异议已经不再阻碍成交,就应该对异议"忽略不计"。

(4)讲究推销礼仪,避免直接冒犯顾客。推销人员要讲究文明礼貌,讲究提问的姿势、语气、手势,要使顾客感受到推销人员的真诚,感受到自己是被尊重的。只有推销人员诚心诚意地询问顾客,顾客才愿意说出异议的根源。切记:不可厉声责问顾客或故意嘲弄顾客;否则,一旦激怒顾客,就无法有效地促成交易。

总之,询问法作为一种处理顾客异议的基本的方法,主要适用于处理各种不确定的顾客异议。只要该方法使用得当,运用巧妙,其效果就比较理想。

六、忽视法

忽视法又称沉默法、装聋作哑法,是对顾客提出的某些异议不予理会的一种处理方法。通常情况下,推销人员应该热情地解答顾客提出的各种各样的问题,以帮助顾客了解、认识推销品。但是,有些时候顾客提出的异议,推销人员无法回答,如果硬要回答,可能会使得洽谈陷入僵局。另外,对于有些顾客所提出的无关异议、故意刁难的异议或微不足道的异议,推销人员可以采取忽视法,故意忽视、回避或转移话题,以保持良好的洽谈气氛,避免与顾客发生冲突。

例如,一个推销人员去拜访服装店的经销商,老板一见到推销人员就开始抱怨说:"哎呀!你们这个广告为什么不找某某明星拍呢?如果你们找比较有名的明星的话,我早就向你进货了。"这时销售人员只是面带微笑说"您说的对",然后就向经销商介绍自己的产品了。这就是忽视法。因为这个问题的重点不是请某某明星拍广告的问题,而是经销商谈进多少货,而此时如果只是谈广告,可能就是在浪费时间。

(一)忽视法的优点

忽视法可以节省时间,提高推销效率。这种方法可以使推销人员避免在一些无关、无效的异议上浪费时间和精力,也避免节外生枝的争论,从而按照预订的推销计划、推销策略展开工作,把精力集中在推销的重点问题上,提高推销效率。

(二)使用忽视法的注意事项

使用忽视法时,应注意以下问题。

(1)注意倾听。在使用该方法时要注意,即使顾客述说的是无效或虚假的异议,也要耐心倾听,态度要温和,要让顾客感受到尊重。

(2)避免顾客受到冷落。推销人员在忽视顾客的某一异议时,应注意马上找到应该理睬的问题,避免顾客受到冷落。有时为了沟通感情,也可以花费一点时间回答顾客一些无关紧要的问题。

总之,作为一种有效的冷处理方法,忽视法适用于各种无关的顾客异议和某些不太重要的顾客异议,在不到万不得已时尽量不使用此法。

处理顾客异议的方法还有许多种,如预防处理法、有效类比法、举例说明法、相对价格法等。推销人员应注意在推销实践中根据不同的具体情况运用各种方法,并创造出行之有效的新方法,以争取创造良好的推销业绩。

阅读材料

销售员处理顾客价格异议的十大技巧

顾客对价格有异议，是销售员在向客户推销商品时常有的事情，面对顾客的这种价格异议，销售员该如何处理呢？本文提供了销售员处理顾客价格异议的十大技巧，以供参考。

一、实话实说法

面对计较价格的顾客，销售人员应在顾客提出异议的最初阶段阐述价格的公道性，现实说"法"，让顾客理解。这就好比钉入一根暗示性的楔子，使对方安心，不再抵抗价格，然后故意请求顾客帮忙介绍客源，使顾客保持继续商谈的兴趣或决定购买。

顾客："你好，我想咨询下这款IBM Think Pad R60e笔记本，你们这里零售价多少？"

销售员："你好，我们这里的零售价是6000元。"

顾客："不会吧，怎么比网上报价高出300多呢？"

销售员："先生，关于价格的问题，您不必担心，我保证您在我们这里拿到的价格都很实惠，因为我们是薄利多销，唯一希望就是你购买后能介绍朋友到我们店里来买电脑，说真的，现在竞争太激烈，价格太透明，靠的就是你们帮我们介绍一些客源。"

顾客："是吗？那为什么比网上价格还高出300元呢？"

销售员："小兄弟，你看到的信息可能是北京中关村搞活动的促销价，这种价格我们进货都进不到呢！说真的，我们一台电脑才赚100元，还有水电、人工、房租、运输、服务、税务等杂费的开销。"

顾客看着那位销售员直笑。

销售员："小兄弟，我现在给你开票了，希望你能多给带几个朋友过来，以后电脑方面遇到什么问题都可以打电话给我，互相帮忙。这是我的名片，交个朋友。"

这种销售手段可谓很有效的销售手法，一切都让顾客感觉是在公道、透明、对他信任的环境下洽谈交易，还让顾客感觉这不仅仅是一次消费，而是认识一个朋友，朋友的价值无限。这让顾客难以再开口谈价格。

二、优势凸显法

优势凸显法即销售员在销售过程中，为使顾客接受价格，应该明确指出产品的最大优点，然后针对这个优点进行证明或说明，使这项单一的优点成为顾客决定购买的最大因素。这也是在销售过程中销售员最常用的法宝之一。

某代理明基投影仪的销售员在和我们的一次采购谈判中，就是抓住了我们公司在组织大型会议时对投影的亮度流明要求很高，而且还要相当便携和对产品采购价格不会投入太低也不会太高这几点，主抓一款MP725型号进行介绍，并当即拿出合理的价格，结果在议标过程中改变了我们本来打算购买MP615的计划，在这次议标中一举获胜。

这说明销售员在销售过程中，若要让顾客接受价格，一定要抓住顾客对这个产品的主要需求和利益点，证明该产品的最大优点，让顾客感觉花这个钱值得，消除顾客的异议，而非一听顾客讲价格高，立刻转换到别的型号上面介绍，渴望寻找出顾客能接受产品或价格。这也是在许多销售员逐一介绍完产品后，顾客走了的缘故。

三、利益共有法

面对顾客因为价格问题难以爽快地做出决定的情况，许多销售员喜欢在一旁催促或者一味强调多送赠品或者赌咒发誓地强调自己的价格低。殊不知，催促是在威胁顾客成交，过分强调赠品说明物所不值，赌咒发誓是为掩饰自己的心虚，这些都不是能够充分摒弃顾客价格异议的最好办法，往往还能引起顾客的逆反心理。所以导购消除客户价格异议时要站在朋友的立场考虑顾客的利益，强调商品本身对顾客的价值和利益，而把价格降低为次要问题。同时在阐述利益时，一定要让顾客知道，我并非仅仅为了销售而介绍产品和阐述利益，而是站在顾客角度，帮助顾客选择产品。

例如，某笔记本电脑销售员在顾客因为价格问题在两款机器之间徘徊的时候，站在顾客角度说："大哥，我个人认为还是这款更适合你，虽然这款在价格方面比那款贵出700元。我们想一下，你经常出差，一定希望电池待机时间更长；还有这款带有康宝刻录功能，能随心刻录自己想保存的文件。如果我是您的话，我会选择这款产品，虽然价格贵了点，但在日后的使用中，还是这款机型对您帮助更大，会给您减少许多麻烦。"

四、预先设计法

推销人员应当认清顾客抱怨价格太贵是件很正常的事情，并在同顾客洽谈价格问题的时候，拿出以下策略，拿出充分的证据，说出充分的理由，让顾客相信物有所值或者物超所值。

（1）展现产品的品质和价值，尽量让顾客"亲身感受"品质的优越性。

（2）增添相关利益。大多数顾客都愿意为品质带来的相关利益多付些钱。

（3）强调公司拥有训练有素的服务队伍，并解释他们将来能带给顾客的价值和利益。

（4）多为顾客提供些他想得到的额外服务，并兑现所有承诺。你提供的服务越多，顾客越不好意思强调价格问题。

五、自信商品法

销售员必须实实在在地掌握公司的魅力、产品的魅力及产品服务的魅力，以饱满的自信作为后盾，充分相信公司的产品售价是合理的，是物有所值或者物超所值的，这样才能使价格的说服力大为增强。

如西门子家电销售员小王，外号王大拿，因为只要有顾客前来购买或者询问产品，他就滔滔不绝地对顾客开始了他的洗脑工程，从企业文化到产品性能到售后服务，只要顾客愿意听，他就能非常自信、充满激情地影响顾客的欲望，让顾客认为他的产品就必须这个价格才是合理。一个销售员如果对自己的产品没有信心，那么就无从把握产品价格，无法向顾客说明价格的合理性。

六、收集证据法

推销人员应广泛收集和整理可证明产品价格合理的证据和资料，以建设性的意见向顾客证明价格的合理性。抱怨价格高的顾客心中究竟在想什么？他们是认为"价钱"最重要，还是不在乎"品质"好坏呢？敏锐的导购员在说服顾客时，要证明产品品质好，要让顾客认为"钱"花得有价值。

（1）提供其他顾客购买的证据及产品的口碑。顾客看到他人的验证时，通常愿意为了这样的品质而不太在意价格高那么一点。

（2）把对产品满意的顾客列成一张表或印刷成册，拿出给顾客看，并解释自己是如何为他们服务的。

（3）拿出公司的信誉、相关工艺技术、设备以及科研成果证书和专利项目的证书等。

（4）说明顾客的真正利益所在点。如果顾客知道你是关心他的利益，价格就不再为交易的主要问题了。

七、以退为进法

当顾客以你的产品或者服务的某处不足为理由，要求你在价格上做出让步时，你可以先肯定对方意见中非实质性的内容，与客户产生共鸣，再借机表达自己不同的看法，如，"正如你说的，我们的产品知名度的确不高，那是因为我们没有在广告宣传上投入太多，我们大部分资金都用在了产品研发、技术更新方面，毕竟企业的真正知名度在于顾客对产品质量的认可、对技术的赞赏。现在我们产品的质量和技术都走在行业的最前沿。你看，这是我们荣获的一系列的荣誉证书。"

八、迂回补偿法

销售员在实际销售中，有的时候依靠产品质量、利益点、品牌影响力、售后服务等方面的优势，还是转移不了顾客对价格的穷追不舍。这个时候销售员就要在力所能及的范围内，通过其他方式对顾客进行补偿，满足其利益心理，如，"这个价格已经是底线了，我们实在不能再降了，这样吧，我多送你一块这款手机的原装电板，不知你意下如何？"

九、借用外力法

销售员面对那些对价格死死纠缠不放的顾客，多是既爱又恨。爱，因为他们就是产品的目标顾客；恨，因为他们对价格要求太认真，很难打发。面对这样的顾客，聪明的销售员喜欢借助领导或者主管的力量，把这种较为棘手的价格问题转移给领导，或者和领导演双簧，让顾客感觉这个价格的下浮的确不容易，让顾客拥有一个愧疚或感谢心理。

十、先紧后松法

销售员在确定了顾客的购买欲望后，面对顾客压价的要求，先要以坚定的口气，心平气和地向顾客解释不降价的理由，然后根据顾客的态度逐渐改变还价策略。

案例

地点：合肥步行街迪信通手机卖场

顾客："这款手机你究竟什么价格能卖？"

销售员："大哥，真的很抱歉，诺基亚手机一向规定不打折扣的，因为我们的产品在质量上是从不打折的，所以也很难在价格上打折，这样做很容易影响我们品牌和我们卖场在您们心目中的地位。"

顾客："我刚从大钟楼手机批发市场看价格过来，那里老板讲如果我真的购买能2600元卖给我，同样的品牌，同样的型号（诺基亚N72），你们却贵了500多元呢！"

销售员："其实，买东西大家都是希望买一个放心、舒心、顺心，想一想，手机市场里也不能排除个别不法个体老板把旧机翻新或者拿水货来坑骗消费者、损害厂家品牌形象，为自己牟取私利。像您这么有身份的人，愿意在那种地方购买手机吗？"

顾客："话也不能这么讲，五星那里价格也比这里便宜！人家可是全国连锁性家电卖场。"

销售员："大哥，看得出你是有备而来的啊！大哥，你知道我们为什么在价格方面比五星贵50元吗？因为，我们的赠品是1G的卡，而他们的是512兆的卡，这两种卡价格相差将近100元，总地算来我们还是比他们更便宜，但我不知道那边的销售员是否把这点给您讲清楚了。"

顾客："是吗？"

销售员："大哥，看得出来你是真心想买这款机子，在价格方面我作不了主，你等下，我打电话给我们领导，看看他的意见，争取一下！"

终于导购从领导那里争取到了便宜50元，让顾客高高兴兴地成交了。

从这个例子中我们看出，销售员先从抓住品牌和卖场的声誉和赠品分析上做文章，咬定价格方面不能降低，让对方感觉这位导购的真诚和值得信任，然后借助领导的权力便宜了50元，给顾客一个购买的台阶和理由。销售员要有效处理顾客对价格异议，需要根据顾客对价格的态度，采取灵活的应对措施。

资料来源：http://www.360doc.com/content/10/0809/21/2632088_44859574.shtml

本 章 小 结

在推销实践中，顾客对推销人员、推销品、推销活动有怀疑、否定或反面意见，是一种常见的正常购物行为反应。正确对待和恰当处理顾客异议，是推销人员必须具备的素养和能力。

顾客异议的类型可以作多种划分：按顾客异议的性质划分可分为真实异议和虚假异议，按顾客异议的内容划分可分为价格异议、需求异议、产品异议、企业异议、推销人员异议、货源异议、购买时间异议、权力异议、财力异议、服务异议和政策异议。

顾客异议既有可能来自潜在顾客方面,也有可能来自推销方面。潜在顾客方面的原因主要是顾客缺乏产品知识、顾客的自我保护、顾客不了解自己的需要、顾客的决策权有限、顾客缺乏足够的购买力、顾客的购买经验与成见、顾客有比较固定的采购渠道、顾客的私利与社会不正之风、顾客的偶然因素。推销方面的原因主要有推销品方面的原因、推销人员方面的原因、企业方面的原因。

处理顾客异议必须坚持尊重顾客异议的原则、真实性的原则、永不争辩的原则以及适时处理的原则。处理顾客异议时,在分析确认顾客异议的成因后,可有针对性地采用有效处理价格异议、货源异议、购买时间异议的策略。

处理顾客异议的方法多种多样,推销人员要针对异议产生的原因和顾客的具体情况灵活机动地采用适当的方法,以消除异议、实现成交。

思 考 题

1. 什么是顾客异议?为什么老练的推销人员欢迎顾客产生异议?
2. 常见的顾客异议类型有哪些?任选两种类型的顾客异议,说明应该如何处理。
3. 顾客提出购买异议的原因有哪些?
4. 顾客说:"谢谢,我们不需要这种产品。"这是否意味着顾客确实不需要推销的产品?推销人员是否应该立即放弃,转向别的顾客?
5. 处理顾客异议应遵循哪些原则?
6. 一般情况下,顾客认为"价格太高"的主要原因及推销人员的对策是什么?
7. 指出处理顾客异议的方法及其含义。
8. 以下购买产品的顾客异议属于哪一种?列出你对每一个异议的回答。

(1) 对汽车:我需要和我的妻子商量商量。
(2) 对打字机:我们不需要一个文字处理打字机。
(3) 对人寿保险:我感觉自己很健康。
(4) 对清洁器:这个产品比你们竞争对手的要贵。
(5) 对除草机:这个东西看起来没有必要买。
(6) 对微波炉:我看不出你们的微波炉有加热快的优势。
(7) 对广播广告:我看不出你们对于报纸广告有任何优势。
(8) 对购药者:我们已经有非阿司匹林止疼药的过多存货。
(9) 对化妆品:你们的商品价格太高了。
(10) 对房产推销人员:这儿离市区太远了,干什么都不是很方便啊。

案 例 分 析

原一平是日本明治公司的保险推销人员,他因出色的推销才能及同样出色的业绩而被誉为"推销之神"。

有一天,他心血来潮,突然涌现出一种童年时喜欢恶作剧的念头,故意到他曾工作过的米店去向老板推销寿险。

一番寒暄后,老板问:"你在哪里高就啊?"

"我是明治保险的推销人员。"

"喔!那真是很大的转变啊!工作很辛苦吧!"

"噢!辛苦是蛮辛苦的,好在客户一直在增加。当年在米店服务,承蒙您教导我要'勤劳节俭',我一直奉行不渝,才有今天的小小成果。"

"很好!很好!勤劳节俭必成功。"

"我还有事请教,您似乎还没投保寿险吧!"

一提到保险,老板立刻打断原一平的话:"嘿!甭想向我推销保险,你刚刚提到的'勤劳节俭'的店训,你应当不会忘记吧!人各有志,你去当寿险推销人员,我当然无权过问。你今天来,我是看在往日的情分上才与你交谈。若换成别的寿险推销人员,我理都不理他。所以有关保险一事,请勿再提。"

原本原一平单刀直入,想先发制人,没想到刚一出招就受制于人,为今之计,只好以退为进了。

"行!我不再提保险。老板啊!我看您的脾气还是跟十年前一模一样,仍是那么执着呀!"

"哈哈哈,别挖苦我了。我看你倒是顶干脆的,闭口不提保险啦!"

原一平跟他聊了一会儿,并诚恳地丢下下面一句话,就知趣地告辞了:"我只想提醒您一句话,保险主要在于有备无患。只有身体健康才能投保;如果身体衰弱,是会被寿险公司拒绝的。倘若到被人拒绝时,才想要投保,那就来不及了。这一点请您多多琢磨。"

隔了一段时间后,原本身体健壮的大老板突然因故去世。原一平知道噩耗之后,急忙包了厚重的奠仪前去吊丧。

如今大老板去世,他的财产当然要由养子——现任老板来继承,这就牵涉遗产的问题。原一平一边安慰现任老板节哀顺变,一边适时地告诉他若干遗产税的知识。

原一平除了教他遗产税的知识外,还主动帮老板处理丧礼与其他善后问题。

就在大老板死后35天,老板请原一平去米店:"家父突然去世,谢谢您帮了很多的忙,使一切的善后事宜都能处理妥当。家父的去世,对我打击很大,不过我会听从您的鼓励,重新振作起来。另外,我想纠正以前固执的观念,夫妻一起投保。当然,这并不完全出于是对您的谢意。"

案例讨论

1. 原一平在向大老板推销时,遇到了什么样的异议?异议产生的原因是什么?
2. 大老板的养子最后为什么会买寿险?这对你有什么启示?

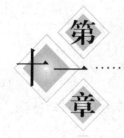

推销成交

引例

小王是某配件生产公司的销售员,他非常勤奋,沟通能力也相当不错。前不久,公司研发出了一种新型的配件,这种配件较之过去的配件有很多性能上的优势,价格也不算高。小王立刻联系了他的几个老顾客,这些老顾客们都对该配件产生了浓厚的兴趣。

此时,有一家企业正好需要购进一批这种配件,采购部主任对小王的销售表现得十分热情,反复向小王咨询有关情况。小王详细、耐心地为他解答,对方频频点头。双方聊了两个多小时,十分愉快,但是小王并没有向对方索要订单。他想,对方还没有对自己的产品了解透彻,应该多接触几次再下单。

几天之后,他再次和对方联系,同时向对方介绍了上次所遗漏的一些优点,对方很是高兴,就价格问题和他仔细商谈了一番,并表示一定会购进。这之后,对方多次与小王联络,显得非常有诚意。

为了进一步巩固顾客的好感,小王一次又一次地与对方接触,并逐步和对方的主要负责人建立起了良好的关系。他想:"这笔单子已经是十拿九稳的了。"

然而,一个星期后,对方的热情却慢慢地减退了,再后来,对方还发现了他们产品中的几个小问题。这样拖了近一个月后,这笔即将到手的单子就这样黄了。

资料来源:孟昭春.成交高于一切.北京:机械工业出版社,2007

思考题:

小王错失成交良机的原因是什么?

在顺利经过寻找顾客、接近顾客、推销洽谈等阶段后,推销自然就进入了成交阶段。推销成交是推销人员所要达到的最终目标,推销过程的其他阶段都是成交的基础和前提。没有最终成交,所有的推销努力都是徒劳,所以,衡量推销人员推销技巧成功与否的关键标准,不是他所能够吸引顾客人数的多少、产品介绍的生动与流利程度、处理反对意见的熟练技巧,而是他促成交易的能力。因此成交技巧和能力是每一个推销人员必须具备和掌握的。

第一节　推销成交信号的识别

一、推销成交的含义

推销成交是指推销人员帮助购买者做出使买卖双方都受益的购买决策的行动过程。推销成交的含义,可以从以下几个方面来理解。

1. 成交是顾客对推销人员及其推销建议和推销品的积极响应

在推销过程中,推销人员及其推销提示必须引起顾客的积极反应,这是推销洽谈的基本目的。积极的反应,必将促使推销活动迈向成交阶段,订单只是履行例行手续而已。如果顾客的反应是消极的,那么推销洽谈就是失败的,更谈不上什么成交了,这时,需要推销人员找到问题的症结所在,消除顾客对推销品及推销建议的疑虑,并审视自己的推销洽谈设计是否合理,在此基础上重新对推销品进行介绍或展示。因此,在推销洽谈过程中,推销人员应该设法引起顾客的注意和兴趣,引起顾客的积极反应,从而促成交易。

2. 成交是顾客接受推销人员推销建议的渐进过程

成交是一个双向互动过程,在此过程中,除推销人员向顾客做需求分析、受益说明,帮助顾客做出购买决策外,顾客也要进行心理斗争,由排斥推销人员、推销建议和推销品到信服并最终做出购买决策。这就要求推销人员在洽谈中要善于察言观色,摸清顾客心理,消除顾客疑虑,抓住时机及时促成交易。

3. 成交是顾客接受推销建议并立即购买推销品的行为

成交是一个行动过程,只有顾客购买推销品,交易才算最后达成。在推销洽谈中,如果推销人员不善于捕捉成交信号、抓住成交良机,可能会使谈好的最终交易条件发生变化,进而导致顾客猜疑、改变主意,甚至最终使洽谈破裂。因此,推销人员对顾客的反应不应熟视无睹,不要消极等待顾客向推销人员"示爱",而要积极发挥主导作用,促使顾客立即采取购买行动,请求签订买卖合同。

推销成交是推销洽谈的继续,也是整个推销工作的最终目标。如果在推销洽谈中就解决了所有的问题,则达成交易是顺理成章的事,它只不过是整个推销过程中的一个步骤而已。

二、推销成交的信号

在实际推销工作中,顾客为了保证自己所提出的要求得以满足,通常不会首先提出成交,更不愿主动、明确地提出成交。但是顾客的成交意向总会不自觉地通过各种方式表现出来。推销人员必须善于观察顾客的言行,捕捉各种成交信号,及时促成交易。

推销成交信号是指顾客在接受推销过程中所表现出的各种成交意向。可以把这些成交意向理解为一种成交暗示。顾客发出成交信号的表现形式往往是复杂多样的,有些是显而易见的,有些则不易察觉,后者更需要推销人员及时发现。对推销人员来说,准确地识别成交信号、把握时机是相当重要的。推销成交信号可分为语言信号、行为信号、表情信号及事态信号四种。

(一) 语言信号

语言信号是顾客在与推销人员交谈的过程中,通过语言表现出来的成交信号。这是成交信号中最直接、最明显的表现形式,推销人员最易察觉到。如顾客对你推销的产品产生兴趣时,会对产品的具体情况,包括产品的特点、使用方法、价格等提出具体的要求和意见,或用假定的口吻谈及购买、有关产品使用与保养的事项等,例如"是否可以分期付款?""如果我们购买,你们是否能帮助我们培训操作人员?""你们公司最早可以在什么时候交货?""你们一年有几次上门服务?""要是过两天降价怎么办?"

顾客在这些言谈中,尽管没有明确提出成交,但已比较明确地流露出成交的意向了。推销人员可以从顾客的询问和措辞中了解到顾客的成交信号。

归纳起来,顾客表示成交的语言信号有以下几种类型:

(1) 表示肯定或称赞,例如"是,你说的对""我们目前确实需要这种产品"。

(2) 请教产品使用的方法,例如"如果更换这种设备,需要停机多长时间?"

(3) 打听有关产品的详细情况,例如"如果产品出现故障,你们派人上门维修吗?"

(4) 提出购买的细节问题,例如"一周之内能送货吗?"

(5) 提出异议,例如"价格太贵了,能否再优惠一些?"

(6) 与同伴议论产品,例如"你看怎么样?"

(7) 重复问已经问过的问题,例如"对于我刚才提出的问题,你能否再详细解释一下?"

(8) 问"假如……"的问题。

当顾客出现上述的语言信号时,这个顾客就是你的了。这说明顾客正在准备接受推销建议,推销人员应抓住时机,及时提出成交要求。当然,在实际工作中,顾客的语言信号往往不是那么明显,它们经常存在于顾客的异议中。这要求推销人员要善于察言观色,掌握倾听和辨别的艺术。

阅读材料

一个卖中文电脑记事本的女孩去拜访一位公司经理。她向经理推荐和介绍了她的产品,并拿出产品向这位经理做了演示。这位经理接过她的产品在手上摆弄了半天,很喜欢。过了一会儿,这位经理说:"我有几本名片簿,要把这些名片信息输进电脑记事本中需要多长时间?"请分析一下经理说这句话的含义是什么?

大家想一想,如果一本名片簿能装50张名片,一张名片上约有50个字,那么要把这些字一个一个地输入电脑记事本需要多长时间呢?他的话是什么意思?如果遇到一个傻乎乎的销售人员,他会认为这位顾客是不想购买我们的产品,而这个女孩马上就意识到了这是顾客成交的信号。于是女孩向顾客提出:"如果您同意的话,我把您的名片簿带回去,输完之后,明天给您送回来。"试想,如果这位经理同意女孩把名片簿带回家去替他输入电脑记事本,不就意味着成交了吗?

　　为什么说这句话是成交信号呢?"我有几本名片簿,要把这些名片信息输进电脑记事本中需要多长时间?"这是一个什么问题呢?它牵涉的是一个产品的使用问题,如果顾客不想购买的话,他怎么会问一个产品的使用问题呢?这就是通过语言明显地表达出来的成交信号。

(二) 行为信号

　　行为信号是指在推销人员向顾客推销的过程中,顾客通过某些行为表现出来的成交信号。推销人员可以通过观察顾客的动作来识别顾客的成交意向。从心理学上讲,顾客表现出来的某些行为是受其思想支配的,是其心理活动的一种外在反映。如不断用手触摸商品并不住点头、拍拍销售人员的手臂或肩膀、做出身体自然轻松的姿势等均是有意成交的表现。顾客一旦完成了认识与情感过程,拿定主意成交,就将表现出与推销人员在刚开始介绍产品时完全不同的行为。

　　(1) 由静变动。顾客由原先不动声色地听推销人员介绍,转为动手操作产品、翻动产品、频频点头、细看产品说明书与合同书等。

　　(2) 由紧张变轻松。顾客由原有细心听推销人员的介绍,身体前倾并靠近推销人员和产品,变为放松姿态,或者身体向后仰,或做其他舒展动作,这些情绪化的动作变化表明了顾客的成交意愿。

　　(3) 由单方面动作变为多方面动作,表现为顾客由远到近,由一个角度到多个角度观察产品,仔细触摸产品,再次翻看说明书、合同书。

　　(4) 有签字倾向的动作,例如,顾客开始找笔、摸口袋,甚至是靠近订货单、拿订货单看。

阅读材料

　　一位女士面对皮衣推销人员时,虽然是大热天,但仍穿着皮衣在试衣镜前,足足折腾了一刻钟。她走来走去好像是在做时装表演,而她脱下皮衣时,两手又忍不住摸皮毛。

　　从该例中可以看出,这位女士的行为属于强烈的购买信号。这时推销人员应该及时跟进,促使这件皮衣顺利成交。比如,推销人员可以顺水推舟地说:"这衣服非常适合您,而且款式新颖,可以说是专门为您定做的,这样吧,我帮你包起来,如何?"

通过顾客的行为可以发现顾客发出的许多购买信号,因此推销人员应尽力使自己的顾客成为一位参与者,而不是一位旁观者。在这种情况下,通过细心观察,就会很容易地发现购买信号。比如,当顾客一次次触摸按钮、抚摸商品或围着产品看个不停的时候,难道你还不能从中看出什么吗?你捕捉到了购买信号时,再稍做努力就可以成交了。

(三)表情信号

表情信号是在推销人员向顾客推销的过程中,从顾客的面部表情和体态中表现出来的一种成交信号。这是一种无声的言语,它能够表现顾客的心情与感受。其表现形式很微妙,具有迷惑性,例如,顾客在听取推销人员介绍商品时,紧锁的双眉分开、上扬,表现出深思的样子,神色活跃,态度更加友好,表情变得开朗,自然微笑,顾客的眼神、目光对产品的关注或分散,脸部表情变得很认真,或者不断点头等。表情信号是顾客的心理活动在面部表情上的反映。表情信号均是判断成交时机的重要依据。通常来说,顾客决定成交的表情信号,具体有如下几种类型。

(1)面部表情突然变得轻松起来,紧皱的双眉展开。
(2)露出惊喜的神色,说道:"真的很便宜!"
(3)露出微笑或欣喜的神情。
(4)双眉上扬。
(5)眼睛转动加快。
(6)态度更加友好。

当以上任何情形出现时,推销人员就可以征求订单了,因为他观察到了购买信号。细致地观察顾客的表情,并根据其变化的趋势,用相应的策略、技巧加以诱导,在成交阶段是非常重要的。

(四)事态信号

事态信号是指与推销活动有关的事态发展所表示的购买信号,例如,向推销人员介绍有关购买的其他人员;提出变更推销程序;改变洽谈地点与环境,由会议室、大办公室转移到小房间或私人房间;对推销人员的态度更友好并安排食宿;乐意接受推销人员的约见等。

有时,顾客虽然有购买意向,但会提出一些反对意见。这些反对意见也是一种信号,说明双方有可能很快就达成协议。例如,顾客可能会提出"这种产品在社会上真的很流行吗?""你能保证产品的质量吗?"以及"如果产品质量有问题的话,你们能上门服务吗?"等意见。这些反对意见一般来说都不是根本的反对意见,顾客一般也不会把这些意见放在心上。如同做出其他任何一种决定一样,在决定拍板时,顾客心中总是犯嘀咕,认为这是决定性的时刻,成败在此一举,因为顾客有各种各样的顾忌,如性价比、费用、购买后出现的困难、产品使用方面的困难,有时甚至担心因感情冲动而导致成交了一笔亏本生意。

有经验的推销人员会捕捉顾客透露出来的有关信息,并把它们作为促成交易的线索,勇敢地向顾客提出销售建议,积极诱导顾客,增强顾客的购买信心,从而把成交信号变为购买行为。而迟钝的或缺乏经验的推销人员则发现不了、理解不了顾客的外在表现,因而常失去交易机会。比如,当一位顾客在商场的化妆品柜台前仔细查看了某种护肤品,并要求再看几种其他品牌时,营业员却无动于衷,顾客犹豫一下就走开了。在这里,顾客仔细观察商品已发出了信号——想买护肤品,但拿不定主意,需要营业员的参考意见,而营业员不主动参与顾客的购买决策,错过了成交的机会。

推销人员要密切注意顾客所说的和所做的一切,也许获得订单的最大绊脚石是推销人员本人太健谈,从而忽视了顾客的购买信号。因此,在销售过程中,推销人员应及时地发现、理解、利用顾客所表现出来的成交信号,提出成交要求,促成交易。

第二节 推销成交的方法

推销成交的方法是指推销人员在适当的时机,用以促使顾客做出购买决定、采取购买行动的相关方法与技巧。推销成交的方法很多,下面介绍其中一些常用的成交方法。

一、直接成交法

直接成交法又称请求成交法,是指推销人员在接到顾客购买信号后,用明确的语言直接建议顾客购买,以求及时达成交易的一种方法。这是一种最简单、最基本的成交方法,也是一种最常用的成交方法。

当推销人员和顾客经过一番面谈后,当双方的主要看法趋于一致时,推销人员就应抓住机会及时明确地提出成交要求,以便达成交易。在许多场合下,直接成交法是一种最有效的成交方法。比如,推销人员直截了当地对顾客说:"既然没有什么问题,我看我们现在就把合同订下来吧!"

(一) 直接成交法的优缺点

直接成交法的优点是:可以充分利用各种成交机会,有效地促成交易;可以节省时间、提高推销工作效率。

直接成交法的局限性是:可能对顾客产生成交压力,破坏成交气氛;可能失去成交控制权,造成被动局面;推销人员若滥用此法,可能引起顾客反感,使其产生成交异议。

(二) 直接成交法的适用条件

直接成交法是一种常见的、比较有效的成交方法。通常,在下列几种情况下使用这一方法效果好。

1. 顾客为老顾客或熟人

推销人员与老顾客或熟人已经建立了良好的人际关系,并且了解这类顾客的需求,顾客也容易接受推销品。因此,老顾客一般不会反感推销人员的直接请求,例如"老张,最近我们生产出几种新口味的冰淇淋,你再进些货,很好销的"。

2. 顾客已发出购买信号

顾客对推销品产生购买欲望,但还未拿定主要或不愿主动提出成交时,推销人员宜采取直接成交法。例如一位顾客对推销人员推荐的空调很感兴趣,反复地询问空调的安全性能、质量和价格等问题,但又迟迟不做出购买决定。这时推销人员可以用直接成交法:"这种空调是新产品,非常实用,现在厂家正在搞促销活动,有八折的优惠价格,同时,您还会享受终身的免费维修,这些一定会让您感到满意的。"

3. 在解除顾客存在的重大异议后

推销人员尽力解决了顾客的问题和要求时,是顾客感到较为满意的时刻,推销人员可趁机采取直接成交法,促成交易。例如"您已经知道这种电热水器并没有您提到的问题,而且它的安全性能更好,您不妨就买这一型号的"。

(三) 运用直接成交法的注意事项

直接成交法是推销人员应该掌握的最基本的成交技术。运用中应注意以下几个问题。

(1) 必须具备较强的观察能力。因为直接成交法要求推销人员主动提出成交要求,所以推销人员必须尽量引导顾客,使洽谈局面朝着成交的结果发展。在这一过程中,推销人员应该时刻注意观察顾客情绪和表情的变化,适时开口提出成交的要求。

(2) 把握好成交的时机。选择适当的时机要求成交,会令顾客自然、顺利地接受;反之,在时机不成熟时要求成交,很容易给顾客造成一种压力,从而使其产生一种抵制情绪。销售人员若急于求成,就会使顾客以为销售人员有求于自己,从而使销售人员丧失成交的主动权,还有可能使顾客对先前达成的条件产生怀疑,从而降低成交的效率。

(3) 在直接成交时,要注意自己的言词和态度,语气要和缓,用词要适当,表达要简练明确,态度要从容、恳切,使顾客产生信任感,这样才能收到好的请求效果。

二、假定成交法

假定成交法也称假设成交法,是推销人员假定顾客已经接受推销建议,而直接请求顾客进入下一步交易环节的一种成交方法。这种方法假定的基础是推销人员有足够的自信心,对顾客"肯定会购买"深信不疑。这人为地提高了推销人员与顾客谈判的起点,而推销人员表现出来的对于成交的信心,也会感染顾客,增强顾客的购买信心。例如一位化妆品推销人员可以对一个正在比较各种颜色口红的顾客说:"您手上的这支很适合您的年龄和肤色。来,我替您装好。"

再如,推销人员将一部汽车开出去给顾客看过了,而且感到完成这笔交易的时机已经成熟。这时推销人员可趁热打铁地对顾客说:"杨先生,现在你只要花几分钟工夫就可以领取牌照,把过户的手续办妥,再有半个小时,你就可以把这部新车开走了。如果你现在要去办公事,那么就把这一切交给我们吧,我们一定会在最短的时间内把它办好。"

(一)假定成交法的优缺点

假定成交法的优点是：可节约推销时间、提高推销效率,可减轻顾客的成交心理压力。使用此法时,推销人员是暗示成交,不是明示成交,应尽量避免直接施加成交压力,把推销提示转化为购买提示；可适当减轻或消除顾客的成交心理压力,以利于成交；还可以把顾客的成交意向直接转化为成交行动,促成交易。

假定成交法的局限性有两个方面。

(1)不利于妥善处理顾客异议。使用这一方法时,推销人员主观假定顾客已经接受推销建议、没有任何异议、已经形成购买决定,可能会使顾客觉得推销人员自以为是,从而提出一些无关异议或虚假异议,直接阻碍成交。

(2)容易引起顾客的反感。使用这一方法时,推销人员把顾客的暗示反应看做明示反应、把成交信号看做成交行为,如果根据主观的和片面的判断做出错误的假定,就会引起顾客的反感,导致顾客拒绝成交,从而使推销人员丧失主动权。

(二)运用假定成交法的注意事项

因为假定成交法存在着一定的局限性,所以在使用这种方法时要注意下列几点。

(1)应适时地使用假定成交法。一般只有在发现成交信号、确信顾客有购买意向时才能使用这种方法,否则可能弄巧成拙。

(2)应选择合适的顾客。一般来讲,对依赖性强、性格比较随和的顾客,以及老顾客可以采用这种方法。但对那些自我意识强、过于自信的顾客,则不应使用这种方法。例如,一个化妆品推销人员对一个正在比较各种口红颜色的顾客说："你手上的这支就很适合你现在的年龄和肤色。来,我替你装好。"如果这个顾客是非常信任这个推销人员的老顾客,则她拒绝的可能性就非常小；反之,这样直接假定就不合适。

(3)在使用假定成交法时,销售人员要正确地把握机会,盲目假定顾客已有了成交意向而直接明示成交,很容易给顾客造成过大的心理压力,导致可能成功的交易走向失败。另外,这种方法若使用不当,还会使顾客产生种种疑虑,使销售人员陷于被动。

三、选择成交法

选择成交法是指推销人员向顾客提供两种或以上可供选择的购买方案来促成交易的成交方法。它是假定成交法的发展,以假定成交法为基础,即推销人员在假定成交的基础上,向顾客提出成交决策的比较方案。先假定成交,让顾客不去考虑是否购买,而是考虑购买多少、购买哪个及如何购买等问题。这样无论顾客做出何种选择,其最后的结果都是购买。选择成交法在实际推销工作中经常使用,并且具有明显的效果。

例如，商场的一个柜台前正在甩卖T恤，一个顾客好奇地上前瞧瞧，就会有一位推销人员上前招呼。"要蓝色的、红色的，还是白色的？"这就属于选择成交法。推销人员先假定顾客必定要一件，问题仅仅在于顾客要什么颜色的。

（一）选择成交法的优缺点

选择成交法具有许多优点，主要有以下两个方面。

（1）可以减少顾客的成交心理压力，营造良好的成交气氛。推销人员把成交选择权交给顾客，让顾客在一定的成交范围内做出自己的选择，这有利于让顾客主动参与成交活动，减轻其心理压力，营造良好的成交气氛。

（2）有利于推销人员掌握成交主动权，留有一定的成交余地。采用这一方法，推销人员把选择权交给了顾客，而将成交权留给了自己，顾客在成交范围内做出选择，选来选去，结果都是成交。成交选择权使顾客无法拒绝成交方案，这就给推销人员留下了成交余地。

选择成交法的局限性有：选择成交的前提是假定成交，推销人员的成交假定本身就是成交压力，适当的成交压力有利于促成交易，而过高的成交压力则是成交的异议，可能浪费推销时间、降低推销效率。若推销人员没抓住时机，没适当地限定顾客选择成交的范围，则会使顾客滥用成交选择权，因而浪费推销时间，错过成交时机。

（二）运用选择成交法的注意事项

（1）必须针对顾客的购买动机和购买意向，把顾客的购买选择限制在有效的范围之内。推销人员在提供可供选择的方案时，应选择能够使顾客产生积极心理效应的方案，不能向顾客提供非成交性或否定性的选择方案。

（2）应掌握成交主动权，积极促成交易。在推销过程中，推销人员应该把成交的选择权交给顾客，而自己掌握成交的主动权。在适当的时候，可对顾客施加一些成交压力，以促成交易。

（3）应主动当好顾客的购买参谋，帮助顾客做出正确的成交选择。顾客面对众多的成交方案，会感到无从选择。为了提高成交效率，推销人员可以主动向顾客介绍各种成交方案的优点与缺点，帮助顾客尽快做出购买决策，提高成交效率。

阅读材料

两 家 小 店

有两家卖粥的小店，每天左边这家和右边这家的顾客差不多，都是川流不息、人进人出。然而，晚上结账的时候，左边这个总是比右边那个多出百十来元，天天如此。

走进右边那家粥店时，服务小姐微笑着迎上来，盛了一碗粥，问道："加不加鸡蛋？"

顾客说加，服务小姐就给顾客加一个鸡蛋。顾客有说加的，也有说不加的，大概各占一半。

走进左边那家粥店时，服务小姐微笑着迎上来，盛了一碗粥，问道："加一个鸡蛋还是加两个鸡蛋？"客人笑着说："加一个。"再进来一位顾客，服务小姐又问一句："加一个鸡蛋还是加两个鸡蛋？"爱吃鸡蛋的就说加两个，不爱吃的就说加一个，也有要求不加的，但是很少。

一天下来，左边这个小店就要比右边那个小店多卖出很多个鸡蛋。

思考：左边小店的经营秘诀是什么？为什么？

四、从众成交法

从众成交法是指推销人员利用从众心理来促成顾客购买推销产品的推销方法。社会心理学研究表明，从众心理是一种普遍的社会心理现象。顾客在购买产品时，不仅会考虑自身的需要，还会顾及社会规范，服从社会的某种压力，并以大多数人的行为作为自己行为的参照。从众成交法正是利用了人们的这种心理，营造了一种众人争相购买的气氛，促成顾客迅速做出购买决策。

例如，服装店营业员对一位正在试穿的年轻女士说："这位靓姐，您真是太有眼光了！您看这件衣服式样新颖、美观，是今年最流行的款式，大小正合适，您这么有气质，身材也特别好，穿上它一定很漂亮！我们昨天才进了五套，今天就只剩下两套了。"

从众成交法主要适用于推销具有一定时尚度的商品，且要求推销对象具有从众心理。如果商品流行性差、号召力不强，又遇到自我意识强的顾客，采用此法必然失败。

（一）从众成交法的优缺点

从众成交法的主要优点是：可以增强成交说服力，顾客之间的相互影响和相互说服力，有时会比推销人员更具说服力；有利于促成大量成交；有利于给顾客一种压力与紧迫感，促使顾客尽快下决心购买。

从众成交法的局限性有：不利于推销人员正确地传递推销信息。这是因为推销人员把顾客的注意力吸引到有多少人购买产品上了，不利于推销信息的传递，不利于及时反馈有关购买信息。若遇到个性较强、喜欢表现的顾客，会起到相反的作用。

（二）运用从众成交法的注意事项

运用从众成交法的注意事项如下。

（1）推销人员应针对顾客的从众心理，选择具有一定影响力的核心顾客，把推销重点放在说服核心顾客上，在取得核心顾客合作的基础上，利用他们的影响力和声望带动、号召大量具有从众心理的顾客购买，同时还要注意为顾客提供证据。

（2）要将这种方法与有关广告宣传和其他营业推广活动相结合，利用名人宣传品牌，提高企业及其产品的知名度,扩大社会影响。

五、最后机会法

最后机会法是通过缩小顾客选择的时空来达成交易的方法。机会成交法是推销人员针对顾客害怕错过良好的购买机会的心理动机,向顾客提示成交机会。"机不可失,时不再来",一去不复返的机会,必然会引起顾客的注意和浓厚兴趣,从而使其产生一种立刻购买的心理倾向。在最后机会面前,人们往往由犹豫变得果断。所以这种方法的最大优点是促使顾客立即购买的效果比较好。

例如,推销人员可以对顾客说:"由于钢材价格不断上涨,这种商品的出厂价已上涨10%,我们是在涨价前进的货,所以售价不变,下一批货的价格肯定要上涨了。"

又如,"今天是我们五周年店庆优惠活动的最后一天,同样的商品如果明天购买,你就要多花费20%,请勿错过机会。"

(一) 最后机会法的优缺点

最后机会法的优点表现:从理性方面讲,通过机会提示,提高了顾客不成交的机会成本,从而促使顾客做出购买决定;从感性方面讲,会使顾客面临机会时产生紧张心理,造成成交的紧迫感,从而促使顾客尽快达成交易。

最后机会法的局限性表现:机会成交法类似于最后通牒,在限制顾客的同时,也限制了推销人员回旋的余地。如果由于某种原因,推销人员违背了最后机会的承诺,顾客就会产生被愚弄和被欺骗的感觉,推销会失去信誉。

(二) 运用最后机会法的注意事项

运用最后机会法的注意事项如下。

(1) 在使用这种方法促使顾客做出决策之前,应当让顾客对产品和推销人员产生信心。

(2) 要讲究职业道德,实事求是。不能用欺骗手段引诱顾客购买,否则就会使推销人员与顾客之间产生很大的裂痕,导致顾客对推销人员和所在公司的反感,甚至使推销人员或所在公司永远失去这个顾客。

六、优惠成交法

优惠成交法又称让步成交法,是指推销人员利用优惠条件来促使顾客立即购买推销品的一种成交方法。这种方法充分利用了顾客求利的心理,直接向顾客提供一些优惠的交易条件或者做出一些让步,促使顾客成交。优惠条件一般包括价格折扣、运输服务、产品安装、设备安装、人员培训、后期服务等。例如,在商场推广中经常使用的"买一送一"、"买大家电送小家电"、"送货上门"等,就属于运用这种方法的实例。

再如，一位顾客对着一件商品爱不释手，迟迟下不了购买决定时，推销人员对顾客说："我看你很喜欢这件商品，这样吧，现在买，我给你八五折，通常我们只打九五折的。"

正确地使用优惠成交法，符合顾客的求利心理，可以吸引并招揽顾客，有利于创造良好的成交气氛。而且利用批量成交优惠条件，可以促成大批量交易，提高成交效率。该方法尤其适用于销售某些滞销品、减轻库存压力、加快存货周转速度的情况。

但是，采取优惠成交法，通过给顾客让利来促成交易，必将导致销售成本上升。若没有把握好让利的尺度，还会减少销售收益。此外，采用优惠成交法，有时会让顾客误以为优惠产品是次货而不予信任，从而丧失购买的信心，不利于促成交易。

七、保证成交法

保证成交法是指推销人员向顾客提供某种成交保证来促成交易的方法。顾客在考虑购买推销品时，往往因害怕受骗上当而拖延成交时间，甚至最后放弃购买。保证成交法，就是由推销人员向顾客提供某种保证，以解除顾客的顾虑、增强其成交信心、促成交易达成。

例如，推销人员可以对顾客说："您不用担心我们生产的太阳能热水器的质量问题，我们提供五年的使用保修期，随时上门为您提供各种技术服务。"又如，"请您现在多进一些货，我们保证这种产品很快就会售完。如果存货变质，我们保证调换新货。如果卖不掉，我们全部收回，保证贵公司不受任何损失。"这些就是运用保证成交法的实例。

这种方法通过提供保证使顾客没有了后顾之忧，增强了购买信心，从而可以放心购买推销品。

保证成交法的保证内容一般包括商品质量、价格、交货时间、售后服务等。这种保证直接消除了顾客的成交心理障碍，极大地改善成交气氛，有利于成交。但是，保证成交法也不可滥用，以免失去推销信用、引起顾客反感，从而不利于成交。

使用保证成交法，一方面，要注意一定要针对顾客的顾虑做出保证，否则风马牛不相及，不但不能达到保证的目的，反而还容易使顾客产生反感；另一方面，一定要做到言而有信，为一时的利益而信口承诺，结果又无法实现，必将丧失推销信用，不利于与顾客发展长久关系。

八、总结利益成交法

总结利益成交法是指推销人员在推销洽谈中记住顾客关注的主要特色、优点和利益，在成交中以一种积极的方式加以概括总结，以得到顾客的认同并最终取得订单的成交方法。

例如，吸尘器推销人员运用总结利益成交法，他对顾客说："我们前面已经讨论过，这种配备高速电机的吸尘器,比一般吸尘器转速快两倍(优点),可以使清扫时间减少15~30分钟(利益),工作起来更轻松,使您免去推动笨重吸尘器的劳累(更多的利益),是这样吧?(试探成交)"

总结利益成交法也许是争取订单最流行的方法。总结利益成交法成交的三个基本步骤是:

(1) 推销洽谈中确定顾客关注的核心利益。
(2) 总结这些利益。
(3) 做出购买提议。

总结利益成交法特别适用于直来直去的顾客,而不适用于有特殊个性的顾客。

总结利益成交法能够使顾客全面了解商品的优点,便于激发顾客的购买兴趣、最大限度地吸引顾客的注意力,使顾客在明确自己既得利益的基础上迅速做出决策。

总结利益成交法是销售人员经常用到的技巧,特别是在做完产品介绍时,可运用总结利益成交法向关键人士提出订单的要求。另外,写建议书做结论时,也可以运用这项技巧。但是使用总结利益成交法时,推销人员必须把握住顾客确实的内在需求,有针对性地汇总产品的优点,不要将顾客提出异议的方面作为优点予以阐述,以免遭到顾客的再次反对,使总结利益的劝说达不到效果。

阅读材料

总结利益成交法的运用

在一次推销洽谈中,顾客(一位商店女经理张女士)向推销人员暗示了她对产品的毛利率、交货时间及付款条件感兴趣。以下是他们之间的对话。

推销人员:张女士,您说过对我们较高的毛利率、快捷的交货时间及付款方式特别偏爱,对吧?(总结利益并试探成交)

张女士:我想是的。

推销人员:随着我们公司营销计划的实施,光顾你们商店的顾客就会增加。该商品的销售必将使全商店的销售额超过平常的营业额,我建议您购买(陈述产品和数量)。下两个月内足够大的市场需求量,必将给您提供预期的利润,下周初我们就可交货(等待顾客的回应)。

九、小点成交法

小点成交法,是根据顾客的心理活动规律,利用成交的次要问题来间接促成交易的一种成交技巧。通常,顾客在重大的成交问题面前,往往比较慎重、敏感、顾虑重重,难以做出购买决定;而在一般的成交问题面前,则比较马虎、果断,比较容易做出购买决定。小点成交法正是利用顾客这一心理活动,避免直接提示重大的成交问题,而直接提示较小的成交问题,先小点成交,后大点成交,先就成交活动的具体条件和具体内容达成协议,再就成交本身达成协议,最后促使成交实现。

例如:"王经理,这个价钱也算公平吧!设备安装和维修问题也由我们负责,您尽管放心使用,如果没有别的问题,我们就这样定了吧。"这里,推销人员没有直接提及购买决策本身的问题,而是先提示价格、设备安装及维修之类的次要问题并取得经理的认同,慢慢诱导经理做出购买决定,同时主动提出成交请求。

小点成交法的优点是:可创造良好的成交气氛,减轻顾客的成交心理压力。推销人员直接提示顾客成交内容和成交条件,直接提示非敏感问题,可将顾客注意力集中到小点问题,减轻顾客的心理压力,有利于推销人员主动做出成交尝试,保留一定的成交余地,始终保持成交主动权,有利于推销人员合理利用各种成交信号,有效地促成交易。

小点成交法的局限性是:不正确的提示成交小点,会分散顾客的成交注意力;使用不当,可能浪费时间,拖长成交过程;有时可能引起顾客误会,产生成交纠纷。如果推销人员回避了顾客提出的一些重要问题而在次要问题上与顾客达成协议,顾客也许就会认为推销人员在重要问题上已经默认了,从而造成误会、酿成纠纷。

小点成交法运用较广,但仍须合理使用,因为推销人员在面对顾客时,回避重大问题而寻找枝节问题,其目的是消除压力、达到与顾客的共识,从而推动大问题的成交。如果滥用此方法,会分散顾客的成交注意力,也不利于成交。因此,在实际推销工作中,推销人员应审时度势,根据顾客特点,合理地运用小点成交法。

十、技术成交法

推销人员和顾客商讨完有关产品、营销计划及交易条件,总结了产品的主要利益后,就应该运用图表直观地展示其商品。比如,取出便携式计算机,安放在购买者的办公桌上,让顾客能够看到显示屏,或投影到墙上,运用图表指出购买者过去购货的情况及将来的销售趋势,接着发出推销品的购买提议。要是顾客问起付款事项,就从计算机中调出并显示不同购买数量的价目折扣表。这就是技术成交法,它能给顾客留下非常深刻的直观印象。

技术成交法的正确运用取决于推销对象的情况。毫无疑问,将现代科学技术手段融入推销洽谈中,有助于同更多现实的和潜在的顾客达成交易。

以上介绍的是一些常用的成交方法。在实际推销工作中,推销人员要抓住有利的成交机会,看准成交信号,针对不同的推销对象,讲究成交策略,灵活地组合运用各种成交方法,及时有效地达成交易,以实现推销目标、创造辉煌的销售业绩。

第三节　合同的订立与履行

通过洽谈,知道顾客有成交意愿后,推销人员应及时以书面合同形式把这种成交的意愿确定下来,防止谈判成果"付之东流"。

一、买卖合同及其内容

（一）买卖合同及其特征

买卖合同是出卖人转移标的物的所有权于买受人,买受人支付价款的合同。一般要求推销人员与顾客之间签订书面形式的合同,而不只是许下口头承诺。买卖只有在推销人员与顾客订立买卖合同后,才算真正意义上的成交,才具有法律效力。

买卖合同具有如下特征。

（1）买卖合同是有偿合同。买卖合同一方向另一方转移标的物的所有权,另一方则向这一方给付价金。

（2）买卖合同是双务合同。买卖合同双方当事人的权利义务是彼此对立的,一方的权利正是他方的义务,反之亦然。

（3）买卖合同是诺成性、不要式合同。除法律另有规定或双方当事人另有约定外,买卖合同的成立,不以标的物的交付为要件,也不以书面形式为必要。

（二）买卖合同的内容

买卖合同的内容由推销人员与购买者共同商定,一般包括以下条款。

（1）当事人的名称或者姓名和住所。

（2）标的物。买卖合同的标的物是指买卖双方当事人的权利和义务共同指向的对象。

（3）数量。买卖合同的数量即供方的交货数量,是衡量标的物和当事人权利、义务大小的尺度。当事人计算标的物的数量,要采用国家规定的计量单位和计量方法。

（4）质量。质量是标的物的内在素质和外观形式优劣的标志,买卖合同中应对质量做出明确的规定。对于标的物的质量,国家规定有技术指标的,双方当事人应在合同中写明标的物的技术标准及标准编号和代号;国家没有规定技术标准的,由双方当事人通过商定,在合同中明确约定。

（5）价款。价款是合同一方当事人交付产品后,另一方当事人支付的款项。价款的确定,要符合国家的价格政策和价格管理法规;价款的支付,除法律另有规定外,必须用人民币支付;价款的结算,除国家规定允许使用现金外,必须通过银行进行转账或票据结算。

（6）履行的期限、地点和方式。履行的期限,是指双方当时人履行义务的时间范围;

履行的地点,是指当事人完成所承担义务的具体地方,应根据标的物的特征或法律规定和当事人的约定而确定;履行方式,是指采用什么样的方法来履行合同规定的义务,如一次履行还是分期分批履行,汽车送达还是火车送达等。

(7)违约责任。违约责任,是指合同当事人由于自己的过错,没有履行或没有全面履行应承担的义务,按照法律和合同的规定应该承担的法律责任。

(8)解决争议的方法。《合同法》规定,解决合同争议有和解、调解、仲裁和诉讼四种方法,当事人应在合同中约定解决合同争议所采用的方法。

除此之外,合同中还包括包装方式、检验标准和方法等条款。

阅读材料

工矿产品购销合同样本

合同编号_____

供方_____

签订地点_____

需方_____

签订时间: 年 月 日

一、产品名称、商标、型号、数量、金额、供货时间及数量。

产品名称	牌号商标	规格型号	数量	单位	金额	提交货时间及数量					
						合计					

合计人民币金额(大写)

二、质量要求技术标准_____。

三、供货方对质量负责的条件和期限_____。

四、交(提)货方式_____。

五、运输方式及到达站(港)的费用负担_____。

六、合理损耗计算方法_____。

七、包装标准、包装物的供应与回收和费用负担_____。

八、验收方式及提出异议期限_____。

九、随机备品、配件工具数量即供应方法_____。

十、结算方式及期限_____。

十一、如需提供担保,另立合同担保书,作为本合同附件_____。
十二、违约责任_____。
十三、解决合同纠纷的方式_____。
十四、其他约定事项_____。

供方	需方	鉴(公)证意见:
单位名称(章)	单位名称(章)	
单位地址:	单位地址:	
法定代表人:	法定代表人:	
电话	电话	
电挂	电挂	
开户银行:	开户银行:	
账号:	账号:	
邮政编号:	邮政编号:	

有效期限:至 年 月 日

资料来源:吴浩.中华人民共和国合同法释义及标准样本.北京:改革出版社,1999

二、买卖合同的履行

(一)双方共同履行的义务

买卖合同订立以后,购销双方当事人应当全面按约履行各自的义务。买卖双方当事人应当遵循诚实信用的原则,根据合同的性质、目的和交易习惯履行以下基本义务。

(1) 通知。买卖合同当事人任何一方在履行过程中应当及时通知对方履行情况的变化,遵循诚实信用原则,不欺诈、不隐瞒。

(2) 协助。买卖合同是双方共同订立的,双方应当相互协助。

(3) 保密。当事人在合同履行过程中获知对方的商务、技术、经营等秘密信息应当主动予以保密,不得擅自泄露或非法使用。

(二)出卖人应履行的职责

买卖合同订立后,出卖人应履行以下职责。

(1) 向买受人交付标的物或者提取标的物的单证。出卖人交付标的物,可以实际交付,也可以以提单、仓单、所有权证书等提取标的物的单证交付。当事人在合同中约定交付的方式、时间、地点等,对于合同成立后标的物所产生的孳息,如无特别的约定,应归买受人所有。

(2) 转移标的物所有权。转移所有权时,一般以标的物交付时间为转移时间,并以此作为划分标的物毁损或灭失的风险转移时间,在标的物交付前由出卖人承担,交付之后由买受人承担。

（3）出卖人必须按合同规定的期限和地点交付标的物。对于标的物的交付，可以规定一个具体的日期，也可以规定一个交付的期限。如果当事人约定了交付期限，则出卖人可以随时向买受人交付。出卖人应当按照约定的地点交付标的物，没有约定交付地点或者约定地点不明确的，出卖人应当将标的物交付给第一承运人以运交给买受人；标的物不需要运输，出卖人和买受人订立合同时知道标的物在某一地点的，出卖人应当在该地点交付标的物，不知道标的物在某一地点的，应当在出卖人订立合同时的营业地交付标的物。

（4）出卖人应当按照约定或者交易习惯向买受人交付提取标的物单证以外的有关单证和资料，如专利产品附带的有关专利证明书的资料、原产地说明书等。

（5）出卖人应当按照约定的质量要求交付标的物。出卖人提供有关标的物质量说明的，交付的标的物应当符合说明的质量要求，出卖人交付的标的物不符合质量要求的，买受人可以依照《合同法》的有关规定要求其承担违约责任；凭样品买卖的当事人应当封存样品，并可以对样品质量予以说明，出卖人交付的标的物及其质量应当与样品及其说明的质量相同。

（6）出卖人应当按照约定的包装方式交付标的物。对包装方式没有约定或者约定不明确，依照《合同法》关于合同履行的规定仍不能确定的，应当按照通用的方式包装；对没有通用方式的，应当采取足以保护标的物的包装方式。

（三）买受人应履行的职责

买卖合同订立后，买受人应当履行以下职责。

（1）买受人收到标的物时应当在约定的检验期检验。没有约定检验期的，应当及时检验。买受人应当在约定的检验期内将标的物的数量或质量不符合约定的情形通知出卖人；买受人怠于通知的，视为标的物的数量或者质量符合规定。当事人没有约定检验期间的，买受人应当在返现或者应当发现标的物的数量或者质量不符合约定的合理期间内通知出卖人。买受人在合理期间内未通知或者自收到标的物之日起两年内未通知出卖人的，视为标的物的数量或者质量符合约定，但对标的物有质量保证期的，适用质量保证期。

（2）买受人应当按照约定的时间、地点足额地支付价款。出卖人多交标的物的，买受人可以接收，也可以拒绝接收。如果买受人接收多交部分，则需按照合同规定的价格支付价款；拒绝接收多交部分，应当及时通知出卖人。

三、买卖合同的变更

所谓买卖合同的变更，是指合同成立后在履行前或履行过程中，因合同所依据的主客观情况发生变化，而由双方当事人依据法律法规和合同规定对原合同内容进行的修改和补充。因而，合同的变更仅指合同内容的变更，不包括合同主体的变更。

合同依法成立后,对买卖双方当事人均有法律约束力,任何一方不得擅自变更,但双方当事人在协商一致或在合同无效、重大误解、显失公平等情况下可以对合同的内容进行变更。当事人变更合同应当与订立合同一样,内容明确,不能模糊不清。如果当事人对合同变更的内容约定不明确,当事人无法执行时,可以重新协商确定,否则法律规定将内容不明确的合同变更推定为未变更,当事人仍按原合同内容履行。

合同变更仍需要到原批准或登记机构办理手续,否则变更无效。

第四节 成交后跟踪

成交与签约并不意味着推销活动的结束。其实,圆满的结束不仅是推销人员与顾客签了购货合同,更重要的是,要以完美的姿态为下次推销铺平道路。那样以来,推销人员将始终保持推销的主动权,不断享受接踵而来的一系列成功带来的喜悦。成交后推销人员必须及时履行成交协议中规定的各项义务,及时处理各种问题,回收货款及收集顾客的反馈意见等。这一阶段,推销人员仍需与顾客保持紧密的联系,这就是成交后跟踪。

一、成交后跟踪的意义

成交后跟踪是指推销人员在成交后继续与顾客交往,并完成与成交相关的一系列工作,以便更好地实现推销目标的行为过程。推销目标是在满足顾客需求的基础上实现自身利益,顾客利益与推销人员的利益是相辅相成的两个方面,这两个方面的利益在成交签约后并没有真正实现。顾客还需要有完善的售后服务,推销人员肩负着回收货款及发展与顾客的关系等方面的任务。因此,成交后跟踪仍是一项重要的推销工作。

成交后跟踪是现代推销理论的深入与发展。这一工作环节包括成交双方在成交后所发生的一切联系及活动。成交后跟踪的意义体现在以下几个方面。

1. 体现了以满足顾客需求为中心的现代推销观念

成交后跟踪使顾客在购买商品后还能继续得到推销人员在使用、保养、维修等方面的服务,以及购买后如果在质量、价格等方面出现问题能得到妥善的解决。这两个方面使顾客需求得到真正意义上的实现,使顾客在交易中获得真实的利益。所以说,成交后跟踪是现代推销观念指导下的一种行为。

2. 使企业的经营目标和推销人员的利益最终得以实现

企业的经营目标是获取利润,推销人员要获取报酬,如何获取?只有收回货款后才能得以获取。而在现代推销活动中,回收货款往往是在成交后的跟踪阶段中完成的。

3. 有利于提高企业的竞争力

随着科学技术的进步,同类产品在品质和性能上的差异越来越小。企业间竞争的重点开始转移到为消费者提供各种形式的售后服务上。售后服务是否完善,已成为消费者选择商品时要考虑的一个重要方面。而各种形式的售后服务,也是在成交后的跟踪过程中完成的。

4. 有利于获取重要的市场信息

通过成交后的跟踪,推销人员可以获取顾客对产品数量、质量、花色品种、价格等方面的要求的信息。因此,成交后的跟踪过程,实际上就是获取顾客信息反馈的过程,有利于企业开发新的产品。

5. 有利于和顾客建立起良好的合作关系

成交后的跟踪工作可以加强推销人员和顾客之间的联系,使推销人员通过为顾客提供服务了解顾客的习惯、爱好和职业,从而和顾客建立比较紧密的个人情感联络,有利于顾客重复购买或者推荐其朋友购买推销品。

实际上,成交后跟踪已成为现代推销活动中的一个不可分割的环节。它既是对上一次推销活动的完善,又是对下一次推销活动的引导、启发和争取。所以,成交后跟踪的意义已被越来越多的企业和人们认识和重视。

二、成交后跟踪的内容

成交后跟踪主要包括结束访问后的告辞、回收货款、售后服务及与顾客建立良好的关系等。

(一) 结束访问后的告辞

对很多推销人员而言,无论交易是否达成,紧接着的告辞往往都显得非常尴尬。假如能够得体地告辞,也可为日后的交易打下基础。即使交易没达成,得体的告辞也能起到积极作用,从而使日后推销成功的概率提升。因此,无论成交与否,都应该从容不迫、彬彬有礼。优秀的推销人员在与顾客告辞时,都要进一步修整和巩固双方的关系。

1. 成交后的告辞

在达成交易时,推销人员感受到两种情感。首先,他们通常感到成功和胜利的兴奋,但随之而来的是第二种情感——对顾客可能改变他的购买主意而取消订单的恐惧。只有恰当地控制这两种情感,推销人员方可实现有利于未来推销的告辞和离开。在这期间,推销人员的语言和态度可以有助于减少顾客购买后的焦虑感。购后焦虑感,又称认知不协调,是购买方怀疑购买产品的决策可能不正确的心理矛盾感。

在推销人员用亲切、自然的举止感谢顾客的购买,妥善处理任何关于送货和支付问题,并保证任何问题都能回答及确保订货能及时送到时,这种认知不协调可以最大限度地减弱。推销人员在此期间可能犯的最大错误是,应该告辞时却一味滞留和不停地宣讲,殊不知,此时他们应该做的是尽可能快和自然地离开。

2. 未成交后的告辞

对于推销人员来讲,成交与否,态度都应始终如一,这一点并不容易做到。在推销失败后,依然要对冷冰冰的顾客露出微笑并表示友好,确实需要高超的技艺。但这样做是为了长远利益,是为了下一次交易,因为新的生意可能就由此而产生。合格的推销人员必须具备承受失败的勇气和耐心,并吸取教训,进行下一次尝试。当生意未成而告终时,应避免以下三种态度:蔑视对方、恼羞成怒、自暴自弃。

在不可能成交的情况下,最好的办法就是体面地撤退,让下次洽谈的大门继续敞开着。聪明的推销人员应当学会,一方面,注意与顾客建立友好的关系,并密切注视这位顾客还具有哪些潜力;另一方面,要想方设法通过请教等方式,了解成交失败的原因,吸取失败的教训。

(二) 回收货款

销售的目的就是在顾客获得所需的产品的同时,企业也能够快速回笼货款。收不回货款的推销是失败的推销,会使经营者蒙受损失,所以在售出货物后及时收回货款,就成为推销人员的一项重要工作任务。

在现代推销活动中,赊销、预付和为中间商铺货作为一种商业信用,在销售中扮演着非常重要的角色,是企业占领市场、增加销售额的重要手段。及时、全额地收回货款是降低企业经营风险的关键因素。要做好货款的回收工作,需要从下列几个方面加以注意。

1. 进行顾客的资信调查

在销售商品前,推销人员必须精通信用调查技术,掌握顾客的信用情况,以保证能确实地收回货款。这既是筛选顾客的技术,也是保证交易完善的安全措施。

2. 保持适当的收款态度

收款态度的强弱与货款回收的情况是成正比的。一般情况下,收款态度过于软弱,就无法收回货款;收款态度过于强硬,容易引起冲突,不利于企业形象,而且会影响双方今后的合作。所以,保持适当的收款态度是非常重要的。

3. 正确掌握并灵活运用收款技巧

推销人员掌握一定的收款技巧,有利于货款的回收。收款技巧包括按约定的时间上门收款,推销人员自己拖延上门收款的时间,会给对方再次拖欠以借口;争取顾客的理解和同情,让顾客知道马上收回这笔货款对推销人员的重要性;收款时要携带事先开好的发票,以免错失收款机会,因为顾客通常都凭发票付款。

如果确实无法按约收款,则必须将下次收款的日期和金额,在顾客面前清楚地做书面记录,让顾客明确认识到这件事情的严肃性和重要性。

即使按约收到货款,也不能掉以轻心。收到的如果是现金,需仔细清点;若是支票,更要看清楚各项内容,不能有误,否则依然不能及时收到款项。

(三) 售后服务

售后服务是指企业及其推销人员在商品到达消费者手中后,为保证顾客正常使用而继续提供的各项服务工作。售后服务是企业参与市场竞争的利器，是一种有效的促销手段。对推销人员而言，良好的售后服务，不仅可以巩固争取到的顾客，促使他们继续购买，还可以通过这些顾客的宣传，争取到更多的新顾客，开拓新的产品销售市场。售后服务的主要形式有以下五种。

1. 送货服务

对购买较为笨重、体积庞大的产品，或一次购买较多，自行携带不便或有其他特殊困难（如残疾人）的顾客，均有提供送货服务的必要。

送货的形式包括自营送货和代营送货。自营送货由销售公司使用自己的人力和设备提供该项服务；代营送货则由销售公司委托有固定关系的运输单位提供代理服务。送货对一个企业来说并不是十分难的事情，但它却大大方便了顾客，解决了实际困难，为争取"回头客"打下了良好基础。

2. 安装服务

顾客购买的产品，有些在使用前需在使用地点进行安装，如空调机、组合设备及某些系统线路用户的设备等。对这些产品，由企业或推销人员安排有关人员上门服务，提供免费或收费安装，既可当场试用，保证出售产品的质量，也可解决顾客的安装能力问题。

3. 包装服务

在产品出售后，根据顾客需求为其提供各种包装服务，如针对具体情况对推销品施行普通包装、礼品包装、组合包装等。这样的服务既为顾客提供了方便，同时也是一种重要的广告宣传方法。

4. "三包"服务

"三包"服务是指对售出产品实行包修、包换和包退的做法。推销人员既要对企业负责，又要对广大消费者负责，保证产品使用价值的实现。企业也应根据不同产品的不同特征和性能，制定具体的产品售后"三包"的方法，满足顾客购买产品后的要求。

包修指在保修期内对顾客购买的本企业产品实行免费维修，超过保修期则收取一定维修费用的服务项目。包换是指顾客购买后发现产品不适合自己，或者存在某种缺陷，可以在一个短暂期限（如三天至一个星期）内调换同种类产品，若存在调换品与原购品的价格差异，则补交或退回其差价。包退是指顾客对购买的产品感到不满意，或者产品质量有问题，而不接受调换处理时，允许其退货。

5. 处理顾客意见，做好善后处理工作

推销人员与顾客达成的交易不可能令顾客百分之百满意，成交后顾客常常会对推销品产生抱怨，对推销人员及企业进行批评，甚至会出现索赔的情况。推销人员保持与顾客的联系，便于妥善合理地处理这些问题，从而提高推销人员及其企业的声誉。

（四）与顾客建立良好的关系

推销成交后，推销人员是否重视与顾客的联系，直接关系到推销活动能否持续发展。

推销人员应积极主动、经常地深入顾客之中,加强彼此之间的联系。联系的方法多种多样。一是通过信函、电话、走访和面谈等形式,加强与顾客的联系。这样既可以加深感情,又可以询问顾客对企业产品的使用情况,以及用后的感受,是否满意、是否符合自己的要求、有什么意见和建议,并及时将收集到的信息反馈给企业的设计和生产部门,以便改进产品和服务。二是通过售后服务、上门维修的方式,加强与顾客联系。三是利用本企业的一些重大喜庆事项,邀请顾客参加或寄送资料来加强与顾客的联系。如新产品开发成功、新厂房落成典礼、新的生产流水线投产、产品获奖等,都是很好的机会。

阅读材料

辨别成交障碍并排除它

成交的障碍来自顾客和推销人员两方面。顾客方面的成交障碍主要是顾客对购买决策的修正、推迟、避免行为,推销人员方面的成交障碍主要是态度不够正确、洽谈不够充分、技巧不够熟练。

那么,如何排除这些障碍呢?

一、保持自信

推销人员的自信可以传染给顾客,同样,推销人员对成交所表现出的一点点怀疑或担心也会传染给顾客;推销人员如果表现得缺乏自信,就会影响顾客对购买的信心。经验证明,绝大多数顾客是从对自己、对产品、对自己的公司具有信心的推销人员手中购买产品的。所以说,自信是推销人员有效地运用各种成交技巧的必要条件;没有自信心,再好的技巧运用起来都不会产生应有的效果。

二、掌握洽谈的主动权

有经验的推销人员经常使用"先提供信息后提出问题"的办法,以把握洽谈的主动权。提问恰当既可以使顾客参与洽谈,又不致使洽谈失去控制。这种方法可以使双方逐渐取得一致意见,最后导致成交机会的出现。所谓先提供信息,就是先向顾客介绍产品的特征和利益,或者说明成交条件。所谓后提出问题,是指就产品或成交条件询问顾客的看法。当顾客的观点与推销人员一致时,可以继续后边的介绍或说明;如果不一致,则要重新讨论,直至双方取得一致。

三、考虑顾客的特点

对于有的顾客来说,直接请求其购买也许是最直接、最有效的方法;而对另外一些顾客来说,直接请求成交则可能意味着推销人员在向顾客施加压力。一个专职采购人员只需推销人员简明扼要地介绍一下产品的特征,就能够确定公司是否需要购买;而一个没有多少产品知识的顾客只有在推销人员详细说明产品的各项特征之后,才能决定是否购买。如果推销人员不考虑特定顾客的需求状况、个性特征等情况,成交方法的使用就会有很大的盲目性，就难以取得预期的效果。

四、保留一定的成交余地

保留一定的成交余地，也就是要保留一定的退让余地。任何交易的达成都必须经历一番讨价还价，很少有一项交易是按卖主的最初报价成交的。特别是在买方市场形成的情况下，几乎所有的交易都是在卖方做出适当让步之后拍板成交的。所以，推销人员如果在成交之前把所有的优惠条件都一股脑儿地送给顾客，当顾客要你再做些让步才同意成交时，就没有退让的余地了。所以，为了有效地促成交易，推销人员一定要保留适当的退让余地。

五、诱导顾客主动成交

诱导顾客主动成交，即设法使顾客主动采取购买行动，这是成交的一项基本策略。通常而言，如果顾客主动提出购买，说明推销人员的说服工作非常奏效，也意味着顾客对产品及交易条件十分满意，以致顾客认为没有必要再讨价还价，因而成交非常顺利。因此，在推销过程中，推销人员应尽可能诱导顾客主动购买产品，这样可以减少成交的阻力。

本 章 小 结

推销成交是指推销人员帮助购买者做出使买卖双方都受益的购买决策的行动过程。它是推销洽谈后顺其自然的结果，这就要求推销人员必须善于识别潜在顾客有意和无意发出的购买信号，并据此提出试探性成交的请求。

要使推销成功，推销人员除了掌握成交的一些基本理念之外，还要熟悉和掌握提示成交的常用方法，可根据自身、推销品及推销对象的具体情况选择一种或几种在实践中加以运用，并不断总结完善。这些方法包括直接成交法、假定成交法、选择成交法、从众成交法、最后机会成交法、优惠成交法、保证成交法、总结利益成交法、小点成交法、技术成交法。

成交不是潜在顾客口头上的承诺，推销人员应将推销努力的成果书面化——订立买卖合同。买卖合同是出卖人转移标的物的所有权于买受人、买受人支付价款的合同。买卖合同具有如下特征：是有偿合同，是双方合同，是诺成性、不要式合同。买卖合同一般包括以下条款：当事人的名称或者姓名和住所，标的物，数量，质量，价款，履行的期限、地点和方式，违约责任，解决争议的方法，包装方式，检验标准和方法等条款。推销人员在商品推销活动中，与顾客订立推销合同后，买卖才算真正意义上的成交，才具有法律的效力。合同对买卖双方都具有约束力，双方都有义务认真履行合同的条款。

成交与签约并不意味着推销活动的结束，推销人员还应进行成交后的跟踪。成交后跟踪主要包括结束访问后的告辞、回收货款、售后服务及与顾客建立良好的关系等工作内容。

思 考 题

1. 如何理解推销成交的内涵？
2. 什么是推销成交信号？成交信号有哪些表现形式？
3. 为什么说准确地识别成交信号有助于推销人员判断成交时机？
4. 推销成交的主要方法有哪些？
5. 成交后应注意哪些问题？
6. 成交后和顾客保持良好的关系有什么作用？
7. 买卖合同的内容包括什么？
8. 买卖合同订立后，买卖双方应分别履行哪些职责？

案 例 分 析

案例 11-1

有位印度人有三幅名画，这画恰好被一位美国画商看中，想收藏为珍品，等待增值后发笔大财。他正想着如何买下这三幅画。美国画商问印度人："我想买你的画，多少钱能卖？"印度人反问道："你是买三幅，还是只买一幅？""买三幅多少钱？只买一幅又多少钱？"美国人试探着问。他盘算着先谈定一幅的价格，然后再说三幅都要，多买优惠肯定能占便宜。印度人没有直接回答提问，可美国人却沉不住气："你开个价，一幅要多少钱？"

卖画的印度人是位地道的商业精，他很清楚自己这画的价值，也看出了这位美国人很喜欢古董名画，一旦看中，价多高他也会买的，他心中很有底儿。印度人假装漫不经心地样子回答说："如果你真心诚意要买，每幅250美元吧！很便宜的！"美国画商也不是商场庸者，他一美元也不想多花，于是，两人讨价还价，谈判陷入僵局。

那位印度人灵机一动，计上心来，装作大怒的样子，起身拿起一幅画就走到门外，二话没说就把画烧了。美国人很是吃惊，他从没见过这种对手，对于烧掉的一幅画又惋惜又心痛，于是小心翼翼地问印度人剩下的两幅画卖多少钱。想不到烧掉一幅画后，印度人要价的口气更强硬了："两幅画少了800美元不卖！"美国人心想，少了一幅画，反而还要多卖钱，哪有这种道理。于是，他强忍着怨气还是拒绝，目的是少花点钱。想不到，那位印度人不理他这一套，又怒气冲冲地拿出一幅画烧了。

这回，美国画商可真是大惊失色，只好乞求印度人不要再烧了，自己太爱这幅画了。接着又问这最后一幅画多少钱。想不到印度人张口还是800美元。这时美国画商有点儿急了："一幅画怎能比三幅画要价还高？这不是存心戏弄人吗？"这位印度人回答：这三幅画均出自名画家之手，本来有三幅的时候，相对价值应该小一些。如今只剩一幅了，已经变成了绝宝,它已经大大超过了三幅画都在时候的价值。因此,我告诉你,这幅画 800 美元我也不卖,你要想买,最低 1000 美元。听完后,美国画商一脸苦相,最后只能以 1000 美元成交。

案例讨论

1. 印度人如何抓住美国画商的心理弱点,以至"逼"着美国画商出高价?
2. 应该如何学习印度商人的独特思维?他使用的是哪种成交方法?

案例 11-2

克里斯·亨利是一个工业用阀门、法兰、密封圈及密封剂的推销人员,他正在访问壳牌石油公司的购买者格雷·马斯洛,希望他能使用该牌子的密封制品来防渗漏。克里斯刚和购买者讨论完产品的特色、优点、利益,也说明了公司的营销计划和业务开展计划,他感觉快大功告成了。以下是他们二人的对话。

克里斯:让我们来总结我们所谈到的。您说过喜欢由快速修理所节省下来的钱,也喜欢我们靠速战速决的反应而节省的时间。最后一点,我们的服务实行三年担保,是这样吧?

格雷:是的,大概是这样吧。

克里斯:格雷,我提议带一伙人来这里修理这些阀门渗漏,您看是让我的人星期一来呢,还是别的什么时候?

格雷:不用这么快吧!你们的密封产品到底可不可靠?

克里斯:格雷,非常可靠!去年,我们为美孚做了同样的服务,至今为止我们都未因质保而返回修理,您听起来觉得可靠吗?

格雷:我想还行吧。

克里斯:我知道您做出决策时经验丰富,富有专业性,而且您也认同这是一个对你们厂正确的、有益的服务,让我安排一些人来,您是下星期还是两周内?

格雷:克里斯,我还是拿不定主意。

克里斯:一定有什么原因让您至今犹豫不决,您不介意我问吧?

格雷:我不能肯定这是否是一个正确的决策。

克里斯:就是这件事让您烦恼吗?

格雷:是的。

克里斯:只有您自己对自身的决策充满自信,您才可能接受我们的服务,对吧?

格雷:可能是吧!

克里斯:格雷,让我告诉您我们已经达成共识的地方,由于能够节省成本,您喜欢我们的在线修理服务;由于能得到及时的渗漏维修,您喜欢我们快捷的服务回应,而且您也喜欢我们训练有素的服务人员及对服务所做的担保,是这些吧?

格雷:没错。

克里斯：那什么时候着手这项工作呢？

格雷：克里斯，计划看起来很不错，但我这个月没有钱，或许下个月我们才能做这项工作。

克里斯：一点也没问题，格雷，我珍重您在时间上的选择。下个月5号我再来您这里确定维修工人动身的时间。

案例讨论

1. 说明推销人员使用了哪些成交法。
2. 多重成交技术的优缺点各有哪些？
3. 克里斯是否应再次提出成交？为什么？

案例 11-3

李老汉的教训

李老汉是山东省日照市山区农民。2004年4月，李老汉将自己放养的12只山羊一次性卖给了本乡"全羊馆"的周老板。为慎重起见，双方签订了书面合同，对价格及有关事项达成协议。只是在交款方式上，周老板提出，目前手头紧，待12只山羊全部杀完后再付款。李老汉心想，全羊馆一天最少要杀1~2只羊，12只羊全部杀完最多不过十几天，便同意将此条件写进合同。半月过后，李老汉前来取款，周老板说还有两只羊未杀，再等一周，说是山羊太瘦，杀了可惜，等养肥再杀。李老汉多次索款不成，一拖两月有余，无奈，李老汉诉至法院，请求法院判令周某立即付款。

案例讨论

1. 在上述案例中，哪个合同条款不明确才使李老汉没能拿到货款？
2. 从本案例中能吸取哪些教训？在签订合同时要注意什么事项？

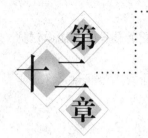

推销管理

引例

陈经理的失败

S公司所代理的品牌厂商对市场策略进行了调整,决定将战略发展方向放在商用电脑上。S公司的市场策略也进行了相应的调整,他们瞄准了北京的四个大行业——教育、金融、电信运营商和政府采购,准备大力发展公司的销售二部,也就是商用电脑销售部。因为陈经理在家用电脑销售部销售管理出色,公司撤换了原来负责商用电脑销售工作的经理,改由陈经理出任。很自然,陈经理又把他原来的那套销售管理模式移植到了新部门。上任以后,他采取了一些同以前类似的改革措施。

第一,他把商用电脑销售部销售代表的底薪都降低了,相应地提高了提成的比例。同时他也采用了强势激励措施,还是"第一个月红灯;第二个月走人;连续两个月业绩排最后的,末位淘汰"。

第二,严格执行早会和夕会制度,不管你今天要到哪里去,都要先到公司来开早会,陈述一下今天的计划;也不管你今天跟客户谈得怎么样,是否赶上了吃饭的点儿,也都要回来开夕会,向陈经理汇报一天的客户进展情况。

第三,强调对每个项目的整个过程进行严格的控制与销售管理。他要求每一个销售代表都要严格填写各种销售管理控制表格,包括日志、周计划、月计划、竞争对手资料、项目信息表、客户背景表等共十二项表格,而且每个表单都设计得非常细致,用陈经理的话说,"公司一定要监控到每一个业务细节"。

第四,严格业务费申报制度。所有的业务招待费用,必须事先填好相应的申请单据。比如想请客户吃饭,一定要事先写明什么时候请、参与吃饭的人是谁、想通过吃饭达到何种目的等,都要填写清楚,由陈经理签字确认才能实施,否则,所有招待费用一律自理。

开始时,商用电脑部的状况仿佛有了很大的改观,迟到早退的人少了,财务费用降低了,经常可以看到办公室人头攒动,大家在办公室谈天,早晚还会传来阵阵激动人心的口号声。但好景不长,到了7月,竟出现了以下几种情况。

第一,个别业务代表为了完成业绩,开始蒙骗客户,过分夸大公司产品的性能配置,过分承诺客户的要求,使公司在最终订单实施的时候陷于被动,尾款收得非常费力。

第二,员工之间表面上很和气、充满激情,但私下里互不服气、互相拆台,甚至内部降价,互相挖客户。

第三,以前的业务尖子不满意公司当前的销售管理机制,抱怨销售管理机制不合理,控制得过死,事事都要汇报,根本无法开展业务,两名前期业绩最好的业务员都已离职。

第四,新招的四个人,业务水平明显不足,除了冲劲之外一无所有。想培养他们"上道"以达到基本要求,看起来是"路漫漫其修远"。

整个商用电脑销售部的业绩水平没有像预期的那样提高,甚至还略有下降,应收账款的拖欠也日趋严重。更令人担忧的是,前期公司的老客户群正在流失,新客户的开拓也无着落,致使整个销售管理二部下半年完成业务指标的希望更加渺茫。9月,公司将陈经理调离了商用电脑销售部经理的岗位。10月,一个阴雨连绵的下午,陈经理带着郁闷和疑惑,最终不得不离开这家公司。

思考题

陈经理管理失败的原因是什么?

商品推销是现代企业营销中的一项重要工作。它流动性强,弹性大,可控性低,越来越多的企业已经意识到加强对推销行为的组织和管理、完善对推销行为的监督与控制,是非常必要的。推销管理包括推销计划与控制、推销组织设计、推销人员管理及推销绩效评估等内容。

第一节 推销计划与控制

推销管理工作要求规划、指导和控制推销活动。推销管理部门的基本任务就是要提出推销目标、制定推销计划,并监督、控制推销计划的实施。

一、推销计划

(一)推销计划的概念

推销计划是推销管理部门根据企业的生产经营实际情况,确定的推销目标、销售利润和销售费用以及实现目标的方式和步骤。推销计划是企业生产经营计划的重要组成部分,是企业推销工作得以有目的、有步骤、高效率展开的必备条件。推销计划与企业的各项生产经营计划有着紧密的联系,生产计划中的生产进度、生产数量要根据推销计划中的推销量来确定,财务计划中的利润指标也要与推销计划中的推销数量、销售额相协调。

（二）推销计划制定的依据

推销管理部门在制定推销计划时，主要的依据如下。

(1) 宏观经济环境，包括国家经济运行形势、宏观调控政策、物价、利率、经济增长率等因素。

(2) 企业的总体规划，包括企业的长远计划，年度计划，以及实施计划的策略、方针和步骤。

(3) 本行业基本动态，包括行业内各企业的销售量、市场占有率及营销目标与营销策略，竞争对手的实力和新产品开发情况。

(4) 企业基本状况，包括企业近年来的销售量、费用水平、利润率变化状况和发展趋势，以及现有人员、机构、设备和资金状况。

(5) 企业的促销措施，包括广告、宣传、公关、推销、价格、分销渠道等方面的决策及其相关的促销措施。

（三）推销计划制定的程序

1. 市场调研和预测

在制定推销计划之前，要搞好市场调研和预测工作。要使推销计划符合推销工作的实际情况，必须充分掌握企业的营销环境和企业内部资源情况，为编制计划提供可靠的依据。为了使计划能在相当一段时间内起到指导作用，还必须对市场需求及市场竞争态势做出科学的预测。在充分调研、搜集资料的基础上，确定年度推销计划。

阅读材料

制定推销计划的几种方法

一、根据销售成长率确定

计算销售成长率的公式：

$$销售成长率 = [计划年度(次年)推销配额 / 预计本年推销额] \times 100\%$$

确定销售成长率时，可参照经济成长率或行业成长率。

二、根据市场占有率确定

市场占有率的计算公式：

$$市场占有率 = (企业销售收入 / 行业销售收入) \times 100\%$$

以上两种方法都是依据全行业销售预测指标来确定销售计划。

三、根据实质成长率确定

实质成长率的计算公式：

$$实质成长率 = (本企业成长率 / 行业销售收入) \times 100\%$$

四、根据每人平均销售收入确定

每人平均销售收入可以以企业总销售收入目标为基础计算,也可根据以往的趋势预测下年度销售成长率并以此为基准计算。

五、根据每人平均毛利额确定

每人平均毛利额的计算公式:

$$每人平均毛利额 =(销售收入目标值 \times 毛利率)/ 人数$$

六、根据推销人员申报确定

应要求推销人员申报时尽量避免过分保守或夸大,并需检查申报内容是否符合市场发展的变化趋势。

2. 确定推销配额

推销配额是推销人员在一定时期内应完成的销售任务。为了避免推销工作陷入因漫无目的、缺乏奋斗目标而难以有所作为的困境,也为了避免推销人员之间因缺乏沟通而重复工作,必须设定一个明确的、具有科学性和合理性的推销配额,即推销管理部门根据销售目标所设定的年度销售预定额,要按月份、地区、推销人员、推销品等逐步细分,从而使其成为一个组织化的控制标准。

确定推销配额具有很多作用。

（1）提供了定量的任务标准。量化标准为推销人员指明了努力方向,并为评价推销人员的工作提供了标准。

（2）为推销人员提供了激励。如果配额设置合理并具有挑战性,可以产生很大的激励效果,鼓励推销人员为实现目标做出最大的努力。

（3）可以作为发放薪金的标准。有些公司将佣金、津贴或工资与销售配额挂钩,完成配额的情况直接决定推销人员收入的多少。

（4）可以用于推销竞赛。竞赛配额的设置,能为所有推销人员提供取胜的机会。

（5）有利于控制销售费用。通过配额可以实现对销售费用率的控制,从而增加利润。

3. 确定毛利目标

在确定推销配额的同时必须规定毛利目标。因为没有毛利目标的约束,有可能在年度终结时,推销配额达到了目标,而企业却亏了本。这是由于推销人员在推销配额单一目标的驱使下,往往为了自身经济利益单纯追求个人推销业绩,盲目采取减价、折扣、附加赠品及给予其他优惠条件等手段推销,或搞强行推销,损害企业的整体利益和长远利益。为避免这些问题,必须同时确定推销配额和毛利目标,实现对推销人员个人和整体推销工作的双重约束。

4. 修定推销计划

在推销计划制定以后,应督促推销部门及人员组织实施计划,并在计划实施过程中及时进行检查和考核,修订计划中脱离实际的内容,纠正偏离推销计划目标的问题。

阅读材料

推销人员个人推销计划的制定

一、目标的确定

（一）销售目标

销售目标包括是否要求老客户增加订货量或订货品种、是否向新客户提出订货单。

（二）行政目标

行政目标包括是否需要收回账款、是否有投诉或咨询需要处理、是否需要传达公司新政策。

二、客户的选择

（一）选择客户

应选择那些在同行中受到尊重、拥有很强实力、服务水准最佳、销售额稳定、市场拓展能力强、有稳定顾客群的客户。

（二）划分客户等级

应先根据客户的资信状况、经营规模、人员素质、仓储能力、运输能力、内部管理、组织机构及销售网络的覆盖范围，对客户进行等级划分；再根据公司政策、市场状况等因素确定目标客户。一般可以将准客户划分为三级：A级——最近交易的可能性最大；B级——有交易的可能性，但还需要时间；C级——依现状尚难判断。判断A级客户的MAN法则如下：M(Money)，即对方是否有钱，或能否向第三者筹措资金。事先要了解对方的经济实力，不要贸然行为。A(Authority)，即你所极力说服的对象是否有购买的决定权，如果他没有决定权，最终你将是白费口舌。在销售介绍的过程中，能否准确掌握真正的购买决定者是成败的一个关键。N(Need)，即需要，如果对方不需要这种商品，即便他有钱有权，你怎么鼓动也无效。不过"需要"弹性很大。一般来讲，需求是可以创造的，普通的业务员是去适应需求，而专业的业务员在于刺激和创造出顾客的需求，从而激发出其内心深处的消费欲望。

三、行动计划的制定

每个业务员都管理和控制着一个销售区域。为了达到公司制定的销售量或销售额目标，必须谨慎考虑并计划行程，具体步骤如下。

（一）客户分类

可以依据客户的重要性和增长潜能将客户分成A、B、C、D四级。A级客户：应安排在第一个星期出访，相应的，每日也应该将重要的客户安排在上午拜访，以利用最佳的脑力和体力。B级客户：多是安排在第二个星期出访，由于其数目较"A"级客户多，每家的拜访次数会相应减少。C、D级客户：应安排在第三个星期出访。第四个星期应将精力集中于客户服务(维修、技术与操作)、货品陈列、收账和计划下个月的工作方面。当然,销售员也可以据实情安排 ABCD 客户拜访计划,如每日、每周拜访客户中既有 A、B 级客户,也有 C、D 级客户。但无论怎样安排,销售人员应当明确知道,首期就拜访 A 级和 B 级客户,可以使自己及早掌握所需要负责的区域内部分营业额,由此,也可以增强信心和增加勇气,以面对未来的挑战。

(二)出访频率及形式

销售员身负完成公司的销售指标的任务,所以显而易见,销售员的销售重点应集中于那些"销出"迅速、账款回笼及时的客户。因此,销售员必须以定点巡回的方式反复多次地出访这类客户,以连续不断的客户服务使销售目标实现。在激烈竞争的商场中,销售员特别应保持极高频率和足够数量的拜访次数,以期用稳定的营业额、连续的专业客户服务令竞争对手难以介入自己拥有的客户和市场。

(三)提高出访比率

每日出访客户的多少,会因业务员选择的客户等级不同而有所区别。根据权威资料统计,很多业务员每日花在真正销售呈献的时间不会超过两小时。按照良好的计划工作可以避免在区域内因纵横交错的拜访而导致出访时间不够充分。因此,谨慎而周详的计划每日的工作可以增加出访次数,也可以确保每次出访更有实效。最理想的是每日的出访行程都预先订下,且保证每次出访安排都是最经济、最有效的。

四、制定行动计划的注意事项

我们都知道,在推销之前,要制定一份销售计划。制定计划会使人胸有成竹,但不是说面对不同的顾客时只用同一份计划就可以,而是要因人而异。所以在制定计划之时,要注意以下几个方面。

(一)要有某些特别的提案

要想把商品顺利地推销出去,就得在每次访问的时候准备好特别的销售计划。换句话说,面对准顾客的时候,必须有个"针对他而计划好的某些特别的提案"。

(二)不能光靠普通的商品说明

打算向准顾客施展的说明,必须是因人而异的说明、完全符合各个准顾客特性的说明。这就是说,必须具备好"访问那个人的特殊理由",即要清楚以下问题:①我要向他说(诉求)什么?②我要说服他做什么?③我打算采取什么"方法"促其实现?④怎样准备"访问的理由"? 这些"访问理由"必须内容不一样。也许,你认为这是相当难的事,事实上,只要下决心写出来,做这个作业只需花费15分钟。别小看了这个作业,它会点燃你的斗志,使你不断产生各种销售计划。

当准备好这份特别销售计划后,就要接见顾客了,这时要给自己两分钟的时间,在脑中想一下这些事情。

(1)要提醒自己销售的目的,即帮助人们对他们所购买的产品感到满意,并感到他们自己的购买抉择是一种明智之举。

（2）设想一下会发生的事情：想象自己穿上了顾客的鞋子在走路，也就是站在顾客的高度来考虑问题；想象自己的产品、服务或建议的优越性，并想象如何运用这些优越性去满足顾客的需要；想象一个美好的结局，自己的顾客获得了他们所希望得到的感受，即对他们所购买的商品及所做出的选择均感满意；想象自己的愿望也实现了，这就是在轻松的气氛中以较少的气力销售了更多的商品。

资料来源：营销人俱乐部. http://www.9ban.com/thread-6103-1-1.html

二、推销控制

在推销计划的执行过程中，市场格局和销售环境的变化是在所难免的。为了确保推销工作高效率地展开，企业及推销部门必须及时对推销状况进行控制。

（一）推销控制的含义

所谓推销控制，就是企业为了将推销机构各部门、各环节的活动约束在企业经营方针及推销目标、推销计划的轨道上，对各推销要素的运动态势及其相互间的状况进行的监督与考察、审计与评估、操纵与把握等一系列规范化约束行为的总称。其本质是对推销活动的操纵与把握，即通过对推销活动的每一个行为和事件的测度来检验其是否符合既定的原则、计划和指令；如果发生偏差，应立即采取调整修正措施，以保证推销活动沿着最合理的途径实现推销计划所确定的目标。

从管理学的角度讲，控制是管理的重要职能之一。控制就是将计划的完成情况和计划、目标进行对照，然后采取措施纠正计划执行中的偏差，以确保计划、目标的实现。如果把管理者制定计划、实施计划和进行管理控制看做一个周而复始的过程，那么，控制可以说既是前一次循环的结束，又是新循环的开始。

在推销管理中也是如此。推销控制的目的在于使推销组织的各项活动与组织目标保持一致，通过建立及时、有效的推销控制系统，确保推销计划的顺利执行。

（二）推销控制的作用

1. 有利于推销计划的完成

根据管理学的原理可知，计划是一个组织为实现一定目标而科学地预计和判定未来的行动方案。这种行动方案多少都带有不确定的因素，在具体的实施过程中难免会因各种意外事件的冲击而遇到困难。如果在实施计划的过程中，经常地运用某种手段检查计划的执行情况，确保计划在规定的时间内达到其预定的目标、完成任务，这种手段主要就是推销控制。

2. 有利于提高推销组织的工作效率

在推销计划实施过程中进行推销控制，可以及早地发现问题、避免事故的发生，以及寻找更有效的管理方法和手段、充分挖掘潜力、提高推销工作的效率。例如,控制某种产品或地区市场的获利性,可使企业保持较高的获利水平;实施产品质量售后跟踪服务,可以避免顾客购买后产生不满情绪;等等。

3. 有利于对推销人员的监督和激励

如对推销人员进行行为控制,可以检查推销人员的推销工作目标和任务完成的程序,预防问题的出现,及时排除推销障碍,同时,可以促使推销人员努力工作,追求卓越的工作业绩,并更符合推销目标任务的要求。

(三) 推销控制的程序和内容

要按照一定的程序完成推销控制的相应工作。一般来说,推销控制的程序及工作内容如下。

1. 确定评价对象

推销控制的系统应包括推销成本、推销收入和推销利润三个方面,测评的范围应该包括推销人员的工作绩效、新产品开发与推销成绩、广告投资收益率及市场调查的效果等。对市场调研、广告、推销、咨询及各项服务等推销活动均要通过控制来评价其效率,对新产品开发、特别促销、试销等专门项目则往往采取临时性的控制措施。

管理者在确定测评范围时,应根据各推销组织及推销人员的具体情况而定;在确定测评对象时,要考虑必要性和经济性。测评的业务范围越大、频率越高,所需要的费用也就越多。有的组织、个人或推销环节对企业整个推销绩效来说关系重大,或容易脱离计划,或情况不稳定,这就需要对有关推销业务活动作全面测评,以加强控制;反之,则可以只抽查几个主要方面。

2. 确定衡量标准

确定衡量标准是指根据已确定的将予以测评的推销业务活动来选择具体的衡量标准。科学而合理的衡量标准,是检测评价工作实绩的客观制度,也是管理者对具体推销活动实施控制的主要依据。

控制标准有质和量两个方面的规定性。控制标准的质是指标准的特定内涵,即对标准所反映的性质的界定,通常是指一系列具有针对性的、可以反映某种行为内在本质的标准规范。例如,推销人员的工作绩效可以用销量增长率、客户年增加率等来说明,市场调查效果可以用每进行一次用户访问的费用表示,宣传促销效果可以用潜在客户中记住广告内容的视听者占全部试听者的百分比来表示等。控制标准的量是指将指标加以定量化,即确定各项控制指标的定额。

多数企业在确定控制标准时通常选用综合性的工作绩效标准,一般说来,考虑的因素如下。

(1) 每个推销人员所推销产品的具体特征。

(2) 每个推销人员推销区域内的销售潜量。

(3) 每个推销人员推销区域内竞争产品的竞争力。
(4) 每个推销人员所推销产品的广告强度。
(5) 每个推销人员的业务熟练程度。
(6) 每个推销人员的推销费用等。

3. 检测工作绩效

要采用各种方法检测实际工作,客观地了解和掌握测评对象的实际情况。检查工作可以采取直接观察的方式,也可以根据推销管理信息系统所提供的资料和各种原始记录来进行,例如,通过月度销售量资料检查推销进度,通过推销人员招待费用的报销凭证检查推销人员支用招待费有无违规行为,通过用户购物订单检查实际销售量,等等。然后,就可将工作实绩资料与控制标准相比较,了解预期目标实现的情况。

4. 分析偏差原因,采取改进措施

工作实绩与控制标准比较,如果不相符合,就说明企业推销部门及其人员中存在问题,企业就应当进一步进行绩效分析,找出工作实绩与控制标准出现偏差的原因。如果控制脱离了推销实际,就应修正控制标准;如果控制标准是科学合理的,就要从推销活动中找出具体原因,以便采取相应的措施加以调整。

(四)推销控制的方法

推销控制活动是连续不断、周而复始的运动过程。企业在确定了具体的控制对象和合理的控制程序后,还必须根据不同的对象科学地选用控制方法,以保证对推销活动实施有效的控制。推销控制的基本方法有战略控制、过程控制和预算控制等,这些方法可从不同的角度对企业推销活动实行控制。

1. 战略控制

战略控制的目的在于使企业的营销目标及所采取的策略与推销环境相适应,以保证企业推销任务的顺利完成。它由企业的最高管理层通过多种手段,对企业的推销环境、内部推销系统和各项推销活动定期进行全面而系统的考核。

战略控制的重点有三个方面。

(1) 考核推销环境,考核的对象包括以下四方面。

① 市场状况。市场状况包括企业目前所面对的市场、细分市场状况、市场特性与发展前景。

② 顾客情况。顾客情况包括顾客对本企业的认识与看法、顾客做出购买决策的依据与过程、顾客当前的需求状况与发展趋势。

③ 竞争状况。竞争状况包括企业主要竞争对手的状况、当前竞争态势与可预见的竞争趋势。

④ 宏观环境。宏观环境包括可能对本企业产生影响的政治、经济、社会、法律与科技发展因素。

(2) 考核企业内部推销系统，考核的对象如下。

① 目标。考核目标包括考核企业长短期营销目标与销售目标是什么，目标是否明确、合理，是否全面反映了企业的竞争能力，是否把握了有利时机。

② 策略。考核策略包括考核企业借以实现目标的核心策略是什么、其成功率有多大、企业是否能够调配足够的资源完成计划任务、各种要素的配置是否得当。

③ 计划。考核计划包括考核企业是否制定了完善、有效的年度推销计划，是否按期执行控制步骤以确定计划目标的实现，企业的推销信息系统是否能满足各级人员对推销业务进行计划与控制的需要。

④ 推销组织及推销人员。考核推销组织及推销人员包括考核企业中从事推销活动的人员在数量、素质上是否合乎要求，对各级推销人员是否有进一步培养、激励或监督的必要，推销组织结构是否能适应不同产品、不同市场与各类推销活动的需要。

(3) 考核各项推销业务活动，考核的对象如下。

① 产品。考核产品包括考核企业的主要产品和一般产品、产品系列中应淘汰或增加哪些产品、从整体上看各项产品的情况是否正常。

② 定价。考核定价即看产品定价是否全面考虑了成本、需求与竞争因素，以及价格变动的反应。

③ 推销。各推销分部是否按最佳分工方式组成，是否都能实现企业目标，整个推销组织的士气、能力与成果是否相协调；评价劳动成果的目标体系是否合理。

④ 广告宣传。考核广告宣传是看是否有完整的广告计划、所制定的目标是否切合实际、媒体选择是否恰当、费用支出是否合理、效果如何。

2．过程控制

过程控制的核心在于实行目标管理，即将计划目标细分为若干小目标，分层落实，并及时纠正偏差。实施过程控制的具体方法如下。

(1) 销售分析。销售分析的目的在于衡量与评估实际销售额与计划销售额之间的差距，常用方法有以下两种。

① 销售差距分析。销售差距分析这种方法主要用于判断不同因素对实现销售目标的影响程度。例如，计划3月以10元的价格销售某种牙膏40000支，总销售额400000元。而到3月底，仅以8元的价格售出30000支，总销售额为240000元。造成实际销售额与计划销售额相差40%，主要原因是销量不足和售价降低，但这两个原因对销售额所产生的影响是不同的，可以通过计算予以说明：

$$售价降低的差距 = (8-10) \times 30000 = -60000(元)$$

即由于实际价格低于计划价格而使销售额减少了60000元。

$$销售降低的差距 = 10 \times (30000-40000) = -100000(元)$$

即由于实际销售量达不到计划数而使实际销售额比计划销售额减少了100000元。

综合影响 =－60000＋(－100000)＝－160000(元)

从相对数上来看,由售价降低造成的影响为(－60000)/(－160000)＝37.5％,由销售量不足造成的影响为(－100000)/(－160000)＝62.5％。

这说明销售量降低是影响销售计划实现的主要原因,须进一步找出根本原因并采取办法加以解决。

② 地区销售量分析。地区销售量分析方法主要用于判断导致销售差距的是哪种产品或哪些地区。例如,某企业在甲、乙、丙三个地区的计划销售量分别为400件、800件与1000件,但实际销售量却分别为360件、840件和560件,与销售目标相比销售差距分别为－10％、＋5％和－44％,据此分析可得出结论:导致销售差距的原因主要是丙地区的销售业绩不佳。

(2) 市场占有率分析。销售分析不能反映企业在市场竞争中的地位,而通过市场占有率分析则可以清楚地掌握企业同其他竞争者在市场竞争中的相互关系。例如,企业只有销售额增加而市场占有率不变,其原因可能是宏观经济环境改善,并不能说明企业竞争地位的提高;企业的销售额下降而市场占有率保持不变,说明整个行业受到了宏观经济的不利影响。进行市场占有率分析时,必须注意定期搜集、整理全行业的销售资料。

(3) 销售费用率分析。实施过程控制时,要注意在确保实现销售目标的同时,销售费用不能超支。管理人员应注意把各项推销费用控制在计划以内,重点考核广告费用与人员推销费用。

3. 预算控制

预算控制是按照事先分配给各项推销活动的费用计划对推销活动实施的控制。管理人员可以采取效率测量的方法,分析研究企业推销资源可产生的推销效果,使推销资源产生最大效益;也可以采用制定推销预算的方法,根据企业预算的目标核算完成预定目标所必须支付的费用水平,防止费用超支,并对推销成效进行测量。

阅读材料

好的业绩在于过程管理

对于销售来说,好的过程一定会有好的结果,但好的结果,却不一定有好的过程。比如,有的销售人员,酒水销售任务虽然完成了,但却是通过私下里压货完成的。所以,好的销售业绩完全取决于过程管理,必须要有一系列销售过程的管理工具与方法。

一、一个表格

一个表格,即销售日报表,这是酒水销售过程管理中最基本也是最重要的一个表格。这个表格显示了如下管理内容。

(1) 体现了销售人员工作的区域、具体日报人、填写日期以及天气状况。通过天气填写,可以避免销售人员借此不出勤、推脱工作责任等现象。

(2) 序号。序号的填写,能够反映出一个销售人员每天拜访客户的数量,可以看出销售人员是否按照企业要求进行定量工作。

(3) 访问客户。此即按照具体计划访问的客户名称或者人名。当然了,如果在表格最后一栏"其他记录"中加上拜访客户的电话号码,更便于检查销售人员工作内容是否属实。

(4) 访问时间。这是指访谈客户的具体时间。比如很多酒水企业都有自己的团购公关部,它们对团购客户可以进行A、B、C分类,不同的客户有不同的访问频率和具体访谈时间,这样,企业就可以要求销售人员具体填写出访问客户的起始时间段,从而更便于进一步检查这个时间段销售人员在做什么。

(5) 访问目的。访问目的分为订货、收款、开发、服务、说明(比如新产品、新政策等),由此可以看出销售人员每天的工作重点,进而有助于主管监督。

(6) 商谈结果。据此可以看出一个销售人员每天的工作绩效,从而可以看出一个销售人员的工作技能,由此决定是否需要对销售人员进行培训提升等,以提高工作效率和效益。

(7) 客户类别。这包括开发、新增、原有三种,据此可以看出一个销售人员的客户结构是否合理、销售增长是否有保障等。

(8) 预定再访时间。这是根据与客户访谈的结果,与目标客户进行二次沟通的具体时间安排,根据四次拜访法则,即80%以上的客户都是拜访四次以上才成功的,要求销售人员进行有技巧、有频次的拜访。

(9) 其他记录。这里可以记载客户异议、有待解决的问题、共同商定的事项以及备忘录等。

二、两种管理方式

销售过程管理要想达到预期效果,必须灵活运用两种管理方式。只有如此,销售过程管理才更有效,才能更好地促进目标达成,更好地完成销售任务。

(一)走动管理

麦当劳曾经在一段时间内业绩下滑,后来发现,一些管理人员在办公室做管理,而很难快速、便捷地解决问题。后来,麦当劳把办公室的椅子的靠背全部锯掉,让喜欢待在办公室的管理人员,没有了舒服的靠背,从而主动到现场去做管理了,结果,快速扭转了局面、提升了业绩。

其实,销售主管要想更好地去做销售过程管理,走动式管理必不可少。娃哈哈集团作为一家民营企业多年保持增长而不衰,归结于娃哈哈的董事长宗庆后一年200多天在市场上跑,他熟悉市场、熟悉客户、熟悉销售人员,所以,降低了娃哈哈决策失误的几率。因此,酒水企业销售主管要想正确决策、取信于下属,也可以借鉴走动式管理方式,不局限于

"办公室管理"、"电话管理",从而掌握一线市场情况,取得更好的管理效果。

(二)现场管理

现场管理对于下属及客户更有吸引力。不论是销售人员,还是客户,都喜欢能够现场解决问题的主管,而从不喜欢在办公室、在电话中指手画脚瞎指挥的领导。销售主管要想树立自己的威信,更好地帮扶下属与客户,就必须走到现场去。

(1)现场解决市场问题。很多问题是需要主管到现场去调查、取证、喝彩、助威的。比如,窜货、乱价等问题,就不能轻易听信一方说辞,就必须要到现场去调查、摸排,从而追根溯源,合理地予以处理。

(2)现场培训销售人员。销售主管可以通过现场管理方式,发现销售人员工作中存在的问题,尤其是技能方面存在的不足,从而在现场手把手地教,并即时演练。这样更便于销售主管及时地予以纠偏,从而找到目标达成的根本解决途径或者方法、技巧。

三、三种另类小技巧

销售过程管理对于销售目标的达成起着至关重要的作用。那么,除了常规的销售过程管理方式与手段之外,还有三个看似"另类"的销售过程管理方法与技巧。

(一)突击检查法

突击检查法就是除了常规例行性的检查外,在销售过程管理当中,采取"突袭"行动,借此检查销售人员的工作状况。这样做会让老老实实做市场的业务员更踏实、更有公平感,同样,也会让脱岗、离岗的销售人员"现出原形",以致措手不及,更有助于销售管理人员抓典型。比如,销售主管每月进行市场检查时,一般情况下,是不会通知销售人员自己的行踪的,即使是办公室的销售内勤也不会通知,等到了所要检查的市场后,先检查渠道状况,尤其是终端,看产品陈列、POP张贴、产品生产日期(检查流转速度)、终端人员工作状态,然后根据需要,进行现场拍照,掌握了第一手资料后,再到客户那里去,检查销售人员在不在岗,如果在岗,那万事大吉,如果不在岗,那就要按照相关管理规定,进行处罚。实践证明,这个方法非常有效,它就像一把无形的"剑",高悬在每个人的头上,会让他们感觉到背后有一双无形的"眼睛",从而不敢懈怠,更好地投入到每天的销售工作中去。

(二)网上沟通法

做市场管理,难免会遇到各种各样的问题,比如,产品积压,产品滞销,竞争对手狙击、降价、做促销等,有时一两句话很难沟通清楚。特别是远距离管理时,除了打电话之外,还可以通过互联网这个方式,来解决难题。一个是销售人员可以通过发邮件的方式,把销售管理报表、市场问题等在规定的时间内发过来,以便于销售管理人员把握进度、及时调整方向与策略。二是可以通过建立区域销售人员QQ交流群的方式,在规定的时间内,大家都上网,交流工作的心得与体会,尤其是成功的经验,甚至包括失败的教训,都在网上共享,好的经验,让大家都来学习和借鉴,不好的方面,大家引以为戒,从而尽量避免"重蹈覆辙"、减少摸索的成本与代价。网上沟通法,是一种高效的交流方法。很多外资企业,都通过设计销售管理表格文档这种方式,快速传递信息。这大大提高了销售管理者的办事效率,取得了很好的管理效果。

(三)月中例会法

在销售管理当中发现,仅仅通过电话、邮件传递信息是不够的,尤其是一些动力不足的销售人员,需要在后面推一推、拉一拉,甚至需要加点"油"。这就需要在每月的中间节点,也就是月中,举行一次区域销售运行分析大会,这次大会,一方面要总结上半月的销售情况,比如销售进度、产品结构、新产品推广、新市场开发、促销活动效果评估等;另一方面,还要对能够促使本月达标的关键因素进行挖掘和寻找,对下半月的工作进行具体安排,比如,根据上半月的销售目标执行情况,进行相应的计划、策略或者市场调整。这个方法的好处是,可以及时检讨销售目标完成情况,避免"临时抱佛脚"现象。同时,这个大会还有一个重要工作,那就是要对销售人员进行培训,针对销售人员工作中存在的不足进行培训,也可以让做得好的销售人员现身说法,与其他销售人员分享其成功的做法。这一方面树立了典型,也潜移默化地培养了销售人员的学习意识。

总之,销售过程管理需要常规手段与另类方法相结合,同时注意方式和技巧。应通过过程管理,激发团队成员的工作积极性、主动性、能动性,从而让目标达成基础稳固,最终水到渠成、业绩卓越。

资料来源:http://finance.ifeng.com/leadership/yygl/20090601/728057.shtml

第二节 推销组织的设计

推销组织是企业在营销战略环境下为履行推销职能、实施推销计划而建立的推销活动运作系统。推销组织设计决定企业推销工作开展的形式,是企业销售目标得以实现的制度保证。合适的推销组织能够帮助企业提高推销效率、改善经营效益。所以,企业进行推销管理首先要建立符合市场规律和企业发展实际需要的销售组织,并确定、培养一批符合现代市场竞争要求的推销人员,以保障企业推销活动的有效开展。

一、推销组织设计的原则

(一)有利于目标完成的原则

企业推销组织的设计、建立、调整、建设都应以对其实现销售目标是否有利为标准来衡量,以有利于达成销售目标为原则来进行,哪种推销组织模式有利于达成销售目标就采用哪种推销组织模式,当然还要考虑企业的具体条件(资源状况、战略目标、企业文化、领导人偏好等),推销组织的建立应与企业总体发展战略和经营计划相一致。

（二）组织成员分工协作的原则

企业的推销工作是一个整体运作系统，组织中的每一位成员都应为这个系统的目标完成尽自己的责任。因此，在建立企业推销组织时，首先应将总体任务分解，根据任务的性质、范围、数量明确各自的工作内容和分工范围。另一方面，虽然推销工作具有个人独立性的特点，但在推销组织中，成员之间相互协作还是非常重要的，如推销前的信息交换、针对某些客户的交叉销售、对组织市场的推销、市场推广中的相互协调等，都要求组织成员分工协作。

（三）责、权、利相结合的原则

推销组织成员在履行推销职能时，必须明确自己的职责和任务；同时企业也应给予推销组织和推销人员相应的权利，以便于他们更好地完成任务。责任与权利是对等的，权力越大，责任也越大；同样，责任越大，被赋予的权利也应该相应增大。切忌出现下面两种情况：一是推销人员对销售决策没有相应的权利，什么事都不能决定，从而影响工作效果；二是推销人员滥用权利，做出有违企业政策的决定，造成损失和负面影响。另外，责权制度还必须与相应的经济利益相结合，一份付出一份回报，以激发业务人员的销售热情。

（四）推销组织精干高效的原则

企业在建立推销组织时，应根据企业的实际情况，包括目标市场、企业规模、客户类型、分销方式等，结合推销人员完成任务的能力，确定合理的机构规模和组织结构形式，尽量实现组织机构的扁平化，提高推销组织的管理效率，避免机构臃肿和人浮于事。精干不等于精简，要使推销组织处在有效的工作状态，各尽其责，相互协作；同时，要保证企业有充分的推销管理与执行能力，以市场份额最大化、销量最大化为目标。

二、典型推销组织模式

在设计一个公司的推销组织模式时，要考虑企业战略目标、资源状况、企业文化偏好等企业条件，以销量最大化和市场份额最大化为目标，在综合考量的基础上进行优化整合和设计筛选，以选择最有利于实现企业经营目标的组织模式。目前主要的推销组织模式有地域型、产品型、市场型、职能型和客户型等。

（一）地域型

地域型推销组织是指以自然地理区域为管理单位，把销售人员分配到不同的地理区域，并且在该区域内开展面向所有客户的全部推销活动。这是一种除了在地域上专业化外没有其他专业分工、在推销努力上不重复的最常见的推销组织类型。因为地域有界线，易于划分和管理，我国绝大部分企业都是采用的这种推销组织模式。就我国的地域划分和地域型推销组织的设立习惯看，一般把我国市场划分为东北、华北、西北、华东、华南、华中、西南七个大区，然后再按照各个省（自治区、直辖市）进行划分和管理，如图12-1所示。

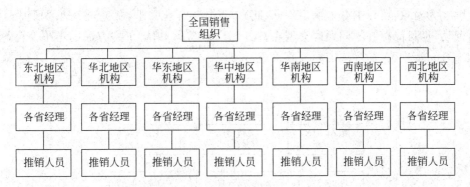

图 12-1　地域型推销组织

(二) 产品型

产品型推销组织就是按产品或产品线分配销售人员,实行产品专业化销售模式。公司依据产品线设置相对独立的事业部,如图 12-2 所示,组建相对独立的销售队伍。对那些有许多不同的产品线或产品线之间关联性不大的公司来说,这是一种实现产品最大化覆盖的最为有效的经营模式。如宝洁(P&G)就是采用的这种推销组织模式。产品型的推销队伍可以使推销人员成为该产品类别中的专家,有利于更好地满足客户专门化的需求,有利于产品的推销和便于监控某一产品的营销过程、制定专门的营销政策。但这种模式也会导致销售的地理交叉和推销工作的重复,增加推销成本。

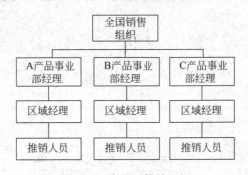

图 12-2　产品型推销组织

(三) 市场型

市场型推销组织是指推销队伍按照市场类型来分配和设定,一部分推销人员专门为某一类特定的市场(顾客)服务的销售管理模式。一般来说,可以把市场划分为组织市场、消费市场和特殊市场,设立对应的推销机构开展推销活动,如图 12-3 所示,通过顾客专业化以提高推销工作的效率。市场型推销队伍的目标是让销售人员了解特定顾客群如何购买和使用公司的产品、如何更好地满足他们的需求以实现销售目标。市场型推销组织以特定顾客为对象，可以更好地满足不同细分市场的多样化需求，避免同一地区推销人员的重复劳动，但可能存在不同顾客类型在数量、分布、需求、销售价格方面的不平衡问题，管理起来有一定难度，需要制定相关政策进行协调。

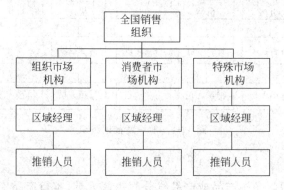

图 12-3　市场型推销组织

（四）职能型

职能型推销组织是依据推销活动的具体任务来组建机构和安排销售人员，以体现多种不同的推销功能及特点，如代理、直销、电话销售、连锁经营等，如图 12-4 所示。当需要不同的专业人员来履行不同的推销职能时，企业适合采用职能型推销组织。职能型推销组织有利于培养和发挥推销人员的专业特长，但可能导致成本和管理难度的增加。

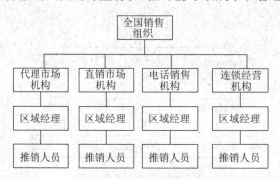

图 12-4　职能型推销组织

（五）客户型

客户型推销组织是指以客户的性质、规模和重要性、复杂性为基础来配置推销人员进行专门化推销管理的推销组织模式。每一个公司都有一些对公司的销量贡献、利润率贡献或品牌贡献很大的客户，我们称之为大客户或主要客户。他们对公司的发展非常重要，所以需要给予特别关注和管理，因此一些公司采用客户型推销组织模式，专门设立独立的销售队伍负责对他们的跟进服务,如图12-5所示。

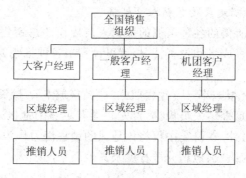

图12-5 客户型推销组织

从公司战略层面来讲,公司组织与制度是战略实施的基础,销售队伍是实现公司经营目标的保障。事实上,推销管理组织与队伍的设计并没有统一的模式,也没有一个所谓最佳的方法。企业必须在分析推销目标、推销环境的基础上,结合公司产品、渠道、客户、人员及所处地理区域等因素综合考量和取舍,来选定一种合适的推销组织模式进行建设,以体现公司推销队伍的特点、提高推销效率和效益。

三、推销组织的人员规模

推销人员是进行有效推销的关键性因素。推销人员规模是否适当,直接影响着企业的经济效益。推销人员过少,不利于企业开拓市场和争取最大销售额;推销人员过多,导致成本增高。因此,合理地确定推销人员的规模,是设置推销组织的重要问题之一。推销人员规模的确定方法有如下两种。

(一)销售能力分析法

销售能力分析法是指通过测量每个推销人员在范围大小不同、销售潜力不同的区域内的销售能力,计算在各种可能的推销人员规模下,公司的总销售额及投资回报率,以确定推销组织人员规模的方法。其步骤如下。

1. 测定推销人员在销售潜力不同的区域内的销售能力

销售潜力不同,推销人员的销售绩效也不同。销售潜力高的区域,推销人员的销售绩效也高。但是,销售绩效的增加与销售潜力的增加并非同步,前者往往跟不上后者。美国经济学家沃尔特·J.山姆洛通过调查发现,某公司推销人员在具有全国1%销售潜力的区域内销售,其销售绩效为16万元,而在具有全国5%的销售潜力的区域内,其销售绩效为20万元,即全国销售潜力的每1%平均绩效仅为4万元。因此,必须通过调查测定各种可能的销售潜力,以确定销售人员的销售能力。

计算在各种可能的推销人员规模下公司的总销售额。计算公式如下:

$$公司总销售额 = 每人平均销售额 \times 推销人员数$$

2. 根据投资报酬率确定最佳推销人员规模

根据以上方法计算所得的各种可能的推销人员规模的总销售额（销售收入），并通过调查得出各种情况的销售成本和投资情况，就可计算出各种推销人员的投资报酬率，计算公式如下：

$$投资报酬率 = （销售收入 - 销售成本）/ 投资额$$

运用这种方法来确定推销人员规模，首先必须有足够的地区来做相同销售潜力的估计，运用时比较困难。另外，在研究中仅将该地区的销售潜力作为影响销售绩效的唯一因素，忽略了地区内顾客的组成、地理分散程度及其他因素的影响。

（二）推销人员工作负荷量分析法

推销人员工作负荷量分析法是根据每个推销人员的平均工作量（如企业所需拜访的客户数）来确定推销人员规模的方法。其步骤如下。

(1) 将顾客按年度销售额分为若干等级。

(2) 确定各等级顾客的最佳访问次数。

(3) 计算该公司推销人员的总工作负荷量。将各等级的顾客数与该等级中每个顾客的每年拜访次数相乘，得出公司推销人员对各等级顾客推销的工作负荷量，对各等级顾客推销的工作负荷量的总和，应为公司推销人员的总工作负荷量。

(4) 测量并规定每一个推销人员每年的平均拜访次数。

(5) 计算该公司所需推销人员数。以公司的总工作负荷量除以该公司每一推销员每年的平均工作量，即所需的推销人员数。

第三节 推销人员管理

人是管理活动的中心，推销人员的管理是推销管理工作的一项重要内容，它包括推销人员的选拔、培训、薪酬制度与激励等重要内容。

一、推销人员的选拔

（一）推销人员招聘

推销人员的招聘，可选择从企业内部选拔和从企业外部招聘两种最典型的方式。推销人员的招聘主要有以下四种具体途径。

1. 公开招聘

所谓公开招聘就是面向社会，向公司以外的一切合适人选开放，按照公平竞争的原则公开招聘推销人员，具体包括以下三种方式。

(1) 通过人才交流会招聘。各地每年都会组织大型的人才交流会。用人单位为此花一定的费用在交流会上摆摊设点,以便应征者前来咨询应聘。如各地几乎每年都举办春、秋季人才交流会,还举办特殊专题(如营销、中小企业)人才交流会和外资企业人才招聘会。这种招聘方法的主要优点是可公事公办、按标准招聘,可直接获取应聘人员有关资料,如学历、经历、意愿等,根据需要招聘紧缺人才。这种招聘会对象集中,节省时间和经济成本,是主要的招聘形式。

(2) 利用媒体广告招聘。目前企业最普遍的招聘广告大都利用报纸媒体。这种途径操作便捷,又便于保存和查询,且报纸发行量较大,信息扩散面大,可吸引较多的求职者,备选比率大,并可使应聘者对本企业情况有所了解,减少盲目应聘。但通过这一途径招聘业务人员也会存在以下几个问题:招聘对象来源、数量不稳定,质量差别较大;招聘广告费用较高,并有不断上涨的趋势;广告篇幅拥挤狭小,千篇一律,内容单调;广告位置不醒目,各类广告混杂在一起,使招聘广告效果不佳。

(3) 通过网络进行招聘。由于信息技术和互联网的发展,越来越多的企业通过互联网招聘人才。这种方式成本低,可以长期持续招聘。一部分企业通过专业人才招聘网站招聘人才,付给少量费用。我国有名的招聘网有深圳南方招聘网、上海人才招聘网、北京人才招聘网、前程无忧招聘网、智联招聘网、研究生就业网等。目前更多的企业通过自己企业的网站招聘人才,这样可以随时招聘,但也存在招聘信息不能及时到达的问题。

2. 内部招聘

内部招聘就是由公司内部职员自行申请适当位置,或由他们推荐其他候选人应聘。许多规模较大、员工众多的公司经常采用这种方式。这种招聘方式主要是挖掘内部人才潜力,让人才各得其所,或者本着"内举不避亲、外举不避仇"的原则,让内部职员动员自己的亲属、朋友、同事、熟人经过介绍加入公司的销售队伍。通过这一渠道招聘有它的优点。

(1) 一方面,应征者已从内部职员那里对公司有所了解,既然愿意应征,说明公司对他有吸引力,招聘人员具有相对稳定性;另一方面,公司也可以从内部职员那里了解有关应征者的许多情况,从而节省了部分招聘程序和费用。

(2) 由于应征者已对工作及公司的性质有相当的了解,工作时可以减少因生疏而带来的不安和恐惧感,因而人才流失率大大降低。

(3) 有时因录用者与大家比较熟悉,认为彼此有责任把工作做好,相互容易沟通,有利于提高团队作战的效率。

但是,如果利用不好,这种内部招聘也会带来诸多弊端,如内部职员引荐录用的人多了,容易形成小帮派、小团体和裙带关系网,牵一发而动全身,从而造成内部管理上的困难。

3. 委托招聘

委托招聘就是委托一些专门机构负责推荐、招聘人才,这些专门机构主要有以下几类。

(1) 职业介绍所。许多企业利用职业介绍所获得所需要的推销人员。一般认为,职业介绍所介绍的求职者,大多数是能力较差、不易找到工作的人。不过如果有详细的工作说明,让介绍所的专业顾问帮助筛选,既能使招聘工作简单化,又可以找到不错的人选。

(2) 人才交流中心。它们是政府劳动人事部门或企业设置的常年人才市场。它们负责人才储备、人才的介绍与推荐,乃至人才招聘以及社会人才的管理。北京、上海、广州、深圳、武汉等大城市的人才交流中心都有大量的人才储备。

(3) 行业协会。行业组织对行业内的情况比较了解,如中国市场协会、各省市行业市场研究会、专业俱乐部等,它们经常访问、接触行业内厂家、经销商、销售经理和业务员,往往拥有行业人才需求与供给的资源,企业可请它们代为联系或介绍推销人员。

(4) 公司客户。公司在开展业务过程中,会接触到顾客、供应商、代理商、非竞争同行及其他各类客户人员,这些人员都是推销人员的可能来源。

(5) 猎头公司。猎头公司是掌握高素质人才信息,并与高素质人才有密切联系的专业人才经营公司。它们的主要任务是掌握高端人才信息并建立人才资料库,为企业引荐高端人才并收取相当的费用。企业通过猎头公司推荐人才需要付出较高的费用。

4. 定向招聘

所谓定向招聘是指企业到大专院校或职业学校挑选推销人员的方式。通过这种渠道招聘推销人员有以下几个优点。

(1) 能够比较集中地挑选批量的推销人员,从而节约成本。

(2) 大学生受过良好的专业基础知识和综合素质教育,可为今后的人才培训奠定基础。

(3) 大学生往往因为刚刚参加工作,对销售工作充满了热情,一般较为积极主动。

(4) 从薪金上,招聘应届大学生一般比招聘具有销售经验的推销人员费用要少些。

但这种方式也有很大的缺陷,主要是大学生缺乏销售经验,适应工作较慢。

(二) 推销人员的选拔程序

1. 填写申请表

应聘者要先填写一般的人事资料登记表,登记表内容应包括姓名、性别、身高、年龄、健康状况、学历、工作经历、家庭成员、本人特长、居住地址、电话号码、个人主页或电子邮箱、邮政编码等。

2. 企业面试

面试由企业销售经理和人力资源部负责人主持,并可以请有丰富推销经验的推销人员参加。面试通过个别沟通、集体谈话和侧面观察相结合的方法,考查应聘者的人品态度、知识水平、反应能力、仪表风度、健康状况以及有无心理或生理缺陷等;同时向应聘者如实介绍企业的概况、工作任务的艰苦性,以判断其申请态度是否诚恳、对本企业的工作岗位和待遇是否满意等。

3. 业务考试

对面试合格者要进行业务专题考试，考试内容包括专业知识考试、综合素质测试、心理测验等诸多方面的内容，主要考查准业务人员的业务能力、综合素质与心理、性格特征。企业还可通过特殊的测试方式测试应聘者的特殊技巧或进行某项工作需要的特殊智能。

4. 体检

对业务考试合格、企业准备录用的人，录取前必须进行身体检查，以确定其是否符合推销业务工作的体能要求。

二、推销人员的培训

推销人员对顾客的需求必须有清醒的认识，需要不断地学习新的知识和技能以满足顾客不断变化的需求。不论是新人还是老手，都必须不断地"充电"，以提高专业知识和技能水平。所以，对推销人员的培训是推销管理过程当中一个重要而且必不可少的环节。

推销培训的目的是使推销人员树立正确的销售理念，确立积极的销售态度，获得有关推销工作的专业知识和技能，从而改善推销工作绩效。

（一）推销培训的内容

推销培训是一个系统工作，其内容涉及面较广，一般包括知识培训、技能培训和态度培训多个方面。

1. 企业知识的培训

有关企业知识的培训内容包括：

(1) 本企业过去的历史及成就。

(2) 本企业在社会及国家经济结构中的重要性。

(3) 本企业在所属行业中的现有地位。

(4) 本企业的各种政策，特别是市场、人员及公共关系等方面的政策。

(5) 销售工作对企业发展的重要性，公司对推销人员的期望及任务安排。

(6) 行业与市场的发展特点；等等。

2. 产品知识的培训

有关产品知识的培训内容包括产品的类型与组成、产品的品质与特性、产品的优点与功能利益点、产品的制造方式、产品的包装情况、产品的用途及其限制、产品的售后服务（如维护、修理等）、行业生产技术的发展趋势、相关品与替代品的发展情况等。

3. 销售技巧的培训

推销技巧的培训内容包括：如何做市场分析与调查？如何注意仪表和态度？如何进行访问的准备、初访、再访问？如何运用推销术语？如何进行产品说明？如何争取顾客好感？如何应对反对意见？如何坚定推销信心？如何克服推销困难？如何获得推销经验？如何更新推销知识？如何制定销售计划？等等。

4. 客户管理知识的培训

有关客户管理知识的培训内容涉及：

(1) 如何寻觅、选择及评价潜在的顾客。

(2) 如何获得约定、确定接洽日程，如何做准备及注意时效。

(3) 如何明了有关经销商的职能、问题、成本及利益。

(4) 如何与客户建立持久的业务关系。

(5) 如何了解客户的消费行为特点；等等。

5. 销售态度的培训

有关销售态度的培训内容包括对公司的方针及经营者的态度，对上司、前辈的态度，对同僚及服务部门、管理部门的态度，对客户的态度，对工作的态度等。

6. 销售行政工作的培训

有关销售行政工作的培训内容包括：

(1) 撰写销售报告和处理文书档案的方法，具体包括编制预算的方法，订货、交货的方法，申请书、收据的写法，访问预定表的做法，日、月报表的做法，其他记录或报告的做法。

(2) 如何答复顾客查询。

(3) 如何控制销售费用。

(4) 实施自我管理的方法，具体包括制定目标的方法、工作计划的拟订方法、时间的管理方法、健康管理法、地域管理法、自我训练法。

(5) 经济、法律知识的学习；等等。

总之，推销人员的培训是提高推销队伍战斗力的一种主要手段，是一项系统而复杂的工程。它对于企业管理者而言也是一项细致而艰巨的工作，需要企业成立专门的机构、配备专门的人员开展专业化的培训工作。

（二）推销培训的过程

"磨刀不误砍柴工"，需要长期、持续地开展推销队伍的培训工作，才能提升队伍的凝聚力、战斗力，保持推销队伍的活力。一般推销培训过程包括以下几方面的程序和内容：明确培训需求、制定培训目标、设计培训方案、实施销售培训和测定培训效果。

1. 明确培训需求

确定培训需求的目的是比较与绩效有关的技能、态度、洞察力及推销成功所必需的行为。因而确定的任何一个需要培训的主题内容，都应有助于推销人员提高其推销绩效。

销售培训的内容随着时间和公司的变化而变化，主要有销售技巧（sale technique）、产品知识（product knowledge）、顾客知识（customer knowledge）、竞争知识（competitive knowledge）、时间与区域管理知识（time and territory management knowledge）。

2. 制定培训目标

多数公司把销售培训的目标锁定在增加销售额、利润和提高效率上,但事实上销售培训不完全局限于此,通常培训目标包括:①帮助推销人员成为好的销售主管;②指导新手熟悉推销工作;③更新有关产品、公司、竞争者及推销技能方面的知识;④提高访问率,稳定销售队伍;⑤使推销人员转变对销售工作的认识和态度;⑥降低推销成本;⑦培养适合推销事业的个性品格;⑧获取反馈信息;⑨增加对某个特定的产品或某类顾客的销售额。

3. 设计培训方案

培训方案是针对某个特定培训目标所拟订的具体培训行动计划,包括培训目标、培训内容、受训范围、培训时间、培训师资、培训方法及经费预算等。

4. 实施销售培训

在完成前几步的基础上,销售培训的实施是水到渠成的事情,但销售经理要监控培训的整个过程,了解受训人员学习的意愿和方法,保证受训目标的顺利实现。

5. 测定培训效果

培训效果的测定是一个很棘手的问题。有时候很难对培训目标做一个明确的陈述,即使陈述清楚也难以用数字定量地衡量,因为不可能分辨出销售业绩的增长是因为培训的原因还是其他某个方面原因变化的结果,推销业绩的好坏受很多因素的制约和影响。

尽管如此,还是需要对销售培训进行评估,以了解培训的价值。一般可采用培训前后基础知识的测试、培训前后顾客对推销人员服务及态度的评价变化情况、培训前后推销人员销售业绩的变动情况等来了解销售培训效果。事实证明,有效的销售培训能够提高推销人员的销售技能,促进公司销售业绩的增长。

(三) 培训的方法

根据各个企业的经营规模和市场发展情况,可以采取不同的培训方法。

1. "师傅带徒弟"法

"师傅带徒弟"法是指派新录用的人员在现场跟随有经验的推销人员一起工作的一种传统培训方法。此法的优点是可使新录用人员深入到现场实际工作环境中,在师傅的指导下,边学边干,有针对性地进行训练,容易收到好效果。这种方法的重要特点之一是"我怎么做,你就怎么做"。这是现场环境等条件所造成的必然结果。在许多情况下,由有能力尤其是有突出推销能力的人负责现场指导,能收到积极的效果。

2. 企业集中培训法

企业集中培训是企业采取办培训班、研讨会等形式对推销人员进行集中培训。许多大型企业运用正规的课堂讲授方法,让专业教师、有经验的推销人员将其学问和聪明才智传授给受训人员。此法优点是时间短、费用低、见效快、节省人力,便于互相启发提高,不强迫受训人员过早地投入现场工作;缺点是受训人员缺乏实践和切身体会,不易给予足够重视。

3. 学校代培法

由于企业内部培训力量有限,为适应商品经济的发展,有必要把一批优秀的推销人员送到经济院校进行重点培训。委托代培需要花费一定经费,为使投资效益较好,选送人员应有相当的专业知识和实践经验。这种培训方式是使企业推销人员在知识水平和专业技能上迅速得到相当程度提高的好办法。

4. 模拟法

模拟法是指一些由受训人员直接参加的、具有一定真实感的训练方法。其具体形式较多,"扮演角色""比赛"等就是其中的一些常用方法。"扮演角色"模拟法是由受训者扮演推销人员进行推销活动,由有经验的推销人员扮演顾客培训法。例如,有的企业让受训者处理过去推销中遇到的难以处理的情况,用以进行基本角色扮演的训练。"比赛"模拟法用得比较多,如有效地安排时间的比赛,内容涉及推销过程中的一些实际问题——旅行时间、等待时间、洽谈时间、选择潜在顾客、掌握达成交易的时机等。

三、推销人员的薪酬制度

建立合理的薪酬制度,对于调动推销人员的积极性、提高推销工作效率和提高市场占有率,有着重要作用。一般来讲,推销人员的薪酬应该与他实际的工作量和工作效率相联系。推销人员的薪酬形式主要有薪金制、佣金制、薪金与佣金混合制三种。

(一) 薪金制

薪金制是指企业每月支付给推销人员固定的薪水,不考虑其业绩以及其他的成就、表现的一种薪酬制度。换句话说,无论推销人员的业务成绩如何,均可以在一定的工作时间内获得定额的报酬。这种薪酬形式主要以工作的时间为基础,是按时计资的一种形式,与推销工作效率没有直接联系,没有激励作用,所以较少在业务部门采用,但在行政部门有所采用。

1. 薪金制的优点

(1) 使推销人员有安全感,在推销业务不足时不必担心个人收入。正在受训的推销人员以及专门从事指导购买者使用产品和开辟新销售区域的推销人员,都愿意接受薪金制。

(2) 有利于稳定队伍。在薪金制下,推销人员的收入与推销工作业绩并无直接关系,不少人愿意接受这种固定收入模式,因为它意味着一份相对稳定的工作。

(3) 管理者能对推销人员进行控制,在管理上有较大的灵活性。因为收入与推销工作效率不直接挂钩,所以根据需要在推销区域、顾客、所推销的产品等方面进行必要的灵活调整时,矛盾一般也比较少。

2. 薪金制的缺点

缺乏弹性，缺少对推销人员激励的能力，较难刺激他们开展创造性的推销活动，容易使推销人员产生惰性心理，导致平均主义，形成"吃大锅饭"的局面。因此，目前企业业务部门很少采用这种形式。

3. 薪金制适用的情况

企业希望推销人员服从指挥、服从工作分配；某些推销管理人员，如企业的中高级推销管理员希望工作稳定；需要集体努力才能完成的推销工作(大型项目)；该产品的推销比较容易，不存在多少难度(如垄断行业)的推销工作。总地来讲，这是一种比较保守、落后的薪酬模式。

（二）佣金制

所谓佣金制就是只根据业绩完成情况按一定比例提取佣金作为推销人员的全部收入的一种薪酬制度。佣金制与薪金制不同，它有较强的刺激性，即企业根据推销人员在一定时期内的推销工作业绩来支付报酬，多劳多得。推销人员的推销工作业绩通常以推销人员在既定的时期内完成的推销额为基础来计算，有时也以利润额来计算。推销人员的收入主要取决于两个因素：一是在既定的时期内完成的推销额或利润额；二是给定的提成率。

1. 佣金制的优点

(1) 能够把收入与推销工作效率结合起来，鼓励推销人员努力工作，促使销量增加。

(2) 有利于控制推销成本。

(3) 能简化企业对推销人员的管理。

(4) 能促进推销人员业务水平提高。为了增加收入，推销人员必须努力工作，并不断提高自己的能力。不能吃苦或没有推销能力的则自行淘汰。

2. 佣金制的缺点

(1) 收入不稳定，推销人员缺乏安全感。

(2) 企业对推销人员的控制程度较低，因为推销人员的报酬是建立在推销额或利润额的基础上的，所以推销人员不愿推销新产品，不愿受推销区域的限制，也不愿意干推销业务以外的工作。

(3) 企业支付给推销人员的佣金是一个变量，推销的产品越多，佣金也就越多，这样，推销人员往往只关心销量的增长，重结果而不重过程，重眼前而忽视企业长远利益，甚至可能出现用不正当的手段来推销产品的短期行为。

(4) 容易导致地区业务和推销人员收入的两极分化，不利于公司业务的全面发展，不利于销售队伍的稳定和良性发展。

3. 佣金制适用的情况

一般适用于某种产品积压严重，需要在短时间内消减库存、回收资金的情况；某种新产品为了尽快打开销路,需要进行特别积极的推销的情况。总地来讲,这是一种过于粗放、简单而危险的薪酬模式,容易导致串货、乱价、不正当竞争等行为。

(三) 薪金与佣金混合制

薪金与佣金混合制是上述两种形式的结合,即在支付业务人员基本薪金的同时,利用佣金来刺激销售人员的工作积极性。薪金提供生活保障和基本职位价值体现,它包括职位工资、职位津贴、住房补贴、电话补贴、交通补贴、误餐补贴、医疗补贴、保险、公积金、出差报销(或补贴)等,它构成了业务人员收入的主要部分。而佣金是拉开差距、鼓励优秀的收入项目,主要根据业务人员的业绩来计算和发放,计算比例和考核方式因企业而异。

这种薪酬形式通常是以固定薪金为主,以佣金为补充。它尽可能地吸收了薪金制和佣金制的优点,又尽量避免了两者的缺点。这种形式既可以保证推销人员获得稳定的个人收入,具有安全感和稳定性,同时也便于对推销人员的控制,还能起到激励的作用,求得在安全与激励之间的某种平衡。正因如此,目前绝大部分企业实行这种薪酬模式。

但值得注意的是,企业必须处理好固定工资和佣金之间的关系,既要体现固定薪金带来的安全感,又要体现弹性佣金带来的挑战性和刺激感,以求得稳定和发展的平衡、追求企业销售工作的最佳绩效。

此外,年终红利制度、员工股份制度等都不失为很好的薪酬福利补充制度,在一些企业年终红利和员工股份作为业务人员年终福利发放,具有很好的激励效果。但年终红利和员工股份制目前还主要是针对销售管理高层实施,未来也有希望全面实施。总之,业务人员的薪酬没有固定模式,企业可以根据自身的产品特点、资源状况、推销目标灵活机动地选择,重要的是因地制宜、整合制定,目的是既能鼓励销售队伍,又能为企业带来高绩效和高效益。

四、推销人员的激励

作为推销管理的一项重要内容,制定政策激励销售人员是一个企业推销部门主管的重要工作内容。正确的评价、适时的鼓励,对于增强推销人员的信心、激发他们的工作热情、挖掘推销人员的潜能和提升企业销售业绩都是至关重要的。

(一) 激励推销人员的原则

激励推销人员的措施必须具有科学性和合理性,否则将会产生副作用,不仅起不到调动、提高推销人员工作积极性的作用,相反还会挫伤其原有的工作热情。管理部门在对推销人员进行激励时,应当根据企业、产品、销售地区、推销环境和推销人员的不同情况制定出合理的激励方案。其所应遵循的原则如下。

1. 公平合理原则

公平合理原则是指所制定的奖励标准和所给予的奖赏必须公平合理。奖励的标准必须恰当,过高或过低都会缺乏驱动力;所给予的奖赏,应考虑到推销人员工作条件的不同和付出努力的差别。

2. 明确公开原则

管理部门实行奖励的有关规定必须很明确,并公开宣布,让推销人员充分了解和掌握奖励目标和奖励方法,促使他们自觉地为实现目标而努力,否则,就不可能产生积极的效果。

3. 及时兑现原则

对推销人员的奖励应当按预先的规定执行,一旦达到奖励目标就兑现许诺,使达标者及时得到奖赏。如果拖延奖励时间,就会给推销人员造成开空头支票的感觉,从而严重打击他们的积极性。

(二) 推销激励的主要类型

马克思把人的需要简要地概括为物质需要与精神需要两大类。通过对销售业务人员物质需要与精神需要的满足,可以达到激励的效果,所以有人把激励分为物质激励与精神激励两大类。也有人站在企业的角度,把激励分为内部激励与外部激励两个方面。

1. 物质激励与精神激励

(1) 物质激励。"钱不是万能的,但没有钱是万万不能的。"物质需要是人的基本需要,物质刺激是最基本的激励手段,因为工资、奖金和各种公共福利的恰当运用可调动销售人员的工作积极性。物质激励是基础,它对于处于社会基层的销售业务人员来说尤为重要,因为销售人员的收入水平及居住条件也影响其社会地位、社会交往,甚至学习、文化娱乐等精神需要的满足。当然,在应用时要十分注意把握物质激励的度,过与不及都达不到应有的激励效果。

(2) 精神激励。精神需要是人的更高层次的需要,在物质条件基本满足的情况下,人们更加注重对精神愉悦和成就感的追求。现代企业管理实践表明,人总是需要一点精神的,物质激励必须同精神激励相结合,才能产生最大的激励效果。精神激励包括表扬、授予光荣称号、授予象征荣誉的奖品和奖章、职位晋升、受到认可和尊重等。这是对销售人员贡献的公开承认,可以满足他们的自尊需要和自我价值实现需要,从而达到激励的效果。正如美国 IBM 公司副总裁巴克·罗杰斯在其《IBM 道路》一书中所说的:"几乎任何一件可以增强自尊心的事情都会起积极作用。我并不是说光凭赞美、头衔和一纸证书就会使一个付不起账单的人满足,但是,这些做法在物质奖励的基础上是对做出贡献的人的一个很好的、公平的评价。"

2. 内部激励与外部激励

(1) 内部激励。内部激励是当一项职责或任务完成后公司对当事员工的内部奖赏,如成就、挑战、责任、肯定、表彰、提升、成长、工作本身的乐趣和参与感等。如果销售人员喜欢拜访顾客并且乐意解决他们的问题,那么这一活动对业务员本身就是一种奖励,属于一种自我激励,因为销售人员能够从中感受到乐趣和价值。

内部激励常常是销售职位提供了成就和个人成长的机会时引发的。内部激励因素常常比外部激励因素对雇员的态度和行为有更加长期的影响、更好的激励效果。在许多销售案例中我们发现,销售绩效与销售经理对出色完成工作的业务员的赞许直接相关,而且是正相关。内心对工作满意的销售人员更倾向于努力工作以达到高绩效的销售水平。

(2) 外部激励。外部激励是由其他人采取的行动,包括奖励及其他形式,从而使员工积极行动以确保得到奖励的管理方式,如开展竞争、发放奖品、确定定额等。公司对达到销售目标的销售人员给予现金奖励就是外部激励的一个典型做法。

许多销售经理认为,企业可以通过举办更多精心设计的销售竞赛、给予更多昂贵的奖品或者挑选真正具有异国风情的开会地址来提高销售生产力,这就是外部激励的威力。这一观点忽略了我们确信的有关动机的两个基本点:第一,动机是个人化的,满足了一个人的需要的东西可能对于另一些人并不重要,如一个销售人员对社会地位(阶层)的欲望就可能如此;第二,动机在人的一生中都会发生变化。因为人们把不同的兴趣、驱动力和价值观带到了工作场所,所以他们对各种激励方式的反应各不相同。激励问题专家提出,公司只有提供外部激励和内部激励的组合策略,才能取得最好的激励效果。

(三) 激励推销人员的方法

1. 目标激励

目标激励是一旦推销人员达成销售目标就进行奖励的方法。企业应制定的主要考核目标包括每年、每月的销量目标、利润目标、访问客户的次数目标、开发新客户的目标、销售增长目标、订货单位平均批量目标等。目标能激励推销人员上进,是他们工作中的方向。为使目标成为有效的激励工具,目标必须同报酬紧密联系,一旦推销人员达到目标就一定兑现奖励。目标激励的好处在于企业的目标变成了推销人员自觉的行动,使他们看到自己的价值与责任,也为工作增添了乐趣。所以,目标既是一种压力,也是一种动力。

2. 榜样激励

榜样的力量是无穷的。俗话说:拨亮一盏灯,照亮一大片。大多数人都不甘落后,但往往不知应该怎么干活,在困难面前缺乏勇气。树立先进典型和领导者的宣传与示范,可以使销售人员找到一面镜子、一把尺子和一条鞭子,为销售人员增添克服困难去实现目标、争取成功的决心及信心。企业要善于运用国内外优秀销售人员成功的案例来激励大家,并要选拔本企业的优秀销售人员,使大家看得见、摸得着,从而激励整体素质的提高。如有的公司每年都要评出"冠军销售员"、"优秀业务员"、"销售女状元"等,效果很好。

3. 工作激励

行为科学理论认为,对职工起激励作用的因素分为两类:一类是与职工工作直接相联系的,即工作本身产生的激励因素,被称为"内在激励";另一类是与职工工作间接有关,但不是工作本身产生的激励因素,被称为"外在激励",例如工资、奖励、职业地位、表扬、批评、提升等。这两种激励都是必不可少的。工作激励首先是合理分配销售任务,尽可能使分配的任务适合职工的兴趣、专长和工作能力；其次是利用"职务设计"方法，即充分考虑到员工技能的多样性、任务的完整性、工作的独立性，并阐明每项任务的意义，使员工体验到工作和所负的责任的重要性，从中产生高度的内在激励作用，形成高质量的工作绩效及对工作高度的满足感。工作激励的关键在于知人善任、发挥所能。

4．竞赛激励

人都有好胜的本能，可以通过开展销售竞赛激发推销人员的竞争精神。因为推销工作是一项很具有挑战性的工作，每天都要从零开始，充满艰辛和困难，所以推销主管要不时地对推销人员给予加油或充电。开展业绩竞赛是一种好形式，能够激发销售队伍的活力。竞赛奖励的目的是鼓励推销人员付出比平时更多的努力，创造出比平时更好的业绩。竞赛实施需要在竞赛主体、参赛对象、竞赛方法、入围标准、评奖标准、评审过程、奖品选择等各个方面进行深入细致的准备。

竞赛激励的组织实施要注意以下要点：

（1）奖励设置面要宽，要设法让更多的参加者有获得奖励的机会。

（2）业绩竞赛要和年度销售计划相配合，要有利于公司整体销售目标的完成。

（3）要建立具体的奖励颁发标准，奖励严格按照实际成果颁发，杜绝不公平现象。

（4）竞赛的内容、原则、方法力求通俗易懂、简单明了。

（5）竞赛的目标不宜过高，应使大多数人通过努力都能达到。

（6）专人负责宣传推动，并将竞赛情况进行适时公布。

（7）要安排宣布推出竞赛的聚会，不时以快讯、海报等形式进行追踪报道，以渲染竞赛的热烈气氛。

（8）精心选择奖品，奖品最好是大家都希望得到但又不舍得自己花钱买的东西。

（9）奖励的内容有时应把家属也考虑进去，如奖励去香港旅行，则应将其家属也列为招待对象。

（10）竞赛完毕，马上组织评选、公布竞赛结果，并立即颁发奖品、召开总结会。

除此之外，推销人员的激励手段还有：提供好的生活条件和工作环境；关心推销人员的思想、生活情况；为推销人员解决各种个人困难；任人唯才，任人唯德，不任人唯亲；根据推销人员能力、特点合理安排工作；提供考察、学习机会，促进他们成长等。

第四节　推销绩效评估

一、推销绩效评估的意义

推销绩效的评估，是指企业或推销人员对一定时期内推销工作的状况进行衡量、检查、评估，目的在于总结经验和教训，进一步制定新的推销计划，改进推销工作，取得更好的推销业绩。

推销绩效的评估是现代推销技术的一个重要组成部分。现代推销技术和传统推销技术的一个重要区别就是强调推销的科学性。运用科学的方法和手段对推销计划的执行情况和推销工作进行分析和评估，不仅是做出决策的重要参考指标，也是对企业政策与计划的考核。通过绩效评估可以找出推销工作成功和失败的原因，较快地提高推销人员的工作能力和推销绩效。

二、推销绩效评估的内容

推销人员的推销业绩可以通过销售量、销售额、推销费用、销售利润和推销效率等几个方面来进行评估。

（一）销售量

销售量是指企业或推销人员在一定时期内实际推销出去的产品数量。它是推销绩效评估的主要内容之一。推销人员推销出去的产品越多，其推销成绩就越高。

要正确评估销售量，首先，要对销售量的范围进行准确的界定，确定销售量所包含的内容，运用统一的统计口径，包括合同供货方式和现货供货方式、已售出的产品数量以及尚未到合同交货期提前在报告内交货的预交产品数量，但要扣除销售退回的产品数量；其次，要运用一定的方法考查销售量的变化，准确地评价推销人员的工作绩效，如通过对产品推销计划完成任务情况、不同品种的销售量、对新老用户的销售量等情况进行考查，进一步分析其原因以及销售量和市场占有率的变化发展趋势等。

（二）销售额

销售额是以价值形式反映产品销售情况，既考虑产品数量也考虑产品价格。在评估销售额时，应先根据各推销产品的不同价格和销售量计算出区域内推销人员、各种产品、不同消费者群或推销对象的销售额，累加求出总的销售收入，再依据一定的方法进行比较分析。具体的销售额评估分析法如下。

1. 总销售额评估

总销售额评估用于全面分析公司业绩。某公司销售额增加状况如表 12-1 所示。

表 12-1　销售额增长状况

年份/年	公司销售额/百万元	行业销售额/百万元	市场占有率/%
2002	26	200	13
2003	23.4	195	12
2004	20.9	190	11

从表 12-1 中可以看出,该公司的销售额 2002—2004 年三年中在不断下降,一方面是由在这三年中整个行业销售额在不断下降,另一方面是由公司自身的原因造成的,因为该公司的市场占有率也由 2002 年的 13% 下降为 2004 年的 11%。对于公司自身的原因,应该具体分析进而提出改进的措施,以便提高销售业绩。

2．区域销售额评估

区域销售额评估如表 12-2 所示。

表 12-2　区域销售额分析研究

区域	市场指数/%	销售目标/百万元	实际销售/百万元	实际值/目标值/%	偏差/百万元
1	28	5.6	6	107	+0.4
2	32	6.4	6.5	102	+0.1
3	40	8	7.5	94	−0.5
合计	100	20	20	100	0

从表 12-2 中可以看出,区域 3 业绩最差,区域 1 业绩最好。区域分析法也可用以评估销售人员,但评估后应进一步分析区域或销售人员未达成协议的原因(是潜在的消费者少、区域设计不合理,还是竞争对手太强,或者是销售人员素质差),进而提出改进的措施、提高销售业绩。

3．按产品销售评估

按产品销售评估如表 12-3 所示。

表 12-3　产品销售分析

销售人员	销售额配额/万元	实际销售额/万元	偏差/百万元	实际销售额/销售额配额/%
A	56	58	+2	103.5
B	55	43	−12	78.2
C	60	65	+5	108.3
D	43	45	+2	104.7
合计	214	211	−3	98.6

从表 12-3 中可以看出,销售人员 C 业绩最好,企业之所以未能实现销售额配额,主要是因为销售人员 B。必须找出原因,提出改进措施,以提高销售业绩。

4．消费者类型销售额评估

消费者类型销售额评估如表 12-4 所示。

表 12-4　消费者群销售额分析

消费者类型	销售目标/万元	实际销售额/万元	销售额/目标值/%	偏差/万元
1	3	3.5	116.7	+0.5
2	3.2	3	93.8	-0.2
3	7.5	7	93.3	-0.5
4	8	8.5	106.3	+0.5
5	5	4.6	92	-0.4
合计	26.7	26.6	99.6	-0.1

（三）推销费用

推销费用是指在推销产品过程中所发生的费用。通过对推销人员完成推销任务所支出的费用进行考核，可以及时发现费用开支中的问题，有利于把费用控制在预算范围内、提高费用使用效率。进行推销费用评估常用的指标如下。

1. 产品推销费用率

产品推销费用率是指一定时期内推销费用与推销额的比例。推销费用包括与产品推销活动紧密相关的成本、费用开支，如推销项目可行性调研的费用、有关资料的印刷费和广告费、交通费、通信费、业务招待费、展销场地租赁费等。

2. 推销费用降低率

推销费用降低率是指一定时期内推销人员实际支出的推销费用与计划核定的推销费用限额之间的比例。它反映了推销费用节约或超支的程度。

费用的评估，可以按总费用或各分类费用结合各类别的费用配额进行比较分析。

（四）销售利润

销售利润是推销成果的集中体现。将销售收入与销售成本和费用进行比较，就可以看出推销人员为企业创造的利润是多少。在分析销售利润时，不仅要分析销售利润的计划完成情况，而且要进一步分析其变化的原因，分析不同因素（如销售量、产品价格、销售成本和销售结构等）对销售利润的影响，以便于及时发现问题、提出改进的措施。利润的评估也可以从总利润及各分类利润方面进行分析。利润评估可以加强高利润区域、高利润产品、高利润消费者群的工作，保证公司利润的实现。毛利目标实现情况考核公式为

$$毛利目标达成率 = 实现毛利额 / 毛利额目标$$

> 阅读材料

某公司 4 名销售人员的毛利目标完成情况如表 12-5 所示。

表 12-5　毛利目标完成率情况

销售人员	毛利项目额/万元	毛利完成额/万元	毛利目标完成率/%	偏差/万元
张博	40	42	105	2
张明	52	43	83	−9
王海	60	64	107	4
李玉	48	50	104	2
合计	200	199	99.5	−1

通过这个例子可以看出,在四名销售人员中,有三个人完成了毛利目标。但由于销售人员张明的工作不力,该公司没能完成本年度的毛利目标。

(五) 推销效率

评估推销效率可以更全面地评价推销人员的工作努力程度和效果,把握推销人员之间存在的差距,并通过奖勤罚懒,提高推销人员的工作努力程度,促进推销工作。

评估推销效率的指标主要是配额完成率、推销人员人均推销额、用户访问完成率、订单平均订货量、订货合同完成率等。

推销配额完成率反映推销人员对定额推销任务的实际完成情况,其公式为

$$推销配额完成率 = 实际完成推销量(额) / 配额推销量(额) \times 100\%$$

推销人员人均推销额是衡量销售部门平均工作成绩的指标。推销人员了解人均推销额,就可以将自己的推销成果与之对照分析,更好地激励自己努力推销,赶超平均水平。推销人员人均推销额的公式为

$$推销人员人均推销额 = 一定时期内商品销售总额 / 推销人员总人数$$

用户访问完成率指一定时期内推销人员访问顾客的实际次数与计划规定的次数的比例。考虑推销人员的用户访问完成率,可以从推销活动过程中来衡量推销人员的工作努力程度。其公式为

$$用户访问完成率 = (实际访问用户次数 / 计划访问用户次数) \times 100\%$$

或

$$用户访问完成率 = (实际访问用户数 / 计划访问用户数) \times 100\%$$

订单平均订货量(额)指一定时期内获得的订单或合同订货量(额)与订单或合同总数的比值。这一指标可以衡量推销人员所获取的订单的数量与质量,其公式为

$$订单平均订货量(额) = 订单订货总量(额) / 订单总份数$$

订货合同完成率又称为履约率,主要用来衡量订货合同的执行情况,其高低用来评价推销员的工作效率和质量,其公式为

订货合同完成率 ＝（合同期交货数／合同期订货数）

此外,还有其他一些推销绩效考核的内容及公式

每天平均访问户数 ＝ 访问户数／日数

每户平均成交额 ＝ 成交额／成交户数

现金回收率 ＝ 回收现金／成交额

应收账款回收率 ＝ 收回账款数额／应收账款总额

每户平均访问费用 ＝ 访问费用／访问户数

平均每次访问销售额 ＝ 成交额／访问户数

三、推销绩效评估的方法

推销绩效评估的方法很多,常用的方法有以下几种。

（一）纵向分析法

纵向分析法是指通过推销指标绝对数值的对比确定数量差异的一种方法,其作用在于揭示客观存在的差距,发现值得研究的问题,为进一步分析原因指明方向。依据分析的不同要求,主要可进行三种比较分析：将实际资料与计划资料对比,说明计划完成情况；将实际资料与前期资料对比,考察推销活动发展变化情况；将实际资料与先进资料对比,找出差距和原因,挖掘潜力。表 12-6 是推销人员绩效的纵向比较表。

表 12-6 推销人员绩效的纵向比较表

年份 评价因素	2000 年	2001 年	2002 年	2003 年
（1）产品 A 销售额／万元	37.6	37.8	41	39.5
（2）产品 A 销售定额／万元	39.8	40.8	46.2	46.4
（3）产品 B 销售额／万元	63.5	66	80.2	82.5
（4）产品 B 销售定额／万元	53.8	54.3	60.4	62.9
（5）销售总额／万元[(1)＋(3)]	101.1	103.8	121.2	122
（6）产品 A 推销定额完成率／%[(1)/(2)]	94.5	92.6	88.7	85.1
（7）产品 B 推销定额完成率／%[(3)/(4)]	118	121.5	132.8	131.2
（8）产品 A 毛利／万元	7.52	7.56	8.2	7.9
（9）产品 B 毛利／万元	6.35	6.6	8.02	8.25
（10）总毛利／万元[(8)＋(9)]	13.87	1.41	16.22	16.15
（11）销售费用／万元	1.6378	1.8476	1.8665	2.1716
（12）销售费用率／%[(11)/(5)]	1.62	1.78	1.54	1.78

续表

评价因素 \ 年份	2000年	2001年	2002年	2003年
(13) 访问顾客次数	1650	1720	1690	1630
(14) 每次访问顾客成本/元	9.93	10.74	11.04	13.32
(15) 顾客平均数	161	165	169	176
(16) 新增顾客数	16	18	22	27
(17) 失去顾客数	12	14	15	17
(18) 每一顾客平均销货额/元 [(5)/(15)]	6280	6291	7172	6932
(19) 每一顾客平均毛利/元 [(10)/(15)]	861	858	960	918

由表12-6可见,销售总额逐年上升,主要是产品B增幅大;毛利高的A产品2003年销售额由升转降,影响到总毛利,使之下降;每次访问成本上升,是费用逐年增加的重要因素;虽逐年增加新顾客,但也失去了一些老顾客。看来,每一顾客的平均销售额及毛利的增减与产品销量增加和结构变化紧密相关。

(二) 横向对比分析法

推销人员绩效的横向对比分析,就是企业对所有推销人员的工作业绩加以比较,具体方法如表12-7所示。

表12-7 推销人员绩效的横向比较表

推销人员评价因素		张明	李玉	王博
销售额	① 权数	0.5	0.5	0.5
	② 目标/万元	75	65	51
	③ 完成/万元	77.5	68.5	47.8
	④ 效率(③÷②)	1.03	1.05	0.94
	⑤ 绩效水平(①×④)	0.52	0.53	0.47
订单平均批量	① 权数	0.25	0.25	0.25
	② 目标/元	400	350	270
	③ 完成/元	450	370	255
	④ 效率(③÷②)	1.13	1.06	0.94
	⑤ 绩效水平(①×④)	0.28	0.27	0.24

续表

推销人员评价因素		张明	李玉	王博
每周平均访问次数	① 权数	0.25	0.25	0.25
	② 目标/次	25	20	18
	③ 完成/次	23	22	16
	④ 效率(③÷②)	0.92	1.10	0.89
	⑤ 绩效水平(①×④)	0.23	0.28	0.22
综合绩效/％		103	108	93

在表12-7中,评价张明、李玉、王博三个推销员的因素为销售收入、订单平均订货额和每周平均访问次数。这三个因素由于在考核推销绩效中的重要性不同,因此分别给予0.5、0.25和0.25的权数。同时,根据各自情况制定不同的目标,例如,张明所在地区潜在顾客较多,竞争对手力量不强,故其销售收入目标为75万元,高于李玉和王博。通过各个推销员各项目标的完成情况,可计算出各项相应的绩效水平,然后再累加得出各个推销员的综合绩效。推销员李玉的综合绩效最高,为108％。

要正确运用横向比较分析法,必须在充分考虑各地市场潜力、工作量、竞争激烈程度、企业促销配合等因素的基础上制定出合理的目标。但在实际评估中,推销管理部门很难面面俱到地考虑所有的影响因素,在目标的制定上有一定的主观偏差,如果仅用这种分析方法,则容易引起误解。因此,这种分析方法配合纵向比较分析方法,能够更全面、准确地评估推销绩效。

(三)尺度考评法

尺度考评法是将考评的各个项目都配以考评尺度,制作出一份考核比例表加以考核的方法。在考核表中,可以将每项考评因素划分出不同的等级考核标准,然后按标准对每个推销人员的表现进行评分,并可按其重要程度对不同的考评因素给予不同的权数,最后核算出总的得分,如表12-8所示。

表12-8 推销人员尺度考评法

推销员姓名:					总分:			
等级 项目	90分以上	80~89分	70~79分	60~69分	59分以下	记分	权数	评分
工作实绩	超额完成任务,贡献比别人多,工作无懈可击	工作成绩超过一般人所能达到的水平	工作成果符合要求,基本能如期完成	工作成果大致符合要求,有时还需别人帮助	一般不能完成所要求的工作任务,缺点较多			

续表

推销员姓名：				总分：			
等级 项目	90分以上	80~89分	70~79分	60~69分	59分以下	记分	权数	评分
工作能力	具有高超的工作技能，开发新客户能力强，经常有创造性的点子	具有较高的工作技能，能主动开发新客户，时常有建设性的意见	具有完成分内工作的能力，开发新客户会有一定效果，偶尔有创建	工作技能一般，需要多加指点，开发新客户需要支援，很少有创见	工作技能不能应付日常工作，开发新客户几乎不可能，谈不上有创造力			
工作态度	积极性很高，责任感强，能与同事同舟共济，协调性好	态度积极，总能自动负起责任，能与上司、同事协调相处	日常工作绝不拖延，对交办的工作欣然接受，不会与同事发生无意义的摩擦	对困难工作积极性不高，责任感一般，表面上基本能与同事相处	缺乏积极性，责任感不强，工作需要不断监督，协调能力差			

> **阅读材料**

确保销售团队成功的八大支柱

怎样才能打造一支强有力的销售团队？我认为，至少需要以下八个方面的有机配合和有效支撑。如果缺少了这八个方面中的任何一个，则销售团队的竞争力就会受到影响。缺少八大支柱支撑的销售团队，即使在短期内表现出较强的竞争力，也不可能长期持续。下面，分别就八大支柱的含义及其在销售团队建设中的作用进行阐述。

一、明确而又坚定的公司战略

每一位销售人员都是一名在前线冲锋陷阵的战士，靠什么来激发他们的斗志和激情，并长期保持？明确而又坚定不移的公司战略是其首要决定因素。只有公司战略愿景和方向明确、坚定不移而不是朝令夕改或模糊不清，销售人员才能够对公司充满信心，坚信自己能够在这里施展拳脚并长期发展。销售人员只有充满信心才能够在客户开发中信心十足，既能够长久保持工作激情，又能够感染客户，提高销售成功率。

二、卖点鲜明的产品与服务

"工欲善其事，必先利其器。"如果说销售人员是在前线冲锋陷阵的战士，则产品与服务就是其杀敌制胜的武器。要打造强有力的销售团队，首先需要优秀的产品与服务。该产品与服务未必是市场上各方面都最好的。事实上，世上也没有绝对的好产品，再好的产品都有其不足之处。销售人员需要的并不是最好的产品，而是特点鲜明、卖点突出的产品。该产品本身不一定要多么光彩华丽,但对产品特性的归纳和提炼一定要能够打动和吸引客户,让销售人员给客户介绍时能够信心十足,让客户听到介绍眼前一亮。如果真能做到这一点,则销售人员就拥有了克敌制胜的利器。

一个具有鲜明卖点的产品与服务不仅能够帮助销售人员顺利打动客户,争取与客户做进一步跟踪和洽谈的机会,而且可以帮助销售人员准确地定位和寻找潜在客户,避免在与本产品和服务不相关的"伪客户"上浪费时间。

对产品与服务卖点的归纳与提炼,可以着眼于产品本身的功能特性,也可以从产品的生产工艺、服务流程、提供产品或服务的公司、产品或服务的环境、产品或服务的典型客户等方面着手。无论从哪方面着手,产品与服务都必须要有鲜明的卖点。否则,销售人员就会像无头苍蝇一样到处碰撞,无法高效地寻找目标客户;即使凑巧碰到目标客户,也会因为不能简练地介绍产品特性而无法调动客户兴趣,从而失去宝贵的商谈机会。

三、激发内在动力的薪酬考核机制

前面的文章中已有阐述,销售是一个自我管理特性非常明显的工作。销售人员只能被引导,而无法被管理。销售管理人员的首要责任,就是充分调动销售人员的内在自我激励潜能,让其有效地自我激励,促使自己不断进步。

薪酬考核机制就是销售管理人员激发销售人员内在潜能的有效工具。销售是一项非常艰苦的工作,每个销售人员选择或继续留下来从事销售职业,都曾经历过复杂的思想斗争,最终支撑其留下来的是其从事该工作的明确职业目标与动机。销售人员从事销售工作的动机,基本上可以概括为三个方面:

(1) 通过自己的努力,赚取更多的收入,积累经济基础。

(2) 通过销售工作,锻炼自己的能力,积累职业资本,寻求职业晋升机会。

(3) 锻炼自己的能力,积累人脉关系,为长期职业发展做准备。

销售薪酬考核机制建设,必须以销售人员的上述三个方面工作动机为出发点,设计具有激励性的业绩提成机制,调动销售人员赚钱的积极性;设计透明、逐级提升的晋升机制,调动销售人员提升自己能力、寻求职业发展的积极性。薪酬考核机制的设计,还需要考虑销售人员成长规律,针对不同成长阶段的销售人员的心理特征,设定不同的考核方式。

一套好的薪酬考核机制可以激发出销售人员无限的活力,缺乏激励作用的薪酬考核机制,则会让销售团队如一潭死水,使优秀人才纷纷离去,剩下的只是得过且过之徒。

四、相互竞争的团队氛围

优秀的销售人员都有一种不服输的血性,当看到其他销售人员表现出色时,其就会有一种想要超越的欲望。这种不服输和竞争欲望是销售人员非常优秀的品质。销售管理人员如果能够通过销售竞赛、销售会议、业绩公布等方式让销售人员随时了解其他人的业绩状况,就会营造出你追我赶的竞争氛围,从而让销售团队充满活力。一个富于活力的销售团队是不可能缺乏战斗力的。

五、宽松的销售工作环境

销售人员的工作离不开其他部门和岗位的支持。如果其他部门和岗位积极配合和支持,销售人员就会感觉工作非常轻松和顺畅,从而没有后顾之忧,集中精力于客户开发和维护。相反,如果其他部门和岗位处处限制,则销售人员就会花费大量精力于内部工作的协调,从而无法集中精力开发客户。内部协调不顺畅,还会导致销售人员的情绪烦躁,影响其业务开发的积极性。

因此,销售管理人员必须积极协调其他部门和岗位,为销售人员营造宽松的工作环境,在公司内部创建一种以业务为导向的文化。只有这样,才能够让销售人员真正富于战斗力。

六、个性化的带领与培训

销售人员的成长需要经历若干阶段,其不同阶段的业务特性和心理状态不尽相同,每个销售人员的工作方法与特点也存在差异。销售管理人员需要根据销售人员的成长阶段、个性特征、心理状态等因素,在为其提供统一培训的同时,针对每个人的特点,因材施教,以教练的角色对其进行带领和培训,帮助其成长和提升。

七、严密的风险控制

要打造强有力的销售团队,在充分激发销售人员内在积极性、提升其能力的同时,还必须严格控制风险,树立良好的团队作风,杜绝歪风邪气。需要严格控制的风险如下。

(1) 账款风险。要确保应收账款及时收回,控制超期账款,杜绝坏账。

(2) 业务流失风险。应减少由销售人员维护不到位、服务出现问题等原因造成的客户流失现象,避免销售人员将客户转移出去的风险。

(3) 人员流失风险。应鼓励积极、可预见的流动,减少超出掌控范围的销售人员意外流失。

要严格控制风险,一方面,需要建设各种风险控制制度与机制;另一方面,需要销售带领人做细致的沟通工作,随时掌握销售人员的工作、思想动态,及时发现和积极解决潜在问题,避免问题积累而带来突然性爆发。

八、公正严明的团队纪律

销售是一种独立性很强的工作,需要依靠销售人员的内在自我激励和自我管理。要保证销售团队的成功,必须严明团队纪律,这样才能既保证销售人员拥有一个宽松、自由的团队氛围,又不会使队伍因为缺乏约束或约束不当而缺乏凝聚力,成为一盘散沙。销售团队的纪律最核心的原则体现在三个方面。

(1) 公正无私。销售团队的各层级管理者及带领人必须做到公正无私,以制度和规则为基础、以事实为依据,客观、公正地处理团队带领中出现的各种问题,避免亲近疏远、厚此薄彼,这样才能让销售团队成员心服口服,避免钩心斗角。

(2)赏罚分明。应以制度和规则为基础、以事实为依据,有功则赏、有过则罚,赏罚必须分明而且及时,不可模棱两可、拖泥带水,这样才能在销售团队中树立鲜明、持久的价值观,让所有人员以此价值观进行自我约束和自我管理。

(3)适度流动。销售团队带领人必须要进行适度流动,以避免因长期不流动而出现各路诸侯独居一方的现象,因为任何一方诸侯波动都会影响团队的稳定性。

资料来源:http://www.ceconlinebbs.com/FORUM_POST_900001_900005_939474_0.HTM

本 章 小 结

推销管理工作要求规划、指导和控制推销活动。推销管理部门的基本任务就是要提出推销目标、制定推销计划,并监督、控制推销计划的实施。

推销计划是推销管理部门根据企业的生产经营实际情况确定的推销目标、销售利润和销售费用以及实现目标的方式和步骤。推销计划制定的程序是进行市场调研和预测、确定推销配额、确定毛利目标、修订推销计划。所谓推销控制,就是企业为了将推销机构各部门、各环节的活动约束在企业经营方针及推销目标、推销计划的轨道上,对各推销要素的运动态势及其相互间的状况进行的监督与考察、审计与评估、操纵与把握等一系列规范化约束行为的总称。推销控制的程序和内容主要有:确定评价对象;确定衡量标准;检测工作绩效;分析偏差原因,采取改进措施。

推销组织是企业在营销战略环境下为履行推销职能、实施推销计划而建立的推销活动运作系统。推销组织设计的原则包括有利于目标完成的原则,组织成员分工协作的原则,责、权、利相结合的完成原则,推销组织精干高效的原则。典型的推销组织模式包括地域型、产品型、市场型、职能型和客户型,但推销组织的设计并没有最佳方法,合适的组织形式及推销人员规模要根据推销情形的特征而定。

推销管理的重点是对推销人员的管理,主要包括推销人员的选拔、培训、薪酬制度与激励等重要内容。从选拔到激励的多种多样的管理方法,都必须结合行业与企业的特点,创造性地运用,并在管理过程中不断总结经验、推陈出新。

推销绩效评价,指企业对推销部门或推销人员一定时期内的推销工作状况进行衡量、检查、评定和评估。主要的评估方法有横向对比分析法、纵向对比分析法和尺度考评法。要通过对推销人员的绩效评估,使其不断总结经验和吸取教训,从而取得更好的业绩。

思 考 题

1. 什么是推销计划？怎样制定推销计划？
2. 什么是推销控制？如何实施推销控制？
3. 推销队伍的组织结构有哪些形式？
4. 如何确定推销组织的规模？
5. 推销人员培训是如何具体实施的？
6. 激励推销人员的原则和方法是什么？
7. 为什么说物质激励和非物质激励对推销人员都很重要？
8. 什么是推销绩效评估？推销绩效评估的指标有哪些？

案 例 分 析

案例 12-1

甜品公司是巧克力和可可产品的最重要的制造和经营商，在全美国有好几个工厂。它的产品主要分为两大类：第一类是糖果蜜饯类产品，包括几种品牌的糖块和各式各样的糖果；第二类是食品杂货，像可可、糖浆和烤土豆条。在美国，甜品公司通过战略部署的定点仓库进行网络分销，许多消费者可以直接得到工厂生产的产品。这种运输和仓储方法由消费者所在地和订单数量决定。

在美国，甜品公司利用地域组织将产品卖给全国的批发商和零售商。它首要的目标是通过分销高质量的产品，为消费者提供最高的价值。为了保证这些目标的实现，公司雇用了具备出色的计划和组织能力、领导能力、说服力、主动性和较强的沟通能力（包括听、说、写）的销售人员。

在甜品公司，销售人员代表公司并传递公司形象。销售人员的重要责任就是成为完美的专职人员。销售人员的主要责任包括推销和分销所有产品、保证甜品公司的所有产品在指定的地区内畅销、实施促销计划、推销新产品，并向总部和零售商展示独特的广告推销技巧。除此之外，销售人员必须担任顾客的消费顾问，包括维护好客户关系并在指定地域内发展新客户。销售人员和他们的销售经理共同工作，目的是实现销售和广告推销的具体的目标。

甜品公司堪萨斯城地区销售经理罗布·古姆最近失去了一位高业绩的销售人员——阿琳·奥勒。尽管该地区的其他销售人员接管了阿琳的客户，但罗布仍然害怕阿琳的长期缺席会使这些销售人员的工作很难做，并且可能影响到这些销售人员提供给客户的服务质量。罗布现正在全力寻找能接替阿琳职位的人。他在当地的报纸《堪萨斯之星》上登了广告。此外,他还与当地的高校职业介绍所联系了,看他们能否介绍一些可能的候选人。通过这些努力,罗布收到了几份简历。

阅读过简历后,罗布决定对其中两人进行面试。下面是面试的摘录。

应聘者克里斯廷·皮罗恩的面试情况:应聘者克里斯廷·皮罗恩现在是一家工业产品公司驻堪萨斯城的地区销售代表,有三年的工作经验。

罗布:你为什么要做销售工作?

克里斯廷:我选择销售工作有以下几个原因。首先,我喜欢与其他人打交道并且帮助他们解决问题,我把销售工作看做实现这个目标的一种手段;其次,销售工作使我在一定程度上独立,我是一个自我激励型的人,因此我不喜欢在别人的严密监督管理下做事;最后,销售工作的收入很可观,使我能够获得我该得的。

罗布:大体来讲,你怎样完成一件事?

克里斯廷:很简单,计划。我每天都订立一定的目标,然后计划如何实现这些目标。计划使我有条理,依靠条理,我觉得我能够完成许多事。

罗布:这个职位需要外出销售,你怎么看?

克里斯廷:我现在的工作也需要经常外出,我喜欢外出,所以我不会烦。

罗布:你组织过团队吗?

克里斯廷:组织过。我大三的时候组织了学校的一个新社团——企业家俱乐部,并担任了两年该社团的主席。我毕业时我们的社团已有40名成员,我感到很骄傲。现在我也是几个公民社团的成员,但是我没参与过这些团员的组织工作。

应聘者琼·斯坦的面试情况:应聘者琼·斯坦来自明尼苏达州,他刚刚以3.8分(满分4.0)的 G.P.A 成绩获得当地大学的文理学双学士,专业是市场营销。

罗布:你为什么想从事销售工作?

琼:我认为销售工作很灵活,基本上可以完全支配自己的时间,我喜欢这样。而且,销售工作比坐在办公桌前工作更加令人兴奋,因为你可以和人打交道。还有,销售人员的收入颇为可观。

罗布:大体来讲,你怎样完成一件事?

琼:我认为处理问题的最好办法就是跳进去马上解决,打个比方,就是抓住牛角,拖延会使事情更糟糕。

罗布:这个职位需要外出推销,你怎么看?

琼:大学时我参加过田径队,经常外出。现在我也频繁地回明尼苏达看望家人和朋友,我觉得外出并不会使我厌烦。

罗布:你组织过团队吗?

琼:大学里我在几个社团里工作,有时候我是社团的领导,我总是尽力做好自己的工作。我曾经是美国市场营销协会的成员。

罗布决定在这一点上不再花时间做进一步调查了。由于他现在的销售人员们已经忙不过来了,他决定在这两个人中选一个。

案例讨论

1. 根据克里斯廷和琼的回答,对照甜品公司的职位能力要求,判断他们是否符合职位的要求。
2. 罗布将录用谁?为什么?
3. 罗布应如何改进人员的招聘和甄选过程?说明理由。

案例 12-2

<h3 style="text-align:center">某公司针对推销人员的激励制度</h3>

M 公司目前接受了一家管理咨询公司的问题诊断。以下是咨询公司管理顾问与 M 公司销售经理的一段对话。

顾问:早上好,约翰逊小姐。我是 H 公司的管理顾问,愿意为您效劳。

经理:我想你会的。需要咖啡吗?

顾问:哦,不,谢谢!如果您愿意,我想和您谈点公事。您能告诉我一点关于您工作的事,我将非常荣幸。

经理:好的,主要是我们对推销人员的薪酬支付方式不太满意。我们感到,现在的薪酬制度没有真正发挥作用。

顾问:您能告诉我,你们希望推销人员能完成的任务是什么吗?

经理:嗯。首先,我们希望他们在自己负责的销售地区能保持和增加销售量……

顾问:请原谅,那是否意味着,他们将不得不为了开发新的零售客户而做大量的拜访?

经理:不,拜访是不需要花大量的时间的,不过我们确实希望我们的推销人员能够在新五金店开张时去拜访他们。

顾问:那么,你们是通过现有客户增加销售量的吗?

经理:是的。

顾问:在销售过程中,推销人员是怎么获得帮助的?

经理:我们已在电视上和报纸上对我们的割草机做了大量的广告宣传,这就能确保商人们知道我们进行的特殊销售。尤其是我想通过报纸广告让商人们参与合作广告计划。我们的推销人员必须向商人们解释这一计划的有利之处。

顾问:还有其他的吗?

经理:有。当我们开发新产品时,我们依靠推销人员将其推销给商人,并确保他们有存货。当出现问题时,我们也依靠推销人员处理这些问题。我们为我们与商人之间的关系而自豪。噢,以同样的方式,我们的推销人员还要负责对零售人员进行培训的工作。正因为如此,商人们也需要依赖我们。

顾问：那么，你们的销售人员在服务方面也起了很大的作用，是吗？

经理：是的。不过，最重要的还是一些激励措施，这些措施使他们愿意出门，做好我们希望他们做的事情。

资料来源：托马斯·英格拉姆.销售管理——分析与决策.北京：电子工业出版社，2003

案例讨论

1. 如果你是这位管理顾问，你会为这家企业推荐哪种激励制度？
2. 你推荐的这种激励制度在实行之后，会给这家企业带来哪些好处？
3. 如果你是本例中的管理顾问，你还会问销售经理哪些问题？

参 考 文 献

[1] 郭国庆.市场营销学通论.第4版.北京:中国人民大学出版社,2011
[2] 吴健安.现代推销理论与技巧.第2版.北京:高等教育出版社,2008
[3] 陈守则,等.现代推销学教程.北京:机械工业出版社,2010
[4] 李文国,夏冬.现代推销技术.北京:清华大学出版社,2010
[5] 李光明.现代推销实务.北京:清华大学出版社,2009
[6] 梁洪波.现代推销实务.北京:邮政大学出版社,2010
[7] 郑锐洪.推销学.北京:中国人民大学出版社,2011
[8] 易开刚.现代推销学.上海:上海财经大学出版社,2008
[9] 李先国.现代推销理论与实务.北京:首都经济贸易大学出版社,2008
[10] 孙安彬.推销公式与应用.企业管理,2001(10)
[11] [美]杰拉尔德·L.曼宁.当代推销学:建立质量伙伴关系.吴长顺,等,译.北京:电子工业出版社,2002
[12] [美]罗纳德·B.马克斯.人员推销.郭毅,等,译.北京:中国人民大学出版社,2002
[13] 张丽丽.商品推销.北京:北京理工大学出版社,2012
[14] 吴健安,等.现代推销学.第3版.大连:东北财经大学出版社,2011
[15] [美]海因兹·姆·戈德曼.推销技巧——怎样赢得顾客.谢毅斌,译.北京:中国农业机械出版社,1984
[16] 赵柳村.推销与谈判实务.广州:暨南大学出版社,2009
[17] 郭奉元,黄金火.现代推销技术.北京:高等教育出版社,2005
[18] 张春霞,戴克商.现代推销技术.北京:清华大学出版社,北京交通大学出版社,2007
[19] 王宏.销售人员岗位培训手册.北京:人民邮电出版社,2007
[20] 刘康,郭国庆,陈李翔.营销师国家职业资格培训教程.北京:中央广播电视大学出版社,2006
[21] 张雁白,陈焕明.现代推销学(通用管理系列教材).北京:中国人民大学出版社,2011
[22] 张晓青,高红梅.推销实务.大连:大连理工大学出版社,2002
[23] 常文志.现代推销学.北京:科学出版社,2004
[24] 陈安之.21世纪超级推销学.北京:世界知识出版社,2002
[25] 陈新武,龚士林.推销实训教程.武汉:华中科技大学出版社,2006
[26] 李红梅.现代推销实务.北京:电子工业出版社,2005
[27] 实用文库编委会.实用谈判技法大全.北京:电子工业出版社,2008
[28] 龚荒主编.商务谈判与推销技巧.第2版.北京:清华大学出版社,北京交通大学出版社,2011
[29] 李治田,钟立群.现代推销实务.北京:中国电力出版社,2010
[30] 邱少波.现代推销技能.上海:立信会计出版社,2005
[31] 钟立群.现代推销技术.北京:电子工业出版社,2005
[32] 宋素红.推销理论与实务.北京:化学工业出版社,2007

[33] 小唐纳德·W.杰克逊,威廉姆·H.坎宁安,伊莎贝尔·C.M.坎宁安.推销——市场营销中的个人力量.王雪松,译.北京:中国经济出版社,1996
[34] 冯华亚.推销技术与实战.北京:清华大学出版社,2008
[35] 林川.销售高手晋阶训练.广州:广东经济出版社,2007
[36] 黄文恒,周贺来,王辉.现代推销实务.北京:机械工业出版社,2010
[37] 董原.商务谈判与推销技巧.广州:中山大学出版社,2009
[38] 谭一平.现代推销实务与案例分析.北京:中国人民大学出版社,2008
[39] 姚书元,沈玉良.现代实用推销学.上海:复旦大学出版社,2004
[40] 孟昭春.成交高于一切.北京:机械工业出版社,2007
[41] 一鸣.金牌推销人员的成功话术.北京:企业管理出版社,2008
[42] 章瑞华.推销艺术.上海:上海复旦大学出版社,1999
[43] 陈企盛.金牌直销员的9堂训练课.北京:中国纺织出版社,2006
[44] 李海琼.现代推销技术.杭州:浙江大学出版社,2004

教师服务

感谢您选用清华大学出版社的教材！为了更好地服务教学，我们为授课教师提供本书的教学辅助资源，以及本学科重点教材信息。请您扫码获取。

》 教辅获取

本书教辅资源，授课教师扫码获取

》 样书赠送

市场营销类重点教材，教师扫码获取样书

 清华大学出版社

E-mail: tupfuwu@163.com
电话: 010-83470332 / 83470142
地址: 北京市海淀区双清路学研大厦 B 座 509

网址: http://www.tup.com.cn/
传真: 8610-83470107
邮编: 100084